Fritz Reuter in Eisenach

Beiträge der Fritz Reuter Gesellschaft
Band 8

Fritz Reuter in Eisenach

Hrsg. im Auftrag der
Fritz Reuter Gesellschaft
von Christian Bunners und Ulf Bichel
sowie für den
Förderverein Reuter-Museen
von Dieter Scheven

von Bockel Verlag
Hamburg 1998

Beiträge der Fritz Reuter Gesellschaft
Band 8

Die Deutsche Bibliothek - CIP-Einheitsaufnahme

Fritz Reuter in Eisenach/ hrsg. im Auftr. der Fritz-Reuter-Gesellschaft
von Christian Bunners und Ulf Bichel sowie für den Förderverein Reuter-Museen von Dieter
Scheven. - Hamburg: von Bockel, 1998

(Beiträge der Fritz Reuter-Gesellschaft; Bd. 8)
ISBN 3-932696-12-3

Umschlagbild:
Die Eisenacher Reuter-Villa

Copyright von Bockel Verlag
Simrockstr. 62 B - 22589 Hamburg
Druck und Bindung: Interpress

ISBN 3-932696-12-3

Inhalt

Vorwort 7

Dieter Scheven
Einleitung: Fritz Reuters Jahre in Thüringen in neuer Sicht 9

Arnold Hückstädt
"Ich würde doch nach Jena gehen." - Fritz Reuter als Student und
Burschenschafter in Jena 1832/33 15
Diskussion des Beitrages 30

Ulf Bichel
Das Wechselspiel zwischen hochdeutscher Bildungssprache
und plattdeutscher Alltagssprache als Gestaltungselement in
Reuters "Reis' nah Konstantinopel" 33
Diskussion des Beitrages 43

Gerhard Schmidt-Henkel
"De meckelnbörgschen Montecchi un Capuletti oder De Reis' nah
Konstantinopel" - Liebesroman, Reiseroman oder Bürgersatire? 45
Diskussion des Beitrages 60

Christian Bunners
"As uns' Herrgott de Welt erschaffen dee, fung hei bi Meckelnborg an."
Paradies und Sündenfall in Reuters "De Urgeschicht von Meckelnborg" ... 61
Diskussion des Beitrages 75

Hartwig Suhrbier
"Verfrigt möt wi sin!" Satire, Sexualität und Vatertrauma in
Fritz Reuters Roman "Dörchläuchting" 79
Redaktioneller Hinweis 98

Liselotte M. Davis
Fritz Reuter und Geschichte 99
Diskussion des Beitrages 106

Cornelia Nenz
Luise Reuter. "Dat Winglas hett sei all bisid bröcht" 109
Diskussion des Beitrages 125

Wolfgang Beutin
"Die Wunde brennt mir zu heftig, als daß sie ein öfteres Aufdecken ertragen
könnte". Zum Alkoholismus-Problem in der Biographie Fritz Reuters........... 127
Diskussion des Beitrages 137

Manfred Günther
Fritz Reuter und die gesellschaftlichen Verhältnisse in Eisenach -
eine Wechselbeziehung?... 141
Diskussion des Beitrages 157

Reinhard Rösler
"...die Träume meiner Jugend und die Hoffnungen meines gereiften
Alters..." - Fritz Reuter, Bismarck und die preußisch-deutsche Einigung....... 159
Diskussion des Beitrages 173

Klaus Lüders
"Hat die Welt uns einmal zu Demokraten gemacht, so wollen wir's
auch bleiben bis an's selige Ende." Fritz Reuter als Demokrat
vor und während seiner Eisenacher Zeit.. 175
Diskussion des Beitrages 191

Christa Rudnik
Weimar - Stapelort der niederdeutschen Dichtkunst Fritz Reuters............... 193
Diskussion des Beitrages 205

Dieter Dolgner
"Aber mir ist es schrecklich widerstrebend, so teuer zu wohnen; ..." -
Fritz Reuters Villa in Eisenach 207
Diskussion des Beitrages 222

Gudrun Osmann
Von der Reuter-Villa zum Reuter-Wagner-Museum 225
Diskussion des Beitrages 236

Verzeichnis der Teilnehmer des Symposiums
"Fritz Reuter in Thüringen" vom 29.-31.5.1997 in Bad Liebenstein 239

Autorenverzeichnis.. 240

Vorwort

Diese Beiträge der Fritz Reuter Gesellschaft sind eine Besonderheit: Sie sind das gemeinsame Werk der Fritz Reuter Gesellschaft und des Fördervereins Reuter-Museen. Dank der gemeinsamen Bemühungen und der Hilfe von Sponsoren kann hiermit ein Band vorgelegt werden, der etwa doppelt so umfangreich ist wie sonst üblich.

Die beiden Vereinigungen führten 1997 ihre Veranstaltungen erstmals in Thüringen durch. Anlaß war das 100-jährige Jubiläum des Reuter-Wagner-Museums in Eisenach. Die Veranstaltungen waren auch ein Dank Mecklenburgs an Thüringen, das so früh begann, durch eine weitsichtige Museumsgründung in der Reutervilla das Andenken an Fritz Reuter zu bewahren und zu pflegen.

Die Vereinigungen setzten sich zum Ziel, die weithin herrschende Auffassung, daß Reuters Jahre in Eisenach literarisch nicht sehr ergiebig waren, mit den Mitteln heutiger Wissenschaft kritisch zu überprüfen. Das Ergebnis hat die Veranstalter selbst überrascht. Es bedeutet in wesentlichen Punkten eine neue Einschätzung der Eisenacher Werke Fritz Reuters und wirft auch einige ganz neue Lichter auf Reuters Leben in jener Zeit.

Im August 1998   Die Herausgeber

Luise und Fritz Reuter.

Dieter Scheven

Einleitung:
Fritz Reuters Jahre in Thüringen in neuer Sicht

Die Reuter-Forschung erhielt in Thüringen nach der Wende einen kräftigen An-
schub von unerwarteter Seite. Die Stadt Eisenach erkannte bei der Erneuerung
des Stadtbilds rasch die Bedeutung der Architektur der Südstadt mit ihrer Fülle
von Bauten aus der Gründerzeit. Sie geben am Fuß der Wartburg der Stadt ihr
Gepräge als Pensionärs-, Kur- und Kongreßstadt. Darunter ist die Reuter-Villa
ein besonderes Juwel. Weitsichtig erkannte die Stadt, daß die Wiederherstellung
des Villenviertels nicht nur eine Frage der Erhaltung und Erneuerung der Bausubstanz, sondern auch des geistigen Lebens ist. Der rührige Kulturamtsleiter,
Reinhard Lorenz, fragte, ob der Förderverein Reuter-Museen durch eine wissenschaftliche Reuter-Tagung dazu beitragen könne, mit Fritz Reuter einen repräsentativen Vertreter der bürgerlichen Welt des 19. Jahrhunderts wieder stärker ins
Bewußtsein der Eisenacher Öffentlichkeit zu holen. Das 100-jährige Jubiläum des
Reuter-Wagner-Museums (1997) bot einen willkommenen Anlaß dazu. Die Fritz
Reuter Gesellschaft führte ihre jährlichen Reuter-Tage vom 11.-13.4.1997 in Eisenach durch. Der Förderverein Reuter-Museen veranstaltete vom 29.-31.5.1997
in Bad Liebenstein ein Symposium "Fritz Reuter in Thüringen". Beide Veranstaltungen waren eng miteinander verbunden: Die Vorträge der Reuter-Tage wurden
von Referenten und Referentinnen bestritten, die in Eisenach ihre für Bad Lie-
benstein vorgesehenen Beiträge in erweiterter Gestalt präsentierten.
Daher finden die Leser die Vorträge der Reuter-Tage 1997 in diesem Band in
Gestalt der nachstehenden Referate von Hückstädt, Schmidt-Henkel, Bunners,
Suhrbier, Nenz, Rösler und Dolgner, ferner die in Bad Liebenstein zusätzlich zu
diesen Referaten gebotenen Beiträge von Bichel, Davis, Beutin, Günther, Lüders,
Rudnik und Osmann.
Mehrere Zuschüsse ermöglichten es, das Symposium ein Jahr vorher durch eine
Arbeitstagung in Eisenach vorzubereiten. Es erwies sich als sehr fruchtbar, daß
den Referenten und Referentinnen - einschließlich der aus USA angereisten Lise-
lotte Davis - die Möglichkeit geboten werden konnte, sich über den allgemeinen
Forschungsstand zu informieren, ihre vorläufigen Forschungergebnisse zum
Thema auszutauschen und die Beiträge abzugrenzen. Der Förderverein konnte
anschließend einige Archivreisen finanzieren. Im Frühsommer 1997 führte die
Stadt Eisenach eine gründliche, überfällige Restaurierung der Reutervilla mit er-
heblichem Kostenaufwand durch und ermöglichte es der Museumsleitung, die
Richard-Wagner-Abteilung im Erdgeschoß völlig neu zu gestalten. 1999, zum

9

125-jährigen Todestag Fritz Reuters, wird auch die Fritz-Reuter-Abteilung teilweise erneuert.

Die Reuter-Tage und das Symposium befaßten sich mit Fritz Reuters beiden Lebensstationen in Thüringen: der einjährigen Studienzeit in Jena (1832-33) und dem 11-jährigen Aufenthalt in Eisenach (1863-74). Der ersteren war ein einziger, aber wichtiger Beitrag von dem Altmeister der Reuter-Forschung, Arnold Hückstädt, gewidmet. Hückstädt stützte seinen Vortrag auf interessante, z.T. neuentdeckte Quellen aus den Akten des akademischen Disziplinarverfahrens an der Universität Jena und des Untersuchungsverfahrens vor dem Großherzoglich Sächsischen Kriminalgericht in Eisenach gegen andere Burschenschafter, die Feststellungen über Fritz Reuter enthalten. Daraus ergaben sich neue Aspekte für Reuters Bild als Student sowohl hinsichtlich seines Auftretens in der Burschenschaft als auch hinsichtlich der Ernsthaftigkeit seines Studiums. Die übrigen 13 Referate lassen sich thematisch in drei Gruppen zusammenfassen:

- Sprach- und literaturwissenschaftliche Beiträge: Bichel, Schmidt-Henkel, Bunners, Suhrbier, Davis, Rösler.
- Biographische und historische Beiträge: Hückstädt, Günther, Nenz, Lüders, Beutin.
- Der Archiv-, Bau- und Museumsgeschichte gewidmete Beiträge: Rudnik, Dolgner, Osmann.

Die folgende Veröffentlichung der Referate folgt nicht scharf dieser Systematik, sondern hält sich mehr an den Ablauf der Vorträge auf dem Symposium, um den Zusammenhang mit dem referierten Diskussionsverlauf herzustellen. Außer den Referenten und Referentinnen nahmen weitere 8 Gäste aus der Reuter-Forschung teil, deren Diskussionsbeiträge nachstehend ebenfalls verzeichnet sind. Alle Diskusionsbeiträge sind mit Ausnahme der - nicht aufgezeichneten - Beiträge zum Referat Suhrbier durch den Verfasser dieser Einleitung vom Tonband übertragen und zusammengefaßt worden. Die Zusammenfassung erhebt nicht den Anspruch auf wortgleiche Wiedergabe, sondern will nur die Richtung der Anfragen und Ergänzungen aufzeigen.

Ziel der Tagungen war festzustellen, welche literarische Qualität die Spätwerke Reuters haben und wie sehr Fritz und Luise Reuter Eisenacher Bürger geworden sind, ohne ihre Verwurzelung in Mecklenburg zu verlieren; wie sehr sie "Mecklenburger in Thüringen" (Osmann) waren. An Werken, Briefen und Lebensweise, besonders am Bau der prächtigen Villa und an der gesellschaftlichen Stellung, läßt sich vieles neu ablesen. Reuters Eisenacher Werken war lange ein ähnliches Schicksal wie Heinrich Heines Spätwerken in Paris beschieden. Mit der Begründung, daß Fritz Reuter sich mit dem Fortgang aus Mecklenburg von der

Umgebung getrennt habe, die Grundlage seiner dichterischen Existenz gewesen sei, wurden sie - neben dem Hinweis auf den sich verschlechternden Gesundheitszustand - allgemein hinter den früheren Werken zurückgesetzt (zuletzt Schultz, Martin: Fritz Reuter - der lange Weg, Rostock 1996, S. 161). Nicht weniger bedenklich schien klassenbewußten Kritikern zur DDR-Zeit Fritz Reuters Abgleiten in die bürgerliche Existenz.

Bei den Tagungen setzten vor allem die literaturwissenschaftlichen Beiträge neue Akzente. Mit den Mitteln der Sprachpsychologie wurde "Dörchläuchting" neu interpretiert und vor allem als Satire verstanden (Suhrbier). Der in der Kritik vielfach als schwach beurteilten "Reis' nah Konstantinopel" wurden neue, sehr positive Aspekte in Form und Inhalt abgewonnen. Der Anschluß an sprachwissenschaftliche (speziell sprachsoziologische) Einsichten eröffne die Erkenntnis, daß Reuter den Wechsel auf den Sprachebenen Plattdeutsch, Hochdeutsch und Missingsch zur Meisterschaft entwickelt hat (Bichel); die literaturwissenschaftliche (insbesondere werkgeschichtliche) Betrachtung unterstreiche, daß Reuter glänzende Sprachporträts gestaltet hat, und mache deutlich, daß der Autor hier etwas anderes hat schaffen wollen und geschaffen hat, als Kritiker im Blick auf frühere Werke erwarteten (Schmidt-Henkel). Dem dritten, unvollendeten Eisenacher Roman "De Urgeschicht von Meckelnborg" wurde größere inhaltliche Qualität zuerkannt (Bunners). Mehr noch als bei "Dörchläuchting" schärfte offensichtlich der Blick von außen auf die politischen Verhältnisse in Mecklenburg Reuter den Blick und die Feder, so daß auch dieses Werk als meisterhafte Satire gelten kann, dessen einzige Schwäche ist, daß es unvollendet blieb. Ein später Trost ist, daß 1995, bei den zahllosen Festreden zum 1000-jährigen Jubiläum Mecklenburgs, aus keinem mecklenburgischen Werk so viel zitiert wurde wie aus Reuters "Urgeschicht".

Erstmals kam auch wieder Reuters Geschichtsdenken mit einem neuen Deutungsansatz, ergänzt um einige sprachtheoretische Aspekte zu Wort (Davis).

Zu Reuters Biographie ergaben die Tagungen eine völlig neue Einschätzung vom Anteil Reuters am Bau seiner Villa. Dolgners, Osmanns und Günthers vereintem Bemühen ist es zu verdanken, daß im Wartburg-Archiv Unterlagen gefunden und in einer Weise interpretiert wurden, die Legenden über den Villenbau auf ihren wahren Kern zurückführen. Vielleicht, um bei seinen Freunden in Mecklenburg sein Bild als Ankläger der Not der Tagelöhner nicht zu verwischen, schob Reuter seiner Frau Luise die Verantwortung für den Prachtbau zu und versetzte sich in die Rolle des gutmütig duldenden und zahlenden Ehemanns. Überhaupt ist am Bild Luises vieles zu korrigieren (Nenz). Nicht von ihrem Mann, sondern von dessen Biographen ist ihr, wie so mancher Dichterwitwe, Unrecht geschehen. Cornelia Nenz hat dies inzwischen gründlich in einer Biographie über Luise Reuter - auch eine Frucht der Mitarbeit am Symposium - zurechtgerückt (Nenz,

Cornelia: "Auf immer und ewig Dein Fritz Reuter". Aus dem Leben der Luise Reuter, Rostock 1998).

Dem Verständnis des geschichtlichen Kontexts zu Reuters letztem Lebensabschnitt diente die Beschäftigung mit der allgemeinen demokratiegeschichtlichen Entwicklung und Reuters Haltung dazu (Lüders), mit Reuters politischen Gedichten, deren Entstehung, Aussagen und Vergleich mit anderen patriotischen Dichtungen der Zeit (Rösler) und mit der Eisenacher Stadtgeschichte des 19. Jahrhunderts (Günther). Näheres über das gesellschaftliche und geistige Umfeld Reuters in Eisenach, über sein Verhältnis zu Honoratioren und Autoritäten der Stadt und die ihm entgegengebrachte Verehrung schildern Osmann und Günther in dem Buch "»...daß ich immer Farbe gehalten habe«. Zeugnisse aus Fritz Reuters Eisenacher Zeit" (Eisenach 1997). Vor allem durfte bei der Bedeutung, die Reuters Krankheit in seinen letzten Jahren verstärkt gewann, eine Auseinandersetzung mit den Ursachen, denen die Reuter-Forschung seit Beginn nachgeht, nicht fehlen (Beutin). Der Referent verwies die Annahme, daß die Dipsomanie auf die Festungshaft zurückgehe, in das Reich der Legende. Wie schon früher von ihm angedeutet (Der Demokrat Fritz Reuter, Hamburg 1995, S.104 ff.), sieht er die Ursache im frühen Tod der Mutter und erklärt die Trinkexzesse, die ihn seit der Studentenzeit durchs Leben begleiteten, als mißglückten Versuch der Selbsttherapierung. Für Beutin kam die Rettung auf dreifache Weise, bewirkt vor allem durch Frauen.

Für ihre gegenwärtige und künftige Arbeit waren die Referenten und Referentinnen dankbar, Informationen aus erster Hand über die einschlägigen Bestände der Reuter-Archivalien und ihre Pflege im Goethe und Schiller-Archiv Weimar und an anderen Standorten zu erhalten (Rudnik). An Hand neuer Unterlagen aus dem Wartburg-Archiv gelang es, den Verlauf des Grundstückerwerbs, Reuters Übertreibungen in der Schilderung seines Verhältnises zum "Nachbarn", dem Großherzog, seine intensive Beteiligung am Hausbau und seinen Stolz über das Bauwerk des international bekannten Architekten nachzuvollziehen (Dolgner) und neue Einsichten daraus für Reuters Persönlichkeit zu gewinnen. Auch die Geschichte des Reuterschen Nachlasses, der Anfall der Reutervilla samt Einrichtung auf dem Umweg über die Schiller-Stiftung an die Stadt Eisenach und die Fürsorge der Stadt für das Reuter-Wagner-Museum in den 100 Jahren seines Bestehens (Osmann) gehörte zum Thema. Die Tagung erhielt interessante praktische Perspektiven durch Überlegungen der Museumsleiterin zur Zukunft des Museums. Hier schloß sich der Kreis zum äußeren Anlaß des Symposiums: zum Bemühen der städtischen Kulturverwaltung, durch die Beschäftigung mit Leben und Wirken eines Dichters der Gründerzeit das öffentliche Interesse an der Erhaltung und Erneuerung der wertvollen Bausubstanz und des geistigen Erbes der Stadt aus dieser Zeit zu fördern. Wenn auch dies gelungen ist, so ist es für die Beteiligten der schönste Dank.

Zu danken ist an dieser Stelle auch dem Kultusministerium des Landes Mecklenburg-Vorpommern, dem Thüringer Wissenschaftsministerium, der Stadt Eisenach, der Norddeutschen Landesbank und den Kreissparkassen Demmin und Eisenach, die mit ihren Zuschüssen und Spenden das Symposium, einschließlich der vorangegangenen Arbeitstagung, sowie den Druck dieses Bandes der "Beiträge" mitermöglichten. Zu danken ist auch der Stadt und der Kurverwaltung Bad Liebenstein und der Kurklinik Dr. Lauterbach für vielfache Unterstützung des Symposiums.

Fritz Reuter als Burschenschafter, Jena 1833. Selbstbildnis.

Arnold Hückstädt

"Ich würde doch nach Jena gehen." - Fritz Reuter als Student und Burschenschafter in Jena 1832/33

"Ich möchte Dir Jena vorschlagen", schrieb Fritz Reuter seinem Vater am 29. Februar 1832 aus Rostock, als für ihn feststand, sein hier begonnenes Jurastudium an einer anderen Universität fortzusetzen. Sein Glück schien grenzenlos, als er, nachdem er um den 10. Mai 1832 in Jena angekommen war, dem Vater die ersten Eindrücke von der freundlichen Saalestadt und ihrer "himmlischen Lage", von der Aufgeklärtheit der "jenischen Bürger" und von den fesselnden juristischen Vorlesungen des Professors von Schröter schildern konnte.[1] - Was mußte geschehen sein, als Fritz Reuter nach Ablauf eines dreiviertel Jahres sich veranlaßt sah, ins Vaterhaus nach Stavenhagen die enttäuschende Mitteilung zu schikken: "Ich forderte mir ... mein Abgangszeugnis und ging aus einem Orte, wo man unschuldigerweise schlecht behandelt werden konnte."[2]
Was hatte sich um ihn und mit ihm in der Zeit von Mai 1832 bis Februar 1833 ereignet? Was lag verborgen in der Spanne dazwischen, die sein Leben in Jena war?
Fritz Reuter war nach Jena gekommen, um sein Studium fortzuführen, er war aber auch gekommen, weil es ihn zur Burschenschaft hinzog, weil er Burschenschafter werden wollte. Letzteres sollte ihm bald gelingen, und zwar noch vor seiner Immatrikulation, die am 25. Mai 1832 erfolgte. Bereits zwei Tage vorher, am 23. Mai, war für ihn der große Augenblick gekommen; er wurde zusammen mit Freund Karl Krüger aus Malchin als "Fuchs", d.h. als Kandidat, in die Allgemeine Burschenschaft aufgenommen.
Ein Mecklenburger, Karl Ludwig Frank aus Woldegk, war zu der Zeit Sprecher der Verbindung. Reuter kannte ihn als älteren Schüler aus gemeinsamer Friedländer Gymnasialzeit. Sein Landsmann also hatte ihn nun zum Kommentburschen der noch vereinigten Jenaer Burschenschaft gemacht. Wie die Aufnahme vor sich ging, schilderte Reuter in der Berliner Vernehmung vom 8. November 1833 wie folgt: "Nachdem ich ungefähr drei Wochen ... auf dem Burgkeller gekneipt hatte, trat endlich ein älterer Student zu mir und meinte, ich müßte mich auf den Comment verpflichten lassen. Dazu verstand ich mich und ging auf Bestellung auf die

---

1   Brief Fritz Reuters an den Vater, vom 25.5.1832. - In: Fritz Reuter. Gesammelte Werke und Briefe. Herausgegeben von Kurt Batt. Rostock: Hinstorff Verlag 1967, Bd.8, S.40-41 (nachfolgend zitiert mit dem Kürzel: GWB).
2   Brief Fritz Reuters an den Vater, vom 16.3.1833. - In: GWB, Bd.8, S.53.

Stube, wahrscheinlich eines Mitgliedes ..., woselbst ich circa 30 bis 40 Studenten versammelt fand, von denen fast die meisten durch Verlesung des Comments durch mehrere Mitglieder verpflichtet wurden, indem sie, auch ich, ihr Ehrenwort geben mußten, den Vorschriften des Comments Folge zu geben und die Sache mit Stillschweigen zu behandeln. ... In diesem Verhältnis lebte ich ... bis zum 13. Juli 32 fort; ich besuchte die Kneipe fleißig, fast gar nicht den Fechtboden, einige Male den Turnplatz (jenseits der Saale in Camsdorf gelegen, A.Hü.), nie die Bibliothek, öfter das Lesezimmer."[3]

Auch wenn Vater Reuter so seine Bedenken hatte, gab es zunächst keine Anzeichen dafür, daß Fritz Reuter sein Studium vernachlässigt hätte. Bei Professor von Schröter hatte er für das Sommersemester 1832 die Vorlesung über Institutionen, d.i. Einführung ins römische Zivilrecht, belegt, und er hörte sie mit Interesse. Kaum einmal versäumte er ein Kolleg. 38 Studenten hatten sich für diese Vorlesung einschreiben lassen, neben Fritz Reuter auch Karl Krüger aus Malchin und Julius Albert Martens aus Wismar. Das Einnahmebuch der Universitätskasse Jena registriert Fritz Reuter unter dem Datum des 6. Juni 1832 und weist aus, daß er 6 Taler Professorenhonorar sowie 10 Groschen und 8 Pfennige Beleggeld eingezahlt und dafür den Kollegienzettel (Vorlesungsberechtigungsschein) mit der Nummer 30 (Krüger hatte die 29) erhalten hat. 593 Studierende gab es im Sommersemester 1832 an der Universität Jena, Fritz Reuter war unter der Registernummer 407 eingetragen.[4]

In den "Akten über Ausübung der akademischen Gerichtsbarkeit" an der Universität Jena wurde Fritz Reuter in anderen Zusammenhängen erfaßt. Bereits Ende Mai 1832, Reuter war gerade drei Wochen in Jena anwesend, wurde er in einen Fall verwickelt, der zu der einen der beiden ihm in Jena auferlegten Geldstrafen geführt hatte.[5]

Dem Universitätsamt zu Jena wurde am 31. Mai 1832 folgender Rapport vorgetragen: "Der Pedell Knoblauch zeigt an, daß er am heutigen Abend 1/4 12 Uhr in der Leutrastraße sechs bis acht Studierende singend das Liedchen 'Drei Lilien, drei Lilien' betroffen habe, sie im Namen des Herrn Prorektors gebeten, dieses Singen zu unterlassen, worauf sie ihn umstellt hätten; wären aber gleich Arm in Arm weiter gegangen, das fragliche Singen bis zum Markte fortsetzend. Nur ei-

---

3   Vgl. "Die polizeilichen Vernehmungen des stud.jur. H.L.Chr.Fr. Reuter aus Stavenhagen". - In: Geheimes Staatsarchiv Preußischer Kulturbesitz Berlin-Dahlem, Rep.97, VIII, Bl.47-49 (nachfolgend zitiert mit dem Kürzel: GStA Dahlem).

4   Einnahme-Manuale bey der akademischen Quästur Jena. In: Universitätsarchiv Jena, Sign.: G/I, Nr. 041.

5   Auf dem Abgangszeugnis, das Reuter am 16.2.1833 von der Universität Jena erhalten hat, steht vermerkt, daß "außer einer zweymaligen Geldbuße eine sonstige Strafe ihn nicht getroffen" habe.

nen, Reuter aus Mecklenburg, habe er davon gekannt." Vor das Universitätsamt geladen, leugnete Reuter den Vorfall. Sein Ehrenwort darauf zu geben, war er aber nicht bereit, und zwar "nicht weil ich mich schuldig fühlte, sondern weil ich, die Wichtigkeit des Ehrenwortes erwägend, dasselbe nicht in dieser so geringen Sache abgeben, sondern lieber die Strafe über mich ergehen lassen wollte".[6] Wegen erwiesener Ruhestörung wurde er vom Konzil der Universität am 7. Juli 1832 "um zwei Taler an Gelde" bestraft.

In einem zweiten Fall, der "unterthänige Rapport" vom 10. Oktober 1832 an das Universitätsamt, lautete es: "Der Pedell Dorschel, welcher am heutigen Abend gegen 10 Uhr durch ein anhaltendes Singen, welches von mehreren Personen ausgeführt, aufmerksam gemacht worden war, ist diesem sofort nachgegangen und hat wahrgenommen, daß mehrere Studierende mit dem großen Postwagen durch die Stadt ... unter fortwährendem Singen verschiedener Lieder gefahren sind." Unter der Schar der sangesfreudigen Nachtschwärmer habe Dorschel auch den Studenten Reuter aus Mecklenburg sicher erkannt. Fritz Reuter bestritt den Vorfall nicht, doch zu mildern glaubte er ihn, indem er am 12. Oktober vor dem Universitätsamt aussagte: "... es ist zwar richtig, daß wir bey der Rückfahrt in die Stadt herein ein Lied gesungen haben, auch nach dem Fürstenkeller durch einige Straßen gefahren sind, geschrieen haben wir aber nicht."[7] Wiederum wurde Reuter vom Universitäts-Konzil "um zwey Thaler Geldes gestraft, auch zur Abstattung der Untersuchungskosten verurtheilt".

Fritz Reuter erlaubte sich gewiß noch manche studentische Ausgelassenheit und überschritt dabei die Grenze, die einzuhalten bürgerliches Ordnungsempfinden vorschrieb. Ihm auferlegte Geldbußen nahm er hin und mochte gar darüber gelächelt haben. Doch der Alltag seines Lebens in Jena kannte auch den Ernst und verlangte ihm wichtige Entscheidungen ab.

Bewegung war in die Jenenser Burschenschaft gekommen. Eine politisch motivierte Unruhe erfaßte seit Frühjahr 1832 immer größere Teile der Verbindungsmitglieder. Noch war die Burschenschaft zu Jena vereint, doch die Germanen zeigten sich nicht mehr willens, ihr politisch-praktisches Wirken für die Herstellung der Einheit Deutschlands den gemäßigteren Bestrebungen der Arminen unterzuordnen. Dieser Zwiespalt führte am 13. Juli 1832 zur Trennung, vorbereitet und herbeigeführt von früheren Germanen. Unter Leitung Karl Ludwig Franks hatten sich gesonderte Zirkel, die sogenannten Extra-Kränzchen, gebildet, in denen sich die germanisch gesinnten Studenten zusammentaten und die angestrebte Trennung von den Arminen besprachen. Frank erhielt den Auftrag zu einer kurzen

---

6   Zitiert nach: Gaedertz, Karl Theodor: Reuter-Kalender auf das Jahr 1909, S. 81.
7   Acta in Untersuchungssache wegen der am 10. Oct.1832 vorgekommenen Störung der nächtlichen Ruhe. - In: Universitätsarchiv Jena, Sign.: E/II, Nr.786.

Rede, in der er am 13. Juli die Loslösung begründen und zur Trennung auffordern sollte.[8]

Die Trennung am 13. Juli 1832 war geplant und kam nicht überraschend, auch für Fritz Reuter nicht. Er wußte, was bevorstand, und ihm war bewußt, was er tat auf jener Versammlung am 13. Juli, auf der er zuförderst als ordentliches Mitglied in die noch vereinte Burschenschaft aufgenommen worden war und sich unmittelbar anschließend auf die Seite der die Versammlung verlassenden Germanen begab. Ein und ein halbes Jahr später beschrieb Reuter im Berliner Polizeiverhör am 12. November 1833 diese Ereignisse wie folgt: "Nachdem ich bis zum 13.Juli 32, dem Tage der Trennung der vereinigten Burschenschaft, als Commentmitglied geblieben war, suchte ich meine Aufnahme als Mitglied dadurch nach, daß ich meinen Namen zu denjenigen Kandidaten schrieb, die vorgeschlagen sein wollten. Es war nehmlich zu diesem Ende eine Tafel auf dem Lesekabinett ausgelegt worden. Zugleich mit mir hatte sich mein Landsmann Krüger aus Malchin, Schmiedeberg aus Dresden und 10 andere Arminen ... zu diesem Behuf aufgeschrieben, was zur Folge hatte, daß wir sämtlich am 13. Juli v.J. als Mitglieder aufgenommen wurden. Wir wurden in die an jenem Tage gehaltene Versammlung geladen, wo uns der damalige Sprecher der vereinigten Burschenschaft namens Rieck, aus dem Holsteinischen gebürtig, ein Armine, mittelst Handschlag verpflichtete, den uns später bekannt zu machenden Gesetzen der Verbindung zu gehorsamen und den Zweck derselben, nehmlich die Bewirkung einer wissenschaftlichen, volkstümlichen und sittlichen Ausbildung, zu dem unseren zu machen. Dabei händigte er mir ein schwarz-rot und goldenes Band aus. Dieser Akt war von ihm vorgenommen, nachdem er in einer salbungsvollen Rede zur Verträglichkeit der Mitglieder unter sich aufgefordert hatte. Trotz dem trat Frank in dieser Versammlung auf und hielt eine Rede, daß in die Verbindung ein Geist des Hasses und der Zwietracht gekommen sei, der schon zu bedeutenden Roheiten Veranlassung gegeben hätte. Wer mit ihm ein Feind solcher Dinge sei, der möge mit ihm austreten und ihm folgen. Da ich sah, daß fast alle meine Landsleute und Bekannte sich erhoben, folgte auch ich. Wir verließen den Burgkeller und kneipten von nun an im Fürstenkeller."[9]

Am 14. Juli 1832 versammelten sich die Ausgetretenen in Zwätzen bei Jena und konstituierten hier die neue Germania. Der Mecklenburger Karl Ludwig Frank wurde zu ihrem Sprecher gewählt.

---

8   Vgl. hierzu: Geschichte der Universität Jena. Jena 1958, Bd.1, S.374. - Petzold, A.:
     Der Philosoph Schramm. Wahrheit und Dichtung in Fritz Reuters "Ut mine Festungs-
     tid". Ein Beitrag zur Geschichte der deutschen Burschenschaft. - Berlin: Carl
     Heymanns Verlag 1900, S. 14. - Bailleu, Paul: Fritz Reuters Universitäts- und Fe-
     stungszeit. Nach den Acten dargestellt. - In: Deutsche Rundschau, 1885, S. 388.
9   GSTA Dahlem, Rep. 97, VIII, Bl. 56/57.

Eine politisch bemerkenswerte Begebenheit, an der Jenaer Germanen maßgeblich beteiligt waren, fand am 15. und 16. September 1832 in Köstritz statt. Hier trafen sich etwa 30 Germanen aus Jena - unter ihnen Fritz Reuter - und eine nicht bekannte Anzahl liberaler Bürger aus Altenburg, z.B. Dr. Richter, Dr. Spazier und der Druckereifaktorist Voigt, die früher einmal Burschenschafter gewesen waren und sich nun in einem Polen-Komitee vereint hatten. Die Anregung zu dem Treffen war von den Altenburgern ausgegangen. Die auf beiden Seiten vorhandene und bewiesene Begeisterung für den polnischen Befreiungskampf von 1830/31 und die Bewunderung für die polnischen Freiheitskämpfer bildeten die geistige und politische Grundlage für die Begegnung in Köstritz. Sich kennenlernen und annähern, das wollten sie unbedingt, die Teilnehmer von Köstritz, vielleicht auch verständigen und in dem polnischen Beispiel ein Vorbild für patriotisches Handeln in Deutschland sehen.

Reuters Beschreibung des Köstritzer Treffens in seiner Vernehmung am 14. November 1833 in der Berliner Stadtvogtei lautet: "Wir trafen am Abend zu Köstritz ein, wohin später auch die Altenburger Philister ("Philister" - der Studentensprache entnommen, bedeutet "Bürger, Nichtstudent", A.Hü.) gelangten; zuerst war die Unterhaltung sehr steif, bis endlich der Schriftsteller Spazier auftrat und meinte, wir möchten in unserm Kreise doch die gewohnte Fröhlichkeit herrschen lassen, worauf Schramm ihm einige verbindliche Worte erwiderte. Darauf wurde gesungen und getrunken, eine allgemeine Unterhaltung wollte jedoch nicht in Gang kommen. Ich habe nur mit dem Dr. Richter ein paar Worte ganz gleichgültigen Inhalts, soviel ich mich entsinne, das schöne Bier betreffend, gewechselt. ... Am wenigsten ist jedoch über politische Angelegenheiten gesprochen; ich habe nicht bemerkt, daß ein Altenburger Philister exaltiert proponiert habe, daß Verschwörungen anzuzetteln seien, um dem Ding abzuhelfen. ... Daß Schramm und Spazier Reden des Inhalts gehalten hätten 'Gleichgesinnte müßten sich nähern', weiß ich nicht."[10]

Angesichts dieser Darstellung entsteht der Eindruck, daß Reuter das Köstritzer Treffen in Verlauf, Zweck und Bedeutung nicht wahrheitsgemäß beschrieben habe. Er wollte es wohl nicht. Ihm mochte daran gelegen haben, von der Begegnung jeglichen Verdacht einer politischen Demonstration abzuwenden und die Teilnehmer vor möglichen Anschuldigungen zu schützen. Deshalb, scheint es, betonte er so vordergründig die harmlosen, die geselligen Seiten der Begegnung, als ob es lediglich um Gesang und Bier und Unterhaltung gegangen wäre. Es ging aber sehr wohl um mehr. Der Schluß der Rede des Druckereifaktoristen Voigt aus Altenburg mag das verdeutlichen: "Es sei nun soweit gekommen mit dem Jammer des Vaterlandes, daß die Frage entstehe, ob man das noch länger so mit

---

10   Ebenda, Bl. 71-73.

ansehen oder Verschwörungen machen solle."[11] Die politischen Aspekte der Gespräche in Köstritz konnten Reuter nicht entgangen sein, somit auch nicht "die Trinksprüche auf Deutschlands Befreiung" und "die Lieder gleicher Tendenz".[12] Freund Karl Krüger, der in Köstritz nicht anwesend war, sagte vor dem Kriminalgericht zu Eisenach aus, Reuter habe ihm erzählt, "daß jene Zusammenkunft eine Annäherung der Altenburgischen Philister und der Germanen in Jena bezweckt habe".[13]

Das Treffen von Köstritz sollte für die Beteiligten auf Jenaer Seite unangenehme Nachwirkungen haben. Im Zuge der sogenannten Demagogenverfolgungen galt es den Untersuchungsbeamten als hochgradig belastendes Moment für alle, die daran teilgenommen hatten. Auch für Fritz Reuter.

Als Anfang Oktober 1832 der aus Heidelberg relegierte Germane Hermann von der Hude, ein Mann von entschiedener politischer Richtung, nach Jena gekommen war, wurde er nicht nur sofort Mitglied der Jenaer Germania, sondern gelangte auch umgehend in deren Führungspositionen. Er sorgte für eine Belebung der Kränzchen und schuf eine neue Kränzchenordnung, weil er erreichen wollte, die politische Bildung der Mitglieder zu heben.

Auch Fritz Reuter nahm jetzt an einem solchen Diskutierzyklus teil, den er hinsichtlich der thematischen Gestaltung nachhaltig beeinflußte. Reuter sagte über sein Engagement im Kränzchen: "Ich selbst habe nur unter Hases Leitung ein Verbindungskränzchen mitgemacht, Hase wollte eine Broschüre von Dr. Wirth zum Grunde legen. Da mir dies jedoch ganz unzweckmäßig schien, indem ich die überspannte Denk- und Schreibart des Verfassers kannte, da ich seine 'Deutsche Tribüne' gelesen, und glaubte, daß uns dies leicht in unsern Disputationen zu politischen Schwindeleien hinreißen könnte, so verlangte ich als Grundlage der Disputationen in diesem Kränzchen Schmidts 'Staats-Recht', was Anklang fand und durchging. Wir hatten die ersten Anfangsgründe des Staats-Rechts über die Begriffe von Staat pp. durchdisputiert. Aufsätze wurden nicht gemacht. Dies Kränzchen wurde abwechselnd auf den Zimmern der Theilnehmer bei einer Tasse Thee 3 bis 4 mal gehalten, auf meinem Zimmer wurde keins gehalten."[14]

---

11   Petzold (wie Anm. 8), S.21.

12   Hauptregister zu den Verhandlungen über den staatsverräterischen Bund auf den Hochschulen Deutschlands. - In: Thüringisches Hauptstaatsarchiv Weimar, Eisenacher Archiv, Nr. 1377; Bl. 63 (nachfolgend mit dem Kürzel zitiert: ThHStAW).

13   Untersuchungsbericht des Kriminal-Gerichts zu Eisenach, vom 9.8.1833. In: ThHStAW, Sign.: A 8827, Bl. 207.

14   Verhörprotokoll vom 14.11.1833. - In: GSTA Dahlem, Rep. 97, VIII, Bl. 74/75.

Reuters Entscheidung gegen Dr. Wirth und für Schmidts "gediegenes Werk"[15], wie Reuter es an anderer Stelle nannte, läßt darauf schließen, daß er dem arminischen Prinzip in diesem Moment näher stand als dem seiner eigenen Verbindung. Im Verbindungsleben der Germania spielten Geselligkeit und Gesang eine dominierende Rolle. Gesungen wurden vorrangig Kommers-, Volks- und Polenlieder. Fritz Reuter, der zwar später eingestand, "in musicis barbarus"[16] gewesen zu sein, sang dennoch gern. Louise, seine Frau, wußte zu berichten, daß Volks- und Studentenlieder ihm sehr ans Herz gewachsen wären, "deren er sich rühmte, 300 zu kennen, aber 'natürlich nur den Anfang'!"[17]

Zu den viel gesungenen Studentenliedern in Jena gehörte ab Mitte des Jahres 1832 auch das sogenannte "Deutsche Treibjagen" oder "Fürsten zum Land hinaus". Dieses politisch brisante Lied war auf dem Hambacher Fest (27. bis 30. Mai 1832) aufgekommen und von den Burschenschaftern Ewald von Massow und August Wichmann nach Jena gebracht worden, wo es schnell sehr beliebt wurde. Auch Fritz Reuter hat dieses Lied gekannt. Er gestand, es "öfter auf der Straße und in der Kneipe gesungen"[18] zu haben. Wer dieses Lied, vor allem die Strophe "Erst hängt den Kaiser Franz, dann den im Siegerkranz"[19] gesungen hat, der hatte sich "ehrenrühriger Schmähung" und Majestätsbeleidigung schuldig gemacht.

Als Reuter während der gerichtlichen Vernehmung 1834 in der Berliner Hausvogtei gefragt wurde, in welcher Absicht das Lied "Fürsten zum Land hinaus" gesungen worden sei, antwortete er verharmlosend: "Ich weiß von keiner bestimmten Absicht; das Lied wurde gesungen, weil es eine ansprechende Melodie hatte; ich glaube nicht, daß irgend jemand auf den Text Rücksicht genommen hat; dieser wurde vielmehr häufig verändert und augenblicklichen Situationen angepaßt, was beim Kneipen zu manchem Spaß Anlaß gab."[20]

---

15   Ebenda, Bl. 65.

16   Brief Fritz Reuters an Josef Schulz-Weida, vom 16.5. 1867. - In: GWB, Bd. 8, S. 623.

17   Brief Louise Reuters an Unbekannt, vom 9.2.1875. - In: Goethe und Schiller-Archiv Weimar, Bestand Reuter, Sign.: 77/N 7.

18   Figge, Gerhard: Fritz Reuter. Eine aktenmäßige Darstellung seines Prozesses und seiner Auslieferung. Dissertation, Berlin 1942, S. 109.

19   Figge (wie Anm. 18), S. 109.

20   An dieser Stelle sei Herrn Hartwig Suhrbier, Frechen, herzlich gedankt für die recherchierten Quellen, in denen das Lied "Fürsten zum Land hinaus" in verschiedenen Textvarianten gedruckt ist, z.B. in: Petzold,A.(wie Anm. 8), S.13. - Demokratisches Revolutionsgebrüll oder Hochverrathslieder, o.O.,o.J., (Flugschrift), S. 7/8. - Preußische Jahrbücher, Bd. 89, 1897, S. 304. - Steinitz, Wolfgang: Deutsche Volkslieder demokratischen Charakters aus sechs Jahrhunderten. Gekürzte Ausgabe in einem Band herausgegeben von Hermann Strobach. Berlin: Akademie-Verlag 1978, 3.Aufl., S.211-213.
Einige markante Strophen lauten:

Verhielt sich Fritz Reuter in den Berliner Verhören sonst eher verschlossen und stellte sich unwissend, so äußerte er sich in bezug auf die polnische Insurrektion von 1830/31 freimütig und verbarg keineswegs seine Sympathie für den Befreiungskampf und Freiheitswillen der Polen. So feierte er am 29. November 1832 mit Begeisterung den von Hermann von der Hude inspirierten Kommers zu Ehren des polnischen Aufstandes. Ins Vernehmungsprotokoll ließ Reuter schreiben: "Wir billigten alle insgesamt diese Rebellion, denn sonst hätten wir keine Feier mitgemacht."[21]

Reuters politisches Glaubensbekenntnis, das er am 19. November 1833 in der Stadtvogtei Berlin abgab, beruht ganz wesentlich auf seiner Übereinstimmung mit dem Anliegen der polnischen Erhebung:

Fürsten zum Land hinaus,
Jetzt kommt der Völkerschmaus.

Erst hängt den Kaiser Franz,
Dann den im Siegerkranz.

Wilhelm liebt Bürgermord,
Mit ihm aus Preußen fort.

Odenwald, schleif die Sens',
Zieh in die Residenz.

Greiz, Schleiz und Lobenstein
Jagt in ein Mausloch rein.

Mecklenburgs Friedrich Franz
Schandfleck des Vaterlands.

Oldenburg, deine Frist
Auch abgelaufen ist.

Dem Deutschen Bundestag
Werft faule Eier nach.

Jagt alle Dreißige,
Fußvolk und Reisige!

Jetzt ist's im Lande Raum,
Jetzt pflanzt den Freiheitsbaum!

21   GSTA Dahlem, Rep. 97, VIII, Bl. 77.

"In der Verbindung dachte ich zuerst ziemlich wenig oder gar nicht an Politik, bis der weitere Verlauf der polnischen Revolution mir eine Veranlassung dazu wurde. Ich mußte ein Volk bewundern, was sich aus eigenem Kraftgefühl gegen Unterdrückung erhoben hatte, und anerkennen, daß die Nationalität des Volkes sich wieder glänzend zeigte; deshalb feierte ich das Fest aus voller Überzeugung mit und kann nicht leugnen, daß ich, als später einzelne polnische Flüchtlinge bei dem Ende des Aufstandes durch die Umgegend Jenas zogen, diesen Leuten mein volles Mitleid und Bedauern für ihre unglückliche gute Sache geschenkt habe. Dies hat mich zwar zum Wunsch deren bessern Ergehens gebracht, keineswegs aber bei mir die Idee erregt, Revolution zum Umsturz unsrer Regierungen erzeugen zu helfen; dies habe ich nie gedacht, und wenn gar einmal im Kränzchen davon die Rede war, so entwickelte ich meine Idee einer zu hoffenden Repräsentation oder konstitutionellen Verfassung in Deutschland. Mit dieser Idee ausgerüstet, hielt ich mich von allen revolutionären Meinungen gänzlich fern."[22]

Fritz Reuter geriet gleich zu Beginn des Herbst/Winter-Semesters 1832/33 in eine schwierige Lage. Innere Belastungen und äußere Mißgeschicke lähmten seine Kräfte, nahmen ihm die Motivation, sich dem Studium zu widmen, und minderten sein Interesse, am Verbindungsleben der Burschenschaft teilzunehmen.

Da war das Mißtrauen des Vaters, das ihm nun auch nach hier entgegenschlug. Da waren die Informationen, die Professor von Schröter über ihn nach Stavenhagen schickte, weil es der Vater so wünschte. Die über sein Tun und Lassen verhängte Kontrolle wurde ihm unerträglich. Dem Druck, der nun von zwei Seiten, die ihm beide als übermächtige Instanzen erschienen, ausgeübt wurde, war er nicht gewachsen. Seinem ohnehin nur begrenzt ausgeprägten Studienwillen tat das weiteren Abbruch.

Anfang Oktober 1832, zu Semesterbeginn, erlitt Fritz Reuter bei einer Bergwanderung einen Unfall; eine schwere Knöchelverletzung zwang ihn für längere Zeit aufs Krankenlager; Vorlesungsversäumnisse waren unvermeidlich. Sie vermehrten sich noch, als er in der Folgezeit auch "innerlich erkrankt(e)"[23] und "durch ein Übel im Magen oder Blut, der Arzt weiß es selber nicht recht, im Besuch der Collegia verhindert"[24] war. Immer neue Kränklichkeiten stellten sich ein. Sie drückten ihn nieder und machten seinen Sinn finster. Depressionen quälten ihn. Sie waren mitverursacht durch den Tod seines Hausgenossen und Freundes Adolf Haupt aus Neukloster, den er wochenlang gepflegt und dessen Todeskampf und Sterben auch seine Kräfte aufgezehrt hatten.

---

22   Ebenda, Bl. 100/101.
23   Brief Fritz Reuters an den Vater, vom 19.11.1832. In: GWB, Bd. 8, S. 47.
24   Ebenda.

Fritz Reuter war verzweifelt und noch immer nicht gesund. Das Studium erschien ihm als sinnlos. Er entfernte sich immer mehr von dem Gedanken, es fortzusetzen. Als Student der Rechte in Jena hatte er sich bereits im November 1832 aufgegeben. An den Vater schrieb er am 19.November 1832: "Ich werde Ostern nach Hause kommen, und da kann es entschieden werden, ob ich weiter studieren soll oder nicht."[25] Doch eigentlich hieß das, daß er schon jetzt nicht mehr studieren wollte, nicht weiter studieren konnte.

In gleicher Weise und zur gleichen Zeit ging auch seine einst so starke emotionale Bindung an die Burschenschaft verloren. In der Verbindung fühlte er sich nicht mehr aufgehoben. Die Entwicklungen in der Germania, insbesondere die wachsende Bereitschaft zu Gewaltanwendungen, hat Fritz Reuter - durch Krankheit und Depression ein Außenstehender geworden - nicht mitvollziehen, nicht einmal richtig wahrnehmen können. Auf das Wesen und das Bild, das die Germania zum Ende des Jahres 1832 bot, auf die von ihr heraufbeschworenen oder mitgetragenen Tumulte auf Jenas Straßen reagierte er mit Ratlosigkeit und Verweigerung. In seiner Beziehung zur Burschenschaft spürte er, daß er im Grunde nicht mehr dazugehörte. "Während dieser Zeit, auch schon früher, hatte ich alle Lust am Verbindungsleben verloren, weshalb ich ... den Entschluß faßte, nunmehr, sobald wie nur irgend möglich meinen Austritt aus der Verbindung zu bewirken"[26], ließ er später ins Vernehmungsprotokoll schreiben.

Den Zeitpunkt, die Austrittsabsichten wahr zu machen, hielt Reuter für gekommen, nachdem die Beschlüsse des Stuttgarter Burschentages vom 25./26. Dezember 1832: Deutschlands Einheit und Freiheit durch Erregung einer Revolution zu bewirken, in Jena am 18. Januar 1833 auf einer Versammlung der Germania bekannt gemacht worden waren. Auf einer zweiten Versammlung am 21. Januar 1833 in der Eidamei erklärte Fritz Reuter seinen Austritt aus der Germania, und zwar "mit dem öffentlich ausgesprochenen Grunde, der Geist, der in der Verbindung wäre, sei nicht mehr der meine".[27] Mit seinem Austritt habe er den Beweis liefern wollen, daß er "zur Erregung einer Revolution oder Mitwirkung an einer solchen nie gestimmt war".[28]

Reuter verließ nicht als einziger die Germania, auch nicht als erster. Kurz zuvor war Karl Schramm, der als ehemaliger Sprecher, Turnwart und Festredner wichtige Funktionen in der Verbindung ausgeübt hatte, ausgetreten. Mit Reuter zusammen erklärten zwölf weitere Germanen, darunter der derzeitige Sprecher Emil Müller und noch mehrere andere Vorstandsmitglieder, ihren Austritt. Zu den Ausgetretenen gehörten neben Reuter auch die drei Mecklenburger Eduard Nau-

---

25   Ebenda, S. 48.
26   GSTA Dahlem, Rep. 97, VIII, Bl. 81.
27   Ebenda, Bl. 63.
28   Ebenda, Bl. 85.

24

werk aus Neustrelitz sowie Julius Albert Martens und Karl Albrecht Schmidt aus Wismar. Karl Krüger aus Malchin gab seine Mitgliedschaft wenige Tage später auf.

Da die Germania in Jena eine relativ kleine Verbindung war, sie hatte am 28. Dezember 1832 gerade mal 45 Mitglieder[29], wurde sie durch Austritte empfindlich geschwächt. Einen nicht unerheblichen Teil ihrer Mitglieder verlor sie um die Jahreswende 1832/33 durch Relegationen und polizeiliche Wegweisungen, darunter ihre Führungspersönlichkeiten Hermann von der Hude und Albert Schmidt. Als dann am 21./22. Januar 1833 die Gruppe um den Sprecher Emil Müller, wozu auch Reuter gehörte, die Germania infolge der Stuttgarter Beschlüsse verließ, war das ein Aderlaß, den sie nicht verkraftete. Diese Gruppe umfaßte - Schramm und Krüger mitgerechnet - 15 Personen, das machte fast die Hälfte der gesamten Mitglieder aus.

Die Nichtausgeschiedenen sammelten sich um den Woldegker Karl Ludwig Frank; sie zählten einschließlich Kommentburschen noch etwa 20 bis 25 Studenten[30], darunter die Mecklenburger Karl Hase, Adolf Haupt, Karl Peters und Franz Runge. Sie bildeten keine feste Verbindung mehr, hatten den Namen Germania und die Farben schwarz-rot-gold abgelegt und existierten nur noch kurze Zeit als politischer Klub weiter. Die Germania in Jena hatte sich Ende Januar 1833 aufgelöst.

Am 6. Februar 1833 fanden nahe Ziegenhain bei Jena zwei Duelle statt, ein gewöhnliches, ein Fechtkampf, worin Reuter verwickelt war, und ein Pistolenduell, dem er als Zuschauer beiwohnte.

Auf Grund einer ihm zugefügten Beleidigung hatte Reuter den Studenten Cornelius Jäger auf zwölf Gänge gefordert. Das Duell nahm nach Reuters Protokollaussage folgenden Verlauf: "Wir waren nach Ziegenhain, dem gewöhnlichen Paukort zu der Zeit, gegangen; im Saale des Wirtshauses 1 Treppe hoch ging die Sache vor sich. Mir sekundierte Schmidt aus Mecklenburg, dem Jäger der Stöhr aus Eisenach; Steinmetz war Unparteiischer. Nach dem dritten Gang bekam Jäger einen Stich unter dem rechten Arm, der ihm den Arm auf einige Wochen gelähmt, sonst aber keine nachteiligen Folgen weiter gehabt hat."[31]

Das Duell auf Pistolen zwischen den Studenten Karl Schramm und Karl Wilhelm Steinmetz war anschließend ausgetragen worden. Es endete damit, daß Schramm einen Schuß in den Schenkel bekam. Die direkt Beteiligten verließen sofort den

29   Namen-Verzeichnis derjenigen Studierenden, welche zur Gesellschaft im Fürstenkeller gehören. Jena, den 28. Dezember 1832. In: Universitätsarchiv Jena, Sign.: E / II, Nr. 799.
30   GSTA Dahlem, Rep- 97, VIII, Bl. 83.
31   Ebenda, Bl. 92/93.

Duellierplatz und auch Ziegenhain. Sie mußten befürchten, arretiert zu werden, denn Duelle mit Schußwaffen waren streng verboten.

Im Wirtshaus zu Ziegenhain waren an jenem Abend nur Fritz Reuter und vier Kommilitonen zurückgeblieben. Hätten sie sich nur auch von dort entfernt!

Das Universitätsamt Jena hatte von dem Pistolenduell Kenntnis erhalten und sofort den Pedellen Dorschel, unterstützt von einem Militärkommando, nach Ziegenhain geschickt, um die Schuldigen, d.h. die direkt am Duell Beteiligten, ausfindig zu machen und in Arrest zu nehmen. Sie stießen jedoch nur auf die in der Schankstube verweilenden Studenten Reuter, Jäger, Stöhr, Meier und Hoffmann. Dorschel arretierte sie auf der Stelle und ließ sie wie gefährliche Sträflinge unter Militäraufsicht in die Stadt bringen. In die Mitte genommen, durften sie dem Schmutz des Fahrweges, auf dem sie zu gehen hatten, nicht ausweichen und mußten Schikanen erdulden. Auf die Hauptwache im Kollegiengebäude gebracht, stellte sich ihre Unschuld heraus, und sie wurden um Mitternacht, auch unter dem Druck der ca. 40 vor der Wache versammelten Studenten, freigelassen.

Am nächsten Tag, dem 7. Februar 1833, legte Fritz Reuter beim Universitätsamt Beschwerde ein über die "beleidigende Handlungsweise" des Pedellen Dorschel. Reuter brachte vor: "Die gestrige Arretierung hat auch mich sehr kränken müssen, und ich wünsche zu wissen, von wem der Befehl dazu ausgegangen ist." Reuter forderte energisch, "daß der Pedell Dorschel wegen seines eigenmächtigen Benehmens zur Strafe gezogen werde!"[32]

Wie die akademische Gerichtsbarkeit gehandhabt wurde, macht das Gegenverhör vom 9. Februar 1833, geführt mit Reuter und Dorschel in einer Gegenüberstellung, deutlich. Einige Protokollpassagen mögen Beleg dafür sein:

Amtmann: "Herr Reuter giebt an, daß gleich beim Eintritt des Pedellen Dorschel, ohne daß irgend vorher ein Wort in der Schenkstube gefallen, Letzter die Arretierung der anwesenden Studenten im Namen des Prorektors ausgesprochen habe."

Reuter: "Ja, das ist wahr."

Dorschel: "Ich kann dies nicht einräumen, vielmehr habe ich die Frage gestellt, ob ein Verwundeter da sei, und sodann erst weiter gehandelt."

Amtmann: Als die Studenten auf dem Fußwege hätten gehen wollen, wären sie "in einem barschen Tone, namentlich Herr Reuter, mit den Worten: 'Sie müssen in der Mitte gehen!' von Ihnen, Herr Dorschel, in den Fahrweg zurückgewiesen worden."

Reuter: "Ja, das ist geschehen."

---

32 Acta, die von Studierenden geführte Beschwerde über eigenmächtige und beleidigende Handlungsweise des Pedellen Dorschel betreffend. In: Universitätsarchiv Jena, Sign.: E / II, Nr. 809, Bl. 1/2.

Dorschel: "Ich kann mir den Vorwurf nicht machen, daß ich unhöflich gewesen wäre. Vielmehr habe ich mit der Laterne, welche ich bei mir hatte, wenn eine gefährliche Stelle kam, den Herren geleuchtet und so darauf aufmerksam gemacht, daß sie sich in Acht nehmen möchten."
Reuter: "Ja, das kann ich dem Dorschel bezeugen." ...
Amtmann: "Es wird behauptet, daß Sie, Herr Dorschel, gegen den Studenten Jäger die Äußerung gemacht haben sollen:'Halten Sie das Maul!'"
Reuter: "Ja, diese Äußerung habe ich selbst gehört, und als ich sie hörte, sprang ich gleich zurück, es war in der Nähe der Schneidemühle, ich rekolligierte mich aber auf der Stelle, um nicht etwas zu tun, worüber ich später Verantwortung haben könnte." ...
Dorschel: "Der Student Jäger war etwas betrunken. Ich habe demselben viel zuzureden gehabt, aber eine Äußerung der Art, wie sie jetzt behauptet wird, entsinne ich mich durchaus nicht."[33]

Aussage stand gegen Aussage. Der akademische Senat verhieß am 15. Februar 1833, daß er Dorschel "mit Hauptwachtarrest auf einen Tag lang" bestrafen würde, gäben die Studenten ihr Ehrenwort ab zur Bekräftigung ihrer Beschwerde. Fritz Reuter erklärte daraufhin am 16. Februar 1833: "Ich nehme die angebrachte Beschwerde gegen Dorschel zurück und mag das erkannte Ehrenwort um so weniger abgeben, da mich die Äußerung Dorschels ohnehin nicht berührt, auch nicht getroffen hat, und ich ohnehin beabsichtige, jetzt von hier abzugehen."[34]
Reuter mochte gespürt haben, daß dieser Rechtsstreit ausufern und ohne das erhoffte Ergebnis enden würde. Außerdem stand tatsächlich sein Weggang von Jena unmittelbar bevor. Dorschel durfte sich durch Handgelöbnis von der gegen ihn gerichteten Anschuldigung "reinigen" und wurde kostenfrei von der Untersuchung entbunden.
Als am 23. Januar 1833 auf Antrag des Senats der Universität zwei Kompanien Militär aus Weimar nach Jena verlegt wurden, um gegen die Studentenunruhen einzuschreiten und die Ordnung wieder herzustellen, empörten und erregten die Studenten sich heftig. Die Studentenschaft konnte sich aber nicht entschließen, dem Aufruf Karl Ludwig Franks Folge zu leisten, der gefordert hatte, die Studenten sollten in Gestalt eines geschlossenen Auszuges Jena verlassen, um auf die Weise gegen die Militärpräsenz in der Saalestadt zu protestieren. Von den 594 Studierenden Jenas waren etwa 50 bereit, diesen Schritt zu vollziehen. Einer von ihnen war Fritz Reuter.

---

33   Ebenda, Bl. 16-18.
34   Ebenda, Bl. 27.

Reuter verließ am 19. Februar 1833 Jena und ging ins benachbarte Camburg. Hier hielt er sich bis zum 30. April 1833 auf, um dann für etwa ein halbes Jahr ins Vaterhaus nach Stavenhagen zurückzukehren.

Nach dem gescheiterten Sturm auf die Frankfurter Hauptwache am 3. April 1833 setzten überall in Deutschland die sogenannten Demagogenverfolgungen ein. Zu dem Zweck wurde in Frankfurt a.M. die Bundes-Zentralbehörde eingesetzt, Preußen schuf sich in Berlin die Ministerial-Kommission, und in den Ländern waren für diese Untersuchungen die Landeskriminalgerichte zuständig. Die Jenaer Germanen, in Bausch und Bogen des Hochverrats verdächtigt, kriegten es mit dem Großherzoglichen Kriminalgericht in Eisenach zu tun.

Zu den wenigen in Jena noch anwesenden einstigen Germanen gehörte Karl Krüger aus Malchin. Am 11. Juli 1833 wurde er in das Kriminalgefängnis zu Eisenach gebracht.

Die Untersuchungshaft Karl Krügers und seiner Mitgefangenen in Eisenach ist hier deswegen von Belang, weil die Untersuchungsergebnisse, die die Eisenacher Kriminalbeamten zutage gebracht haben, maßgeblich auch das Schicksal Fritz Reuters bestimmen sollten.

Vor dem Kriminal-Gericht in Eisenach mußte Krüger schnell begreifen, daß es zwecklos wäre, mit der Wahrheit zurückzuhalten. Schon am 13. Juli 1833 verkündete der Direktor des Kriminal-Gerichts, Dr. Bischoff, in seiner Meldung nach Weimar: "Krüger hat gestanden, Mitglied der eigentlichen (engeren) Verbindung Germania in Jena gewesen zu sein und folgende Individuen, als zur engeren Verbindung gehörig, genannt": Es sind 25 Namen aufgeführt, darunter die der Mecklenburger Karl Ludwig Frank, Karl Hase, Adolf Haupt, Julius Martens, Eduard Nauwerk, Karl Albrecht Schmidt und Friedrich Reuter.[35]

Bald waren es mit Karl Krüger zwölf ehemalige Jenaer Germanen, die im Kriminal-Gefängnis zu Eisenach einsaßen und gegen die eine förmliche Kriminaluntersuchung durchgeführt wurde. In einem 76 Seiten umfassenden Untersuchungsbericht vom 9. August 1833 legte Dr. Bischoff die bis dahin erzielten Ermittlungsergebnisse vor. Über Fritz Reuter heißt es darin: "Reuter gehörte zwar unter die Zahl der Verbindungsmitglieder, welche sich für die Erregung einer Revolution in Deutschland aussprachen, auch wohnte er der Unterredung zwischen Germanen und Altenburger Philistern in Köstritz bei, er ist aber nicht unter den Studenten genannt, welche nach den Stuttgarter Beschlüssen in der Verbindung zurückblieben."[36]

Zum Bestand des Thüringer Hauptstaatsarchivs in Weimar gehört auch das "Hauptregister" zu den am Eisenacher Kriminal-Gericht geführten Verhandlungen

---

35   Ebenda, Sign.: E / II, Nr. 836.
36   ThHStAW, A 8827, Bl.216.

über die Burschenschafter. Das "Hauptregister" wäre der Schlüssel oder das Findbuch zu den Inhalten der insgesamt 21 Protokollbände, die jedoch durch Brand vernichtet worden sind. Über Reuter sind immerhin 43 Registereintragungen verzeichnet, und in Stichworten finden sich dabei folgende Angaben über ihn: "Mitstifter der neuen Germania in Jena; ist für Revolution; will sich bewaffnet anschließen; tritt nach den Stuttgarter Beschlüssen aus der Verbindung (aus); in Köstritz; Prügelei am 20. Jan.1833."[37]

Was im Kriminal-Gericht zu Eisenach über Fritz Reuter als Untersuchungsergebnis festgeschrieben wurde, war die ihm zugewiesene politische Schuld, die in genau der von Dr. Bischoff verwendeten Formulierung nicht nur der Zentral-Behörde in Frankfurt, sondern auch der Berliner Ministerial-Kommission vorlag.

Es läßt sich also konstatieren, daß in Eisenach, d.h. in dem dort ansässigen Großherzoglich-Sächsischen Kriminal-Gericht, entsprechend vorgearbeitet worden war, um eine politisch motivierte juristische Handhabe für Reuters spätere Festnahme zu besitzen.

Am 31. Oktober 1833 ist Fritz Reuter in Berlin verhaftet worden.

Der Berliner Polizeipräsident von Gerlach bezog sich dann auch in seinem Bericht vom 1.November 1833 auf das ihm in der bekannten Textfassung vorliegende Eisenacher Untersuchungsergebnis über Reuter, womit er nicht nur die Arretierung Reuters rechtfertigte, sondern auch dessen Einlieferung ins Gefängnis Stadtvogtei zur weiteren polizeilichen Untersuchung begründete.

Trotz aller Enttäuschungen und der vielen bitteren Erfahrungen, die Fritz Reuter zwischen 1833 und 1840, seiner siebenjährigen Festungshaft, machen mußte, hat er sich immer zu den Ideen einer hoffnungsreichen Jugendzeit bekannt.

Der von der Burschenschaft geprägte Geist von Jena, dem die Sehnsucht nach Freiheit und die Bereitschaft, dafür zu streiten, innewohnte, hat in Fritz Reuter fortgelebt, in seinen politischen Handlungen, in seinen poetischen Gestaltungen und auch in den Zeilen des "Hanne Nüte", wo es freudig heißt: "... ein Wurd noch, Sähn! - Ich würde doch nach Jena gehn."

---

37   Ebenda, Eisenacher Archiv, Rechtspflege, Nr. 1377, Bl. 72.

Diskussion des Beitrages von Arnold Hückstädt

Die Aussprache kreist vor allem um die Frage, ob Fritz Reuter als Student in Jena seiner politischen Gesinnung nach Revolutionär war. Mehrere Teilnehmer warnen davor, die Feststellung des Eisenacher Untersuchungsrichters "Reuter ist für Revolution" wörtlich zu nehmen. Dagegen spreche schon Reuters Austritt aus der Burschenschaft. R.'s Haltung sei schwer einzuschätzen, da es von ihm keine eigene Aussagen dazu gebe (*Davis*). Man müsse seine tatsächliche Haltung aus dem geschichtlichen Kontext, aus seinem sonstigen Verhalten und dem der anderen Burschenschafter historisch-kritisch erschließen *(Bunners)*. Auf dieser Grundlage sei festzustellen, daß sich die Verbindung "Germania" Anfang 1833 nach dem Stuttgarter Beschluß in allgemeiner Auflösung befand. *Hückstädt* weist darauf hin, daß nach den Eisenacher Vernehmungsakten mit Reuter zeitgleich aus der "Germania" nicht nur weitere 12 Mitglieder, wie meist berichtet werde, sondern erheblich mehr, wohl der Großteil der Jenenser Verbindung, austraten. In ihr herrschten darauf chaotische Zustände. Hierin und nicht in einem politischen Gesinnungswandel sehen die meisten Teilnehmer den Grund für Reuters Austritt. *Bunners* meint, daß Reuters Teilnahme an den Vorgängen in Jena wohl aus einem Gemisch von jugendlicher Aufmüpfigkeit, Bierlaune, Vaterkonflikt mit dem Wunsch, "gegen etwas zu sein", und nur zum Teil aus überzeugter politischer Gesinnung zu erklären sei. Die Eisenacher Untersuchungsbehörde habe bei fast allen "Germanen" den Satz "Ist für Revolution" vermerkt. Dennoch seien sie überwiegend bedeutend milder als Fritz Reuter bestraft worden (*Hückstädt*).

Beutin weist darauf hin, daß damals in ganz Europa die Fürsten die Gefahr des politischen Umsturzes sahen. Der Pariser Julirevolution 1830 seien in Polen, Belgien, Italien blutige Aufstände gefolgt. Wenig später hätten sich in Deutschland beim Hambacher Fest (1832) freiheitliche Kräfte, besonders Studenten, gegen das Metternichsche System erhoben. Vor allem der Sturm auf die Frankfurter Hauptwache am 3. April 1833 habe zu Massenverfahren gegen Studenten geführt. Die Untersuchungsverfahren seien generell nicht mit heutigen rechtsstaatlichen Vorstellungen vereinbar. Sie seien für bestimmte Taten und Personen eingerichtet worden, also Sondergerichte. Von diesen hätte keine objektive Klärung der Vorgänge erwartet werden können (*Suhrbier*). Das Kriminalgericht Eisenach habe sich in der heutigen Münze befunden, nicht zu verwechseln mit dem Residenzhaus (*Günther*).

Reuters Verfolgung und Verurteilung stehe in einer langen Kette von politischen Strafverfahren im Vormärz. Aufschluß darüber gebe das "Schwarze Buch" der Metternichschen Bundeszentralbehörde, das sie 1838 über alle Verfahren in den

Ländern (seit 1834) angelegt habe. Unter den rd. 2.000 Verdächtigen und Verurteilten, darunter 59 Mecklenburgern und 92 Vorpommern, finde sich auch Fritz Reuter (*Lüders*). Die Demagogenverfolgung diente dem Schutz des Metternichschen Systems. So habe der Preußische Minister für Auswärtige Angelegenheiten, von Ancillon, nach dem Frankfurter Ereignis Metternich gegenüber erklärt: "Das Frankfurter Attentat kann Deutschland retten, wenn man sich beeilt, das Attentat auszubeuten" (*Hückstädt*).

Gegen eine aktive Teilnahme Reuters an politischen Aktionen der Burschenschaften spricht nach Günther auch, daß er sich später in Eisenach, obgleich es Zentrum burschenschaftlicher Traditionen war, vom Verbindungsleben ferngehalten, er auch nicht an der Wartburgfeier 1867 teilgenommen habe. Bei der Feier zu Reuters 100. Geburtstag habe zwar einer der Festredner, Professor Flex, selbst Burschenschafter, die Vermutung geäußert, daß Reuter in Eisenach den Burschenschaften nicht ferngestanden habe, aber auch erklärt, daß es keinen Beweis für eine aktive Teilnahme Reuters am burschenschaftlichen Leben gebe (*Günther*).

Das Arbeitszimmer Reuters in der Eisenacher Villa.

Ulf Bichel

Das Wechselspiel zwischen hochdeutscher Bildungssprache und plattdeutscher Alltagssprache als Gestaltungselement in Reuters "Reis' nah Konstantinopel"

Reuters "Reis' nah Konstantinopel" gehört zweifellos nicht zu den Werken, auf die sich sein Ruhm gründet. Dennoch enthält dieser Roman einige beachtliche gestalterische Leistungen, die offenbar werden, wenn man das Werk aus der Perspektive der Sprachsoziologie betrachtet.

Die Soziolinguistik, also jener Teil der Sprachwissenschaft, der sich mit dem Zusammenhang zwischen Sprache und Gesellschaft befaßt, hat sich in den letzten Jahrzehnten immer mehr der Frage zugewendet, wer mit wem über was in welcher Sprachform spricht. Besonders aufschlußreich ist dabei der funktional differenzierte Sprachgebrauch in Gegenden, in denen für unterschiedliche Zwecke - anders gesagt: in bestimmten Domänen - verschiedene Sprachformen üblich oder gefordert sind. Wenn es sich dabei, wie es öfter zu beobachten ist, um nur *zwei* Sprachvarietäten handelt, spricht man von "Diglossie". In solchen Fällen konnte man eine deutliche Grenzlinie zwischen den zwei Sprachgebräuchen ausmachen. Einer der führenden Forscher auf diesem Gebiet, Fishman, erläutert dazu näher: "Diese Trennungslinie verlief sehr häufig auf der einen Seite entlang den Grenzen einer H(och)-Sprache, die in Verbindung mit der Religion, der Bildung und anderen Aspekten der hohen Kultur verwendet wurde, und auf der anderen Seite entlang einer L(= niederen)-Sprache, die in Verbindung mit den alltäglichen Betätigungen am Herd, im Heim und in der Sphäre der ungelernten Arbeit verwendet wurde. Ferguson nannte H eine 'übergelagerte Sprache', da sie normalerweise später und in einer formelleren Umgebung als L gelernt wird und aus diesem Grunde L überlagert."[1]

Für jemanden, der sich mit dem Niederdeutschen beschäftigt, leuchtet wohl unmittelbar ein, daß das Nebeneinander von Hochdeutsch und Niederdeutsch in wesentlichen Zügen diesem Muster entspricht, wenn auch mit gewissen Variatio-

---

1   Fishman, Joshua A.: Soziologie der Sprache. Eine interdisziplinäre sozialwissenschaftliche Betrachtung der Sprache in der Gesellschaft. München : Hueber, 1975. (Hueber Hochschulreihe ; 30), S. 96. - Die von Fishman angesprochene Arbeit von Ferguson liegt ebenfalls in deutscher Sprache vor: Ferguson, Charles A.: Diglossie. In: Anwendungsbereiche der Soziolinguistik. Hrsg. von Hugo Steger. Darmstadt : Wissenschaftliche Buchgesellschaft, 1985. (Wege der Forschung ; 319), S. 253-276.

nen nach Zeit und Ort.[2] Recht deutlich ist es im Mecklenburg der Reuterzeit zu beobachten, und Reuter hat erkannt, wie unterschiedlich die Menschen mit diesen nicht nur in unterschiedlichen Funktionen gebrauchten, sondern auch unterschiedlich angesehenen Sprachvarietäten umgehen. Das läßt sich von den "Läuschen un Rimels" an bis zum Spätwerk verfolgen, und manche treffende Gestaltung ist ihm dabei gelungen. Aber in der "Reis' nah Konstantinopel" werden die Variationen des Sprachgebrauchs zu einem zentralen Thema.

Wenn man das Werk darauf hin betrachtet, ist man überrascht, mit welcher Differenziertheit Reuter auf Gebrauchseigenheiten der einzelnen Personen eingegangen ist und wie er die Gestaltung dieses Gebrauchs für seine literarische Aussage benutzt. Hintergrund dazu ist, daß in Mecklenburg - von den fürstlichen Höfen ausgehend - das Hochdeutsche zur Sprache der wohlhabenden und maßgeblichen Kreise geworden war, die gleichzeitig über die Muße verfügten, sich mit Bildungsgütern zu befassen. Reuter wählt nun - auf eigene Erfahrung gestützt - die Situation einer Bildungsreise als Thema seines letzten größeren Erzählwerkes und läßt darin eine ganze Reihe von Personen, die mit dem Plattdeutschen als Erstsprache aufgewachsen sind, sich mit dem nicht ganz unproblematischen Bildungsmittel einer für zahlende Gäste organisierten Reise zu Stätten klassischer Kultur auseinandersetzen. Dabei enthüllt der unterschiedliche Umgang mit Hoch- und Plattdeutsch bei den Personen dieser Gruppe nicht nur verschiedene Charaktere und Lebensentwürfe, sondern es fallen auch bezeichnende Lichter auf die soziale Lebenswirklichkeit ihrer Welt.

Da ist zunächst die handlungsauslösende und ihrer Absicht nach auch handlungsbestimmende Gestalt der Hanne oder Jeanette Groterjahn, das auffällig kluge, aber gesundheitlich anfällige und darum gehätschelte Kind eines Töpfers, das zu einer schönen jungen Frau, zur Frau eines Gutspächters, geworden ist und schließlich gar zur Gutsherrin, da ihr Mann sein Pachtgut dank einer Erbschaft hat kaufen können, was auch gesellschaftliche Vorrechte mit sich gebracht hat. Hanne hat es daraufhin "äwer Nacht", wie Reuter sagt, "mit de Bildung kregen"[3]. Sie spricht selbst nur noch betont gebildetes Hochdeutsch und sucht das auch bei Tochter, Sohn und Mann durchzusetzen. Aber die Sprache gerät ihr öfter gestelzt, und gelegentlich enthüllt sie, daß sie mit dem Bildungsgut, mit dem sie sich

---

2   Vgl. dazu u.a.:Bichel, Ulf: Die Überlagerung des Niederdeutschen durch das Hochdeutsche. In: Sprachgeschichte. Ein Handbuch zur Geschichte der deutschen Sprache und ihrer Erforschung. Hrsg. von Werner Besch, Oskar Reichmann, Stefan Sonderegger. 2. Halbband (HSK 2,2). Berlin/New York : de Gruyter 1985, S. 1865-1873.

3   Reuter, Fritz: Gesammelte Werke und Briefe. Hrsg. von Kurt Batt. Band 6. Dörchläuchting (Olle Kamellen VI). De mekelnbörgschen Montecchi un Capuletti oder De Reis' nah Konstantinopel (Olle Kamellen VII). Bearbeiter: Heinrich Ehlers. Rostock : Hinstorff 1967 (= GWB 6), S. 275.

Würde und Glanz geben möchte, doch nicht so sicher umgehen kann, wie sie vorgibt, z.B. an folgender Stelle: "»Was höre ich?« rep Fru Groterjahn un slog de Hän'n tausam,»meine Kinder, mein Sohn Poll, mein Kind Hella konzipieren ..., kon-kon-konspirieren gegen mich mit dem Erbfeind unseres Hauses, und du, Groterjahn, du sitzt dabei und sagst nichts dazu?«[4] oder: "Schweig still, Anton! Helene ist jetzt in das Stadium getreten, wo über die Zukunft des Weibes der Würfel geworfen wird, wo sie entweder an der Seite eines gebildeten Mannes die Palme aller menschlichen Erziehung erlangt oder an der Seite eines ungebildeten in den Schmutz und den Staub des gemeinen Lebens zurückgeschleudert wird. - Ich weiß, wie weh das tut!"[5] Ein aufgeschwellter Stil wird hier präsentiert, der sich u.a. in gesuchten Redewendungen wie "Zukunft des Weibes" und "Palme aller menschlichen Erziehung" und in umständlichen Satzkonstruktionen zeigt.

Der hier angegriffene Ehemann, der sich eigentlich in seiner plattdeutschen Landmannswelt recht zu Hause gefühlt hatte, läßt sich das gefallen, weil er seine Frau bewundert und weil ihm sein Gutsbesitzertum doch auch etwas zu Kopf gestiegen ist. Deshalb sucht er seine Frau gelegentlich zu imitieren, z.B. in der Bezeichnug der Kinder als "Erziehungssubstrat": "Un hei gung rute, un as hei de Trepp na sine Stuw' ruppe gung säd hei bi jede Stuf: 'Substrat! - Substrat!' Hei wull sik dat Wurd marken, dat hei ehr dor 'ne Freud' mit maken wull."[6] Wenn er sich aber gegen den Druck seiner Frau doch einmal auflehnt, wird er plattdeutsch: "»Äwer«, brok nu de Opposition los,»wat süll ick dorbi dauhn? - Ick weit den Deuwel ...«". Doch der Text geht hier in bezeichnender Weise mit der Antwort von Jeannette weiter: "»Sprich hochdeutsch, Anton! Ich meine, die Sache ist von solcher Wichtigkeit, daß sie wohl hochdeutsch verhandelt werden könnte.« - »Meinentwegent«, säd Herr Groterjahn, un sine Opposition slog den Mittelweg in, indem dat sei sick missingsch vernemen let. -[7] Mit "Meinentwegent" hat Reuter hier eine besonders kuriose und aussagekräftige Form ins Spiel gebracht. Die hochdeutsch korrekte Zielform ist "Meinetwegen". Sie ist gebildet aus dem alten Genitiv "mein", den wir eigentlich nur noch aus der Bildung "Vergißmein-nicht" kennen, und der einen Genitiv fordernden Präposition "wegen", wobei sich in der Kompositionsfuge "der Ausspracheerleichterung wegen" noch "-et-" einge-schoben hat.[8] Aus dem alten Genitiv "mein" ist später durch Anhängen von Flexi-onssilben nach Adjektivart das Possessivpronomen geworden. Die durchsichtig gebildete Fügung müßte heute eigentlich "wegen meiner" heißen, aber diese ist

4   Reuter: GWB 6, S. 284.
5   Reuter: GWB 6, S. 285.
6   Reuter: GWB 6, S. 288.
7   Reuter: GWB 6, S. 286.
8   Duden : Grammatik der deutschen Gegenwartssprache. 4. völlig neu bearb. u. erw. Aufl. Mannheim : Bibliographisches Institut, 1984, S. 318, Nr. 539.

nur hier und da in regionalem Deutsch üblich. Plattdeutsch gibt es die dem Standarddeutschen entsprechende Form ebenfalls, allerdings sowohl mit als auch ohne eingeschobenes "-t-", also "mientwägen" oder "mienwägen", sehr häufig wird der nicht mehr erkannte Genitiv aber durch eine präpositionale Fügung ersetzt: "vun mienwägen". Da wird dann der alte Genitiv durch einen Dativ bzw. den plattdeutsch damit zusammengefallenen Akkusativ ersetzt, d.h. die Form wird als flektiert verstanden. So kann es für einen Plattdeutschen so aussehen, als müßte er bei einer Umsetzung ins Hochdeutsche die in plattdeutscher Aussprache zusammengefallenen "-n" von Stammauslaut und Flexionssilbe auseinanderziehen: "min'n" wird "meinen". Dazu kann das im Hochdeutschen verbindliche eingeschobene "-t-" als besonders hochdeutsch erscheinen und ähnlich ein am Schluß angehängtes "-t". So ist "Meinentwegent" eine doppelt hyperkorrekte Form, die bei Groterjahn ihre besondere Würze dadurch bekommt, daß er sie offenbar absichtlich wählt. Damit wird dem in bestimmtem Sinne übertriebenen Hochdeutsch seiner Jeannette ein in anderer Weise übertriebenes und damit provozierendes Hochdeutsch gegenübergestellt. So handelt es sich um Gehorsam mit versteckter Widersetzlichkeit, der die Kraft zum Widerstand fehlt. Wir haben hier also ein besonderes Kunststück sprachlicher Charakterisierung durch Reuter vor uns.

Gehorsam in etwas anderer Weise ist die Tochter Helene. Sie folgt der Kindespflicht gegenüber der Mutter, so weit sie kann, und spricht demgemäß ein betont gepflegtes Hochdeutsch, das aber Bildungsprunk meidet. Sie verschweigt eher ihren selbständigen Umgang mit Bildungsgut und ist erschrocken, als sie einmal ihre Neigung zu Werken von Walter Scott geäußert hat.[9] Aber in der Sache ist sie fest, wenn sie von der menschlichen Richtigkeit ihres Handels überzeugt ist: "»Vater« säd Helene un makte sick noch ümmer mit Paulen tau dauhn, »ich habe dem jungen Burschen auf seinen Gruß gedankt und habe mich bei ihm öfter nach dem Befinden seines Herrn erkundigt; ich mache auch gar kein Hehl daraus, daß ich mich öfter mit dem alten Jahn unterhalten habe; ich habe keinen Haß gegen ihn, und die Freundlichkeit, die er mir früher erwiesen hat, steht mir noch zu lebendig vor Augen, als daß ich sie mit Undank erwidern möchte«."[10]

Der "alte Jahn", für den Helene hier eintritt, der für ihre Mutter aber "der Erbfeind" ist, seit dessen Windspiele ihre aus Repräsentationsgründen angeschafften Pfauen verbissen hatten, gehört demgegenüber zu den gut Plattdeutschen. Er ist als Gutspächter durch und durch Landmann. Doch auf Grund von Schicksalsschlägen, die ihn zeitweise mit schwersten Depressionen in eine Anstalt gebracht haben, ist er unter die "Fetthamel" in Rostock geraten, die ihre Güter von anderen (bei ihm sind es seine Söhne) bewirtschaften lassen. Er spricht ein ungeziertes,

---

9   Reuter: GWB 6 (wie Anm. 3.) S. 463.
10   Reuter: GWB 6, S. 284.

aber gepflegtes Plattdeutsch, solange er weiß, daß sein Partner ihn versteht. Nur wenn die Situation es zu erfordern scheint oder wenn er sich schriftlich äußert, erfährt man, daß er auch das Hochdeutsche recht gut, allerdings in deutlicher landschaftlicher Prägung und mit vereinzelten regionaltypischen Fehlern beherrscht. So bestätigt er der ihm unbekannten alten Dame gegenüber, die mit ihm im Eisenbahnabteil sitzt und die Bergwelt "wunderschön" findet: "Ja woll", [...] "davon hat unsereiner bisher gar keinen Begriff gehabt. - Mein Gott! Wer hätte gedacht, daß es auf den Bergen so schön sein könnte!"[11] Aber als er erfährt, daß diese Dame im Plattdeutschen zu Haus ist, spricht er mit ihr nur noch platt. Und das tut er auch sonst nicht nur im gewöhnlichen Umgang, sondern ebenso, wenn es um besondere und gewichtige Dinge geht, wenn er z.B. die gehorsam hochdeutsch sprechende Helene in ihrem Konflikt zwischen Elternwillen und ihrer Liebe zu Jahns Sohn Karl tröstet: "[...] mi kümmt dat grad so vör, as wenn uns' Herrgott sine Hand an jug leggt hett, nich, as wenn hei so wat Besonderes gegen jug utäuwt un jug bi de Hor tausamentreckt hadd, ne, sin Winken is still un einfach west, un dat is för mi en Teiken, dat dat von em kümmt."[12] Recht bezeichnend ist sein Schriftgebrauch im Brief an seinen Sohn: "Mein lieber Karl! / Steck Dir mal alsogleich 500 Taler in preußischem Papiergeld in die Tasche, denn das steht hier augenblicklich sehr gut, und mach Dich reisefertig, und denn fahre mit den beiden Vorderpferden von unserm Kutschwagen - denn die sind am fixesten zu Bein - nach Wismar. - Ich weiß wohl, daß Du in der hildesten Frühjahrssaatzeit bist; aber das hilft nicht, Gustav muß das besorgen." [13] Das ist ein in Lautung und Grammatik durchaus sauberes Hochdeutsch, das auch in der Sprachebene recht angemessen erscheint (nur das Wort "alsogleich" wirkt ein wenig zu feierlich und altertümlich, so daß man etwas an Religionsunterricht erinnert wird). Dennoch meint man etwas Plattdeutsches hindurchzuhören. Das liegt an Übernahmen verschiedener Art, zunächst einmal an der Nähe zur Sprechsprache, die für das Niederdeutsche als Normalebene erscheint, während für den hochdeutschen Standard der Schriftgebrauch maßgeblich ist. Schon der Imperativ unmittelbar nach der Anrede schafft hier die Atmosphäre. Einzelne Wortformen, die so gut hochdeutsch wie niederdeutsch sind, aber in der benutzten Wendung in mustergültigem Hochdeutsch leicht abweichend lauten, stärken die regionale Note: "Steck Dir mal" statt "Steck Dir *ein*mal", "und denn fahre" statt "und *dann* fahre". Hinzu kommen das verhochdeutschte plattdeutsche Wort "hild" (das man - wenn auch etwas unzureichend - mit "drangvoll" übersetzen könnte) und die Redewendung "fix zu Bein". Hier präsentiert sich ein selbstbewußter und durchaus nicht

---

11   Reuter: GWB 6, S. 329.
12   Reuter: GWB 6, S. 370.
13   Reuter: GWB, 6 S. 476-477.

unbeholfener Umgang mit der Spannung zwischen dem gewohnten plattdeutschen Alltag und der hochdeutsch geprägten Kulturtechnik "Schrift".

Etwas anders trotz ähnlicher Lebenseinstellung zeigt sich der Sprachgebrauch der alten Dame aus Wismar, von "Tanten Line". Für sie gibt es die plattdeutsche Alltagswelt und die hochdeutsche von Bildung und Religion, die aber trotz des Sprachunterschieds stets eng aufeinander bezogen erscheinen. Sie äußert sich etwa zu Helenes Glücksgefühl beim Anblick des Morgens über See so: "Ja, ja! Sei sünd jung, min leiw' Dochter. - Bei mir mischt sich schon Trauer mit dem Entzücken; kein bitterer Schmerz, nein nur ein tiefes Bedauern, daß ich dies alles nicht habe in der Jugend sehn können. Ick glöw, ick wir beter worden, ick wir en betern Minsch worden, wenn ick dat vördem seihn un genaten hadd"[14]. Dabei ist das Hochdeutsche nicht geziert, aber doch ein wenig Buchsprache - wie es der Biographie dieses Menschen entspricht.

Neben den Hauptgestalten gibt es noch eine ganze Reihe anderer, die darin, wie sie mit Plattdeutsch und Hochdeutsch umgehen, ihre Eigenart, ihren Charakter enthüllen. Zu ihnen gehört der dreizehnjährige Paul Groterjahn, der - eher unwillig - den Hochdeutschwünschen seiner Mutter folgt und die plattdeutsche Grundlage auch noch kräftig erkennen läßt, wenn er gutwillig hoch spricht: "Mutting, laß man sein! Wir sünd jo nu wieder hier, und ich will nun auch ümmer hochdeutsch snacken"[15]. Hier findet man auf verschiedenen grammatischen Ebenen plattdeutsche "Streifen" im Hochdeutschen: in der Lautung die aus der Labialisierung von "i" entstandenen "ü"-Laute in "sünd" und "ümmer", auf der Ebene der Form das mecklenburgische angehängte "-ing", als ins Hochdeutsche übernommene idiomatische Wendung "laß man sein" und lexikalisch das Wort "snacken", bei dem auch noch die typisch niederdeutsche Lautung beibehalten wird. Hier demonstriert Reuter einen eher leichtfertigen Umgang mit der Aufgabe, Niederdeutsches ins Hochdeutsche zu transformieren.

Weiter ist da der zu Pauls Weiterbildung mitgenommene angehende Schulmeister Franz Nemlich zu beachten, der mit seinem Reiseführerhochdeutsch enthüllt, daß er nur Formulierungen repetiert, ohne etwas eigenständig verarbeitet zu haben - "Ithaka, von den Türken Teaki genannt, eine kleine Felseninsel zwischen Kephalonia und der Küste, mit dem Vorgebirge Neïon und dem Hafen Rheitron, einst das Reich des Ulysses..."[16] -, der aber mit sich selbst plattdeutsch zu sprechen pflegt, so z.B, als er sich mit einer Landkarte befaßt: "»Hir Mecklenborg, Quistörp«, säd hei, denn wenn hei mit sick sülwst redte, redte hei Plattdütsch, ut pure Ökonomie, hei brukte sine hochdütschen Kräft' nich för sick sülwst aftostrapzie-

---

14   Reuter: GWB, 6 S. 345.
15   Reuter: GWB 6, S. 352.
16   Reuter: GWB 6, S. 409.

ren, hei wüßt jo, hei kann."[17] Aufgesetztes Hochdeutsch und aufgesetzte Bildung kommen hier zum Ausdruck.

Dann ist da noch der Diener des alten Jahn (und Klassenkamerad von Franz Nemlich) Jochen Klähn, der ziemlich unbefangen wie mit dem Plattdeutschen so mit dem Hochdeutschen umgeht, nicht immer ganz richtig, aber doch so, daß man ihm glaubt: "Herr, schriwen kann'ck un reken ok, un dat anner lihr'ck ok all"[18]. Reuter zeichnet damit die Sprachhaltung eines Jungen, der als Tagelöhnersohn sozial benachteiligt (d.h. unter anderem ohne Zugang zu Bildungsgütern) aufgewachsen ist, der aber im Rahmen des bescheidenen Schulunterrichts, den er genossen hat, seine geistige Leistungsfähigkeit erfahren konnte.

Nicht zu vergessen ist natürlich der angebliche Baron von Unkenstein, der ehemalige "Kopmannsdeiner", von dem Tant Line meint, er habe sich "'ne Sprak anwennt, as wenn en Apenpinscher gnurrt"[19]. Sie spielt damit auf eine Variante des gesellschaftlich renommierten Hochdeutschen an, die speziell in Offizierskasinos zu Hause war. Bei einer Begrüßung läßt Reuter das so klingen: "»Freut mich sehr, gnädiges Fräulein« kumpelmentierte sick de Herr Baron heranner un let den Kiker ut dat Og' fallen, »ich habe Sie und Ihre liebenswürdige Frau Mutter gesucht, wie..., auf Ehre wie..., wie...« - »As en por Knöpnadeln«, säd Tanten Line. - »Wahrhaftig ja, ja - sehr richtig! - Bitte gnädigstes Fräulein, mich vorzustellen«."[20] Durch gestanzte Formeln wie "auf Ehre" und die subjektlose Setzung "Bitte gnädigstes Fräulein" statt "Ich bitte Sie, gnädigstes Fräulein" läßt Reuter das Angeberische dieses Sprachgebrauchs deutlich werden, wobei der schnarrende Ton, den Reuter von Tant' Line bemängeln läßt, das Bild vervollständigt.

Als Gegenpol zum falschen Baron ist auf Hanne/Jeannettes Unkel Bors zu verweisen, ihren Mutterbruder, den Seifensieder, der sein Platt nach dem Willen des Autors stets auf alltäglichen Bahnen und nicht immer zartfühlend einsetzt, der aber zum Zielort Konstantinopel eine viel echtere Beziehung hat als alle anderen Reisenden, denn von dieser Stadt sagt er: "... sallst dat Flag doch mal wedder ansehn, wo du tauierst brav wat verdient hest"[21], und bei passender Gelegenheit kann er auch einmal mit Türkisch einspringen. Das, was man landläufig als "Bildung" bezeichnet, erscheint danach in einem etwas fragwürdigen Licht.

Erwähnt seien schließlich noch der Student Beyer, der als Angehöriger der Universität Jena zweifellos zur Bildungsschicht gehört und gewiß das Hochdeutsche gut beherrscht, der aber als mecklenburgischer Landmann mit Selbstverständlichkeit auch platt spricht, und sein Freund Karl Jahn, der in seinem Sprachgebrauch

---

17   Reuter: GWB 6, S. 299.
18   Reuter: GWB 6, S. 505.
19   Reuter: GWB 6, S. 476.
20   Reuter: GWB 6, S. 370.
21   Reuter: GWB 6, S. 361.

dem Vater ähnlich ist. Karls briefliches Hochdeutsch steht dem Bildungsstandard allerdings noch etwas näher als das des Vaters. Von kunstgerechter Höflichkeit ist der Einleitungssatz, der noch nicht direkt zur Sache geht: "Den herzlichsten Gruß an Dich mein treuer Vater!", der aber auch keineswegs als leere Floskel erscheint. In rhetorisch versierter Art und dennoch wiederum natürlich wirkend wird gleich anschließend ein Ausruf eingesetzt: "Oh, wenn Du wüßtest, wie oft und wie redlich und sehnlich ich an Dich und das Schiff gedacht habe, welches Euch nach Konstantinopel geführt hat!" Es folgt ein präziser Bericht über seine Erkundigungen nach dem Ladendiener Bössow in Wismar (den falschen Baron von Unkenstein), in dem u.a. der Indikativ und die beiden Zeitstufen des Konjunktivs durchaus sachgerecht eingesetzt werden: "Bei dem Photographen, Herrn Kälke, war die Erkundigung etwas schwieriger. - Er wußte freilich ganz genau, daß er die Photographie des jungen Mannes aufgenommen habe, aber die Platte war verloren gegangen, und da hieß es denn nun, an wen der Herr Bössow seine Photographie hier in Wismar verschenkt haben könne [...]" Nur an zwei Stellen in dem langen Brief[22] tauchen kleine grammatische Unsicherheiten auf, die durch den Zusammenfall von Dativ und Akkusativ im Plattdeutschen bedingt sind, im Anfang in der Wendung: "Alles, was Du *mir* geheißen hast", und gegen Ende bei den Worten "Heute abend mit *den* letzten Zuge". Hier zeigt sich, daß Reuter nicht nur mit den sozial und durch persönliche Strebungen bedingten Unterschieden im Hochdeutschgebrauch plattdeutsch aufgewachsener Personen recht virtuos umgeht, sondern dabei auch den Generationsunterschied und den dadurch bedingten unterschiedlichen Ausbildungsstand geschickt berücksichtigt.

Praktisch alle hier vorgeführten Persönlichkeiten, die Reuter in das Zentrum seiner Handlung gestellt hat, sind - bedingt durch die Diglossiesituation, durch das nach Sprachdomänen aufgeteilte Nebeneinander von Plattdeutsch und Hochdeutsch in ihrer Heimat - zweisprachig. Aber ihre Zweisprachigkeit oder mit einem international gebräuchlichen Wort gesagt: ihr Bilingualismus bietet sich von Person zu Person unterschiedlich dar. Reuter ist es gelungen, hier einen breiten Fächer aufzufalten und sowohl menschliche Schwächen als auch menschliche Qualitäten auf dem Hintergrund des jeweils charakteristischen Umgangs mit der Zweisprachigkeit hervortreten zu lassen. Nicht selten hat Reuter bei der Schilderung der Spannungen, die seine Personen in sich selbst und im Umgang mit anderen angesichts der zweisprachigen Situation zu bewältigen haben, Ansätze für den ihm eigenen Humor gefunden. Von hier aus betrachtet ist wahrhaftig nicht wenig an schriftstellerischer Leistung zu finden.

Etwas Wesentliches kommt noch hinzu, das sich nun nicht auf die einzelnen Personendarstellungen bezieht, sondern auf die Gesamtheit des Werkes. Es beruht

---

22   Reuter: GWB 6, S. 481-483.

darauf, daß es sich um einen *plattdeutschen* Roman handelt, genauer gesagt um ein Erzählwerk, in dem der Erzähler plattdeutsch schreibt. Damit entsteht ein eigentümlicher Kontrast zur sprachlichen Rangordnung in der geschilderten Gesellschaft. Denn in dem Roman wird - wie in den meisten Erzählwerken - die Sprache des Erzählers zu dem im Sinne des Wortes "maßgeblichen" Sprachgebrauch, an dem unwillkürlich aller andere Gebrauch gemessen wird. So kommt die hochdeutsche Bildungssprache, kommt die Bildung überhaupt in den verschiedenen Facetten, in denen sie auftreten kann, in die Lage, aus einer Art Gegensicht geprüft zu werden. Das Ergebnis ist beachtenswert: Bildung erscheint nicht als Wert an sich, schon gar nicht die Zurschaustellung von Bildung oder der Umstand, daß man sich Bildung leisten kann. Als Inbegriff des gebildeten Menschen erscheint eine Person, die ohne Bildungsprivileg aufgewachsen ist und dennoch an beiden Sprachen teilhat, die Bildung zunächst nur für sich und mit eigener Kraft erworben hat, eine Person, die ihre Bildung nicht benutzt hat, um sich Geltung zu verschaffen, sondern um mit sich und der Welt zu Rande zu kommen. Die Rede ist von Tanten Line, die durch ihre in diesem Sinne gebildete Persönlichkeit zu wirken vermag. Es heißt im Text kurz vor dem Schluß: "Wenn't äwer mit dat Regiment [nämlich von Jeannette Groterjahn über ihren Anton] tau dull ward, denn geiht Tanten Line tau Fru Jeannette rümmer un bringt de Sak in de Reih, denn vör *de* hett Fru Groterjahnen en hellschen Respekt, un *de* is ebenso allmählich kamen als Antonen sin vör ehr. -"[23]

So hat Reuters "Reis' nah Konstantinopel", wie gerade der Blick vom Problem der Diglossie und speziell von den Sprachdomänen "Bildung" und "Alltag" her zeigt, in Konzeption, Personengestaltung und Zielrichtung recht Beachtenswertes zu bieten.

Weshalb das Werk dennoch bei Publikum und Kritik weniger geschätzt wird als andere Werke Reuters und ob die Gründe dafür stichhaltig sind, das sind andere Fragen, die zum Schluß dieses Beitrags nur gestreift werden können. Immerhin fällt auch darauf ein Licht, wenn man das Werk unter dem Gesichtspunkt der Funktion von Bildung in dieser Gesellschaft betrachtet. Das gilt z.B. für die am stärksten ausgeprägten Frauengestalten des Romans, Jeannette Groterjahn und Tant' Line. Bei beiden bleibt es unklar, wie der jeweils charakteristische Bildungserwerb vor sich gegangen ist, auf welche Weise sie jeweils zu welchen Bildungsmitteln gegriffen haben. Deshalb rücken sie uns menschlich nicht so nahe, wie es wohl möglich wäre. Doch sollte die Beobachtung von Schwächen des

---

23   Reuter: GWB 6, S. 506.

Werkes nicht den Blick für dessen Stärken verstellen. Und eine Stärke ist bestimmt die variantenreiche Gestaltung des Verhältnisses von Hochdeutsch und Plattdeutsch bei den verschiedenen Mitspielern des Geschehens.

Diskussion des Beitrages von Ulf Bichel

Nach *Schmidt-Henkel* hat "De Reis' nah Konstantinopel" angesichts ihrer vielen kritischen Aussagen zum Bildungsbegriff geradezu pädagogisch-kulturphilosophische Qualität. Der Roman sei zu seiner Zeit vielfach abgelehnt worden, weil bei Reuter das klassische Bildungerlebnis zu kurz komme. Wo bleibt das klassische Erbe?, fragte die Kritik (*Schmidt-Henkel*). *Bichel* betont, die Kritik habe verkannt, daß Reuter ganz anderes beobachtete, z.b. fällt Tante Line auf, daß der türkische Kutscher die Pferde nicht mit der Peitsche, sondern durch Zureden antreibt. Oder Reuter merke an: "Überall werden hier von den Italienern keine silberne Löffel nicht gestohlen". Doppelte Negation unterstreiche die Aussage, mit der Reuter sich gegen Pauschalurteile über Fremde wendet *(Schmidt-Henkel)*.

Bunners fragt, ob sich Reuter seiner kunstvollen Sprachbildung bewußt gewesen sei. Habe es sich bei Reuters Sprache um einen Prozeß fortschreitender Perfektion gehandelt oder sei alles intuitiv ("aus dem Bauch") geschrieben? *Bichel*: Ohne planvolles Vorgehen sei die Form nicht denkbar, aber Reuter habe nicht theoretisch reflektiert, keine Theorie entwickelt. Reuters Stärke sei die Personenbeobachtung, verbunden mit Sprachbeschreibung. So Jehann "Meinswegens" (Stromtid, GWB V., S. 563 f.) mit seinem aus dem plattdeutschen "mintwegent" nach dem Muster der hochdeutschen Entsprechung "das" zu plattdeutschen "dat" gebildeten Lieblingswort. Ähnliches später bei Thomas Mann, der ebenso genau beobachtete (z.B. G. Hauptmann) und daraus eine neue literarische Figur wie Peeperkorn machte *(Schmidt-Henkel)*.

Bunners fragt, ob es zu Reuters Zeit bei anderen Dichtern vergleichbare Gestaltungsformen gebe. *Bichel*: Wesenszug des Realismus sei, daß der Autor das, was er in der Wirklichkeit vorfinde, ideal gestalte. Typisch dafür sei in Mecklenburg vor allem die Diglossie. *Suhrbier* weist für die englische Literatur auf Tobias G. Smolletts Briefroman "Humphry Clinkers Reisen" hin. Dort rede eine Kammerzofe häufig falsches Englisch mit vielen Versprechern. Bei James F. Cooper gebe es ein Englisch mit vielen holländischen Einschüben.

De Voss weist darauf hin, daß "De Reis'" jeden enttäuschen müsse, der einen Reiseroman erwarte. Aus heutiger Sicht sei der Roman inhaltlich (Bildungskritik) und sprachlich (Personenbeschreibung) ein Kunstwerk. *Frau Beutin* hält den Unterschied zwischen Halbbildung (Jeannette Groterjahn) und Herzensbildung (Tante Line) für das beherrschende Thema. Deutliche Parallele finde sich in Fontanes "Frau Jenny Treibel" *(Beutin)*. *Bichel* bestätigt es und weist auf Tante Lines wichtige Rolle am Ende hin. Für die Technik der sprachlichen Mehrstufigkeit verweist *Beutin* auf J. Brinckmanns "Von Anno Tobak", *Bichel* auf "Kasper-Ohm", aber auch auf den frühen Gebrauch durch Reuter in "Läuschen un Rimels", der den Streit mit K.Groth auslöste.

Sprachvergleiche mit anderen Autoren des Realismus ergeben nach *Davis*, daß sie eine ähnliche Differenzierung nicht kennen. Sei G. Freytags Ziel zwar gewesen, das "Volk bei der Arbeit zu finden", so differenziere er doch überhaupt nicht in der Sprache: Veitel Itzig spreche genauso wie Anton Wohlfahrt. Oder O. Ludwig's "Zwischen Himmel und Erde": der böse Bruder spreche dieselbe Sprache wie der gute. In der plattdeutschen Literatur entwickele sich dagegen mit der Zweisprachigkeit der Handelnden die Sprachdifferenzierung als bewußtes Stilmittel. Nach *Hückstädt* habe Reuter gut beobachtet, daß der norddeutsche Sprachraum damals im Übergang vom absoluten Vorrang des Plattdeutschen zum ebenso absoluten Vorrang des Hochdeutschen stand. In sicherem Gespür dafür habe er die Zweisprachigkeit gepflegt und bewußt als Stilmittel eingesetzt. Zugleich habe er als Autor des Realismus bei Tante Line eine reale Person vor Augen gehabt. Justizrat Schröder schreibe Reuter nach der Lektüre der "Reis'", daß Tante Line doch (nennt eine bestimmte Person) aus der Umgebung Altentreptows stamme; sie habe doch immer genauso wie Tante Line gesprochen. Hier habe Reuter ein vollkommenes Sprachporträt gezeichnet.

Reuter lege aber auch eigene Empfindungen und Kenntnisse in Tante Line hinein (*Davis*). Sie sei im Roman - vielleicht außer Kandidat Nemlich - die einzige Person, die sich in der antiken Geschichte auskenne, indem sie z.B. die deutschen Freiheitskriege mit den mykänischen vergleiche. Dies beweise erneut Reuters Belesenheit in der antiken Literatur.

Gerhard Schmidt-Henkel

"De meckelnbörgschen Montecchi un Capuletti oder De Reis' nah Konstantinopel" - Liebesroman, Reiseroman oder Bürgersatire?

Im Juni 1863 zogen die Reuters um, von Neubrandenburg nach Eisenach; zuerst in eine Mietwohnung, dann in eine nach eigenen Wünschen erbaute Villa am Fusse der Wartburg. Die Vorgeschichte ist in den Briefen Fritz Reuters und in der Reuter-Forschung hinreichend erläutert worden.[1] Geplant war ein thüringer Aufenthalt von zwei Jahren; er wurde endgültig. Das Ehepaar liegt auf dem Eisenacher Friedhof unter einem würdigen Grabdenkmal. Die vorherrschende Meinung zur Motivation des Umzugs: Luise wollte ihren Fritz aus guten, nämlich gesundheitlichen Gründen aus der Neubrandenburger Stammtischkumpanei entfernen. Die Reuterforschung ist sich weitgehend darin einig, daß der Zusammenhang zwischen geselligen Gesprächsrunden und literarischer Produktion bei Reuter besonders ausgeprägt war, und daß mit dem Umzug nach Eisenach eine Stoff- und Materialquelle versiegte, der Produktionsschwung erlahmt war. Kaum ein Biograph verzichtet auf diese Begründung: Kurt Batt, Michael Töteberg, Jürgen Borchert. Der argumentative Zirkelschluß scheint dabei folgender zu sein: Das in Eisenach entstandene Spätwerk liest sich zweifellos anders, befremdlicher als das vorhergehende. Als nächstliegende Begründung dafür drängt sich die Veränderung der Lebens- und Schreibumstände auf; man registriert das Vorhandensein zweier Störungen, die einander wechselseitig verstärken.So liest man das Spätwerk in der Erwartung einer ästhetischen Enttäuschung, die dann auch prompt eintritt. Indes: wenn in der Literaturgeschichte eine Beobachtung, ein Urteil stereotyp wiederholt werden, so ist das zu überprüfen.

Die Reisevorbereitungen im Thüringer Lande sind einigen Briefen Reuters zu entnehmen. Am 30. Januar 1864 schreibt Reuter an Viktor Siemerling, den Neubrandenburger Kaufmann und Bankier, er benötige 600 Taler, um einer "freundlichen Einladung von Sultans in Konstantinopel Folge zu leisten". Er sei fest entschlossen, nach Konstantinopel, Athen, Korfu, Smyrna und Venedig zu reisen:

"Du wirst vieles daran zu tadeln finden; ich aber denke so: Fritz Reuter, du leidest schon seit dreißig Jahren an versetzten Sehnsüchten nach den schönsten

---

[1]   Zuletzt in der materialreichen und gut dokumentierten Darstellung von Gudrun Osmann und Manfred Günther, "...daß ich immer Farbe gehalten habe...". Zeugnisse aus Fritz Reuters Eisenacher Zeit, Eisenach 1997.

Teilen von Gottes schöner Welt und wenn's drauf ankommt, schlägst Du am Ende die Kosten der Reise aus konstantinopolischen Dudelsackpfeifenmacher-Gesellen-Witzen wieder heraus, indem daß Bräsig oder irgendein anderer Strumpf dir dabei hilft. Also, lieber Bruder, brich nicht den Stab und den Kredit über mich."[2] Dazu zwei Anmerkungen. Der Begriff "Kredit" bedeutet hier soviel wie "Kreditbrief" oder "Reisekreditbrief", die Vorform des Reiseschecks. Wichtiger ist, daß Reuter, wie wohl die meisten Autoren, von vornherein die Absicht hatte, seine Reiseeindrücke literarisch zu verarbeiten, auf welche Weise auch immer.

In einem Brief an die Brüder Boll vom 31. Januar 1864 schreibt er, er müsse den dritten Teil der "Stromtid" bis zum 20. März beenden, da er an diesem Tage nach Konstantinopel abreise und keinen wahren Genuß habe, wenn er ein für die Welt so wichtiges Werk unbeendet zurückließe. Die Reise sei eine "Dollheit", aber eine angenehme, "und hat für den Schulmeister von Treptow her und den Skribenten von Neubrandenburg etwas ungebührlich Heroisches an sich; aber auch viel Verzeihliches". (GWB VIII, 474)

Dem Freund Fritz Peters teilt er am 14. März 1864 den genauen Reiseplan mit, eine datierte Aufzählung von Sehenswürdigkeiten, die im späteren Romantext dann geradezu dilatorisch behandelt werden, mit der linken Hand abgetan, so daß man sich fragen darf, wie es dazu kommen konnte, daß eine auch von Reuter mit Bildungsstreben gut vorbereitete Reise - und es war ja ein Abenteuer - im Roman dann hinter etwas anderem verschwindet. Dazu später. Der Brief an Peters zählt auf, mit erkennbarer Erwartung:

"Den 18.d.M. geht unsere Reise von hier ab, den ersten Tag bis Regensburg; dort wird die Walhalla besucht: den zweiten bis Linz; Palmsonntag bis Wien; Montag und Dienstag in Wien; Mittwoch bis Adelsberg; dort einen Tag, um die riesigen Höhlen, die größten Europas, zu besehen; Freitag von dem öden, grausigen Karst herunter nach Triest ins grüne italische Land, Sonnabend, den 26., nachmittag zwei Uhr zu Schiff - "Liebchen ade!" - Den 2. Ostertag in Korfu, in der Nacht ums Kap Matapan, dann nach Syra und den ersten April in Konstantinopel hinein ins Goldne Horn und dann immer weiter, immer weiter! ... Den 14. April in Venedig, dort wird 14 Tage geblieben, und dann geht's entweder über den Brenner, Bozen und Britzen oder, wenn's Geld langt, über Mailand, den Comersee, das Stilfser Joch nach Innsbruck, dann nach München, Nürnberg und Eisenach, wo wir den Frühling mitbringen." (GWB VIII,477)

Drei Tage vor dem Aufbruch schreibt er dann noch an den Vetter August Reuter einen schön gereimten Brief. Gegen dessen Ende heißt es:

---

2   Zit. nach Fritz Reuter, Gesammelte Werke und Briefe, hrsg. von Kurt Batt, Rostock 1990, Bd. VIII, S. 470f. Alle folgenden Zitierungen sind dieser Ausgabe entnommen, mit der Abkürzung "GWB", wobei die römischen Ziffern die Bandzahl, die arabischen die Seitenzahl nennen.

"Und denket unsrer in der Ferne,
Wie wir an Euch oft denken gerne.
Und sind wir zurück, dann kommet bald
besuchet uns in dem Thüringer Wald;
Dann können wir Euch viel Wahres erzählen,
Und auch an Lügen soll es nicht fehlen,
Denn etwas Lügen gehöret zum Reisen,
Wie dies schon Claudius tat beweisen,
Als er von Urian hat geschrieben." (GWB VIII,479)

Reuter zitiert hier Matthias Claudius mit seinem chorbegleiteten Gedicht "Urians Reise um die Welt. Mit Anmerkungen" von 1790. Der berühmte Beginn: "Wenn jemand eine Reise tut, so kann er was verzählen".

Ob Reuter beim Zitieren es schon gewußt hat, oder nicht: Er läßt hier seinen Kollegen Claudius am Schluß eine Erkenntnis mitteilen (und für Reuter antizipieren), die dann im Roman eine Schlußsentenz bilden wird:

"Und fand es überall wie hier,
Fand überall 'n Sparren,
Die Menschen grade so wie wir,
Und ebensolche Narren."

Zunächst erschien, zwei Jahre nach der Rückkehr aus der Fremde, 1866 "Dörchläuchting", und dann dauerte es noch zwei Jahre bis zur Fertigstellung der "Reis'".

Der Verlauf der Handlung, mit dem Vorbehalt, daß dies so wenig über den Roman sagt wie bei irgendeinem literarischen Kunstwerk:

Die Gutsbesitzerfamilien Jahn und Groterjahn lebten früher in freundschaftlicher Nachbarschaft auf dem Lande. Durch Nichtigkeiten entstand Feindschaft, genährt vor allem durch die Ehefrau Jeannette Groterjahn. Die Groterjahns ziehen, nach dem Verkauf des Guts, mit Tochter Helene und Sohn Paul nach Rostock, und dann auch der alte Herr Joachim Jahn, zufällig in dieselbe Straße. Helene und der ältere Sohn Karl Jahn hatten schon auf dem Dorfe eine Zuneigung füreinander. Nach Antritt der Reise stellt sich in Berlin heraus, daß die Groterjahns und Joachim Jahn mit seinem Diener Jochen Klähn dieselbe Reisetour vorhaben. Weitere Reiseteilnehmer sind der Onkel Frau Groterjahns, der Seifensieder Josep Bors aus Schwerin, der Baron von Unkenstein, der erst später auftritt und zum Schluß als Hochstapler entlarvt wird, und der Seminarist Nemlich als Reisebegleiter und Kunsterklärer, und schließlich, als liebenswerteste Romanfigur, Karoline Müller, genannt Tante Line. Die Reise nimmt ihren in Reuters Brief geschilderten Verlauf, zwar mit Abweichungen, aber das ist so unerheblich wie der diffus aufscheinende Bildungsgewinn der Reise überhaupt. In Verona verloben sich, nach vielen Intrigen und Wirrungen, Helene und der eigens aus Mecklenburg herbeigerufene Karl Jahn, notabene am Grabe Julias, der Geliebten Romeos, glücklich vereint, aber am Leben.

Der Titel des Romans suggeriert die drei Fragen nach dem Romangenre: Liebe, Reise oder Satire? Die Antworten entscheiden aber nicht nur über das Genre, sie scheiden auch die zeitgenössischen und späteren Kritiken nach ihrer Richtigkeit und Evidenz.

Zum Titel. Im Brief vom 18. Mai 1867 aus der Wasserkur in Bad Liebenstein an Gisbert Freiherr von Vincke bittet Reuter diesen, ihm den Roman widmen zu dürfen; er möge bei seiner "im Herbst zu erwartenden jüngsten Tochter die Gevatterstelle übernehmen". Sollte ihm der Titel "De Reis' nah Konstantinopel" nicht gefallen, so könnte man einen Shakespeareschen wählen und das Kind taufen "Die mecklenburgischen Montecchi und Capuletti". (GWB VIII,624 f.)

In einem weiteren Brief an Vincke vom 10. Februar 1868 bekräftigt Reuter seinen Titelvorschlag:

"Den Titel werde ich aber doch, trotz deiner Mahnung, auch auf den Rat meiner Frau, so abfassen müssen: 'Die mecklenburgischen Montecchi und Capuletti oder die Reise nach Konstantinopel'; die Leute könnten sich sonst so eine Art Baedeker dabei denken." (GWB VIII,646 f.)

(Interessant ist in diesem Brief eine Auskunft über Reuters Arbeitsstil bei diesem Roman: Das Manuskript sei seit vier Tagen in seinen Anfängen (!) in die Druckerei geschickt; er könne aber den fehlenden Rest mit aller Bequemlichkeit während des Drucks fertigschaffen. Wir wissen: Reuter befindet sich mit diesem Verfahren in der guten Gesellschaft der großen Romanfabrikanten des neunzehnten Jahrhunderts ... Im übrigen zeigt ein Blick in die Handschrift auch dieses Romans, mit welcher Sorgfalt Reuter seine Manuskripte anfertigte; es gibt kaum Streichungen und Verbesserungen.)

Lessing bekennt im fünfzehnten Stück seiner "Hamburgischen Dramaturgie", in dem er sich mit Voltaires "Zaïre" auseinandersetzt (da sei nur Galanterie!): Er kenne nur eine Tragödie, "an der die Liebe selbst arbeiten helfen", und das sei "Romeo und Juliet" von Shakespeare. Reuter entzieht sich derartigen Vergleichsansprüchen mit dem programmatischen Beiwort "De meckelnbörgschen". Das ist nun kein typisierendes, kein Epitheton ornans, sondern ein individualisierendes Epitheton; es gibt die Einmaligkeit der bezeichneten Eigenschaft wieder, ja, es tendiert, als unerwartetes Beiwort, zum Oxymoron, insofern, als die landläufigen Assoziationen über das typisch "Mecklenburgische" nicht gerade eine Nähe zu den tragischen Verstrickungen zweier italienischer Familien aufdrängen, die, dank Shakespeare, die Unsterblichkeit einer Liebe behaupten.

So ist es nur logisch, daß die im Titel annoncierte "Reise" an die zweite Stelle tritt. Wie sollte Reuter sich auch in den breiten Strom der Reiseliteratur des neunzehnten Jahrhunderts begeben, ohne in Strudel zu geraten. Er wollte keine Gattungsentscheidung treffen, keinen "Reiseführer" schreiben, auch keinen feuilletonistischen Reisebericht. Er schrieb eine literarische Erzählung über eine tatsächliche Reise, und weil diese Reise weit zurücktritt in der Darstellung und die handelnden Personen in ihren von der Reisebewegung weitgehend unabhängigen Befindlichkeiten im Vordergrund stehen, nähert Reuter sich der Form eines fiktiven Reiseromans, in dem die Fiktionen die Reise dominieren.

Wenn aber die Wiegen unserer Kultur, unsere abendländischen Traditionsgüter, so wenig wiegen, zumindest in der Empfindung und Begeisterung des Romanpersonals, wenn Allüren, Vorurteile, Intrigen sozialpsychologisch überwiegen, alles in einer eigenen Sprache, und wenn die doch einmal erträumten großen Augenerlebnisse mit einer partiellen Blindheit, mit einem hastigen Wegsehen kommentiert werden - dann mußte wohl schon die zeitgenössische Kritik verwirrt sein.

Wir finden folgende Urteile (und danken Arnold Hückstädt für die Bereitstellung der Quellen):

"Mit den Montecchi und.Capuletti bei Shakespeare hat die Erzählung Reuters nichts zu tun, sie schildert die Uneinigkeit zweier mecklenburger Familien ...... Die Frau Groterjahn, deren Mann eine Stimme auf dem Landtage hat, will hoch heraus, Bildung und Cultur gewinnen, und, weil es die Bildung verlangt, eine Reise machen ... Frau Groterjahn hat zur Bildung des Sohnes und zur Aushülfe in gelehrten Sachen einen Lehrer mitgenommen, der bei Troja und andern Gelegenheiten allerlei Gelehrsamkeit, die er eben eingepackt, auskramt. Der ehrliche Groterjahn will den gelehrten Schnack nicht glauben. An komischen Darstellungen fehlt es der Erzählung nicht, die aber doch hinter andern Kamellen zurückstehen dürfte." (Kieler Zeitung vom 29.9.1868)

"In meisterhafter Weise werden uns die Reise-Eindrücke nach den individuellen Anschauungen der specifisch mecklenburgischen Gesellschaft wiedergegeben. Mit unübertrefflichem Humor schildert Reuter die Abenteuer von Station zu Station, zeigt uns in einem flüchtigen, aber farbenprächtigen Bilde Konstantinopel selbst und führt auf der Heimkehr ... in Verona die Familien wieder zur Versöhnung." (Rostocker Tagesblatt 1868, ohne Datum. Kurioserweise wird ein Text aus der Wiener "Presse" zitiert.)

" ... ist die klassische 'Stromtid' auch hier wieder nicht erreicht. Aber ... unbedeutend ist er ebenso wenig geworden .... Reuter's köstlicher Humor ist ganz der alte geblieben, Ernst und Lyrik fehlen nicht, und die beste Moral durchweht und trägt das Ganze, ohne auch nur durch ein Wörtchen das unschuldigste Gemüth zu stoßen ... eine so erquickende als erheiternde Lektüre." (Rostocker Tagesblatt 1868, ohne Datum. Zitiert wird aus dem in Münster erscheinenden "Literarischen Wegweiser".)

"Von Fritz Reuters neuester Dichtung sind ... bereits 20 000 Exemplare vergriffen. Mag man auch vom Standpunkte der Kunstkritik aus das Werk nicht mit den hervorragendsten desselben Dichters auf ganz gleiche Linie stellen, und hier und da an der Führung der Erzählung und der Charakteristik der Personen etwas auszusetzen wissen, so bleibt doch noch ... usw." (Rostocker Zeitung vom 5.3.1869)

"In unseren Augen ist die Einleitung das Beste an dem Buche; nur daß uns dort etwas in Aussicht gestellt wird, was das Werk hinterher doch nicht bringt .... Wir haben uns in dem neuen Reuterschen Werke vergebens nach dem wahren Humor umgesehen, an welchem frühere Schriften des Autors so reich sind." (Mecklenburgische Anzeigen vom 28. 10. 1868)

"Das schaffende Genie fehlt ihm. Jener Stoff ist ihm zum Theil überkommen, zum Theil ist er von ihm selbst erlebt." (Mecklenburgische Zeitung vom 2.12. 1868)

Diese Revue einiger Meinungen von Zeitgenossen zeigt die vorzeitige Kanonisierung eines Autors, der nach der "Stromtid" immer an dieser gemessen wird, und Onkel Bräsig wird auch manchmal vermißt. Neue Erzählansätze werden nicht erkannt. Daß dies nicht neu ist, zeigt sich schon an der Rezeptionsgeschichte der "Festungstid".[3] Für die neuere Urteilsgeschichte der "Reis'" steht hier Kurt Batts Monographie (GWB IX, 363). Bei aller Urteilsschärfe läßt Batt bisweilen auch Fragen offen, er wertet differenzierend: Reuter habe, in Eisenach, die Schäden seiner Heimatprovinz schärfer gesehen. Das letzte vollendete Kapitel der "Urgeschicht" belege dies. Reuters "ästhetisches Abstraktionsvermögen" sei eher gering gewesen. In Mecklenburg konnte er noch aus eigenem Erleben schöpfen und einer gleichgesinnten Umwelt sein Ureigenes geben. So gelangten seine besten Werke auf die Gleichnisebene, zum Beispiel die "Stromtid". Dieses Selbstverständliche sei in der fremden Gegend verlorengegangen. Batt wörtlich: "Eine gescheite und feinfühlige Untersuchung könnte zeigen, wie sich dadurch der Autorblick im Spätwerk verschiebt, wie sich die Erzählhaltung verändert und stoff-

---

3   Vgl. dazu Gerhard Schmidt-Henkel, "Ut mine Festungstid": Ambivalenz des Humors oder naive Katharsis?, in: Quickborn 82 (1992/2), S. 101 ff. Wiederabgedruckt in: Kikut. Plattdütsch gistern un hüt 16 (1991/92), S. 33ff.

lich-thematisch das Absonderliche hervortritt. Denn als Reuter außerhalb Mecklenburgs lebte, sein ganz persönliches, festes Publikum verloren hatte, mochte er es - freilich im Unterbewußtsein - darauf anlegen, seiner neuen Umgebung das spezifisch Mecklenburgische als Kuriosum darzubieten."

Daran läßt sich anknüpfen. Es schließt so etwas wie eine Emanzipation von Mecklenburg ein, der Außenblick ist schärfer. Wurde es nun subjektiv, für Reuter selbst, immer befremdlicher, ja trat ein Entfremdungs-, gar ein Selbstentfremdungsprozeß ein? Verlust des Freundeskreises und des vertrauten Idioms, Umzug aus einer Mietetage in eine Prunkvilla, eine zögernd angetretene "Bildungsreise"? Daneben die letzten drei Werke, wachsende Herzbeschwerden und der Tod? Doch wird diese Kausalkette nicht durchbrochen vom objektiven Phänomen des "neuen Autorblicks" im Spätwerk? Wir dürfen die "Urgeschicht", "Dörchläuchting" und "De Reis'" als einen neuen, besonders zu beurteilenden Werkkomplex mit anderen Merkmalen, anderen Qualitäten und anderen Erzähltechniken betrachten als das vorhergehende Werk. Das Darstellungsmittel der Satire ist unübersehbar. Es wurde aber weitgehend übersehen. Man hat das Fehlen des versöhnlichen Humors bemängelt, die mangelnde Kompositionskraft und anderes mehr. Sind vielleicht die falschen Fragen an Reuters späte Texte gestellt worden?

Im Rohbau hatte Reuter die Fabel des Romans schon in seinem Lustspiel von 1857, "Der 1. April 1856 oder Onkel Jakob und Onkel Jochen", verwendet.

Schon hier soll die Tochter eines wohlhabenden Gutsbesitzers einen Luftikus heiraten, weil er vornehm tut. Schon hier wird der elterliche Plan durch die Entlarvung des Gauners vereitelt. Im Roman ist dann vieles anders, episch breiter natürlich, ein zahlreicheres Personal. Aber schon in der Komödie operiert Reuter mit den diversen Sprachen und Sprechebenen.

Er tut das auf eine artistische Manier, die wohl nicht als vordergründig-possenhaft abzutun ist, wie Batt es tut.

Die 2. Szene des 1. Akts (GWB VII, 320 f.) bringt einen Dialog zwischen dem Dienstmädchen Mariane und dem Diener Samuel.[4] Mariane berlinert heftig; Samuels Antwort besteht aus einer längeren Satzperiode, in der nacheinander plattdeutsch, berlinisch, missingsch und hochdeutsch gesprochen wird. Mariane repliziert wieder berlinernd. Es geht den beiden um die Frage, wie man eine Liebeserklärung auch sprachlich überzeugend, mit dem erwünschten Werbeerfolg, formuliert. Der Wechsel der Sprachebenen vom Plattdeutschen zum Argot enthüllt seine eigene Komik. Der berlinische Hochmut ist evident, das echte Senti-

---

4   Die folgenden Textbeobachtungen finden sich zum Teil, in anderem Zusammenhang, bei Gerhard Schmidt-Henkel, Wie Fritz Reuter "Feigen von den Disteln pflückte". Einige Beobachtungen zu Texten und Rezeptionsstufen. In: Jahrbuch des Vereins für niederdeutsche Sprachforschung, 120, Jg. 1997, S. 117ff.

ment des Plattdeutschen auch. Es fragt sich: Läßt Reuter hier hier zwei Dialekte zusammenprallen, wie im Lustspiel üblich, um schlichte Komik zweier schlichter Charaktere zu produzieren? Nein: auffällig sind die drei Sprachebenen des Plattdeutschen, des Berlinischen und des Hochdeutschen in ihren unmerklichen Übergängen oder in ihrer harten Juxtaposition, und eigentlich sind es fünf Sprachebenen, denn wenn Mariane hochdeutsch zu sprechen versucht, dann "klingt" es anders als wenn Samuel dies versucht. Ästhetisch-kommunikativ gesehen, spielt Reuter auf diesem linguistischen Klavier auch mit Halb- und Vierteltönen. In Akkorden spricht dann der eintretende Onkel Jochen, der Samuels erotische Werbedemonstration, und es war nur dies, ernst nimmt und auf sofortiger Eheschließung besteht. Der Onkel hört nur, was er hört, versteht es nicht; er ist zwar eingetreten, aber nicht in den kommunikativen Kontext. Man soll nicht einmal bei einer derartigen Trockenübung Zeugen zulassen; das genuin Komische einer derartigen Werbung, generell, potenziert sich als Übungsdemonstration, und der Zuschauer ist hoch zufrieden, weiß er doch mehr als der Onkel. Das retardierende Moment mit der Weigerung, aus dem verbalen Spaß Ernst zu machen, wird naturgemäß zum Schluß aufgehoben. Man sieht: Reuter war, bei allen sonstigen Schwächen dieser in ihrer Dramaturgie knarrenden Komödie, gar nicht ungeschickt, denn diese Szene antizipiert nur die schließliche Vereinigung des Hauptpaares Julie und Anton, der Romeo- und Julia-Typen dieser Komödie. So erscheinen schon hier die sprachlichen Mittel im Sinne des komischen Diskurses hochdifferenziert.

Reuter führt diese Sprachspiele, dieses Durcheinander von dialogischem Verständnis und Mißverständnis, von Frage und falscher Antwort in seinen späteren Werken fort, und in seinem letzten abgeschlossenen Roman, der "Reis' nah Konstantinopel", gewinnt dies eine bisweilen ans absurde Theater erinnernde Qualität.

Der Roman beginnt, wie immer bei Reuter, mit einer Widmung: "An minen leiwen Fründ Gisbert Freiherr von Vincke, Isenack, den 18sten in den Augustmond achteinhunnertachtunsöstig". Vincke wird hier wegen seines Zuspruchs als "Arzt" bei Reuters Hexenschuß gelobt. Aus den letzten Zeilen der Widmung könnten Kritiker Unsicherheit oder Trotz herauslesen: "Un is de Jung ok noch so dumm, denn helpt dat nich! Nu Vadder, kumm! En gauden Nam kann doch nich schaden - Un D i n , süh, de geföllt mi sihr -, un tau 'ne lust'ge Kindelbir, dor will'n w' de Rezensenten laden." (GWB VI,250)

Wir betrachten zunächst das Vorkapitel, die Einleitung, die keine Überschrift trägt; sie beginnt mit der emphatischen Anrufung Rostocks: Sei von dieser Stadt die Rede, so gehe jedem Mecklenburger das Herz auf und manchmal auch der Geldbeutel. Allein diese Einleitung vermittelt, pars pro toto, einen Eindruck von den textanalytischen Entdeckungen, die noch zu machen sind. Es handelt sich nicht nur um eine hinreißende Eloge auf die Stadt Rostock, sondern vor allem um eine humoristisch getönte soziologisch-ökonomische Beschreibung des sogenannten Fetthammels, des nach Rostock umgezogenen ehemaligen Gutsbesitzers, der hier seine Rendite verzehrt. Das muß man im Sinn behalten, wenn später die unterschiedlichen Fetthammel-Charaktere sich auf der Reise nach Konstantinopel befinden.

Es ist erstaunlich, daß sich die marxistisch orientierte Literaturwissenschaft diese Beschreibung des arbeitenden Geldes hat entgehen lassen. Denn der Besitz am ursprünglich naturwüchsigen (und noch nicht zivilisatorischen) Produktionsinstrument Acker [vgl. Karl Marx, Die Deutsche Ideologie (1845/46), 2. Die Teilung der Arbeit] hat nach dem Verkauf des Ackers mit der folgenden Akkumulation des Kapitals dieses selbst, das Kapital, zum nunmehr "zivilisatorischen Produktionsinstrument" verwandelt. Zwangsläufig hat sich damit der Rentier vom Ergebnis seiner Arbeit endgültig entfremdet und damit von sich selbst; wir sagen: endgültig entfremdet, denn der Entfremdungsprozeß hat spätestens mit den bei Reuter genau nachzulesenden Bemühungen um die Industrialisierung des Landbaus eingesetzt, und der "Austausch zwischen den Menschen und der Natur", wie Karl Marx ihn definiert, ist schon mit der Leibeigenschaft und der Ausbeutung des Landproletariats übergegangen in einen "Austausch der Menschen unter sich". Reuters Hellsicht besteht aber darin, daß er den Typus des ländlichen Expropriateurs, der Selbstentfremdung seiner Lohn- und Deputatarbeiter betrieb, nunmehr, mit der einzigen Tätigkeit des Couponschneidens, sich in einem solchen Maße von sich selbst entfremdet hat, daß er kompensatorische Nebengeschäfte betreiben muß (und erst vor diesem ökonomischen Hintergrund erkennen wir die scharfe Satire im folgenden rhinologischen Vorgang):

"So deilt de richtige un brave Fetthamel sine schöne Tid schön in, in sure Arbeit (Reuter meint hier das Sitzen am 'Lommerdisch', das L'Hombre-Spielen) un säute Wolldahten för de Minschheit. Dormit will ik äwer nich seggen, dat dat dormit bi Jedwedereinen afdahn is, ne! Weck leggen sick noch swore Lasten as Nebengeschäften up: so heww ick einen kennt, de hadd sick jo von de Rostocker Kämmeri de Jagd up den Nigen Markt pacht't un schot nu dor den Dag äwer ümmer ümschichtig ut dat rechte un ut dat linke Näs'lock nah Sparlings rümmer, un wenn hei des Abends paddenmäud in sin Bedd lagg, denn dankte hei unsen Herrgott för sine Gnaden, dat hei em so'n schönes duwwelöpiges Gewehr midden in't Gesicht set't hadd. - Ja, de ein bedriwwt dit, de anner dat as Nebengeschäft." (GWB,VI,256 ff.)

Reuter läßt sich sodann die Frage stellen: "Äwer wat bedriwwst du mit dese ganze Fetthameli?" Und er antwortet - um auch ja in seiner beliebten colloquialen Situation zu verbleiben (wir referieren hier abgekürzt und hochdeutsch):

"Meine lieben Freunde, wenn einer einen längeren Strämel von ein paar Fetthammeln erzählen will, dann muß er erst sagen, was diese Art im Allgemeinen besagen will, und dann gibt es eben Ausnahmen."

Auf diese verspricht Reuter, sich zu konzentrieren. Also nicht die gewöhnliche Fetthammelei will Reuter erzählen, sondern die (positiven) Ausnahmen. Mit dieser salvatorischen Klausel sichert er sich ab gegen Gruppenkritik. Reuter mustert sodann einige soziologische Spezies auf ihre Eignung als Romanpersonal:
"Erzähle ich eine Geschichte vom Edelmann und Rittergutsbesitzer, dann drehen sie mir den Rücken zu und sagen, Herr, Sie sind ein Demokrat, Sie scheuen weder menschliche noch göttliche Einrichtungen. - Erzähle ich eine Priestergeschichte, dann sagt die Art, Herr, Sie sind kein Christ, Sie sind ein Heide, und der Pott ist entzwei. - Sag ich mal was von den Bürgermeistern, dann sagt der eine oder andere von ihnen, schämen Sie sich was, das ist ein schlechter Vogel, der sein eigenes Nest beschmutzt. - Sie sind ja selber ein Bürgermeistersohn ..."
Und so fährt Reuter fort, mit den Schulmeistern, den Bürgern, den Bauern und Tagelöhnern - es handelt sich geradezu um eine Art Ständerevue auf dem Prüfstande eines virtuellen Epiktests - und alle erklären sich für ungeeignete literarische Objekte, zumindest für den genauen Beobachter Reuter, dem es offenbar gar nicht in den Sinn kommt, daß er ja auch affirmativ, unkritisch beschreiben könnte, denn die Scheu der verschiedenen Stände, Objekte literarischer Darstellung zu werden, läßt sich nur aus der latenten Angst vor der Wahrheit herleiten. Reuter schließt also:
"Dorüm heww ick mi also mit de ollen Herren bemengt, de sei Fetthamel nennen. Un nu kümmt de Geschicht." (GWB VI,258)
Ein erzähldramaturgisch interessanter Aspekt ist noch der, daß Reuter, bevor er seine plattdeutsche Fetthammelei mit der rhinologischen Pointe betreibt, zunächst eine Definition des Fetthammels aus einer, versteht sich, fiktiven hochdeutschen "Naturgeschichte" zitiert, wo dem gemeinen Fetthammel (caper ovinus pinguis, genus: homo, Linné) attestiert wird, er weiche im Äußeren nur wenig von seinen stammverwandten Arten ab, er gehe auf zwei Beinen, er lebe in Herden in der Societé, könne bösartig werden, halte nichts von den Wissenschaften, es sei denn der Rechenkunst, der Metallreiz verfehle nie, seinen Eindruck auf ihn zu üben; schneide auch Coupons.
Reuter fährt dann kommentierend und plattdeutsch fort, daß dieser hochdeutsche Naturforscher die Hauptsache vergessen habe: die schwere Last, die große Arbeit, die vielen Geschäfte, die der Fetthammel zu tragen habe.
Im Kontrast zum bisher regierenden Plattdeutschen wirkt der hochdeutsche Text ausgesprochen parodistisch, nicht allein wegen des Inhalts, sondern in der Korrektheit, also Gestelztheit der Syntax und der pseudowissenschaftlichen Wort-

wahl. Man muß beim Lesen das Maul spitzen, wie es später im Roman Jeannette Groterjahn mit ihrem Mündchen tut, wenn sie hochdeutsch spricht. Wenn aber Reuter dann plattdeutsch fortfährt mit der Darlegung der vielen Fetthammelpflichten, dann verfällt er in eine sanfte Ironie, welche die "positiven Ausnahmen" beschwört und gleichzeitig aufhebt.

Wir sehen schon mit dieser Einleitung, und das gilt auch für die sechzehn Kapitel des Romans: Reuter erzählt, als auktorialer Erzähler, durchgehend auf plattdeutsch, selbst dort, wo es bisweilen schwierig ist (was einige zeitgenössische Kritiker sehr wohl bemerkt haben). Aber die Dialoge einiger Romanfiguren praktizieren ein ungemein bemühtes Hochdeutsch, je nach der Charakterisierungsintention des Autors. Hier öffnet sich ein weites Feld für linguistisch-erzähltechnische Differenzierungen, denn die Personen "sprechen", damit wir sie sehen. Unter den epischen Darstellungsmitteln rangiert das Sprechen weit vor Mimik, Gestik, Kleidung, Aussehen und anderen Accessoires. Wer dies übersieht, wie die meisten Kritiker, der kommt allerdings zu dem Fehlurteil, die Figuren würden "zu kahlen Typen skelettiert ... zu Sprachröhren von Scheinprinzipien". (Batt, IX,383) Ulf Bichel[5] legt an diesen Roman das Instrument der Sprachdomänenforschung an. Er spricht von der Diglossie: die hohe Variante für öffentliche Angelegenheiten, Bildung usw., die niedere im alltäglichen Umgang. So erkennen wir den variationsreichen Umgang der Reuterschen Gestalten mit den in den einzelnen Domänen gültigen Erwartungen im Hinblick auf den Sprachgebrauch. Und in der Tat: Je variationsreicher der Umgang ist, desto mehr drängt sich die Praxis einer "Vielstimmigkeit" auf, die indes erzählerisch-dramaturgischen Gesetzen folgt. Reuter verläßt den Bereich der kruden Sprachspiele zur bloßen Erzeugung von Komik, indem er diese instrumentalisiert für seine Kritik am unterschiedlich akzentuierten Bildungsstreben seiner Figuren. Die Charakter- und Handlungsanalyse wird zur soziologischen Differentialdiagnose, zu leisten nur mit diesen erzählerischen Mitteln.

Denn das Maß der Bildung, des Charakters, des richtigen und falschen Handelns ist auch das von Reuter zugemessene Maß vom richtigen Umgang mit dem Hochdeutschen - nur daß das Maß der Bemühung um das richtige Hochdeutsch zugleich das Maß des Parvenühaften ist. Die eigentlichen Konstrastfiguren in diesem Bereich sind daher Jeannette Groterjahn, der zum vollkommenen Glück neben dem Geldbesitz nur noch der Besitz an Bildung fehlt - und ihr kleiner Sohn Paul, der immer wieder ins Plattdeutsche verfällt, trotz strengen Verbots durch die Mutter. Je mehr Jeannette sich in ihrem gesellschaftlichen Aszendenzstreben versteigt, desto geschraubter spricht sie, und desto tiefer fällt sie schließlich, scheinbar, denn in Wahrheit ist es ja ein Glück, daß die Tochter nicht den fal-

---

5   Siehe seinen Aufsatz in diesem Band.

schen Baron heiratet, sondern den tüchtigen und geliebten Karl. Auch die Gefahr eines tragischen Ausgangs mit der falschen Berufswahl für das andere Kind, den Sohn Paul, wird komödiantisch aufgehoben. Er soll, so will es seine Mutter, in den Advokatenstand. Er will aber nicht; er geht nicht nach "oben", er bleibt beim Platt und wird mit all seiner bewiesenen natürlichen Intelligenz ein Landmann. Die Bildungsreise hat ihm nichts anhaben können - so wenig wie seinem Autor.

Dies bedacht, ist auch hier die äußerliche Handlung, die lineare Bewegung im Raum des Reiseromans, so zweitrangig wie in jeder gut erzählten Geschichte. Wichtiger ist die Kunst der Personengestaltung, das Knüpfen der Konflikte und ihre Lösungen, das feinsinnige Verstehen menschlicher Schwächen - und es ist die Satire, mit und ohne Schärfe.

Reuters souveräner Umgang mit den Sprachebenen gibt jeder seiner Figuren im Spannungsfeld von Hoch- und Niederdeutsch ihre eigene Sprache. Die Mundart regiert die Erzählung. Luthers Regeln für eine hochdeutsche Sprache werden breit aufgefächert auf die personale Sprechweise, und falsch und richtig sind keine grammatischen Kategorien, sondern gesellschaftliche, kritisch-diagnostische. Das richtige Sprechen kann zur vornehmen Attitüde werden und damit zum falschen. Das Plattdeutsche trägt die unerschütterliche oder erschütterbare Identität seiner Sprecher, und es trägt die Erzählung. Später, bei Fontane, bei Thomas Mann, ist es umgekehrt. Dort dient das Plattdeutsche in den Dialogen oder in den Sprichwörtern nur noch als klassenspezifisches oder nostalgisches Illustrationsmedium, von hohem Erzählreiz, gewiß. Aber es ist erzähltechnisch akzidentiell, bei Reuter ist es essentiell. Die Funktion des Plattdeutschen in Uwe Johnsons Erzählkunst verdient eine besondere Würdigung. Seine "Nachlieferungen in Mundart", in den "Jahrestagen" zumal, zudem in einer Transskription, die nicht die reutersche ist, die aber ihre eigene Authentizität hat, diese Nachlieferungen erschöpfen sich nicht in der Nostalgie dieses großen Heimwehkranken, sondern sie scheinen eine wichtige Funktion in der epischen Wiederbelebung einer Vergangenheit zu haben, die mit Johnsons Werk nicht "vergangen" ist, bis hin zu den "Stimmen" der Toten.[6]

Und was die Satire betrifft, so hat Reuter im Romantext direkt, in Vorahnung von Mißverständnissen, diesen steuern wollen. Ganz auktorial sagt er uns, er wolle, was er sonst nicht gern tue, "eine Reflexion" machen. Einige Dickköpfe seien immer noch der Meinung, er habe seine eigenen Landsleute lächerlich gemacht, wenn er lustige Geschichten von ihnen erzählt habe. Aber jeder sehe: das ist von mecklenburgischer Art, ein Bild, von eisenfestem Metall gegossen, hat hier und

---

6   Wichtige Anmerkungen zu dieser Frage finden sich bei Jürgen Grambow, Papenbrock heißt Johnsons Pomuchelskopp, in: Fritz Reuter und die Literatur des 20. Jahrhunderts, hrsg. von Christian Bunners und Ulf Bichel. Beiträge der Fritz Reuter Gesellschaft, Bd. 7, Hamburg 1997, S. 63 f.

da seine besonderen Schrullen und Zacken, ist aber vergoldet von einem prächtigen Schein von Eigenart - heiße das schlecht machen? Diesen Schein solle man sich nicht abscheuern lassen von der aufgeklärten Welt; er sei ein sicheres Zeichen, daß ein Volk sich deftig und kräftig fühlt, und daß es imstand ist, sich zwischen den anderen Völkern mit den Ellenbogen Platz zu schaffen, und wenn auch dann mal etwas passiert, was anderen Leuten lustig in die Augen fällt. (Originaltext GWB VI, 358)

Reuter räumt ein, daß er die Leser von Reiseberichten enttäuschen wird. Er versteckt sich zunächst hinter dem Tagebuch, das zu schreiben dem kleinen Paul von seiner Mutter aufgegeben wurde. Aber es wird dann zu einem "autopoetischen" Aperçu; denn Paul "mengt" in die geforderte Reisebeschreibung (in Wahrheit mengt ja Reuter!) allerlei anderes mit hinein, und Paul (Reuter schreibt in Parenthese: "gerade wie mir"!) wird die Frage gestellt: "Was gehen dich die Leute an und ihre Liebesgeschichten? Gehört das in eine Reisebeschreibung? Du hast uns nur zu erzählen von Land und Wasser, von Kirchen und Städten und von den Einwohnern, und wovon die sich redlich ernähren; und, wenn es hoch kommt, von dem lieben Vieh, das es dort gibt, und von dem, was auf den Feldern wächst ... Und Paul wird sagen,- gerade wie ich: Kinder schlagt mich nachher, aber erst laßt es mich sagen: dazu bin ich zu dumm, das bekomme ich nicht fertig, und wenn er auf den Universitäten Institutionen gehört hätte, hätte er hinzugesetzt: ultra posse nemo obligatur, was auf Deutsch heißt: von einem Ochsen ist nicht mehr als Rindfleisch zu verlangen ... Darum mach uns kein schiefes Gesicht, wenn wir von Konstantinopel nur das erzählen, was uns paßt: daß die Gesellschaft bei nachtschlafender Zeit ankam, daß sie an dem anderen Morgen das Goldene Horn vor sich liegen sah, und daß der Anblick von diesem Hafen und der ganzen Stadt so war, daß wohl niemand ihn sein Lebtag vergessen wird. - Ja, sein Lebtag nicht vergessen wird."[7]

Reuter war ein begabter Zeichner (ut pictura poiesis), und hätte Maler werden wollen, wenn es sein Übervater erlaubt hätte. Er hat uns auch glänzende Zeugnisse seiner malenden und ausmalenden Poesie geschenkt, allein in seinen ausladenden allegorischen oder symbolischen Landschaftstableaus. Hier aber scheint er in die unverbindliche Floskel zu fliehen. Das wird gerade in der Verlegenheit der duplizierenden Schlußformel deutlich. Auch hier wird dem Leser nicht mitgeteilt, was man sah, sondern, was man beim Sehen empfand. Mehr zu schildern, das "paßte ihm nicht". Er hatte offenbar im Sinn, anderes und anders zu schreiben.

---

7   Originaltext GWB VI, S. 425 f.

Wann immer die klassischen Orte unvermeidlich ins Blickfeld geraten und ihr Beschreibungsrecht fordern: Reuter wehrt ab, er will kein bürgerlicher Bildungsreisender sein, er flieht ins Vertraute. Es ist komisch, aber es ist seine Wahrheit. Eine weitere Schlüsselstelle zum Verständnis des Romans findet sich in GWB VI, 457. Im 15. Kapitel beklagt Reuter, daß ihm seine ganze klassische Bildung mit dem sauren Kommißbrot auf den preußischen Festungen so versauert worden sei, "dat ut säutes Smolt ranzig Fett worden is". So habe auch keiner der Schiffsreisenden im Ägäischen Meer den Wunsch gehabt, sich auf den naßkalten Buckel "von so'n wateriges Sängerroß (eines Delphins) tau setten un dor Lyra up tau spelen". "Annere Tiden annere Lüden! - Äwer nich blot annere L ü d e n , ok annere B e d ü d e n ."[8]

Diese letzte, im Druck hervorgehobene Initialformel leitet mit einer Reihe von Negationen die Abwehr des Klassischen heute und die Apotheose des Heimatlichen ein, wobei man natürlich die Schlußpointe mit dem Stichwort "Warnemünde" als den Beleg einer beschränkten Provinzialität denunzieren kann. Aber man muß es nicht. Es geht eben darum, daß Reuter hinter dem Augenscheinlichen der vorbeiziehenden klassischen Stätten die Originale beschwört, daher das "andere Bedeuten". Am Beispiel Euböas beklagt er, was die Zeit und die verkommenen Menschen in dieser Zeit aus der Kornkammer Athens gemacht haben. In der Lüneburger Heide könne man sich doch am Heidekraut und an den roten Blumen erfreuen, und mit etwas Einbildungskraft könne man sich mit seiner "Minona" darein legen und von Fingal und Vater Ossian träumen (Reuter spielt hier mit dem irischen Sagenheld Fingal und den Ossian-Dichtungen Mac Phersons auf Mythologeme an, die am Ende des 18. Jahrhunderts stil- und ideologiebildend wirkten, siehe Klopstock und Herder und Goethes "Werther" gegen Gellert und Wieland, das Klassizistische gegen den Sturm und Drang; hier also auch das "Nordische", von Reuter zitiert gegen die Zumutung des "Klassischen").

Aber das dornzackige Zeug von Akaziengestrüpp gäbe wohl ein schlechtes Lager für den Traum und die Liebe ab. Und dort: "Sunium" - da stehen sechs verlassene Säulen, die traurig heruntergucken in das ewige Meer, als wären sie Leichensteine, unter denen eine ganze Geschichte begraben liegt. "Dort ist Ägina, dort ist der Piräus!" Die Schlußpointe kommt von Jochen Klähn, dem schlichten Dienergemüt - nicht von Reuter, der sich in den Reflexionen über Pauls Tagebuch noch mit dem kleinen Verfasser identifiziert hatte; fügt sie sich nicht gleichwohl und gültig in die komischen Abwehrposen dieses Reisetextes? Klähn sagt: "Dies soll

---

8   Reuter verwendet den Infinitiv "bedüden" = bedeuten für "Bedeutung" (eigentlich "Bedüdnis"), hier wohl nicht nur des Reimes wegen, denn Wossidlo/Teucherts Mecklenburgisches Wörterbuch, Neumünster 1996, bringt weitere Belege. Siehe Bd. 1, Spalte 701 f.

ja nun wohl etwas ganz Besonderes sein; kann ich just nicht finden: Warnemünde ist mir lieber."

Mehr ist dazu nicht zu sagen. Da wollte keiner das Land der Griechen mit der Seele suchen. Gewiß, wir sind auch hier gehalten, zwischen der Meinung des Autors und den Meinungen seiner Romanfiguren zu unterscheiden. Aber die Erzähl- und Argumentationstechnik dieses Romans, allein die Erzählerkommentare und vieles andere suggerieren es uns geradezu: Zumeist ertönen Doppelstimmen, nacheinander und ineinander, die der Romanfiguren und die des Autors. Reuters ironische Gestaltungsmittel, als Elemente der Gesamtsatire, erlauben es ihm, seine Meinungen, seine Kritik breit aufzufächern, analog zur dargelegten sprachlichen Differenzierung. Aber er versteckt sich nicht hinter seinen Figuren; auch hier geht es von der Selbstidentifikation bis zur erstaunt-komischen Distanzierung, vom "scharpen Toback" (vgl. GWB VI,360) bis zur versöhnlichen Aufhebung aller Familienhändel, die die Reise denn doch mit sich gebracht hat: "»Fru Nachborin, Sei hewwen vel Schuld, äwer ick ok. - Sei känen hir seihn, wat bi en Haß rute kamen kann; kamen S' her«, hir holl hei ehr de Hand hen, »slagen S' in, will'n mal seihn, wat bi de Leiw rute kümmt«." (GWB VI, 497)

So kommen schließlich doch Romeo und Julia, die klassischen und die mecklenburgischen, und ihre Familien zu ihrem vom Autor beschriebenen Recht.

Diskussion des Beitrages von Gerhard Schmidt-Henkel

Zur Frage, ob es zu Reuters Zeit die Gattung des Reiseromans, wie im 18. Jhdt., überhaupt noch gab, erläutert *Schmidt-Henkel*, daß es die bürgerlichen Bildungsreisen, die an die Stelle der aristokratischen Reisen der Engländer getreten seien, literarisch bis zum 1. Weltkrieg gegeben habe. Danach sei der Reiseroman noch schwach im Expressionismus, etwa bei Kasimir Edschmidt, vertreten, in der NS-Zeit auch durch manchen Gegner des Regimes genutzt, der sich auf dieses Gebiet flüchtete (*Bunners*). Aber der Reiseroman als Ausfluß klassischer Bildung, "geschrieben mit dem Baedeker in der Hand", sei Ausdruck des 19. Jhdt. E. Barlach habe nach einem Aufenthalt als Stipendiat in Florenz erklärt, daß Italien ihm künstlerisch nichts zu bieten habe, desto begeisterter sei er von einem Aufenthalt in Rußland zurückgekehrt (*Schmidt-Henkel*).

Frau Bichel hält Jeannette Groterjahn für eine schwache Figur. Die Vorstellungen, was das Glück der Kinder sei, blieben bei ihr unklar. Man erfahre nicht, mit wem sie gesellschaftlich verkehre, ihr Bild sei seltsam "kahl". *Schmidt-Henkel* räumt ein, daß Jeannette vielleicht Reuter zu sehr als Klischee einer Neureichen geraten sei, als Mutter mit dem höchsten Ziel, die Zukunft der Kinder zu sichern. Darin könnten sich aber auch Reuters Eindrücke vom großbürgerlichen Leben in Eisenach widerspiegeln. Menschlich halte er den falschen Glücksbegriff für entscheidend, den Reuter ihr mitgegeben habe. In Baron von Unkenstein sehe Jeannette nur den Titel, nicht den Menschen. Reuter steigere dies, indem er Jeannette als letzte erkennen lasse, daß der Baron ein Betrüger ist. Batts Fehler sei, daß er aus der kritisch gezeichneten Persönlichkeit der Jeannete etwas literarisch Negatives mache. Weiteres Beispiel für solche literarische Figur sieht *Frau Beutin* ausser in "Frau Jenny Treibel" in Ebner-Eschenbachs Regula. Vermutlich habe Reuter seine Jeannette bewußt blaß gestaltet. *Nenz* erscheint Jeannette in ihrer Großmannssucht ausgesprochen unsympathisch, *Rudnik* spürt dagegen Mitgefühl: J. sei unbefriedigt vom Leben auf dem Lande und richte ihr ganzes Streben darauf, daß ihre Kinder es einmal besser hätten. Damit sei sie gescheitert, das könne man geradezu tragisch nennen. *Schmidt-Henkel* wendet ein, daß Tragik nur sei, wenn jemand ohne Schuld scheitere; diese Rolle habe Reuter Jeannette nicht zugedacht.

Nach *Beutin* könne man Jeannette auch demokratietheoretisch interpretieren. Menschen, die so blind dem Schein nachjagen, seien unfähig zum Citoyen. Ihnen fehlten Wertvorstellungen, auf denen die Demokratie aufbaue.

Christian Bunners

"As uns' Herrgott de Welt erschaffen dee, fung hei bi Meckelnborg an." Paradies und Sündenfall in Reuters "De Urgeschicht von Meckelnborg"

Als Mecklenburg 1995 seine Tausendjahrfeier beging, war der als Titelzeile dieses Beitrags gewählte Satz das in Jubiläumsreden am häufigsten gebrauchte Literaturzitat. Er findet sich inzwischen auch auf Ansichtspostkarten, die mecklenburgische Landschaft zeigen. So bekannt dieser Einzelsatz ist - das Werk, dem es entstammt, gehört zu den weniger gelesenen Texten Fritz Reuters.[1] Gründe dafür sind der Fragmentcharakter der "Urgeschicht von Meckelnborg" und manche Sperrigkeit, die sie der Rezeption bietet. Auch die Forschung hat sich wenig mit diesem Werk beschäftigt.[2] Daß es gleichwohl nicht unterschätzt werden sollte, beweist allein schon das Urteil Arno Schmidts, der von Reuters Werken nach "Dörchläuchting" besonders die "Urgeschicht" gelobt hat.[3] Der folgende Beitrag will einigen theologisch-kirchengeschichtlichen Aspekten des Werkes nachgehen.[4] Er vertritt die These, daß Positionen von Reuters Frömmigkeit in der "Urgeschicht" besonders deutlich ausgedrückt und daß vor allem Reuters kritische Sichten auf die Kirche seiner Zeit zu einer Schärfe entwickelt worden sind, die entsprechende Aussagen in anderen Werken übertreffen.

---

1   Der Text bei Fritz Reuter, Gesammelte Werke und Briefe. Hrsg. von Kurt Batt, Rostock 1966/67. Nachdruck 1990. Bd.7, S. 9-118. Eine Separatausgabe der Schrift erschien im Hinstorff Verlag Rostock 1994.- Hier wird nach der Batt-Ausgabe zitiert (=GWB). Die Ansichtskarte erschien bei "Bild und Heimat", Reichenbach (Vogtland), Bestell-Nr. 030775/59

2   Zuletzt am ausführlichsten bei Kurt Batt, Fritz Reuter. Leben und Werk, Rostock 1967 (auch=GWB 9), S.351-363. Zuvor vgl. besonders Karl Heinz Ihlenburg, Komik und Satire in Fritz Reuters "Urgeschicht von Meckelnborg". In: Fritz Reuter. Eine Festschrift zum 150. Geburtstag, Rostock 1960, S. 86-103.- Friedrich Keerl, Die Quellen zu Fritz Reuters Urgeschicht von Mecklenburg, Diss. Greifswald 1913.

3   Vgl. Hartwig Suhrbier, Der "vagelbunte" Wortspieler. Was Arno Schmidt an Fritz Reuter fand. In: Fritz Reuter und die Literatur des 20. Jahrhunderts. Hrsg. von Christian Bunners und Ulf Bichel, Hamburg 1997 (=Beiträge der Fritz Reuter Gesellschaft 7), S.35.

4   Gegenüber dem 1997 gehaltenen Vortrag ist die hier jetzt gebotene Druckfassung etwas modifiziert worden.- Eine Vorform des Textes wurde als Typoskript Wolfgang Richter (Rostock), dem Erforscher und Biographen Heinrich Schliemanns, zum 60. Geburtstag gewidmet.

Bevor auf die theologischen Aspekte eingegangen wird, seien Bemerkungen zur Entstehung und zum Abbruch der "Urgeschicht" gemacht. Mit ihnen werden wichtige Fragen der ersten Eisenacher Zeit Reuters berührt.

1. Das lange Werden der "Urgeschicht"

Fritz Reuter hat an der "Urgeschicht von Meckelnborg" sehr lange gearbeitet. Ein erster Hinweis auf das Vorhaben datiert aus dem Jahr 1859.[5] Aus dem Jahr 1860 ist ein Entwurf zum Beginn des Werkes erhalten, der sich vom späteren Text unterscheidet.[6] Im November desselben Jahres äußert Reuter gegenüber Hobein: "Das nächste Buch wird ein kurioses sein: eine Urgeschichte von Mecklenburg... Alles, was mir halbverrückte Laune und zur Hand liegende Satire auf unsere sozialen, politischen, kirchlichen Zustände eingibt, kleide ich in historische facta, unbekümmert, was Ihr Norddeutscher dazu sagt. Das Ganze ist aber nicht gegen eine Partei gerichtet, sondern gegen alle Übelstände, die die Menschen sich selbst geschaffen haben."[7]

Das Vorhaben einer Satire ist klar benannt. Hochgemut erklärt Reuter, ob der "Norddeutsche Correspondent" - eine Zeitung, die in mecklenburger Gutsbesitzerkreisen bevorzugt gelesen wurde - ihn zerreißen werde, wie das bei "Kein Hüsung" geschehen war, sei ihm egal. Wichtig ist Reuters Hinweis, er wolle zwar von mecklenburgischen Zuständen ausgehen, dabei aber allgemein-menschliche "Übelstände" im Blick haben.

Anfang 1862 berichtet Reuter an Adolf Wilbrandt, er habe vor drei Jahren begonnen, die Urgeschichte Mecklenburgs zu schreiben. Eine Inhaltsnotiz, die Reuter macht, läßt erkennen, daß das Manuskript wohl etwa bis zur Hälfte des heute vorliegenden Textes gediehen war.[8] Ob und wieweit es später überarbeitet worden ist, muß offen bleiben. Jedenfalls kann die "Urgeschicht" im Blick auf die bereits in Neubrandenburg entworfenen Passagen nur zum Teil als Eisenacher Werk gelten.

Nach dem ersten Start hat Reuter sein Projekt zunächst nicht weiter verfolgt. Die "Festungstid" und die "Stromtid" entstanden. Ab und zu hat Reuter freilich die "Urgeschicht" wieder hervorgeholt, wenn auch zunächst nicht mit ernsten Fortsetzungsbemühungen. Am 7.12.1862 läßt er wissen, er arbeite gerade wieder "in ungeheurer Heiterkeit" daran, am 8.1.1863 berichtet er an Hinstorff, er habe wieder "einen Strämel" Urgeschichte gearbeitet.[9] Am 21.9. und am 2.10.1863 - er

---

5   Vgl. Reuters Briefbemerkung vom 28.1.1862 in GWB 8, S. 390: "vor drei Jahren angefangen" sowie die Bemerkung bei Batt (Anm.2) (nach Seelmann), S.351.

6   Vgl. dazu den Beitrag von Christa Rudnik in diesem Band.

7   GWB 8, S.360.

8   A.a.O., S.391.

9   A.a.O., S. 407, 411.

wohnt inzwischen in Eisenach - plant Reuter, nach Abschluß des III. Teils der "Stromtid" wolle er die "Urgeschicht" in Angriff nehmen.[10] Am 18.12.1863 läßt er Peters gegenüber erkennen, daß ihn Nachrichten über politische und kirchliche Restauration in Mecklenburg dazu trieben.[11] Nachdem die "Stromtid" vollendet ist, schreibt er am 17.8.1864 an die Bolls, "jetzt gehts auf die Urgeschichte los", und bittet, ihm "allerlei interessante Mecklenburgica" mitzuteilen.[12] Die folgenden Monate wurden dann zur Eisenacher Arbeitsphase an dem Buch. Am 14.11.1864 teilt Reuter nach Neubrandenburg mit, er sitze "bis über die Ohren in der Urgeschichte" und hoffe, "zu Ostern damit fertig zu werden".[13] Dann bricht er die Arbeit ab.

2. Fragen des Abbruchs

Das Fragment ist erst 1874, nach dem Tod des Dichters, gedruckt worden. Welches sind die Gründe für die Beendigung des langgehegten und gepflegten Projekts? Der Abbruch muß recht plötzlich erfolgt sein. Hatte Reuter noch am 14.11. sein Engagement zu erkennen gegeben, so zeigt er sich bereits am 4.12.1864 "verdrießlich darüber, daß ich die dumme Urgeschichte angefangen habe". Am 18.3.1865 beklagt er, "tau vele Tid" mit der "Urgeschicht" vertrödelt zu haben, nun schreibe er am "Dörchläuchting".[14]

Um die Abbruch-Frage zu diskutieren, sind wir auf Reuters eigene Bemerkungen in seinen Briefen angewiesen. Sie lassen mehrere mögliche Motive erkennen. Zunächst könnten es ästhetische Faktoren gewesen sein, die ihm eine Weiterarbeit verleidet haben. Von Anfang an scheint er, mehr als bei anderen Werken, mit dem Stoff gerungen zu haben. 1862 bemerkt er gegenüber Adolf Wilbrandt, er könne den Stoff erst weitertreiben, wenn er "gehörig durchgemuddelt hat", das Buch würde nur "sehr langsam und ganz sukzessive fertig werden".[15] Bei der Wiederaufnahme der Arbeit in Eisenach scheint Reuter gespürt zur haben, daß das phasenweise Entstehen des Buches sich hemmend auf den künstlerischen Duktus auswirken könnte, er müsse das Buch nachher "sorgfältig verquicken und verlöten".[16] Schließlich werden Unstimmigkeiten von Reuter offen benannt. Kurz vor dem Abbruch der Arbeit äußert er, er müsse die ersten Kapitel "wohl gänzlich desavourieren und durchstreichen", da er "ein ganz anderes System angenommen

10	A.a.O., S. 439, 446.
11	A.a.O., S. 460.
12	A.a.O., S.502.
13	A.a.O., S.521.
14	A.a.O., S. 522, 530.
15	A.a.O., S. 390, 407.
16	A.a.O., S. 502.

habe". Etwas später bezeichnet er das als neu eingebrachte "Schärfe".[17] Mit diesen Bemerkungen könnte nicht nur der verschärfte sozialpolitische Gehalt der in Eisenach geschriebenen Teile, sondern auch der Stil des Schreibens gemeint sein. In der Tat zeigt das jetzige umfangreiche 13. Kapitel - es bildet etwa die Hälfte des vorliegenden Gesamttextes und dürfte vor allem den Eisenacher Anteil ausmachen - nicht nur inhaltliche Neuansätze zu den vorhergehenden Teilen, sondern ist auch in Darstellungsweise und Stil - man könnte sagen - experimenteller angelegt. Ist also die "Urgeschicht" ein erster Beleg für künstlerische Modifikationen, zu denen Reuter in Eisenach vorstieß? Reuters begeisterte Mitteilung über den eigenen Schaffensprozeß, kurz vor dem Abbruch, dürfte doch wohl auch auf die Ausdrucksgestalt zu beziehen sein, die er als extraordinär empfand und die wir mit dem Begriff des Experimentellen anzudeuten suchten: "Es wird ein fessellos verrücktes Ding."[18]

Ein weiteres Motiv für den Abbruch ist das politisch-publizistische. Reuter selbst hat es als einzigen Grund für das Aufhören seiner Arbeit an der "Urgechicht" benannt. Bereits im Briefwechsel über die ersten Teile der "Urgeschicht" hatte Reuter diese als politisch brisant bezeichnet. Nach den Eisenacher Verschärfungen, die ihn ins 13. Kapitel radikale demokratische Positionen einbringen ließen, erklärt Reuter dann am 4.12.1864, er habe erkannt, daß Hinstorff und er das Buch nicht würden herausbringen können. Hinstorffs Verlag könnte sonst verboten und er selbst gehindert werden, sich in Mecklenburg aufzuhalten. Vor Jahren wäre ihm das gleichgültig gewesen, doch "mit grauen Haaren" sei das anders.[19] Ganz ähnlich hat Reuter sich noch einmal am 18.3.1865 geäußert.[20]

War der Demokrat Reuter dabei, seine Anschauungen zu ändern? Hatte er nicht noch am 16.8.1864 geschrieben, er habe "immer Farbe gehalten"?[21] Die Plötz-

---

17   A.a.O., S. 521, 522.

18   A.a.O., S. 517.- Batt (Anm. 2), S. 363 hat die Veränderungen und damit das ästhetische Scheitern der "Urgeschicht" damit in Zusammenhang gebracht, daß Reuter seinen mecklenburgischen Wurzelgrund verlassen habe. Er hat damit wesentlich zu der Meinung beigetragen, die Eisenacher Zeit wäre von Anfang an von einem Nachlassen der künstlerischen Potenz gekennzeichnet gewesen. Gleichwohl hat auch Batt experimentelle Züge beobachtet: die "Urgeschicht" habe eine "ungewöhnlich diffizile, ja intellektuelle Form", sie sei von "tumultuarischer Komik" (S.353, 356), habe eine "komplizierte, ironisch gebrochene Gestaltungsweise" (S. 433). Doch daß der "Autorblickpunkt im Spätwerk" sich verschoben hat, beurteilt Batt negativ und sieht in den in Eisenach geschriebenen Teilen das "Absonderliche" hervortreten (S. 363).

19   GWB 8, S. 523.

20   A.a.O., 530.

21   A.a.O., S. 500.- Zur Diskussion der Frage vgl. den Beitrag von Klaus Lüders in diesem Band sowie allgemein Wolfgang Beutin, Der Demokrat Fritz Reuter, Hamburg 1995 (=Mecklenburger Profile 2).

lichkeit des Abbruchs spricht eher dagegen, diesen als einen Wandel in Grundpositionen zu interpretieren. Freilich - so etwas wie Angst vor der eigenen Courage könnte Reuter ergriffen haben. Das hieße, Reuter hat seine Standpunkte nicht geändert, aber er hat darauf verzichtet, sie offensiv und öffentlich zu vertreten. Daß das Trauma der eigenen Haftzeit dabei mitgewirkt haben könnte, ist nicht auszuschließen.

Bedenkt man den Zeitpunkt des Abbruchs, so könnte dieser es nahelegen, daß bei Reuter zwar keine Basisveränderung seiner demokratischen Einstellung, wohl aber eine Verschiebung seiner politischen Interessen wie seines öffentlichen Engagements stattgefunden hat. Bereits in Neubrandenburg war Reuter 1859 dem neugegründeten Nationalverein beigetreten. Der Verein hielt im Herbst 1864 - also parallel zu Reuters letzter intensiver Arbeit an der "Urgeschicht" - eine zentrale Tagung in Eisenach, und Reuter empfing führende Vertreter des Vereins bei sich zu Besuch.[22] Möglich also, daß der in Eisenach gewachsene nationale Horizont Reuters und neue dementsprechende Interessen das Aufsichberuhenlassen der "Urgeschicht" mitbefördert haben. Die weitere Entwicklung Reuters in Eisenach zeigt jedenfalls ein zunehmendes Anteilnehmen an Fragen der nationalen Einheit und ein durchaus bewußt vorgenommenes, politisch-pragmatisches Hintanstellen von Fragen der Freiheit und Gerechtigkeit.

Auch ein merkantiles Motiv ist für den Abbruch nicht auszuschließen. Schreiben war für Reuter auch immer eine Geldfrage. Nach Ihlenburg könnte Reuter erkannt haben, daß er mit der auf teilweise sehr spezielle mecklenburgische Vorgänge bezogenen Satire auf keine große Leserschaft würde hoffen können.[23] Das aber hätte auch nur geringe Einnahmen bedeutet.

Auf jeden Fall ernst zu nehmen ist Reuters im Brief vom 5.12.1864 ausgesprochener Hinweis auf Hinstorff. Hatte sein Verleger gemahnt, gewarnt, gedroht, gar den Druck des in Vorbereitung befindlichen Buches abgelehnt? Die von Reuter im Blick auf Hinstorff und sich selbst genannten Abbruchmotive waren - wie stark auch immer sie eine Rolle gespielt haben - Folgen eben jener Unfreiheiten in Mecklenburg, die zu geißeln Reuter sich vorgenommen hatte. Insofern läßt sich sagen, mit dem Abbruch seines Projekts wurde Reuter noch einmal deren Opfer. Und Mecklenburg selbst hätte mitverschuldet, daß seine "Urgeschicht" nicht zu Ende geschrieben wurde. Vielleicht bringen neu aufzufindende Quellen oder neue Einsichten in die Kontexte von Reuters Abbruch der "Urgeschicht"

---

22 Vgl. Reuters Bemerkung darüber GWB 8, S. 520.- Zur Frage des Nationalen beim Eisenacher Reuter vgl. den Beitrag von Reinhard Rösler in diesem Band.

23 Vgl. Ihlenburg (Anm.2), S. 100. Dort auch der Hinweis auf Reuters Bemerkung (GWB 8, S.530), er sei "en ollen Kirl", der sich auf seine alten Tage keine Läuse mehr in den Pelz setzen und "von politische Unnersäukungen un Preßspektake" nichts mehr wissen wolle.

einmal eindeutigeren Aufschluß über dessen Gründe. Bis dahin schlägt der Verfasser vor, von einem Motivbündel auszugehen. Anders sonst scheint es kaum erklärbar, daß Reuter ein Projekt begrub, das er lange und mit Leidenschaft verfolgt hatte und von dem er selbst geurteilt hatte, es sei sein "plattdeutschestes Buch".[24]

3. Bibel, freier Protestantismus, "Urgeschicht"

Die Bibel hat in Reuters persönlicher Biographie wie in seinen Werken einen wichtigen Stellenwert.[25] Aus den ersten Kapiteln der Bibel die Rahmenhandlung für seine "Urgeschicht" zu gewinnen, dazu ist Reuter durch verschiedene historische und literarische Vorgänger geführt worden.[26] In der bisherigen Forschung ist nicht erkannt, daß Reuter die Bibel nicht nur für die Handlung und die Personage seines Buches genutzt hat, sondern daß es ihm gleichzeitig darum ging, auch inhaltliche Aussagen der Bibel - wie er sie verstand - seinen Lesern nahezubringen. Erst bei Beachtung dieses Anliegens erschließt sich die theologisch-philosophische Tiefe der "Urgeschicht".

In Reuters oben zitierter Briefäußerung, sein Buch richte sich gegen alle Übelstände, die Menschen sich selbst geschaffen haben, ist die Frage eingeschlossen, woher die Übel in der Welt letztlich stammen. Das ist die gleiche Frage, auf die die biblische Geschichte vom Sündenfall in mythologischer Form zu antworten sucht. Batt hat zu Recht geschrieben, die "Urgeschicht" biete nicht nur Satire, vielmehr auch Lobpreis der mecklenburgischen Landschaft.[27] Der Schöpfungsglaube Reuters blieb dabei freilich unerwähnt. Ihlenburg sieht die Satire in hohem Maße dadurch entstehen, daß die großen Gestalten der biblischen Urgeschichte von Reuter nach Mecklenburg versetzt werden;[28] er übergeht aber die Tatsache, daß etwa eine Gestalt wie Noah von Reuter verwendet wird, um religiös-soziale Forderungen zu thematisieren. Reuter ist in seiner "Urgeschicht" Satiriker und "Prediger" zugleich.

Der relativ freie Umgang Reuters mit den biblischen Vorgaben - er bringt beispielsweise eine Korrektur an der Geschichte von Isaaks Opferung an[29] - und die Frömmigkeitsinhalte selbst, die Reuter zu transportieren sucht: sie entsprechen einem Christentum, das von der Aufklärung des 18. Jahrhunderts sowie vom

---

24 GWB 8, S. 406.
25 Darüber hat Hans-Peter Meyer-Bothling 1992 in einem Vortrag gehandelt, der dem Verfasser als Typoskript vorliegt: Die Bibel im Leben und Werk Fritz Reuters.
26 Vgl. dazu in der Darstellung von Batt (Anm.2).
27 Batt, S. 356.
28 Vgl. Ihlenburg, passim.
29 Vgl. GWB 7, S. 111. - Auch das entspricht dem liberalen Protestantismus, der mit dem biblischen Opfer- und Stellvertretungsgedanken Schwierigkeiten hatte.

kirchlich-theologischen Liberalismus des 19. Jahrhunderts geprägt war. Es ist auch sonst kennzeichnend für Reuter.[30] Die beiden Bolls in Neubrandenburg - Reuters wesentliche Gesprächspartner dort - gehörten gleichfalls dieser Richtung an.[31] Weit mehr als in Mecklenburg, besonders in Mecklenburg-Schwerin - wo der Liberalismus in der Zeit des Oberkirchenrats Kliefoth bekämpft wurde -, hatte er in den thüringer Gebieten einen prägenden Einfluß. Einem seiner bedeutenden Exponenten, dem Hofprediger Carl Schwarz in Gotha - er stammte aus Wieck auf Rügen - ist Reuter bereits 1863 begegnet und blieb mit ihm in Verbindung.[32] Der mehr vermittelnd, gleichwohl liberal gesonnene Gothaer Generalsuperintendent August Petersen hat die Bestattungsreden für Reuter gehalten. In Reuters in Eisenach erhaltener Bibliothek befinden sich einige theologische Titel aus dem Lager des damaligen liberalen Protestantismus. Was das allgemeine kirchliche "Klima" anlangte, fand Reuter jedenfalle in Eisenach eine ihm gemäßere Umgebung als in Mecklenburg. Während die Zugehörigkeit zum liberalen "Protestantenverein" beispielsweise in Rostock verboten war,[33] hielt der Verein 1865 in Eisenach seine erste zentrale Versammlung ab. Während dieser Tagung, der Reuter als Gast beiwohnte, wurde über ihn öffentlich gesagt, er habe mit seinen Dichtungen für wahres Christentum mehr geleistet als alle orthodoxen Pastoren. Dazu bemerkte dann in seiner Berichterstattung ein konservatives kirchliches Presseorgan hämisch: "O wie hat sich da Fritz Reuter... gefreut!"[34]

4 . Natur und Landschaft spiegeln etwas vom Paradies
Reuters "Urgeschicht" beginnt mit einer langen, in sich geschlossenen "Inleidung" (in der Batt-Ausgabe 22 Seiten). Es folgen die Kapitel 1-12 (34 Seiten). Reuter folgt hier im Grundverlauf den ersten Kapiteln der Bibel in der Genesis. Alles

---

30   Vgl. Christian Bunners, Fritz Reuter und der Protestantismus. Theologische Beiträge zu Fritz Reuter, seinem Werk und dessen Rezeption, Berlin 1987.

31   Der kirchlich-theologische Standpunkt Franz Bolls ist jetzt noch deutlicher zu erkennen aus Franz Boll, Mecklenburg im Jahre 1848. Bearbeitet und mit einem Nachwort versehen von Arnold Hückstädt, Neubrandenburg 1998. Boll hat das jetzt erstmals veröffentlichte Manuskript vermutlich 1865 geschrieben.

32   Vgl. die Briefbemerkungen GWB 8, S. 457, 520.- Christa Rudnik hat den Verfasser freundlicherweise auf einen Brief von Schwarz an Reuter hingewiesen, der sich im Goethe- und Schiller-Archiv Weimar befindet (GSA 77/III,6,7). Er stammt vom 7.11.1864 und betrifft die Terminverlegung einer von Reuter zugesagten Lesung im Gothaer Theater.

33   Vgl. dazu die Studie von Willi Passig, Der Protestantenverein in Rostock. Ein Streit im Jahre 1873. In: Studienhefte zur mecklenburgischen Kirchengeschichte 7 (1994) Heft 2, S.27 ff. Wer sich dem Verein anschloß, sollte nicht mehr Glied der Landeskirche sein dürfen.

34   Vgl. den Nachweis des Zitats bei Bunners (Anm.30), S.20 f.

beginnt oder spielt in Mecklenburg: Erschaffung der Welt, Adam und Eva, Paradies und Sündenfall. Eine hervorgehobene Rolle hat Noah. Das elfte Kapitel schließt - nach der Sintflut - mit der Feier eines neuen Bundesschlusses zwischen Gott und Menschen, auch damit der Bibel folgend. Kapitel zwölf erzählt die Anfänge neuen Lebens nach der Sintflut, auch die Anfänge neuer Sündenfälle. Diese werden dann in Kapitel 13 ausführlich geschildert (54 Seiten). Reuter erzählt viele Jahrhunderte mecklenburgischer Geschichte wie in einem Zeitraffer. Dabei spielt das biblische Geschehen als roter Faden keine Rolle mehr, nur Abraham taucht einige Male auf. Im Namen des lange regierenden Herrschergeschlechts der Japhets setzt sich der Name von einem der Söhne Noahs fort. Sonst aber hat Reuter eigene Abläufe und Personen erfunden. Ausführlich werden, in historischer Einkleidung, Aktualitäten aus der mecklenburgischen Geschichte des 19. Jahrhunderts behandelt: Ständewesen, Privilegienfrage, Heimatgesetzgebung, Verwaltungsfragen, restaurative Kirchlichkeit.

Den vielen "Übelständen", die Reuter in seiner Erzählung satirisch vorführt und kritisiert, hat er Erinnerungen an das Paradies gegenübergestellt. Paradies ist für Reuter dort, wo Menschen mit sich selbst, mit ihren Mitmenschen, mit der Natur und mit dem Willen Gottes überein sind. Solche Übereinstimmung, solche "heile Welt" ahnt der Mensch in der Schönheit der mecklenburgischen Natur und Landschaft. Deren Herrlichkeit und Schönheit lassen etwas spüren von Glück, Harmonie, Frieden, davon, wie das Leben sein könnte. Wie die Psalmisten des Alten Testaments, wie die frommen Aufklärer, auch stimmungsvoll wie in der Romantik hört Reuter im Naturerleben ein metaphysisches Jawort. Der Schluß von Reuters mecklenburgischer Schöpfungsgeschichte macht deutlich, daß er biblische Berichte und seine "Urgeschicht" nicht historisch-abständig, sondern aktuell erzählen will: "Up dese Ort is uns' Meckelnborg worden, un schön is't in'n Ganzen worden, dat weit jeder, de dorin buren is un tagen; un wenn en frömd Minsch 'rinne kamen deiht, un hei hett Ogen tau seihn, denn kann hei seihn, dat unsern Herrgott sin Hand up Wisch un Wald, up Barg un See sülwst rauht hett un dat hei Meckelnborg mit in't Og fat't hett, as hei sach, dat allens gaud was."[35]

Es zeigt den Realismus Reuters ebenso wie die Tiefe seiner Welterfahrung, daß er den mecklenburgischen Natur- und Landschaftsraum nicht regressiv deutet. Er ist für ihn nicht Fluchtraum, sondern Realsymbol, das die guten Vorgaben Gottes für das Leben in Erinnerung bringt, aber zugleich zur Verantwortung ruft. Das wird an Reuters Fassung des noachitischen Bundesschlusses deutlich - einer der bedeutenden Texte Reuterscher Naturpoesie, der mit seinem harten "Schnitt" am Schluß ein besonderes Gefälle bekommt und damit in einen indirekten Bußruf

---

35   GWB 7, S.32.- Der Schluß des Zitats nimmt Genesis 1,31 auf: "Und Gott sah an alles,
      was er gemacht hatte, und siehe, es war sehr gut."

mündet. Ganz der Intention der biblischen Vorlage entsprechend legt Reuter den Regenbogen als Zeichen bleibender göttlicher Treue - auch trotz der Schuld der Menschen - aus: "... un de Sünnenstrahl spelte dörch dat gräune Low, as wenn uns' Herrgott Erbarmen kriegt mit so'ne arme Minschenseel un sin Licht in em fallen lett, dat hei den rechten Weg fin'nt tau sin Vörhewwen; un de Bäken un de Ström, de lepen tausam un slüngen de weiken Arm in einanner un smüsterten un flusterten unner den gräunen Busch as Leiwslüd' un gungen in Eintracht den Weg dörch dat schöne Lewensland tausamen, as hei ehr vörschrewen was, un flöten still herut in de ewige See, ut de alles Lewen stammt... Äwer dit all äwer steg de Regenbagen up taum Teiken, dat uns' Herrgott Freden makt hadd mit sine Welt. Äwer de Welt makte keinen Freden mit em un keinen mit sick sülwen; un de Brauder süht noch hüt den Bagen an den Hewen stahn un drögg Haß in den Harten gegen den Brauder, un de Herr süht em un sleiht sinen Knecht, un de König süht em un dröppt sin Volk."[36]

5. Eigennutz und "Raffigkeit" sind Sünde

Woher denn alle Übelstände in der Welt kämen - dieser Frage wollte Reuter mit der "Urgeschicht" nachgehen. Der biblische Sündenfall wird von Reuter erwähnt und folgendermaßen aktualisiert: "Wat süs noch in den Paradisgoren passiert is, weit jeder Minsch, un wenn hei dat anners nich weiten süll, denn kann hei dat an sick sülwet seihn, indem dat hei dagdäglich ümmer noch in den sülwigen Appel bitt, den Eva anbeten hett."[37] Die Folgen des Sündenfalls am Anfang waren zwar schlimm. Adam wurde aus einem Edelmann zu einem Bettler. Aber dem Sünden-fall in der Darstellung Reuters fehlen die metaphysisch-dämonischen Aspekte. So ist denn die Vertreibung aus dem Paradies mehr eine Art Umzug. Adam und Eva ziehen von der paradiesischen Serrahner in die Jabeler Gegend. Durch vorbild-liche Liebe zueinander und durch harte Arbeit bringen sie es bald zu bäuerlichem Wohlstand, schaffen sie sich ein glückliches Dasein. Geistesgeschichtlich gese-hen ist es ein aufklärerisch-idealistisches Verständnis vom Sündenfall, das hinter Reuters Darstellumg steht. Sündenfall war und ist Chance zu Bewährung und Freiheit. Eine Überbetonung der sogenannten Erbsünde hat Reuter mit anderen Liberalen abgelehnt. [38] Im Unterschied dazu spielte sie in der konservativen kirchlichen Lehre der Zeit eine starke Rolle. Reuter hat Sünde vorwiegend ethisch ausgelegt, nicht ihre Schicksalhaftigkeit, sondern ihren persönlichen Schuldcharakter hervorgehoben.

---

36   GWB 7, S. 59f.- Vgl. dazu Genesis 8, 20ff,
37   GWB 7, S, 36.
38   Vgl. dazu die Bemerkung beispielsweise von Ludwig Reinhard, zitiert bei Bunners, S. 30.

Der eigentliche Sündenfall, so läßt sich Reuters Erzählung deuten, kommt noch. Er geschieht mit der unterschiedlichen Verteilung von Besitz und Privilegien. Der Grund für die Ungleichheit der Menschen sind Selbstsucht und Raffgier. Adams Nachkommen sind Bauern. Doch einer von ihnen, Rabatt, wird durch Viehhandel so reich, daß er das Leben eines Edelmannes führen kann. Zwischen ihm und seinem Vetter Machol kommt es zu schlimmen Streitigkeiten. Diese sollen auf einigen Landtagen geklärt werden. Auf ihnen wird der sprichwörtliche Grundsatz formuliert: "§ 1. Allens bliwwt bi 'n Ollen."[39] Der Adel setzt sich durch und behauptet seine Privilegien nicht nur als ein "historisch" gewachsenes, sondern sogar als ein "göttliches Recht". Sündige Strukturen werden somit institutionalisiert. Reuter läßt mit den geschilderten Landtagsverhandlungen allgemeine Rechtsdiskussionen seiner Zeit ebenso anklingen wie aktuelle mecklenburgische Politik, spielte doch in ihr vor und nach der Revolutionszeit von 1848 der Privilegienstreit eine wichtige Rolle.

Auch der Neubeginn nach der Sintflut führt bei Reuter wieder rasch zu ungerechter Besitzverteilung und zur Spaltung der Menschen in Privilegierte und Nichtprivilegierte. Selbstsucht führt auch in den Städten zu Unruhe und Unordnung. Auch die sozial niederen Schichten zeichnet Reuter nicht als reine Lichtgestalten. So bleiben die Bauern dem dritten Landtag überhaupt fern und formieren sich gar nicht erst zum Protest - dieser Zug vielleicht ein Reflex von Reuters Enttäuschung an den Vorgängen von 1848. Selbst Krischan Schult, Wortführer des Volks und radikaldemokratisch gesonnen, scheut später nicht ein gewisses Arrangement mit dem Herzog, als dieser ihm zusagt, sein Sohn dürfe - entgegen der Regel - die Offizierslaufbahn einschlagen.

Mit solchen Hinweisen hat Reuter sich überzogenen politischen Utopien gegenüber abhold gezeigt. Reuter kannte den Menschen und den Sündenrealismus der Bibel. "Äwer de Gierigkeit un de Raffigkeit un de Rachsüchtigkeit sitten in dat minschliche Hart as en Wepeldurn mit sine Durntacken un dragen denn ok Frücht dornah, nemlich Hahnbutten, buten schön rod, äwer inwendig vull Lüs'."[40]

6. Gleichheit der Menschen und soziale Gerechtigkeit sind Gottes Wille
Dem vom Adel behaupteten göttlichen Recht seiner Privilegien hat Reuter das wahrhaft göttliche Recht von Gleichheit und Gerechtigkeit entgegengestellt. Erhellt das schon aus seiner Kennzeichnung der Sünde, so veranschaulicht Reuter das besonders an der Gestalt des Noah. Durch ihn kommt es auf dem abschließenden Landtag zu einem Zwischenfall. Noah drängt sich mit seiner imposanten Erscheinung in die Versammlung, schlägt auf den Tisch und ruft: "Un wenn't wat

---

39   GWB 7, S. 57.
40   A.a.O., S. 80.

warden sall, möt't anners warden!" Noah versucht, auf dem Landtag ein "Diktamen äwer de Glikheit von alle Minschen" zu Protokoll zu geben, kann sich damit aber nicht durchsetzen.[41]

Während mit der Sintflut ein Gericht über die sündhafte Menschheit ergeht, wird Noah gerettet. Gott hat ihn angewiesen, eine Arche zu bauen. In dem Gespräch Gottes mit Noah zuvor läßt Reuter erkennen, daß der Grundsatz menschlicher Gleichheit für ihn ein schöpfungsmäßig gegebenes Recht ist. Dies die Gottesrede an Noah, die von einem ursprungshaft mitgegebenen sozialen Imperativ spricht: "Noah, min Sähn, du geföllst mi, denn ick bün mit di taufreden. Un arger di nich doräwer, dat sei din Diktamen äwer de Glikheit von alle Minschen nich tau Protokoll namen hewwen, denn ick will di 'n Flag wisen, wo du 't henschriwen kannst, dor ward dat länger stahn as in ehr Landdagsprotokoll: schriw dat in dat Hart von dine Nahkamenschaft, denn ward sick dat verarben up Kind un Kindskinner un wider un ümmer wider, un wenn ok vele dorgegen handeln, din Diktamen ward doch bet an't En'n stahn bliwen in jede ihrliche Minschenbost."[42]

Mit solchen Passagen seiner Dichtung hat Reuter die Bibel nicht zuletzt als ein Lehrbuch der Demokratie zu lesen angeleitet.[43] Er hat ihr - mit einer Kategorie des 20. Jahrhunderts gesprochen - eine soziale Auslegung gegeben. Das war zu Reuters Zeit recht ungewöhnlich, unterstützte doch im allgemeinen die protestantische Kirche die Ehe von Thron und Altar sowie die Ständegesellschaft. Diese Haltung war durch die Revolution 1848 und durch das Aufkommen antikirchlicher Kräfte noch verstärkt worden. In Mecklenburg war es vor allem Oberkirchenrat Theodor Kliefoth - der Leiter der entsprechenden Behörde in Schwerin -, der zusammen mit einem konservativen Konfessionalismus auch die bestehenden Verhältnisse theologisch legitimierte.[44]

Um die verbreitete kirchliche Haltung zu charakterisieren, sei einem Profanhistoriker, Hans-Ulrich Wehler, das Wort gegeben: Die Kirche des 19. Jahrhunderts brachte "jahrzehntelang kein Verständnis für das Leben im Abgrund der eigenen

---

41 A.a.O., S. 56.- Möglicherweise wollte Reuter mit dem Auftreten Noahs auf dem Landtag auch eine historische Erinnerung an den Vorschlag Johann Pogges zur mecklenburgischen Verfassungsreform vom 27.11.1847 einbringen. Auch bei Pogge wurde von einem "Diktamen" gesprochen. Auch seine Anträge scheiterten. Vgl. dazu Hartmut Pogge von Strandmann, Revolution in Mecklenburg. Die liberale Verfassungsbewegung vom Vormärz bis zum "Sieg der Reaktion" im Jahre 1850. In: Modernisierung und Freiheit. Beiträge zur Demokratiegeschichte in Mecklenburg-Vorpommern (Red. Michael Heinrichs und Klaus Lüders), Schwerin 1995, S.165f.

42 GWB 7, S.57.

43 Reuters Demokratiebegriff kann hier nicht dargestellt werden; gemeint ist die allgemeine Tendenz.

44 Namentlich wird in der "Urgeschicht" Kliefoth nicht genannt, wohl aber in Reuters Briefäußerung zum Buch. Vgl. GWB 8, S.391, 505.

Gesellschaft auf, vielmehr teilte sie die feindselige Gegnerschaft der bessergestellten Schichten und Klassen... Zu ihrem eigenen Verderben setzte sie eine zeitbedingte konservative 'Geschichts- und Gesellschaftsideologie' mit dem 'Geist des Evangeliums' gleich. Daran vermochte auch die noch so couragierte Minderheit sozial aufgeschlossener Theologen und kirchlich Liberaler, ehe sie ins Abseits gedrängt wurden, nichts zu ändern."[45]

Reuter gehörte zu jener "couragierten Minderheit". Neben seinen literarischen Verdiensten ist auch sein kirchengeschichtlicher Standpunkt zu würdigen. Die "Urgeschicht" zeigt diesen in besonders deutlicher Weise. Was die Tagelöhner in den Verhandlungen mit Dörchläuchten Japhet rufen - "Fri Bahn möt wi hewwen!"[46] - das ist Menschenrecht. Und es ist nach Reuters Verständnis der Bibel auch Gottes Wille für die Menschen.

7. Eine bibel- und menschenferne Kirche ist zu kritisieren

Die Kritik an der Institution Kirche übt Reuter in der "Urgeschicht" besonders hart und unerbittlich. Auch hier hat er, wie schon in "Kein Hüsung", das Thema der vielen unehelichen Verbindungen unter den Tagelöhnern aufgegriffen. Solche Verbindungen ergaben sich, weil Heirat nur denen gestattet wurde, die eine Wohnung hatten. Die aber wurde ihnen häufig verweigert. Die Kirche hat sich solcher Probleme und Nöte beklagenswerter Weise nur wenig angenommen. Im Gegenteil. Als offizielle Linie galt, daß uneheliche Partnerschaften kirchlicherseits angeprangert werden sollten. Sarkastisch spricht Reuter von "so 'ne unripe dumme Junge von en Johrener sößundörtig bet virtig, de sick all so 'n Johrener teihn mit ne Brud rümmer treckt, ok all etzlich Kinner in de Welt set't hadden, trotzdem dat de Preisters ehr alle Sünndag de schönsten Vermahnungen hadden taufleiten laten".[47]

Der besondere Zorn Reuters richtet sich gegen den mecklenburgischen Oberkirchenrat. Er sei hauptverantwortlich für die restaurative und restriktive Lebensordnung. Ihm vor allem sei die Entfernung der Kirche vom Volk anzulasten. Reuter hat die Entfremdung zwischen Amtsträgern und einfachem Volk in der "Urgeschicht" mit dem Bild einer Pyramide anschaulich gemacht. Unter dem Fürsten Kreihnestus wird eine Pyramide gebaut und eingeweiht, in die der Oberkirchenrat einzieht und in der er auch seine Sitzungen hält - ein Symbol für volksferne Entscheidungen.[48]

Interessanter Weise hat Reuter bei seinem Auftreten auf dem Eisenacher Protestantentag 1865 gleiche kirchenkritische Gedanken geäußert, wie er sie - vermut-

45   Hans-Ulrich Wehler, Deutsche Gesellschaftsgeschichte. 2. Bd., München [2]1989, S. 468 f.
46   GWB 7, S.86.
47   A.a.O., S. 93.
48   Vgl. A.a.O., S.114.

lich ein halbes Jahr zuvor - in narrativer Form für die "Urgeschicht" zu Papier gebracht hatte. Das Protokoll des Protestantentages hat von Reuters Rede u.a. festgehalten, er habe die Art der Predigerwahlen in Mecklenburg beklagt und dann fortgesetzt: "Dieses junge Geschlecht von Pastoren geht dann mit den Rittergutsbesitzern durch Dick und Dünn. Dies der letzte Grund des täglich schwindenden Vertrauens der Gemeinde gegen die Pastoren. Rittergutsbesitzer sind es, welche durch einen oft ganz unverantwortlichen Mißbrauch ihrer in das Verhältnis der Leibeigenschaft heruntergebrachten Untergebenen das Sittlichkeits- und Rechtsgefühl im Volk untergraben; sie sind es, von denen der Bauer weiß, daß sie in der Kirche sollten zurechtgewiesen und bekehrt werden. Statt dessen gilt aber die Strafpredigt des Pastors immer nur dem Bauer, dem Tagelöhner, dem ohnehin schon tief genug Gestukten... das Volk ist verlassen von seinen Hirten. Das ist das Werk des Mecklenburger Oberkirchenrats."[49]

In der "Urgeschicht" möchte Japhet XV. sein Land umgestalten. Sein Innenminister bestärkt ihn darin. Wenn die Macht des Fürsten und der Gutsbesitzer noch mehr gestärkt würden, so bemerkt er, dann - welch ein Hohn Reuters! - würde aus Mecklenburg "das wiedererweckte Paradies".[50] Japhet geht auf Reisen, um zu erkunden, welche Änderungen besonders geeignet seien. In Ägypten lernt er die dynastische, bei Abraham die patriarchalische Regierungsform kennen. Nach langer Reise heimgekehrt, wird er auch nach seinen Eindrücken bei Abraham befragt. Dessen Regierungsweise eigne sich nicht für Mecklenburg, erwidert Japhet, "denn bi em geiht Gottswurd äwerall". Daraufhin ruft der anwesende Direktor vom Patriotischen Verein ganz verbiestert: "Gottswurd *möt* doch äwerall gellen." Doch Japhet erwidert, wenn das der Fall sein sollte, dann müßten ja auch unbequeme biblische Forderungen beachtet werden, beispielsweise die Fürsorge für die Armen, wie sie Altes und Neues Testament anbefehlen.

Nein, rufen da die Minister alle zusammen, "dat Slichte von Gottswurd känen wi bi uns unmäglich inführen". Und Japhet beruhigt die Versammlung: "... deßwegen grad hewwen Wi unsern hohen Oberkirchenrat inset't, dat hei 'ne passende Utwahl von de göttlichen Gesetzen un Gotteswurd utfünnig makt, so as sei för Unser Land passen deiht."[51]

Welche Umkehrung der Wahrheit! Kann eine Kirche schärfer kritisiert werden als mit dem Vorwurf, sie habe die Bibel gegen sich? Reuter hat diesen Vorwurf erhoben. Er tat es um der Wahrheit und um der Menschen willen.

---

49   Vgl. den ganzen Protokollauszug bei Bunners (Anm.30), S.22f.
50   GWB 7, S. 106.
51   Vgl. den Zusammenhang und die Zitate a.a.O., S.110-112.

8. Plattdeutsch als Sprache des Paradieses

Reuter hatte von der "Urgeschicht" gemeint, sie sei sein plattdeutschestes Buch. In den Briefen der Eisenacher Zeit klingt des öfteren Reuters Freude darüber auf, daß - nicht zuletzt durch seine Werke - das Plattdeutsche auch in südlichen Regionen Deutschlands zunehmend Beachtung fände. In einer Anmerkumg der "Urgeschicht" erwähnt er die seit Jahrhunderten geführte Diskussion, welches denn die Ursprache der Menschen gewesen sei.[52] Reuter fügt den Antworten, humorvoll, seine Variante hinzu. Er weiß sogar, welches die ersten Worte waren, die Adam in der Ursprache gesagt hat: "Eving, giww mi een lütten Kuß!"

---

52   A.a.O., S.37f.

Diskussion des Beitrages von Christian Bunners

Beutin betont für Reuters Werke die Bedeutung der theologiegeschichtlichen Interpretation. Es gebe einen "theologischen Reuter". Zwei Kriterien kennzeichneten den seit Lessing aufkommenden Neuprotestantismus: die vorurteilslose Liebe und das innere Licht. Beides wende sich theologisch gegen die kirchliche Orthodoxie ebenso wie gegen die Gleichsetzung des Christentums mit zeitgenössischer Philosophie. Für Reuter schließe das auch die soziale Gerechtigkeit ein. Nach *Bunners* war Reuter vor allem ein liberaler Christ. Dabei sei ihm Gott vor allem gütiger Gottvater gewesen. Gott sei nicht der zürnende, strafende Gott, sondern ein sanfter, mütterlicher Gott. Lessing's Bedeutung für Reuter werde deutlich, wenn er in "Dörchläuchting" vom Konrektor Äpinus berichte, daß in dessem Wohnzimmer ein Bild von Lessing hinge und er Äpinus im Blick auf Lessing sagen lasse, "wenn wi em folgen wullen, denn kemen wi woll up den rechten Weg". Auch für Klaus Groth sei Lessing von zentraler Bedeutung gewesen (*Bichel*). In seinen literaturwissenschaftlichen Vorlesungen bezeichne er als Aufgabe der Dichter, die Erkenntnisse großer Philosophen, wie Kant, Schiller, Lessing, dichterisch umzusetzen und gemeinverständlich zu verbreiten. Das drücke sich auch in Groths eigenen Werken aus. In dieser Zielsetzung seien sich Reuter und Groth überraschend nahe.

Zu Reuters Kritik an der Wiedereinführung der Prügelstrafe in der "Urgeschicht" berichtet *Lüders*, daß sich in Reuters Hausbibliothek ein ungeöffneter Band mit einer Kampfschrift gegen die Prügelstrafe finde. Zum Bild der Schöpfung in der "Urgeschicht" weist Lüders auf ein gleiches Bild bei Lermontow hin. Dort fliege der Teufel auf dem Weg vom Paradies zur Hölle über den Kaukasus. Herrliche Naturbeschreibung. Und zum Teufel sagt er: "Auf seiner hohen Stirn spiegelte sich nichts." Also, wer die Schönheit der Schöpfung nicht in sich eindringen lasse, befinde sich in der Gesellschaft des Teufels.

Bichel macht darauf aufmerksam, daß die Polariät von Idyll und von kämpferischer Haltung gegen soziale oder politische Mißstände in realistisch geprägten Werken vielfach anzutreffen sei, umfangreich z.B. bei J.H. Voß. Bemerkenswert bei Reuter sei, daß er die Polarität nicht in verschiedene Werke lege, sondern in der "Urgeschicht" in einem Werk vereinige.

Bunners berichtet, daß er nach seinem Vortrag in Eisenach einen Brief zur Herkunft des Lieds "Als Adam grub und Eva spann, wo war denn da der Edelmann" erhalten habe. Dieser weise auf Grund einer älteren DDR-Literaturgeschichte den

Text einem Landsknechtslied (17.Jhdt.) zu. Wie andere Teilnehmer bestätigen, stammt er aus den englischen Bauernaufständen des späten Mittelalters.

Schmidt-Henkel knüpft an *Bunners* Aussage an, Reuter sei in der "Urgeschicht" linksliberal. Damit trete bei Reuter, der sich bis dahin als nationalliberal bezeichnet habe, eine von Batt betonte neue politische Haltung hinzu. Die Nähe zur Sozialdemokratie sei unverkennbar. Wie weit war Reuter sich dessen bewußt? Bestimmten allgemeine politische Entwicklungen seine Haltung? Schließlich war Eisenach mit dem Eisenacher Kongreß (1869) Geburtsstätte der deutschen Sozialdemokratie. Während allerdings Reuter in seinen Briefen bis zuletzt immer wieder von der Forderung nach Freiheit spreche, gebe es über die Gleichheit wohl keine brieflichen Äußerungen. *Bunners* bestätigt dies. Er betont aber: Sei "Kein Hüsung" vor allem Ausdruck der Forderung auf Freiheit, so "De Urgeschicht' der auf Gleichheit, wie Krischan Schult sie hier mehrfach ausspreche. So radikal habe Reuter diese politische Forderung sonst nirgendwo erhoben.

Beutin sieht das christliche Liebesgebot in der Rettungsaktion in der "Stromtid" verwirklicht, und zwar im Lessingschen Sinn, angewendet auf Christen und Nichtchristen. Dort werden in das christliche Liebeshandeln auch der "alte Nichtchrist" Bräsig und der Jude Moses einbezogen. Bei der Rettung von Pümpelhagen sei für Reuter das Christentum Realität, und zwar unter dem Einfluß Lessings neuprotestantisch. Dabei sollte man neuprotestantisch aber klar vom Neulutherischen unterscheiden (*Dolgner*). In der Mecklenburgischen Kirche habe sich unter Theodor Kliefoth letzteres entwickelt und die Kirche dem Katholizismus angenähert. Das drücke sich im Kirchenbau aus (Abkehr vom Rundbau, Konzeption des Chors). *Bunners* stimmt zu und weist auf Reuters Kritik an der konservativ-kirchlichen Haltung gegenüber unehelichen Kindern in "Kein Hüsung" hin, weiter in "De Urgeschicht" im Bild von der Pyramide, die sich die Kirche baue und in die sie sich zurückziehe. Auf ein anderes Bild des Gegensatzes von konservativ und liberal in der mecklenburgischen Kirche weist *Suhrbier* hin. In Raabes "Gänse von Bützow" trete der Hauptpastor Klafautius, auch ein ironisches Abbild Kliefoths, auf. Gegenfigur sei ein liberaler Lehrer, der Voß mit den Worten zitiere: "Ich kenne die Pastöre". Dieser Lehrer korrespondiere mit dem - im Gegensatz zu den konservativen Grimms - ebenfalls liberalen Musäus. Die Zuordnung dieser geistigen Welt zum ironisch-aufklärerischen Lessing sei deutlich. *Meyer-Bothling* weist auf Reuters auch aus persönlichen Gründen kritische Beziehung zu Kliefoth hin: Luises Bruder, der auch Theologie studiert hatte und Hauslehrer war, wanderte wegen seines Gegensatzes zu Kliefoths Orthodoxie nach Australien aus. Ferner die Predigt in der "Stromtid", bei der einer der beiden Vettern, beide Kandidaten der Theologie, sagt: "Und wenn ich ihnen das alles vorpredige - glauben kann ich das nicht."

Der Vater: Johann Georg Reuter von Fritz Reuter aus der Erinnerung 1846
gezeichnet.

Hartwig Suhrbier

"Verfrigt möt wi sin!"
Satire, Sexualität und Vatertrauma in Fritz Reuters Roman "Dörchläuchting"

"Fri sall hei sin !"
Fritz Reuter: *Kein Hüsung*

I.

"Verfrigt möt wi sin!" - so habe ich, in Abwandlung eines berühmten Reuter-Wortes, meine Überlegungen zum Roman "Dörchläuchting" ("DL") überschrieben. Denn worum geht es in diesem Text?

Vordergründig geht es darum, für vier bürgerliche Paare den Heiratskonsens bei Dörchläuchting durchzusetzen oder einen halbwegs gnädigen Empfang durch ihn, den Landesherrn. Diese Heiratsfrage ist die zentrale Frage, in der der Herzog am Ende klein beigeben muß: eine Machtfrage also. Aber was ist mit diesem relativ schlichten Geschehen im Vordergrund wirklich gemeint?

Ich sehe zwei Bedeutungs-Ebenen dieser Romanhandlung:

-- eine politische mit der Satire auf den Duodezfürsten Herzog Adolf Friedrich IV. von Mecklenburg-Strelitz und die deutsche Kleinstaaterei, entwickelt in der Auseinandersetzung zwischen Bürgern der Stadt Neubrandenburg und dem Herzog, der ihnen in ihrem Privatleben Vorschriften machen will, sich dabei aber lächerlich macht;

-- eine psychologische mit einer Personen- und Konflikt-Konstellation, die nach dem Muster einer Auseinandersetzung zwischen Vater und Sohn strukturiert ist und damit einem - unbewußten - Versuch des Autors gleichkommt, seinen eigenen zentralen Lebenskonflikt auf der symbolischen Ebene des Kunstwerkes zu bearbeiten.

II.

1. Rezeption als Verdrängung satirischer Kritik

Die erste Bedeutungs-Ebene, die politische, also die Satire auf den Herzog im besonderen und auf das Duodezfürstentum im allgemeinen, ist von der zeitgenössischen Kritik wie von der nachfolgenden Reuter-Philologie nicht wahrgenommen oder weggeredet worden. Selbst die DDR-Literaturwissenschaft, der doch die Sozialkritik Reuters besonders wichtig war, konnte mit diesem Roman erstaunlich wenig anfangen. Kurt Batt wertete den Entschluß Reuters, "DL" zu schreiben und die "Urgeschicht" unfertig wegzuschließen, als "Entscheidung gegen die Gesellschaftssatire und für die Burleske" (GWB IX, 365) und sah damit "das Historische auf private Absonderlichkeiten reduziert" (373). Batt steht damit in der Rezeptions-Tradition, die in diesem vorletzten Roman Reuters nur das Produkt einer nachlassenden poetischen Kraft erkennen konnte. Diese schon zu Lebzeiten Reuters gängige Wertung dürfte der Grund dafür gewesen sein, daß über "DL" nicht viel geschrieben worden ist. Bei Durchsicht dieses Wenigen muß man feststellen: dieser Roman ist hundert Jahre lang auf eine Weise gelesen worden, die der Abwehr seiner politisch-satirischen Seite und damit einer Verfälschung gleichkommt.[1]

Wenn man die zeitgenössischen Rezensionen dieses Romans durchsieht, dann fällt auf, daß die Titelfigur allgemein als "kläglicher Fürst" (Anonymus, S. 778) gewertet und das Wort "Karikatur" von fast allen Kritikern benutzt wird. Es dient dazu, Reuters Darstellung des Herzogs zu charakterisieren - und sie zu bagatellisieren, denn dieses Wort ist, obwohl in der Sache zutreffend, immer negativ gemeint: die "caricaturmäßige Erscheinung" würde "wohl kaum menschliches Interesse erwecken" (Hückstädt/K, S. 162/163; ähnlich Anonymus S. 778, 790); "springt sogar in die Caricatur über" (Hückstädt/K, S. 169), "dieser Fürst ist kindisch und carrikiert" und "läßt kein ernsteres, der Stellung der Person entsprechendes Interesse aufkommen" (171); "die am wenigsten gelungene Figur" (174): so tönt der Chor der Rezensenten - und gibt damit die Tendenz vor, die dann in den Biographien und Vorworten, in den Literaturgeschichten und Lexika und auch noch in der Reuter-Biographie von Kurt Batt (1967) nachhallt. Ein ganz ausserordentlicher Fall von Forschungs-Stillstand.

Julian Schmidt nimmt in seinem Reuter-Porträt (geschrieben 1871) mit Blick auf den Herzog das Stichwort "Caricatur" auf, entschuldigt Reuter jedoch, denn er habe damit - ähnlich wie Jean Paul - den Typus solcher Käuze getroffen, wie es sie an den kleinen Höfen in der Zopfzeit gegeben habe (S. 183): womit jeder Gegenwartsbezug negiert wird. Wilbrandt, in seinem durch die vielen Hinstorffschen Werk-Ausgaben weit verbreiteten Lebensabriß von 1874, wertet "DL" nebenbei als "ein aus übermüthiger Satire und kleinstädtischer Poesie sehr anziehend gemischtes Buch" (S. 82) und verniedlicht damit den satirischen Stachel des Textes.[2] Brandes, in seiner Einleitung zu "DL" (1906) in der Seelmannschen Werk-Ausgabe, greift das Wort Karikatur ebenfalls auf und verschärft es: "So mußte sich das Bild des...gutmütigen, aber schwachen und wunderlichen Herzogs allmählich zu einer Simplizissimus-Karikatur entwickeln" (S. 9) - eine Wertung, die

---

1   Zur generellen Tendenz der Reuter-Rezeption s. Schuppenhauer. Zu den Kurzhinweisen auf Literatur vgl. das Verzeichnis am Schluß dieses Beitrages.

2   Vgl. das späte Echo dieser Bemerkung: "eine übermütige Satire aus einer kleinen Residenz", so H. Hunger (1948), S. 67; so wörtlich auch J. Hunger (1952), S. 112.

in der Werk-Ausgabe von 1936 (S/B Bd. 12, S. 165) unverändert wieder abgedruckt worden ist.

Die Herausgeber weiterer großer Werk-Ausgaben, die nach Ablauf der Schutzfrist 1904 auf den Markt kamen, hatten auch nichts anderes zu sagen: Müller (1905) redet von "echter Serenissimusfigur" und davon, daß Reuter den Herzog "in seinem Auftreten stark karikiert" habe (S. 5). Jahnke/Schwarz (1905) nennen "die Hofgeschichte aus der Zopfzeit ein Kabinettstück lustiger Erzählkunst" (S. 122). Grube (1908) will gar wissen, "mehr als ein humoristisch gefärbtes Sittenbild" habe Reuter nicht beabsichtigt (S. 7) und verneint so jede (zeit)kritische Tendenz.

Daß ihre obrigkeitsfromme Gesinnung die Philologen damals Reuters Werke selektiv lesen ließ und daß sie deshalb Reuters satirische Kritik an der Obrigkeit nicht wahrnehmen konnten, das belegt eine Bemerkung Seelmanns in seiner Einführung (1906) zu "Hanne Nüte", und zwar zu jener Passage in Kapitel 11, in der Reuter Repräsentanten der Amtskirche karikiert. Geschildert wird die Kindtaufe bei Familie Sperling, zu der neben vielen anderen Vögeln auch der Kuhnhahn (Truthahn) geladen ist, der als "Kunsterjalrat" (Konsistorialrat) die Taufe vornimmt. Für Seelmann war es "überraschend" (man beachte die gewundene Formulierung), "daß einer Vogelgestalt ein in Reuters Heimat früher und noch sehr bekannter Mann irgendwelche Züge seines Wesens geliehen haben soll. Wie Herr Geheimrat Richard Schröder...mitteilte, hat Reuter ihm selber erklärt, er habe sich unter dem Kuhnhahn den späteren Präsidenten des Oberkirchenrats in Schwerin Theodor Kliefoth gedacht" (Seelmann Bd. 5, S. 236; so auch in S/B Bd. 12, S. 130). Ebenso erstaunt war ein Autor: Johannes Gillhoff, der in seiner Rezension der Seelmannschen Werk-Ausgabe diese ihn "verblüffende Mitteilung" breit zitierte und kommentierte und "lebhafte Erörterungen" darüber erwartete.[3]

---

3   Das literarische Echo vom 15.11.1906, Sp. 312/313. - Wilhelm Raabe war der "Mecklenburgische Papst" Kliefoth als Leiter der Landeskirche und orthodoxer Lutheraner zeitgenossenschaftlich geläufig und eine kritische Anspielung in der Erzählung "Die Gänse von Bützow" (1866) wert: Den Hauptpastor darin nannte Raabe "Ehrn Jobst Klafautius" und zeichnete ihn als selbstgerechten "fetten Salbader" (Raabe, S. 129), der den nach einer aufrührerischen Rede kompromittierten Magister Albus bei der Schulbehörde denunziert, "um nachher mit leichterem Herzen für den armen Sünder beten zu können" (S. 123). So hatte Reuter schon in "Hanne Nüte" (1860) den "Kunsterjalrat" charakterisiert: der verläßt die Tauffeier empört, um die Rädelsführer jener 'revolutionären Verschwörung' zu denunzieren, als die er das Versprechen der Mehrheit der Taufgäste ansieht, Hanne Nüte und seiner Braut bis zur Hochzeit beizustehen (GWB IV, 397).
   Raabe könnte die Charakterisierung seines Klafautius also von Reuter entlehnt haben; nachweisbar ist aber nur, daß Raabe während der Arbeit an "Die Gänse von Bützow"

Eine zweite Konstante in der Entschärfung von Reuters "DL" ist der Vergleich zwischen den historischen Tatsachen und ihrer literarischen Verarbeitung im Roman. Dabei wird ignoriert, daß Reuter in seiner Vorrede zu "DL" ausdrücklich betont hatte, er wolle keinen historischen Roman schreiben. Dessen ungeachtet ist immer wieder seitenlang verglichen worden, wie der Herzog und die anderen Hauptpersonen des Romans wirklich und wie die Zustände in Neubrandenburg damals tatsächlich gewesen seien; Ziel war dabei, Widersprüche zwischen Realität und Romanfiktion zu benennen, um dann sagen zu können: so schlimm sei dieser Herzog ja gar nicht gewesen. Auch dies eine Art, die satirische Absicht der Fiktion und die damit verbundene ästhetische Qualität nicht wahrnehmen zu müssen.[4]

Einem Germanistikprofessor blieb es vorbehalten, solche Abwehr der Satire in "DL" auf die Spitze zu treiben. In seiner "Geschichte der niederdeutschen Literatur" (1920) stellt Wolfgang Stammler zwar fest, der Text werde "meist unterschätzt", versteht ihn dann aber - entgegen dem Vorwort Reuters - als rein historische Novelle. Am Ende versteigt Stammler sich zu einem Urteil, das Reuters kritische Absicht umkehrt: dieser mit dem Pinsel der Grazie und Laune gemalte Text lasse das Rokoko wieder aufleben und versöhne mit den Schattenseiten des absoluten Regimes, falls man nicht mit parteipolitischer Brille sondern mit ästhetischen Augen lese (S. 92/93).

Gaedertz, der wieselige Sammler von Reuter-Reliquien, hatte immerhin eine Ahnung vom Problem: in seiner über Jahrzehnte hinweg nachgedruckten Einleitung zu "DL" (1905) stellte er zwar auch fest, "der historische Herzog als solcher hat mit dem humoristischen Helden der Erzählung blitzwenig gemein", zog dann aber die richtige Schlußfolgerung: "Hätte er dies aber, so würde er uns nicht in dem Maße anziehen" (Bd. 1, S. 222). Die nun fällige Analyse der aesthetischen Leistung Reuters blieb Gaedertz indessen schuldig.[5]

Die Tradition der Geringschätzung dieses Textes und der Verkennung seines satirischen Stachels wirkt noch in Reuter-Publikationen der DDR nach. Gernentz wechselte seine Ansicht. 1954, in der biographischen Skizze und in dem Vorwort zu "DL" für die Restauflage der Werk-Ausgabe von Gaedertz/Neumann (1927)

---

die "Festungstid" und die "Stromtid" gelesen hat (vgl. Raabe, S. 422 sowie zu Kliefoth S. 424).

4   So zuletzt Endler (1929) und darauf fußend Wagner (1961). Vgl. Abschnitt "5.15 - Dörchläuchting" der Bibliographie von Hückstädt/Siegmund, S. 69/70.

5   Die überarbeitete Version dieser Stelle in der von C. W. Neumann durchgesehenen Werk-Ausgabe (1927) lautet: "Hätte er es, so würde er uns nicht halb so stark fesseln" (Bd. 5, S. 9). Gaedertz' Einführung steht auch in der "DL"-Einzelausgabe in Reclams UB (Nr. 4659-4660, zuerst 1905; nach 1918: UB 4659-4660a), die noch im Verlagsverzeichnis von 1943 als lieferbar notiert ist.

wertete er den Roman als "eine kleine Satire auf einen mecklenburgischen Duo-dezfürsten" (Bd. 1, S. 58/59) bzw. als Beitrag zur "Verspottung und Bekämpfung der unseligen deutschen Kleinstaaterei" (Bd. 5, S. 10). 1956, in seiner Reuter-Biographie, schrieb Gernentz hingegen, das Werk enthalte keine "ernst zu neh-mende Gesellschaftskritik, die doch hier am Platze gewesen wäre" (S. 38). Eilers befand in seiner Textauswahl (1954) einleitend knapp, aber entschieden, "DL" sei "eine köstliche politische Satire und daher von großem gesellschaftskritischen Wert" (S. 262). Die wichtige "Reuter-Festschrift" von 1960 brachte keinen Bei-trag zu diesem Werk. Wolfgang Spiewok, in Band 1 des DDR-Romanführers (1972), vertrat gegen Batt die Ansicht, "DL" sei "Reuters letzter größerer Ver-such einer Satire, der veröffentlicht wurde" (S. 321). Die "Geschichte der deut-schen Literatur" (1975) wiederum folgte Batts Wertung nahezu wortgleich: "Obwohl der Stoff geradezu nach einer Satire auf die deutsche Kleinstaaterei verlangte, wurde er als versöhnliche Burleske gestaltet" (Böttcher, S. 553).

In der Bundesrepublik las man nichts anderes. HJB(allschmieter) urteilte in "Kindlers Literatur-Lexikon" (1972): "'DL' ist nicht als Charakterstudie sondern eindeutig als liebevoll gezeichnete Karikatur angelegt...Von irgendwelchen anti-monarchistischen Tendenzen, von ernst zu nehmender Gesellschaftskritik kann keine Rede sein" (Bd. II, Sp. 1458).

Nun läßt sich einwenden: aber hat Reuter nicht selbst in seinem Brief vom 5. Oktober 1866 an die Brüder Boll deren herber Kritik an "DL" zugestimmt? Denn da schreibt der Autor doch, er stimme "mit voller Seele" in deren Urteil ein; der Herzog sei "zu jämmerlich geraten und Kägebein zu insipid" (GWB VIII, 593/594). Ich bezweifle, daß man diese Sätze für bare Münze nehmen darf - sie sind taktischer Natur: Reuter gab den Bolls recht, weil er die Freundschaft mit ihnen nicht gefährden wollte. Denn er wußte, daß sie zu einer ästhetischen Dis-kussion nicht fähig waren, wie sein Brief vom Juni 1861 an Eduard Hobein be-zeugt: "Bolls sind in Hinsicht der Poesie etwas unrührsam und in ihren Ansichten befangen. Jean Paul ist für sie ein Brechmittel, Herders Cid und Wielands Oberon haben keine Gnade bei ihnen gefunden, und neuere Lyrik lesen sie nicht" (GWB VIII, 376).

2. Der Roman "Dörchläuchting" als satirischer Text

Im Gegensatz zur gängigen Rezeptions-Tendenz halte ich es bei der Bewertung des Romans "DL" mit Friedrich Minssen - dessen kluge Nachworte zu den von ihm und seiner Frau Barbara erarbeiteten Übersetzungen der wichtigsten Prosa-Werke Reuters bislang leider kaum beachtet worden sind.[6]

---

6   Die drei Bände sind zuletzt - durchgesehen und z.T. erweitert - erschienen als dtv
     Dünndruck-Ausgabe: "Das Leben auf dem Lande" - Nr. 2019 (1977; 4. Aufl. 1985);

Minssen hat dieses "immer ein wenig unterschätzte Werk" (Minssen 478) nicht bloß als ein heiteres Buch gewertet, sondern auch als ein ironisch-satirisches und gesellschaftskritisches. Er sieht es in der Tradition aufklärerischen Schreibens seit dem 18. Jahrhundert: "so erscheinen denn auch...an bedeutender Stelle die Namen Lessing, Goethe und Voß" (480). Und auf den mecklenburgischen Satiriker Johann Lauremberg, so füge ich hinzu, wird gleich danach angespielt, denn aus dessen "Schertz-Gedichten" (1652) zitiert Aepinus hier (GWB VI, 38/39): auch dies ein Hinweis auf die kritische Seite dieses Romans. Minssen betont zudem, daß die Handlungskonflikte "auf Verletzungen der Menschenwürde" (481) zurückgehen und damit auf etwas, das auch die Aufklärer zum Schreiben gebracht hatte: gemeint sind in "DL" das Heiratsverbot, die Prügelandrohungen und Beleidigungen durch den Herzog ebenso wie der Streit um Stock und falsche Rechnungen, den der Kneipier Kunst zu Lasten des Konrektors anzettelt.

Reuter bezieht sich aber nicht nur auf Lauremberg und Lessing, auf den jungen Goethe und auf Voß, sondern auch auf die oppositionelle Vormärz-Publizistik: dieser bemerkenswerte Bezug ist bisher nicht gesehen worden. Bereits die Eröffnung der Romanhandlung mit der Kutschfahrt des Herzogs durch "unsere Staaten" ist eine beißende Satire auf die real existierende deutsche Kleinstaaterei. Vorgeführt wird die groteske Diskrepanz zwischen Schein und Sein des Duodezfürsten von Mecklenburg-Strelitz. Sie wird schon daran deutlich, daß er nicht genug gesunde Kutschpferde besitzt und sich eins leihen muß, wobei er einem Ackerbürger ein Pferd ausspannen läßt, der es dringend zum Mistfahren benötigt. Und was bekommt der Herzog geliehen für sein "Paraden-Fuhrwark"?: "den ollen stiwen Brunen" (GWB VI, 13). Vollends absurd wird die Unternehmung dadurch, daß die Kutsche binnen kurzem immer wieder an die Grenzen "unserer Staaten" stößt - "hir is 't tau En'n". Mit dieser Karikierung der Kleinstaaterei hat Reuter auf originelle Weise ein Motiv der Vormärz-Literatur - in szenischer Darstellung - variiert, wie es sich bereits in Georg Büchners Komödie "Leonce und Lena" (1836) findet: da heißt es von Prinz Leonce und seinem Diener, sie seien "schon durch ein Dutzend Fürstentümer, durch ein halbes Dutzend Großherzogtümer und durch ein paar Königreiche gelaufen, "und das...in einem halben Tag"[7].

Und zu erinnern ist an jene Anekdote aus der mecklenburgischen Vormärz-Publizistik in dem von Egon Schmidt edierten Sammelband "Jenny Lind und die grüne Flanelljacke":

"Autobiographische Romane" - Nr. 2051 (1978); "Das Leben im Paradiese" - Nr. 2055 (1979), hierin auch "Serenissimus Dörchläuchting", S. 9-225.

7   Büchner, S. 97/98. Vgl. auch S. 106, wo es heißt, daß man die Grenzen des Reiches Popo vom Saal des Schlosses aus überwachen könne.

"'Himmel, jetzt fällt er über die Grenze!' extemporierte ein Komiker, als ein Mitspielender nach Vorschrift der Rolle in Ohnmacht fiel. Der Schauplatz des betreffenden Stückes war ein deutscher Kleinstaat" (S. 164).

Daß Reuter in "DL" an die Vormärz-Satire anknüpft, zu der er selbst mit dem Text "Die Feier des Geburtstages der regierenden Frau Gräfin..." (1846/47) beigetragen hatte, davon zeugt auch eine literarische Anspielung, die keine Werk-Ausgabe im Kommentar erläutert. Gleich zu Beginn des Romans, als die Rohrdommel mit ihrem Balzruf den Herzog erschreckt und die Lakaien dazu etwas Erklärendes sagen sollen, heißt es:

"Kammerjunker von Knüppelsdörp namm den Kammerdeiner Rand dat Wurd vor den Mun'n weg, wegen de meckelnbörgsche Rangordnung, un säd..." (GWB VI, 11).

"Die mecklenburgische Rangordnung" - das ist der Titel einer 1848 in Schwerin gedruckten Satire von Reuters Freund Ludwig Reinhard, dem Abgeordneten des Paulskirchen-Parlaments und des Stuttgarter Rumpfparlaments, den der Großherzog deswegen Ende 1849 aus dem Amt als Schulrektor in Boizenburg jagte.

Den Widerspruch zwischen Sein und Schein der herzoglichen Existenz macht Reuter mehrfach satirisch deutlich: so sucht der Herzog trotz seiner geringen Einkünfte zu repräsentieren wie der französische Sonnenkönig, aber die Bäckersfrau sperrt ihm die Zwiebacklieferungen wegen unbezahlter Rechnungen (GWB VI, 101); und um den Schweriner Herzog standesgemäß bewirten zu können, muß er eigens Geld leihen (190ff.). Bei seinem Lever assistieren weder Botschafter noch Adelige sondern nur ein kleiner Junge, der dann auch noch einen Spottvers auf ihn hersagt (110/111). Diese Art, über die Verhältnisse zu leben, geht auch mit Menschenverachtung einher: das zeigt Reuter mit der Bemerkung des Herzogs, "de Handwarkers känen täuwen" (12) - nämlich auf den Lohn für ihre Arbeit am neuen Palais.

3. Aktuelle Zeitkritik in historischem Kostüm

Für die satirische Kritik in diesem Roman gilt grundsätzlich, daß Reuter hier den Sack schlägt und den Esel meint: "DL" ist ein Text, der die Verhältnisse der zeitgenössischen Gegenwart, also die Fortdauer der längst überlebten duodezfürstlichen Herrschaftsverhältnisse im Deutschland der 1860er Jahre, attackiert. Das Kostüm des ausgehenden Rokoko ist bloße Maskerade. Auch hier hat Friedrich Minssen klar gesehen, der knapp befand: "Das Sujet erlaubte, der Gegenwart in ihrer Vergangenheit einen Spiegel vorzuhalten" (Minssen 478). Reuter-Biograph Otto Glagau war in seiner Kritik des Romans dieser Einsicht ganz nahe gekommen - er hatte sozusagen die Maskerade beiseite geschoben, vermochte jedoch bezeichnenderweise nichts zu erkennen:

"'Dörchläuchting' gibt sich einen historischen Anstrich, ist aber durch und durch unhistorisch...Die auftretenden Personen unterscheiden sich in ihrem Denken und Sprechen, Wesen und Tun durch nichts vom heutigen Geschlecht..." (Glagau, S. 336). Eben, eben.

Dabei hatte Reuter es an Hinweisen darauf nicht fehlen lassen, wie er es denn gemeint habe. Da sind vor allem die Anachronismen, die schon früh von den Kritikern irritiert vermerkt worden sind, ohne daß sie deren Funktion zu deuten vermocht hätten: das Pfingstfest der Bürger im Nemerower Holz, die Schul-Szenen, die Honoratioren-Runde im Ratskeller. Das alles gab es so im 18. Jahrhundert noch nicht; hier wird vielmehr die kleinbürgerliche Lebenswelt in der Mitte des 19. Jahrhunderts, wie Reuter sie selbst in Neubrandenburg erlebt hatte, dargestellt als sympathisches Gegenbild zu der abgelebten Hofhaltung des Herzogs.

Daneben belegt auch ein Detail, daß Reuter seine Gegenwart meint. Wenn den Herzog wiederholt die Lust ankommt, ihm entgegentretende Bürgerinnen und Bürger allerhöchstselbst durchzuprügeln, dann habe ich Briefe Reuters vom Sommer 1864 im Ohr: darin kommentiert er sarkastisch die Tatsache, daß die mecklenburgische Ritterschaft unlängst eine Verschärfung der Prügelstrafe durchgesetzt hatte.[8]

In der deutschen Literatur jener Jahre gibt es ein aufschlußreiches Gegenstück, in dem dieses Verfahren ebenfalls benutzt wird, aktuelle Gesellschaftskritik in historischem Gewand vorzubringen. Geschrieben hat diesen Text ein namhafter Autor, der wie Reuter jahrzehntelang zum harmlosen Humoristen und naiven Idylliker umgelogen worden ist: ich meine Wilhelm Raabe und seine satirische Erzählung "Die Gänse von Bützow", die wie "DL" im Jahre 1866 erschienen ist. Diese Erzählung basiert auf tatsächlichem Geschehen und ist eine grimmige Abrechnung mit der Unfähigkeit der Deutschen, ihre Verhältnisse nach dem Vorbild der Französischen Revolution selbst zu bessern. Geschildert wird die Geschichte des Bützower Gänsetumults von 1794, jenes Aufruhrs der Frauen und der Armen gegen das Verbot von Bürgermeister und Rat, die Gänse, wie seit alters üblich, frei im Ort herumlaufen zu lassen. Kontrastiert wird der Gänsetumult durch die Französische Revolution: weltgeschichtliches Ereignis und kleinstädtischer Tumult, die Menschrechte und das Recht auf Bewegungsfreiheit der Gänse werden ironisch parallelisiert. In Bützow reichen dann ein Husaren-Leutnant und sechs Mann aus Schwerin, um Ruhe und Ordnung wieder herzustellen. Und so ähnlich war es ja auch 1848/49 abgelaufen.

Wer "DL" unbefangen liest, dem springen die satirischen Passagen dieses Romans - herausragend auch die Szene mit dem angstschlotternden Herzog im vo-

---

8   Brief an Geitel-Blankenburg 21.7.1864 (Weltzin, S. 558); an Fritz Peters 25.7.1864 (GWB VIII, 492); an Sophie Weber 9.8.1864 (a.a.O., 496).

gelbauerartigen Gewitterschutzkäfig (Kap. 9) - ins Auge. Daß diese satirische Kritik am Duodezfürstentum gleichwohl fast hundert Jahre lang ignoriert oder weggeredet worden ist, hat wesentlich zu tun mit der Entwicklung nach der gescheiterten Revolution von 1848/49. Eine Folge davon war das Verstummen der gesellschaftskritischen Literatur, die seit den 1830er Jahren die Wünsche nach sozialen und politischen Reformen mit formuliert hatte. Autoren, die - wie Wilhelm Raabe - weiterhin ironisch-satirisch Gesellschaftskritik übten, wurden als schrullige Humoristen in die Ecke gestellt.

Diese Verpönung satirischen Schreibens ist von den zeitgenössischen Ästhetikern fundiert worden. Von Hegel bis Friedrich Theodor Vischer wächst in den Theorien des Komischen die Ablehnung der Satire als ästhetisch minderwertig und zugleich die Hochschätzung des Humors als verstehende und versöhnende Kraft (Baum, S. 65-72). Diese Diskreditierung der Satire als künstlerisches Mittel war keine bloß ästhetische Sache sondern auch eine politische, weil damit eine Möglichkeit kritischer Wirklichkeitsdarstellung verpönt worden ist.

III.

1. Der lange Weg zur Heirat

Kommen wir zur zweiten Bedeutungsebene dieses Romans, der psychologischen, und zu dem Problem, das hier verhandelt wird: zur Auseinandersetzung Reuters mit seinem Vater.

Vordergründig geht es um vier heiratswillige bürgerliche Paare, die ihre Heirat gegen den Willen des Landesvaters durchsetzen oder von ihm Ehrenerklärungen erlangen müssen. Um die Bedeutung dieser Handlung zu entschlüsseln, ist ein Blick in jene Briefe hilfreich, in denen Reuter die Verheiratungen in der "Stromtid" und in "DL" kommentiert. Am 23. März 1863, während der Arbeit am 3. Teil der "Stromtid", schreibt der Autor auf die Nachfrage eines Lesers: "den Damen namentlich will ich versprechen, daß alle jungen Mädchen bis auf die Pomuchelsköpfe zweckmäßig verheiratet werden sollen, wenn auch Louise Hawermann vorher noch ein bischen gequält werden muß"[9] (GWB VIII, 417). Zwei Jahre später, als die Arbeit an "DL" sich hinzieht, antwortet Reuter seinem auf Manuskript-Ablieferung drängenden Verleger Hinstorff am 14. Oktober 1865: "Und bei diesem Buch gerade...könnten Versehen höchst schädlich werden, da sich die Geschichte von vier Liebespaaren darin verschlingt und zum Schlusse

---

9   Vgl. auch den Autor-Kommentar gegen Ende von Kap. 10 der "Stromtid": "Un drüddens: ick heww in dit Bauk uterdem drei junge Mätens tau verfrigen, un wer weiten will, wat dat heit, de frag man bi 'ne Mutter von drei unbegewene Döchter an. Lowise Hawermann möt doch en Mann hewwen, un wir't nich jammerschad', wenn de beiden ollen lütten Druwäppeling'n as olle Jumfern durch de Welt tründeln süllen?" (GWB V, 178).

aus einem Knoten gelöst werden muß" (Hückstädt/B, S. 69). Kurz darauf, am 9. November 1865, schreibt Reuter seinem Freund von Vincke: "Dörchläuchten hat in letzter Zeit schön heran müssen; Land sehe ich schon; aber vier Brautpaare in den sichern Hafen der Ehe zu bringen, ist keine Kleinigkeit und will Zeit haben" (GWB VIII, 543).

Happy-End mit Heirat, aber erst nach allerhand Hindernissen, Gefährdungen und auch ein bischen Quälerei: das ist das Schema schon in "De Reis' na Belligen" und in "Hanne Nüte". In der "Stromtid" bekommt Lining relativ rasch das Regiment über ihren etwas tüffeligen "Petisten" Gottlieb, Mining aber muß sich gedulden, bis ihr Rudolf nach seinem Bruch mit der Theologie ein tüchtiger Landwirt geworden ist; und Louise kann ihren Franz erst heiraten, nachdem ihr Vater vom Unterschlagungsverdacht gereinigt worden ist. Auch in "De Reis' nah Konstantinopel" mit dem auf Shakespeares "Romeo und Julia" anspielenden Untertitel veranstaltet Reuter ein Hindernisrennen zum Traualtar.

Es ist wenig verwunderlich, daß in den genannten Werken Reuters und in "DL" der Heirat eine lange Zeit des Wartens und der Widerstände vorausgeht: die eigene Erfahrung, die diesem Schema zugrunde liegt, ist nicht zu übersehen. Bis ihm Luise Kuntze endlich 1851 in Roggenstorf angetraut wurde, das hatte gedauert - an die sieben Jahre Werbung und Verlobungszeit.

Wie sehr diese Erfahrung in Reuters Texten auch im Detail nachzittert, läßt eine sprichwörtliche Redensart sehr schön erkennen. Es handelt sich um einen Spruch der Art, den die professoralen Rauschebärte der wilhelminischen Zeit halb verschämt als "derb" zu bezeichnen pflegten, und damit um einen jener skatologischen Ausdrücke, die nicht nur bei Reuter selten sind. Hier aber haben wir ein Beispiel, das Reuter sogar in zwei verschiedenen Texten anbringt, jedenfalls als erkennbare Anspielung: denn beim ersten Mal läßt Reuter die 'derbe' zweite Hälfte des Spruches weg, beim zweiten Male dichtet er sie entschärfend um.

Als in "DL" der Dichter Kägebein seine Dorime endlich im Arm hat und die frisch Verlobten während des Pfingstfestes im Wald beim Wirt Kunst vor Freuden derart zur Musik herumhopsen, als wollten sie in den Ehestand hinein hopsen, da kommentiert der Erzähler das so:

"Äwer wer lang' leiwt, den ward de Leiw kolt, un wer lang' hopst, den ward de Pust kort..." (GWB VI, 179).

Das reimt sich nicht recht: kein Wunder, denn Reuter hat die Zeilen drei und vier des Spruches situationsbedingt abgewandelt.

Ein erstes Mal hatte Reuter diesen Spruch in der "Stromtid" benutzt. Da bringt Bräsig gegenüber Frau Nüßler das Gespräch darauf, daß es wohl Zeit werde, Rudolf und Mining heiraten zu lassen. Bräsig leitet das Thema so ein:

"Madame Nüßlern, schon ein altes Sprüchwort besagt die Worte: wer lang' leiwt, den wird die Leiw olt, un wer lang'..." - "Laten S' Ehr ollen dämlichen Redensorten, Bräsig", so fährt ihm Frau Nüßler über den Mund, ehe er den Spruch zu Ende zitieren kann, "dat paßt sick nich för mi un för Sei!" (GWB V, 548).

WAS sich hier nicht gehört, das wissen die Anmerkungen der Battschen Ausgabe nicht; und die Seelmannsche Werk-Ausgabe dreht dem Nachschlagenden eine Nase, indem dort zur variierten Fassung in "DL" bemerkt wird, die beiden letzten Verse "lauten in Wirklichkeit ganz anders und sehr viel derber" - doch wie sie lauten, verschweigt der Bearbeiter (Seelmann, S. 534; auch in: S/B Bd. 12, S. 376). Müller, in seinem Verzeichnis "Der mecklenburgische Volksmund in Fritz Reuters Schriften", ist nicht ganz so diskret: er teilt die Schlußzeilen des Spruches mit, von den beiden "sehr derben" Wörtern aber nur die Anfangsbuchstaben, dennoch ist der Wortlaut zu erschließen (S. 68, Nr. 423). Den Volltext verzeichnet das Mecklenburgische Wörterbuch: in Band II, Spalte 1084, allerdings nicht unter dem Stichwort "leiwen" sondern unter "frigen". Danach heißen die Zeilen 3 und 4: "und wer lang' schitt, den' ward de Mors kolt".[10]

Womit wir wieder bei dem Zusammenhang sind, auf den es mir hier ankommt: in Verbindung mit dem Thema Heiraten spielt Reuter mehrfach an auf diese 'derbe' Redensart mit ihrer Warnung vor allzulanger Brautzeit. Daran läßt sich ablesen: dieser Punkt ist für ihn emotional so belastet, daß er die zeitübliche Zurückhaltung im Gebrauch 'derber' Worte teilweise fahren läßt und sich wenigstens ein bißchen Luft macht.

2. Heirat als Akt des Mündigwerdens

Ein Blick auf den Handlungszusammenhang in der "Stromtid" zeigt, wie paßgerecht Reuter gearbeitet hat. Daß er Bräsig diesen Spruch anbringen läßt, hat ja seinen Grund, denn der weiß, wovon die Rede ist: ihm hatte sein 'gnädigster Herr Graf' die erpresserische Wahl gelassen - Pension oder Heirat. Und vor eben dieser 'Wahl' hatte Reuter selbst gestanden, als sein Vater ihm testamentarisch das Heiraten verbot. Dieses allerletzte harte Verbot des Vaters, eine Machtausübung über den Sohn noch aus dem Grabe heraus, war für den Sohn eine weitere massive Traumatisierung nach der Festungshaft und nach dem frühen Tod der Mutter.[11]

---

10   Mit Formulierungen dieses Sprichwortes hatte zuvor schon Rudolf argumentiert: "Ja, Mutting, wenn nu nich bald ut de Frigeratschon wat ward, denn warden wi jo olt un kolt dorbi" (GWB, V, 537). Ähnlich Halsband in "DL", der zu seiner Braut Stining sagt: "Wenn wi äwer länger täuwen, denn warden wi olt und kolt bi unsere beste und tru'ste, heitste Leiw!" (GWB VI, 64).

11   Vgl. Reuters psychischen Zusammenbruch Weihnachten 1845, neun Monate nach dem Tod des Vaters. Dessen Testament hatte bestimmt, daß der Sohn sein Pflichtteil nur dann erhalten solle, sofern er drei Jahre ohne Alkohol gelebt habe. Ausgezahlt werden sollten bloß die Zinsen aus dem Pflichtteil, jedoch nur so lange, wie er nicht heirate. Die

Denn das Heiratsverbot bedeutete ja nicht nur das Verbot legitimer sexueller Betätigung, sondern es war - indem es den Sohn zugleich als beschränkt geschäftsfähig unter Kuratel (Rechtsaufsicht) stellte - vor allem ein rechtliches Hindernis für die Etablierung einer bürgerlichen Existenz. Alles in allem also ein Unmündighalten des Sohnes. Von hier aus zeigt sich, daß die Durchsetzung seiner Heirat für Reuter von existentieller Bedeutung gewesen ist.

Die Aufhebung des Heiratsverbots im väterlichen Letzten (Un)Willen war der erste eigene Wille, den der Sohn gegen den Vater durchsetzte. Reuter gelang dies, indem er sich mit seinen Halbschwestern verbündete, die der Streichung jener Klausel zustimmen mußten. Mit 41 Jahren hatte Fritz Reuter erstmals im Leben ein selbst gestecktes Ziel erreicht. Die Durchsetzung der Heirat war ein Akt des Mündigwerdens nicht nur im juristischen, sondern vor allem auch im symbolischen Sinne: sie war, psychologisch gesehen, der 'befreiende Vatermord'.[12]

Der zweite Sieg Reuters über seinen Vater folgte bald - das war die mit der Heirat verbundene berufliche Neuorientierung: der allmähliche Aufstieg vom Privatlehrer über den Redakteur zum Schriftsteller. Und es ist kein Zufall, daß diese, erst nach dem Tode des Vaters möglich gewordene, berufliche Entwicklung sich an den frühen musischen Einfluß der Mutter anschloß und damit im Gegensatz stand zu der Forderung des Vaters, Jurist zu werden: hier wird die ödipale Grundierung des Vater-Sohn-Konfliktes im Hause Reuter offenkundig. Heirat und Berufsfindung bedeuten eine Rückkehr in die mütterliche Sphäre und legten den Grund für die Resozialisierung Reuters. In Aktivierung der vom Vater unterdrückten und von der Mutter geförderten musisch-literarischen Anlagen kam Reuter, die Stabilisierung durch Luise im Rücken, zu sich selbst und zu einer gesicherten bürgerlichen Existenz. In ihr war er am Ende auch ökonomisch höchst

---

Blockierung des Pflichtteils machte Reuters Absicht hinfällig, sich damit eine Existenz als Landwirt zu schaffen.

12   Die eigene Erfahrung mit dem Heiratsverbot verarbeitete Reuter erstmals als zentrales Motiv in seinem ersten bedeutenden und mit Herzblut geschriebenen Werk "Kein Hüsung" (1857). Im Totschlag des Junkers durch Jehann inszenierte er einen "Vatermord" - einen Totschlag, der aus der Verweigerung von Heirat und Hüsung durch den Gutsherrn erwächst. "Kein Hüsung" zeigt offen die ödipale Struktur dieses Konfliktes: der Gutsherr als Vaterfigur mit landesväterlichen (Polizei)Befugnissen rivalisiert mit seinem Knecht Jehann um Marik und verweigert den beiden Heirat und Hüsung, nachdem Marik sich seinen sexuellen Wünschen verweigert hatte. Jehann stößt den Junker mit seiner Mistforke nieder, nachdem dieser ihm mit der Reitpeitsche ins Gesicht geschlagen hatte - mit einem Herrschaftssymbol in phallischer Gestalt. Vgl. ähnliche Szenen mit der Reitpeitsche in der Darstellung von Vater-Sohn-Konflikten bei den expressionistischen Autoren Walter Hasenclever ("Der Sohn"), Arnold Bronnen ("Vatermord"), Franz Werfel ("Nicht der Ermordete...").

erfolgreich, was wiederum einem Triumph über den Vater in der ödipalen Konkurrenz gleichkommt.[13]

Vor diesem biographischen Hintergrund erhält "DL" eine ganz eigene Färbung. Denn das, was dort geschieht, läßt sich so lesen: vier Söhne erkämpfen sich die Heirat gegen den Willen des widerstrebenden Vaters; sie emanzipieren sich sexuell und als bürgerliche Subjekte. Bezogen auf den Autor heißt dies: hier kämpft Fritz Reuter - unbewußt - seinen Kampf gegen den Vater und dessen Heiratsverbot noch einmal auf symbolischer Ebene durch. Dabei repräsentiert der Herzog nicht nur den Vater, sondern als Landesvater ist er sogar eine Art Übervater. Auch in dieser Funktion - das macht die Parallele so frappierend - gleicht der Herzog dem Vater von Fritz Reuter, denn der war als Bürgermeister und Stadtrichter von Stavenhagen ebenfalls eine oberste weltliche Instanz, und zwar eine eindrucksvolle, wie Reuter selbst bezeugt hat.[14]

Aber es gibt noch einen Aspekt. Hinter der autoritären Gestalt des Landesvaters scheint nicht nur Reuters leiblicher Vater auf mit all seiner Amtsautorität und Rigorosität, der den Sohn schon als Gymnasiasten überwachen ließ, sondern eine weitere mächtige Vaterfigur: der preußische König Friedrich Wilhelm III., von dessen politischer Justiz Fritz Reuter sieben Jahre lang malträtiert und mit dem Tode bedroht worden war.[15]

Die vielen demütigenden Lenkungszwänge des eigenen Vaters und die lebensbedrohliche Verfolgung durch jenen König waren, psychologisch gesehen, Versuche, die ihnen nicht passende Individualität Fritz Reuters 'umzubringen'. Jene Passagen in "DL", in denen Reuter den Herzog zum Ziel einer antifeudalen Satire machte, dienen auch der Verarbeitung der erlittenen Traumatisierungen. Die Härte der satirischen Konturierung des Herzogs dürfte sich daraus erklären, daß Reuter hier seinen Haß auf Vater und König auf die (Vater)Figur Dörchläuchting projiziert hat.[16]

---

13 Es kennzeichnet die Reuter-Forschung, daß ein derart schwerer Vater-Sohn-Konflikt, trotz der schon 1896 erfolgten Veröffentlichung des Briefwechsels zwischen beiden, erstmals 1995 näher - und anhand psychoanalytischer Kategorien - erörtert worden ist (Beutin, S. 91-109). Diese Verspätung zeigt, daß Reuters Texte und Biographie den Literaturwissenschaftlern schon vor 1945 weithin aus dem Blick geraten sind.

14 "Er war fast vierzig Jahre hindurch Triebfeder und Unruh in der Uhr des städtischen Lebens, und was fast noch mehr sagen will: er war auch ihr Pendel und Regulator" (GWB I, 465).

15 Vgl. das Wort von Alexander Mitscherlich: "Könige sind archetypische Väter, Groß-Väter" (Mitscherlich, S. 106).

16 Man kann Reuters Genugtuung darüber verstehen, daß Vater-Repräsentanten wie der Erste Kommandant von Koblenz und Ehrenbreitstein, General von Hartmann, zu ihm nach Bad Laubach bei Koblenz kamen, als er dort kurte: "in früherer Zeit empfingen mich die preußischen Festungskommandanten im Vorzimmer oder auch gar nicht, jetzt

Wenn man also untersuchen will, wie Reuter seine Haftzeit schreibend zu bearbeiten versucht hat, dann muß man "DL" mit hinzu nehmen.

3. Dörchläuchting - das Psychogramm eines infantilen Angstneurotikers

Döchläuchting hat in diesem Roman die Funktion des perversen Gegenpols zur kleinbürgerlichen Normalität. Denn wie charakterisiert Reuter diesen Herzog: als "en unglücklich Minsch" mit "drei Grugels un drei Furchten" (GWB VI, 17/18)? Als einen infantilen Angstneurotiker und Kleiderfetischisten und damit als jemand, der psychisch nicht erwachsen geworden ist - "hei is seindag' nich riper worden" (nicht reifer als ein knapp 15jähriger) heißt es unmißverständlich (17). Der Herzog wird vorgeführt als ein Mann, der Angst vor Spuk und Hexen, vor Gewittern und vor Frauen - also vor Naturgewalten und Sexualität - sowie vor dem Verlust seines Thrones hat. Zu all diesem Unglück, so heißt es bei Reuter, kam noch ein weiteres: während seiner Kavalierstour habe der Herzog sich in Paris tüchtig verliebt, aber "nich in en Frugensminsch...ne! in in schöne Kledaschen"; seither lasse er sich "sanftene Röck un sidene Hosen" immer nach der neuesten Mode vom ersten Schneider aus Paris kommen (18). Diesen Kleiderkult dehnt Dörchläuchting auch auf seine Lakaien aus; als die Kutschfahrt durch "unsere Staaten" losgehen soll, befiehlt er die Staatsmontierung mit goldenen Tressen und ordnet extra an, "de beiden Löpers, Halsband un Fleischfräter, sälen den nigen Blaumenhaut ut Paris upsetten - à la Pompadour" (12).

Als kindlich in seinen Reaktionen wird der Herzog wiederholt gezeigt. So gleich eingangs des Romans. Hier sitzt er mit "Christelswester" in der Dämmerung beisammen, gruselt sich bei Spukgeschichten und erschrickt gewaltig über den Balzruf der Rohrdommel: er reagiert auf diesen Ruf wie ein Kind, das wegläuft, indem er sich ein neues Palais mitten in Neubrandenburg und damit fernab von aller Natur mit ihren Balzrufen baut. Reuter nennt dies eine "sonderbore Intention" (16), und tatsächlich legt der Herzog damit unstandesgemäßes Verhalten an den Tag, denn seine Standesgenossen pflegten sommers umgekehrt die heiße Stadt zu verlassen und auf ihre Landhäuser zu gehen.

Aus seelischer Unreife erwächst auch des Herzogs große Angst vor Frauen. Immer dann, wenn er mit Frauen in Konflikt kommt, gerät er besonders stark in Rage: dann beschimpft er sie, will sie prügeln oder "hei kriggt dat Swinhäuden" (107), wie die Bäckersfrau seinen Ohnmachtsanfall auf gut Plattdeutsch nennt. Die in der Konfrontation mit Frauen ausgelöste Beschimpfungs- und die Prügellust sind unschwer als infantile Lustformen und als verschobene sexuelle Affekte zu entziffern. Und eine infantile Ersatzhandlung ist jenes Vergnügen, mit dem

---

suchen sie mich auf" (Brief an Fritz Peters 16.11.1865, GWB VIII, 549); ähnlich im Brief an Wilhelm Niederhöffer vom Dezember 1865 (a.a.O. 551).

Dörchläuchting sich gelegentlich 'vermüntert': das Naßspritzen der Scheuerfrauen durch Schlüssellöcher mittels einer Wasserspritze (222). Am Ende, als der Herzog den Kampf gegen die vier heiratswilligen "Söhne" verloren hat, reagiert er regressiv auf seine Niederlage und will nur noch zu Bett.

Reuter ist mit seiner Charakterisierung des Herzogs als infantilen Sexualneurotiker für seine Verhältnisse und für die damalige Zeit ganz außerordentlich unverblümt. Auch hier gilt wie im Falle der oben erörterten 'derben' Redensart: diese Unverblümtheit läßt darauf schließen, daß ihn dazu ein tief sitzender Affekt getrieben hat. Nur einem arg verhaßten 'Vater' muß man es derart hart heimzahlen. Solche Verspottung des Herzogs läßt sich ebenfalls als symbolischer Vatermord lesen. Man könnte sagen: als Student hatte Reuter seinem Haß auf Vater und Fürsten durch das gemeinschaftliche Singen des Liedes "Das deutsche Treibjagen: Fürsten zum Lande hinaus..." Luft gemacht und war dafür hart bestraft worden; als Autor hat er 30 Jahre später den alten Affekt und sein Rachebedürfnis literarisch ausagiert.

4. Die kleinbürgerliche Welt als Gegenbild

Angesichts des großen Schattens von Absonderlichkeit, den Reuter Dörchläuchting werfen läßt, erscheint die Welt der Kleinbürger in um so strahlenderem Licht. Hier gilt als normal, daß man seine Rechnungen bezahlt, und vor allem, daß man heiratet.

"Herre Gott, Dörchläuchting, is denn dat so wat Gefährlichs, wenn Lüd sick frigen?" so fragt die Bäckersfrau ganz verblüfft den Herzog, um dann fort zu fahren: "Wi Brambörger frigen all, wenn wi känen..." (GWB VI, 100).

Wenig später sucht Kammerdiener Rand den Herzog vom Nutzen des Heiratens wenigstens für die fürstliche Kasse zu überzeugen und beginnt dabei fast mit denselben Worten:

"Is denn dat nu woll so wat Gefährlichs? - Wi möten jo doch ok wider denken. Wo sälen denn de Soldaten herkamen un de Dienstmätens und de Schaustergesellen un de Murergesellen un all de annern, un wer sall denn tauletzt de Afgawen gewen?" (108/109).

Der Normalfall "Liebe und Heirat" wird exemplarisch geschildert an der Entwicklung der Beziehung zwischen dem Konrektor und seiner Haushälterin Dürten. Und dabei klammert Reuter sexuelles Begehren nicht aus - anders als Kurt Batt meinte, der im "DL"-Kapitel seiner Reuter-Biographie bei diesem Paar nur ein "im Grunde unerotisches Verhältnis" erkennen konnte (GWB IX, 366).

Allerdings: so unverblümt wie Reuter die sexuelle Neurose des Herzogs charakterisiert, ist er bei diesem Paar nicht. Das ist kein Zufall, denn dessen Darstellung wird nicht von Haß sondern von Sympathie getragen. Reuter arbeitet hier indirekter und nutzt Wortspiele, um die sexuelle Grundierung der wachsenden gegenseitigen Anziehung anzudeuten. Es gibt drei auffällige und handlungsfördernde Wortspiele in "DL". Sie werden sämtlich in der Schilderung der Beziehung zwischen dem Konrektor und Dürten gebraucht, und sie sind alle sexuell unterfüttert. Das erste Wortspiel benutzt Konrektor Aepinus und ist, wie es sich für einen Lateinlehrer gehört, ein lateinisches. Als der Witwer zum ersten Male darüber nachdenkt, ob er nicht wieder heiraten solle, da zitiert er den französischen Juristen Cujaz, der dreimal geheiratet habe: "Dat irste Mal propter opus, dat tweite Mal propter opes, dat drüdde Mal propter opem" (GWB VI, 34) - das erste Mal wegen der Sache selbst, sodann wegen des Geldes und schließlich wegen der Versorgung und Pflege. Des Konrektors Gedanken kreisen dabei vor allem um die Möglichkeiten zwei und drei, die er am liebsten in einer Person abdecken würde. Indessen: die spontanen Küsse, die er Dürten mehrmals gibt - und einmal auch deren jüngerer Schwester Stining - dementieren zusehends, daß er propter opus, wegen der Sache also, nicht mehr heiraten wolle.

Mit den Küssen ist das zweite Wortspiel genannt: Reuter nutzt die Doppelbedeutung des plattdeutschen "Küssen" im Sinne von Kissen und küssen. Über das Sitzkissen, das Dürten dem Konrektor genäht hat, damit er ihr Weihnachtsgeschenk, seine eigene Hose, etwas schone, gibt es einen ersten kurzen Streit zwischen den beiden; der endet damit, daß der Konrektor Dürten unversehens küßt (80). Später dann, als er sie ein zweites Mal geküßt hat, gerät Dürten so sehr ins Sinnieren über den Doppelsinn von "Küssen", daß sie in schöner Verwirrung darüber einschläft (146).

Schließlich das dritte Wortspiel: "Büss - Büx" (157ff). Der Konrektor vermißt in der Kirche jene Dose, mit der er einen ihm zustehenden Obolus einzusammeln pflegt; daher schickt er einen Jungen zu seiner Wohnung mit dem Auftrag, Dürten solle ihm seine - welche schöne Fehlleistung - "Büx" schicken. Die höchst irritierte Dürten schickt also statt der Dose die verlangte Hose, der Konrektor aber glaubt, sie habe ihm einen Streich gespielt, denn es handelt sich um das Weihnachtsgeschenk, das er ihr an diesem Morgen übergeben hatte. Beide sind verärgert, in der Aussprache kommt es fast zum Bruch; dann aber merken sie, was sie an einander haben, so daß auch die Wortverwechslung "Büss - Büx" das Paar der Verlobung näher bringt.

Am Ende ist es dann Dürten, die durch ihr Verhalten den Konrektor daran erinnert, daß auch in den Augen der Leute ihre Heirat nicht nur propter opem, der Pflege wegen, geschieht, sondern - Geld hat sie ja nicht - auch propter opus, der Sache wegen. Deshalb will sie bis zur Hochzeit nicht mehr mit dem Konrektor unter einem Dach nächtigen, um ihren Ruf zu wahren.

Benutzte Literatur.

I. Texte.

1. Reuter-Texte.

REUTER, Fritz: Gesammelte Werke und Briefe. Hgg. v. Kurt Batt. Rostock 1966/67. Bd. I - IX. Reprint Rostock 1990. *Zitiert*: GWB.

REUTERS WERKE. Hgg. v. Wilhelm Seelmann. Kritisch durchgesehene und erläuterte Ausgabe. Band 1-7. Leizig und Wien o.J. (1905/06). *Zitiert*: Seelmann.

REUTERS WERKE. Hgg. v. Wilhelm Seelmann u. Heinrich Brömse. Bd. 1-12. Leipzig o.J. (1936). *Zitiert*: S/B.

HÜCKSTÄDT, Arnold (Hg.): Briefe Fritz Reuters an seinen Verleger Dethloff Carl Hinstorff. Rostock 1971. *Zitiert*: Hückstädt/B.

WELTZIN, Otto (Hg.): Fritz Reuters Leben in seinen Briefen. Leipzig o.J. (1913).

2. Texte anderer Autoren.

RAABE, Wilhelm: Die Gänse von Bützow. In: R.,W.: Sämtliche Werke (Braunschweiger Ausgabe). Band 9/2, 2. durchges. Aufl. Göttingen 1976, S. 63-143.

REINHARD, Ludwig: Die mecklenburgische Rangordnung. In: Mecklenburgischer Landtagsbote. Beilage Nr. 60. Schwerin 1848.

SCHMIDT, Egon (Hg.): Jenny Lind und die grüne Flanelljacke. Mecklenburgische Satiren und Anekdoten aus den Jahren 1844 bis 1849. Rostock 1970.

BÜCHNER, Georg: Leonce und Lena. In: B., G.: Werke und Briefe. Hgg. v. Fritz Bergemann. München 1965 (dtv 70), S. 85-111.

II. Kritische Literatur.

1. Zu "DÖRCHLÄUCHTING".

ANONYMUS: Das neueste Werk Fritz Reuter's. Dörchläuchting. In: Blätter für literarische Unterhaltung. Leipzig 1866, S. 777-780.

BATT, Kurt: "Dörchläuchting". In: GWB IX, S. 364-379.

BRANDES, Ernst: Einleitung des Herausgebers. In: Reuters Werke. Hgg. v. Wilhelm Seelmann. Band 6, Leipzig und Wien o.J. (1906), S. 7-12. *Erneut abgedruckt in*: S/B, Bd. 12, S. 163-174.

EILERS, Konrad: Dörchläuchting. In: Fritz Reuter. Des grossen Mecklenburgers nationales und demokratisches Erbe. Ausgewählt und eingeleitet von Konrad Eilers. Band 2, Rostock 1954, S. 263/264.

ENDLER, Carl A.: Herzog Adolf Friedrich IV. zu Meckl.-Strelitz, Fritz Reuters "Dörchläuchting". In: Mecklenburgische Monatshefte. Jg. 5 (1929) Heft 1, S. 33-40.

GAEDERTZ, Karl Theodor: Einleitung (Fritz Reuters Schriften - Dörchläuchting). In: Fritz Reuters Sämtliche Werke in 12 Bänden. Vollständige, kritisch durchgesehene und erläuterte Ausgabe mit Biographie und Einleitungen von K. Th. Gaedertz. Band 1, Leipzig o.J. (1905), S. 218-224. *Leicht gekürzt auch in*: Reuters Werke in fünf Haupt- und drei Ergänzungsbänden. Hgg. von K. Th. Gaedertz. Neue, durchgesehene Ausgabe von Carl W. Neumann. Band 5, Leipzig o.J. (1927), S. 7-9.

GERNENTZ, Hans-Joachim: Zur Einführung. In: Reuters Werk in fünf Haupt- und drei Ergänzungsbänden. Hgg. v. K. Th. Gaedertz/C. W. Neumann. Leipzig (1927). Jedoch mit neuer Einleitung und neuen Vorworten von H.-J. Gernentz. Band 5, Leipzig o.J. (1954), S. 7-10.

GLAGAU, Otto: Dörchläuchting. In: G., O: Fritz Reuter und seine Dichtungen. Neue, gänzlich umgearbeitete Auflage. Berlin 1875, S. 322-337.

GRUBE, Hans B.: Einleitung des Herausgebers. In: Reuters Werke in 12 Teilen. Hgg. v. Hans B. Grube. 10. Teil, Berlin usw. o.J. (1908), S. 7-13.

HJB (Ballschmieter, Hans Joachim): Dörchläuchting. In: Kindlers Literatur Lexikon. Band II, Zürich 1972, Sp. 1458/59.

HÜCKSTÄDT, Arnold (Hg.): Fritz Reuter im Urteil der Literaturkritik seiner Zeit. Rostock 1983 (Hinstorff Bökerie 16). Rezensionen von "DL" S. 161-176. Zitiert: Hückstädt/K.

MINSSEN, Friedrich: Zu dieser Ausgabe. In: Reuter, F.: Das Leben im Paradiese. Aus dem Plattdeutschen übertragen von Friedrich und Barbara Minssen. Erweiterte und durchgesehene Ausgabe. München 1979 (dtv Dünndruck-Ausgabe 2055), S. 477-482.

MÜLLER, Carl Friedrich: Einleitung des Herausgebers. In: Fritz Reuters Sämtliche Werke. Vollständige, kritisch durchgesehene Ausgabe in 18 Bänden. Hgg. v. C. F. Müller. Band 15, Leipzig o.J. (1905), S. 3-12.

SPIEWOK, Wolfgang: Dörchläuchting. In: Romanführer A - Z. Band I: Der deutsche, österreichische und schweizerische Roman. Berlin (Volk und Wissen) 1972, S. 320-322.

WAGNER; Annalise: Dichtung und Wahrheit in Fritz Reuters "Dörchläuchting". In: Das Carolinum. 27. Jg. (1961) Nr. 33, S. 72-77.

2. Zu Leben und Werk von Reuter.

BEUTIN, Wolfgang: Der Demokrat Fritz Reuter. Hamburg 1995.

BÖTTCHER, Kurt/Autorenkollektiv: Geschichte der deutschen Literatur. Band 8/I, Berlin (Volk und Wissen) 1975, S. 542-533.

GERNENTZ, Hans-Joachim: Fritz Reuters Leben und Werk. In: Werk-Ausgabe Gernentz/Gaedertz-Neumann (1927)/(1954), Band 1, S. 9-64.

GERNENTZ, Hans-Joachim: Fritz Reuter. Sein Leben in Bildern. Leipzig 1956.

HUNGER, Hildegard: Fritz Reuter. Ein Lebensbild. Dresden o.J. (1948).

HUNGER, Johannes: Fritz Reuter. Lebensbild eines großen norddeutschen Dichters und Demokraten. Berlin (Kongreß-Verlag) 1952.

JAHNKE, Hermann/SCHWARZ, Albert: Fritz Reuter. Sein Leben und sein Humor. In: J.,H./S.,A. (Hg): Fritz Reuter. Sämtliche Werke in 15 Büchern. Band 1, Berlin 1905, S. 5-130.

REUTER-KOMITEE der Deutschen Demokratischen Republik (Hg.): Fritz Reuter. Eine Festschrift. Rostock 1960.

SCHMIDT, Julian: Fritz Reuter. In: S., J.: Neue Bilder aus dem geistigen Leben unserer Zeit. Band 3, Leipzig 1873, S. 149-184.

SCHUPPENHAUER, Claus: Humor, Dialekt, Provinz - Drogen fürs bürgerliche Volk. Von der besinnungslosen Ideologisierung Fritz Reuters. In: Niederdeutsches Wort 25 (1985), S. 45-65.

STAMMLER, Wolfgang: Geschichte der niederdeutschen Literatur. Leipzig/Berlin 1920.

WILBRANDT, Adolf: Fritz Reuters Leben und Werke. In: Sämmtliche Werke von Fritz Reuter 14. Band: Nachgelassene Schriften 1. Theil, hgg. v. A. Wilbrandt, Wismar-Rostock-Ludwigslust 1874, S. 1-96.

3. Sonstiges.

BAUM, Georgina: Humor und Satire in der bürgerlichen Ästhetik. Berlin (Rütten & Loening) 1959.

HÜCKSTÄDT, Arnold/SIEGMUND, Wolfgang: Fritz Reuter. Wissenschaftliche Bibliographie zu Leben, Werk und Wirkung. Stavenhagen 1982.

MÜLLER, Carl Friedrich: Der Mecklenburger Volksmund in Fritz Reuters Schriften. Leipzig o.J. (1902).

MITSCHERLICH, Alexander: Könige sind archetypische Groß-Väter. In: Der Spiegel (Hamburg) 4/1969, S. 100-110.

WOSSIDLO, Richard/TEUCHERT, Hermann: Mecklenburgisches Wörterbuch. Neumünster/Berlin 1942-1992. Reprint Neumünster 1996.

Redaktioneller Hinweis

Durch ein technisches Versehen wurde die Diskussion zum Beitrag von Hartwig Suhrbier nicht aufgezeichnet. Leider kann daher eine Wiedergabe der Diskussion nicht erfolgen.

Liselotte M. Davis

Fritz Reuter und Geschichte

Im Sommer 1994 hatte ich die Gelegenheit, vier Wochen lang im Goethe- und Schiller-Archiv in Weimar zu arbeiten, um mich mit dem Nachlaß Fritz Reuters vertraut machen zu können. Bei einigen Abstechern nach Eisenach war es mir möglich, eine kursorische Aufstellung der Titel in Reuters privater Hausbibliothek vorzunehmen, welche mir Bestätigung einiger Annahmen waren, zu denen ich beim Lesen Reuterscher Texte, vor allem beim Lesen der *Stromtid*, gekommen war: Nämlich, daß Reuter sich sehr gründlich mit der wissenschaftlichen Geschichtsschreibung seiner Zeit auseinandergesetzt haben müsse. Meine Aufstellung der persönlichen Bibliothek Reuters, die tatsächlich viele Geschichtswerke enthält, war mir Beweis, daß er die wichtigsten Historiker seiner Zeit aufmerksam gelesen hatte. Eine Arbeit darüber habe ich der Gruppe von Reuter-Wissenschaftlern vorgelegt, die sich zur Planung des im Mai 1997 stattgefundenen Symposions im Mai 1996 in Eisenach zusammengefunden hatte.[*] Anstatt aber meine einzelnen Beweise und Gedanken zu den Funden in der Bibliothek beim Symposium 1997 in Bad Liebenstein noch einmal zu wiederholen (sie lagen dem Gremium in ihrer endgültigen Form schon vor), beschloß ich, in meinem Referat zu beschreiben, wie ich zu meiner ursprünglichen Annahme gekommen war. Die Arbeit für das, was ich meinen Kollegen vorlegte, hatte mich sehr interessiert, obwohl ich natürlich kein Geschichtswissenschaftler bin, sie war aber doch für mein Hauptaugenmerk nur ein Nebenaugenmerk gewesen. Denn so wichtig ich es finde, sich mit biographischem und geistesgeschichtlichem Material, den Hintergrund und die geistige Ausrichtung des Autors betreffend, abzugeben, finde ich doch am wichtigsten die Arbeit mit dem Werk selbst, das ja schließlich ein Kunstwerk ist, geformt aus dem Material der Sprache. So sah ich das schon Vorliegende sozusagen als *hysteron proteron*, denn angefangen hatte das Thema für mich bei der Beschäftigung mit Reuters Werk, insbesondere der *Stromtid*, in meiner Dissertation. Reuters Werk blieb im Jahr 1985 ja auch das einzige, was mir zugänglich war. So wollte ich denn meine ursprünglichen Überlegungen darlegen, damit auch sie in die Diskussion des Symposiums eingingen, damit man gemeinsam untersuchen konnte, wie sich die Beschäftigung mit Geschichtsschreibung bei Reuter internalisiert hat und welche Aspekte von *Ut mine Stromtid* einen überhaupt zu der Annahme einer solchen Tatsache bringen konnten.

---

[*]   Diese Arbeit dient als Einleitung zu "Gelebte und geschriebene Geschichte", Hamburg: von Bockel Verlag, 1998. Das Buch stellt ein bisher unveröffentlichtes Fragment Fritz Reuters vor.

Kurt Batt sagt unserem Autor nach, daß er nie Geschichtsstudien betrieben habe: "Aber da er politisch-historische Bewegungen stets nur (nur!) im Hinblick auf sein eigenes Schicksal und das seiner Nächsten zu verstehen vermochte ... und er sich sein Leben lang mit Geschichte so gut wie gar nicht beschäftigte, blieb ihm der Zusammenhang von Ursachen und Wirkungen seiner *Festungstid* verschlossen."[1] Wir haben Batt für die Reuterforschung unendlich viel zu verdanken, aber an dieser Stelle glaube ich, eine gegenteilige Meinung vertreten und sagen zu müssen: "Hier irrt Batt." Obwohl wir Batt sicherlich keinen Marxisten nennen können, scheint seine Sicht von Geschichtsschreibung durchaus eine marxistische zu sein. Geschichte ist für ihn das Studium von ökonomischen, soziologischen, politischen und gesellschaftlichen Faktoren, die zu offiziellen politischen Bewegungen beitragen, deren Entwicklungen dialektisch vorhersehbar sind.

Wo Batt bei Reuter überhaupt kein geschichtliches Bewußtsein sieht, sieht Martin Machatzke eine deterministische Geschichtsauffassung bei unserem Autor, die sich, wie Machatzke meint, durch Reuters Schicksalsergebenheit ausdrückt.[2] Hier haben wir es mit einer Meinung zu tun, die Reuter sich wohl mit Ideen der Geschichte beschäftigen läßt, somit dem schon näher kommt, was ich glaube gefunden und durch meine Beschäftigung mit der Reuterschen Eisenacher Hausbibliothek bestätigt gesehen zu haben, was aber etwas zu weit in die entgegengesetzte Richtung von Batt ausschlägt.

Ich würde daher vorschlagen, daß es sich bei Reuter um eine vielleicht pragmatisch zu nennende Geschichtsauffassung handelt, bei der sich, wie bei Schiller in "Was heißt und zu welchem Ende studiert man Universalgeschichte?", die negativen und die positiven Aspekte in der menschlichen Gesellschaft ausgleichen, ja, wo die negativen immer schon die sich entwickelnden positiven Elemente in sich tragen, und *vice versum*. Auch die moderne Ansicht von R.G. Collingwood z.B., in "The Idea of History", geht ja in diese Richtung, da der Historiker behauptet, daß der geschichtliche Prozeß nichts als ein fortwährender stetiger Wechsel zwischen guten und schlechten Perioden sei. Für Reuter scheint nämlich die geschichtliche Situation, in der ein Mensch sich befindet, zufällig und wahllos, ungeplant zu sein. So gesehen, findet sich bei Reuter eine bemerkenswerte Würdigung des individuellen menschlichen Lebens, das immer ungesuchten geschichtlichen Gewalten ausgesetzt ist. Diese seine Meinung ist als eine Zusammensetzung zu erkennen von eigen erlebtem Schicksal und dem, was er über Geschichte gele-

---

1   Kurt Batt: Fritz Reuter. Leben und Werk. Rostock 1967, S. 83f. (=Band IX von Fritz Reuter: Gesammelte Werke und Briefe. Hrsg. von Kurt Batt, Rostock 1966/1967. Unveränderter Nachdruck Rostock 1990. Im folgenden: GWB).

2   Vgl. Martin Machatzke: Fritz Reuter: Ut mine Stromtid (1862/64). Die Gesellschaftsidee der bürgerlichen Humanität im humoristischen Roman. In: Romane und Erzählungen des Bürgerlichen Realismus. Hrsg. Horst Denkler. Stuttgart 1980.

sen hat. Da bei einer solchen Meinung dann folgerichtig ein Ausgesetztsein des Individuums in der Geschichte der Menschheit immer vorhanden war und immer vorhanden sein wird, habe ich als Reuters Geschichtssicht für meine Zwecke den Ausdruck "Querschnittstheorie der Geschichte" geprägt. Diese Sicht lehnt gleichermaßen die Utopie einer perfekten Zukunft ab wie auch den Glauben an ein vergangenes goldenes Zeitalter. "Querschnittstheorie" deshalb, weil Vergangenheit, Gegenwart und Zukunft in so einer Sicht der Geschichte in jedem Zeitpunkt gleichzeitig enthalten sind.

Um diese Behauptung zu untermauern, möchte ich aus dem Werk Reuters vier Hinweise anführen.

1. Wenn er in seiner "Urgeschicht von Meckelnborg" immer den Ausspruch hören läßt: "Dat bliwwt all so, as dat west is", dann ist das zwar einerseits Ironie gegen die sich nicht ändernwollende Regierung, zum anderen aber auch eine Anerkennung des Ausgeliefertseins des Menschen an Umstände, die sich immer seiner Kontrolle entziehen werden.

2. Im Hakensterz-Fragment finden wir eine Stelle, an der für Fritz Triddelfitz Vergangenheit, Gegenwart und Zukunft zusammenfallen: "Vergangenheit, Zukunft und Gegenwart, diese drei Genien des Lebens, von denen die eine ihre Gabe mit abgewandtem Antlitz, die andere mit in die Ferne bohrendem Auge und die letzte mit dreister frecher Stirne dem Menschen beut, traten in diesem Wendepunkte seines Lebens ihm nahe und boten ihm Kummer über die Unsittlichkeit der geliebten Fuchsstute, entfernte Hoffnung auf Sophie Müller und Amerika, und die unbestreitbare Gewißheit einer schon halb verzehrten Leberwurst."[3] Natürlich handelt es sich dabei um eine sehr komische Stelle, aber drückt sich bei Reuter nicht auch immer der ernsteste Gedanke durch den Humor aus?

3. Es wird Reuter manchmal der Vorwurf gemacht, daß seine Figuren keine Entwicklung aufweisen. Wir finden sie bei ihrem ersten Auftreten fertig gezeichnet mit allen Charakteristiken, die sie auch bei ihrem letzten Auftreten zeigen werden. Wir können aber sehr wohl einsehen, daß jede Figur quasi mythische Eigenschaften besitzt, und wir sollten uns vor Augen führen, daß in Thomas Manns Joseph-Romanen z.B. der alte Lehrer Eliezer sich so sehr als mythischen Typ sieht, daß er gar nicht mehr weiß, in welchem Jahrhundert er eigentlich lebt. Der Typ als Mythos darf sich nicht ändern.

4. Auch wenn bei Reuter die Hauptgeschichte gelegentlich durch kleine Episoden unterbrochen wird – z.B. der Daktylus-Spaziergang von Kaufmann Kurz und Rektor Baldrian oder Fritz Triddelfitz und seine Eselsfohlen-Kalamität – können wir zugeben, wie Heinrich Meyer-Benfey einmal ausgeführt hat, daß es bei Reuter eigentlich gar keine Hauptgeschichte gibt. Schon 1914 hat Meyer-Benfey sehr

---

3   GWB, Bd. I, S. 214.

spezifisch darauf hingewiesen, was so überraschend neu ist in der Erzählstruktur Fritz Reuters. Er diskutiert den Perspektivwechsel, der entsteht, wenn die Ereignisse der Revolution von 1848 ihre Schatten über das persönliche Leben und Treiben der Menschen in Pümpelhagen, Rexow und Gürlitz werfen: "Während bisher die Hauptgeschichte das große Ganze bedeutet, und die Episoden kleine in sich begrenzte Einzelheiten innerhalb jener, zeitlos, allgemein menschlich, in ihrer Bedeutung auf die Beteiligten beschränkt, weisen jetzt diese Nebendinge in umfassende, unbegrenzte Zusammenhänge hinein, neben denen die Hauptgeschichte zu einem kleinen Einzelfall wird, und zugleich nehmen sie einen bestimmten Zeitcharakter an."[4] Berthold Auerbach hat es einmal so formuliert, daß Fritz Reuter immer nur mikroskopische Aspekte untersucht, die trotzdem den Leser nie das Allgemeinbild vergessen lassen[5].

Hiermit soll nicht behauptet werden, daß Reuters Geschichtsauffassung eine von totalem Stillstand war. Wenn wir uns aus der *Stromtid* an seine Disquisition über den globalen horizontalen Faden erinnern, an dem wir alle befestigt sind, wie wir auch an dem vertikalen befestigt sind, an dem Gott zuweilen zieht, wodurch er alles durcheinanderpurzeln läßt, damit das ganze menschliche System nicht anfängt zu faulen, dann wissen wir, daß Reuter auch an Veränderungen glaubte – es waren aber keine grundlegenden. Vergessen wir dabei nicht den gründlichen Einbau der zyklischen landwirtschaftlichen Schlagwirtschaft in den Roman. Elf Jahre lang wird auf einem bestimmten Stück Land jedes Jahr etwas anderes angebaut, damit der Boden sich durch die Fruchtfolge jeweils von der Benutzung erholen kann. Aber nach elf Jahren beginnt der Zyklus wieder von vorn.

Bevor ich nun mit dem zweiten Teil meines Aufsatzes fortfahre, möchte ich darauf hinweisen, daß ich eine mikroskopische Leserin von Texten bin: Ich lese so mikroskopisch wie Fritz Reuter schreibt. Ich hatte schon zu Anfang darauf hingewiesen, daß ich die Sprache in einem Werk der Dichtung als das Bemerkenswerte und Kunstvolle ansehe. Die Frage, die ich beim Lesen an mich stelle, ist immer: Worin besteht das individuelle Einsetzen der Sprache bei diesem individuellen Dichter? Damit beginne ich eine Diskussion über das Wort "so" im Prolog zur *Stromtid*.

Die ersten Worte des Prologs zu *Ut mine Stromtid* ziehen eine Vielzahl von geschichtlichen Tatsachen in dem Aufmerksamkeit heischenden "so" des ersten Satzes zusammen, was die sichere Hand des Dichters zeigt, der sich nun seines gereiften Könnens völlig bewußt ist. "Ja, ja. So was't nich ümmer." Die beiden

4   Heinrich Meyer-Benfey: Welt der Dichtung. Hrsg. von Fritz Collatz. Hamburg-Wandsbek 1962, S. 155.
5   Siehe Hans-Joachim Griephan: Fritz Reuter und Berthold Auerbach. In: Vom Reichtum des Erzählens. Hrsg. von Ulf Bichel, Friedrich Minssen und Helmut de Voss. München/Wien 1985, S. 246-247.

Anfangs-"Ja" kennen wir als eine norddeutsche Gesprächsbesonderheit. Wenn ein Gespräch stockt, aber das Schweigen nicht andauern darf in einer Gruppe von Menschen, die auf gesellschaftlichen Anstand bedacht ist, dann stellt jemand in der Versammlung eine neues Thema zur Diskussion. Während man seine Gedanken dafür ordnet, anstatt sich zu räuspern, wird man in Norddeutschland entweder "Ja, ja" oder "nein, nein" sagen, und manchmal wird man beides benutzen, "Ja, ja, nee, nee." Wenn Reuter dieses "Ja, ja" für den Anfang seines Romans benutzt, ist das ein Kunstgriff, durch den der Leser *in medias res* versetzt wird, in das Gespräch, das Reuters Auftakt für den Roman ausmacht, in dem eine Diskussion, die sich festgefahren hat, weitergeführt wird mit "So was't nich ümmer." Über dieses kleine Wort "so" läßt sich sehr viel sagen als Beispiel dafür, wie das pragmatische, zyklische Geschichtsverständnis Reuters in seine Romankunst eingegangen ist.

Zunächst einmal weist das "so" zurück zu dem Teil des Gesprächs, der gerade aufgehört hat. Man hatte über etwas gesprochen, was nun mit diesem "so" zusammengefaßt wird; die Lebensumstände, die man gerade diskutiert hat, die "so" gewesen waren, sind nun nicht mehr "so". Der Leser wird nie den genauen Wortlaut des Gesprächsteils erfahren, den er gerade verpaßt hat, denn er wird ihm nicht wiederholt. Er wird sich den Inhalt denken müssen durch das, was nun in seiner "Gegenwart" diskutiert wird. Die erste Funktion des "so" ist also die Trennung eines früheren Gesprächsteils von dem Teil, der folgen soll.

Aber außer dem unmittelbaren Zweck für das gegenwärtige Gespräch kann das "so" in einem weiteren Sinne als Repräsentant für die gegenwärtige Zeit des Prologs gelesen werden, die Zeit, die die Teilnehmer am Gespräch teilen. Das "so" erhält dabei die Bedeutung von "so wie es jetzt ist, war es nicht immer". Wenn man das "so" auf diese Weise liest, erhält es sofort eine geschichtliche Dimension.

Schließlich ist das "so" auch ein Paradigma von Reuters Erzähltechnik. Es enthält die Gegenwart der erzählten Zeit, die Zeit sowohl des Prologs als auch des Epilogs, der nämlichen Zeit, als *Ut mine Stromtid* geschrieben wurde, von 1862 bis 1864, und es deutet die Antithese der früheren Zeiten an, die den Inhalt des Romans ausmachen, die Zeiten von 1829 und von 1840 bis 1848, als die Dinge nicht "so" waren. Das "so" sorgt dafür, daß der Leser ein aktiver Teil der im Prolog versammelten Gruppe und der sich entfaltenden Handlung wird. Er nämlich, anders als die wirklichen Gesprächsteilnehmer, die die Zeiten miterlebt hatten, wird gezwungen, mit seiner Phantasie all das zu ergänzen, was das "so" andeutet: Die ökonomischen, politischen und gesellschaftlichen Umstände, die 1862 in Mecklenburg herrschten, in die das persönliche Leben der Gesprächsteilnehmer und der Protagonisten eingebettet ist, wovon zum Zeitpunkt des Gesprächs natürlich vieles schon in der Vergangenheit liegt. Mit dem "so" ist Reuters Absicht etabliert. Er versucht, seinen Leser mit diesem kleinen Wort zu überreden, eine Untersuchung mit ihm durchzuführen, ein Auge darauf zu werfen, wie die "gegenwärtige" Zeit von 1862 sich von der "vergangenen" unterscheidet, oder vielmehr von *den* vergangenen Zeiten – da er verschiedene vergangene Zeitebenen im Roman behandeln wird –, deren wahre Natur von der kollektiven Erinnerung schon gefärbt ist und die durch eine Wiedererzählung durch den Autor für die Mitwirkenden am Gespräch und für die Leser in ihrer Wahrhaftigkeit wiederhergestellt werden sollen.

Der Leser sollte besondere Aufmerksamkeit der Tatsache schenken, was Reuter mit der "so" und "nicht so" Antithese dann weiter macht, die zuerst ein völlig eindeutiges Angebot zu sein scheint. Es kann beim Hören des ersten Satzes erwartet werden, daß entweder das gegenwärtige "so" negative Aspekte aufweist, daß die Gegenwart ihre Mängel hat, die eine erinnerte frühere Zeit nicht hatte, oder es kann auch umgekehrt sein: Das "so" kann andeuten, daß die Menschen in der Gegenwart bei besseren Zeiten angekommen sind als die waren, die sie zu durchleiden hatten, als die Zeiten "nicht so" waren. Unser zweiter Eindruck ist der, daß das letztere der Fall ist. In den "nicht so" Zeiten, "dunn was't slimm in Land Mecklenburg", und die Eltern derjenigen, die jetzt Champagner trinken, mußten mit "Lüttjedünn" auskommen. Der erste ironische Umschwung kommt aber sofort dann, wenn der Leser erfährt, daß die frühere "Armut" auf überreichen Ernten basierte. Wenn die Ernten zu gut sind, fallen die Preise, und anstatt die gute Ernte für das Geld zu verkaufen, das er für seine Wirtschaft braucht, findet der Bauer es kaum der Mühe wert, seine Produkte auf den Markt zu bringen – er entscheidet sich, selbst davon zu leben und sie zu verbrauchen. Wenn es kein Einkommen gibt, kann jedoch die Hypothek oder die Pacht nicht bezahlt werden, und mancher kleine Bauer, der keinen geldlichen Rückhalt hatte, konnte seinen ganzen Besitz in Zeiten von überrreichen Ernten verlieren. Die übereinstimmende Meinung des Gesprächs im Prolog ist daher, daß die Zeiten besser geworden sind, weil die Ernten *nicht mehr* so außerordentlich gut waren, daß man aber gute Einnahmen wegen höherer Preise davon hat, was die finanzielle Lage des Bauern zu einer gesunden macht.

Zu der verdrehten Dialektik dieser Situation fügt aber Reuter nun eine weitere Verdrehung hinzu. Die gegenwärtige Versammlung beklagt sich bitterlich, daß sie nicht weiß, was sie mit ihrem Überfluß an Geld anfangen soll: "De Rostocker Bank nimmt kein Geld mihr an, un wat denn." Angesichts dieses neuen Problems wird der vormalige *Mangel an Geld* als "ne schöne Tid" gesehen. Mit anderen Worten, der versammelte Kreis von Leuten *spricht* über die "so" Zeiten, als ob sie "nicht so" Zeiten seien, als ob die Leute in der Gegenwart des Prologs und seiner Erzählzeit wirkliche Probleme hätten, die aber als Pseudo-Probleme demaskiert werden. Die gegenwärtige wie auch die als "gute alte" Zeit gesehene sind nicht absolut gut oder schlecht, sie sind gut oder schlecht einfach nur von bestimmten Standpunkten und aus persönlichem Interesse gesehen.

Als der im Prolog eingeführte Schriftsteller Reuter im Epilog zurückkehrt, um seine "Freunde" zu besuchen, nimmt er das "so" aus dem Prolog noch einmal auf: "Ick gung den Gürlitzer Kirchstig entlang un let mi dat dörch den Kopp gahn, wat ick hürt hadd, un dat was all *so*, as 't ümmer upp dese Ird begäng is: Freud un Leid, Geburt und Dod."[6] Nun wird unterstrichen, daß das "so" schließlich dasselbe geblieben ist wie das "nicht so", wenigstens in allen Aspekten, die für Menschen die wichtigsten sind: Es gibt immer sowohl Freude wie Leid, Geburt wie Tod, die Arbeit für den eigenen Lebensunterhalt und die geschichtlichen Einflüsse auf das Leben eines jeden, die willkürlich und zufällig sind, die das Individuum nicht unter seiner Kontrolle hat.

Was von ideologischen Kritikern an der *Stromtid* bemängelt worden ist, daß der Roman nämlich keine "Botschaft" habe, kein Rezept für eine bessere Welt, sollte vielmehr als Reuters absichtliche Pointe gelesen werden: Nicht Ideologie gibt der Gesellschaft ihren Wert, sondern die besorgende und versorgende Zwischenbeziehung zwischen Menschen auf einer sehr persönlichen Ebene, wobei der Mensch nicht als Zahl oder Fall gesehen wird – wie in der großen Politik –, sondern als ein wichtiges Individuum. Reuter hat mit der *Stromtid* im Vergleich zu *Kein Hüsung* nichts "aufgegeben", er sieht und zeigt durch die Struktur der *Stromtid* seine Philosophie, die nicht mißinterpretiert werden darf. Jürgen Gundlach in seinem Essay "Idyllisches in der Stromtid" hat es ähnlich formuliert: "Es ist ... als ob der Strom der Zeit immer wieder durch die gleiche Landschaft fließt."[7] Auch so läßt sich die Querschnitts-Theorie des Reuterschen Geschichtsdenkens ausdrücken.

Uwe Johnson hat einmal gesagt, wenn er etwas über die geschichtlichen Umstände zum Ausgang des 19. Jahrhunderts erfahren will, dann greife er nicht zu den Memoiren von Caprivi (dem Nachfolger Bismarcks), sondern zu den Werken Fontanes. Wenn wir etwas über die geschichtlichen Umstände Mecklenburgs um die Mitte des 19. Jahrhunderts erfahren wollen, dann dürfen wir getrost zu Reuter greifen. In seine Werke, wie in die Werke Fontanes, ist die Realität seiner Zeit wahrhaft eingeflossen, und zwischen den Zeilen können wir obendrein erfahren, was er von der historischen Bedeutsamkeit dieser Realität dachte.

---

6   GWB, Bd. V, S. 703.

7   Jürgen Gundlach: Idyllisches in Reuters Stromtid. In: Niederdeutsches Jahrbuch 83 (1960), S. 142.

Diskussion des Beitrages von Liselotte M. Davis

Beutin weist darauf hin, daß die deutsche Romanliteratur des 19. Jahrhunderts immer auch eine Kommentierung der damaligen Geschichtsschreibung sei. Teilweise übe sie scharfe Kritik, wie etwa Raabe in "Abu Telfan". Raabe fordere eine demokratische Geschichtsschreibung. Gleiches sei bei Reuter, etwa in "Dörchläuchting" anzutreffen. Ebenso wie bei Voß gebe es bei Reuter einen frühen Versuch, in der Frage der Sklaverei säschsiche und karolingische Geschichtsauffassung gegenüberzustellen. Nach *Davis* folgt Reuter Rankes Verständnis der Geschichtswissenschaft als Frage danach, "wie es wirklich war".

Bunners fragt kritisch an, ob das zyklische Geschichtsverständnis Reuter ganz gerecht werde. Es habe in seinen Werken doch immer wieder hoffnungsvolle Augenblicke mit einem durchaus dynamischen Lebensgefühl gegeben, etwa Hawermann, der die neue Zeit begrüße, oder Reuters Grabspruchzeile "Das Leben war mein". Der Zyklus, wenn man ihn so sähe, werde vielfach durchbrochen. Zuzustimmen sei, daß es für Reuter kein "goldenes Zeitalter" gebe, aber zugleich appelliere Reuter doch an den Menschen, das Schlechte in sich zu überwinden. *Davis* stimmt zu und ergänzt, daß Reuter bei den Veränderungen im Leben des Einzelnen immer auf die innere Kraft, nicht auf Außenwirkung gesetzt habe. Nicht die allgemeinen Bedingungen, sondern diejenigen, die sich der Mensch selbst setze, verbesserten das Leben. *Frau Beutin* weist auf den italienischen Sozialreformer Mazzini hin, der bei der Gründung eines Arbeitervereins in London auf die Frage der Versammelten, was sie von ihm erwarten könnten, anwortet: "Die Frage ist falsch gestellt. Was habt Ihr von Euch zu erwarten?" *Hückstädt* unterstreicht Reuters Appell an die Eigeninitiative mit einem ihn sehr bewegenden Briefzitat, in dem Reuter dem ihn ständig fordernden Vater antwortet: "Ich selbst muß etwas aus mir machen."

Bunners würdigt *Davis* schriftlich vorgelegten Beitrag über Reuters Hausbibliothek. Ihn habe beeindruckt, wieviel moderne Literatur, z.B. über Darwins Entwicklungslehre, Reuter angeschafft und damit, auch wenn er nicht alles gelesen, zumindest sein Interesse daran bekundet habe.

De Voß merkt an, daß das Wort "Strom", wie von Reuter verwendet, im Plattdeutschen kaum vorkomme. In Mecklenburg sei der landwirtschaftliche Volontär (oder Eleve) meist Schreiber, "de Schriwer", genannt worden. So bezeichne in der "Stromtid" (GWB V, S. 414) Hawermann Fritz Triddelfitz, als Axel von Rambow mit ihm ohne Hawermanns Beteiligung beginnt, die Ernte einfahren zu lassen. Reuter habe erst den Begriff des "Stroms" zum allgemein bekannten Literaturbegriff gemacht. Als "Strom der Zeit" stecke darin ein sehr sinnfälliger Ausdruck für Reuters Lebensgefühl. In der älteren Romantheorie werde gern vom "epischen Fluß", vom "großen Strom der Erzählung" gesprochen (*Schmidt-Henkel*). *Rösler* weist auf den weiteren Sinn des "Stroms" im Sinn von Stromern als Herumziehen, Herumtreiben hin.

Schmidt-Henkel bringt Davis' Querschnittstheorie in Verbindung mit Batts Verdikt, Reuters Romanfiguren seien durchweg statisch. Er halte das Urteil für unzutreffend, wie schon das Beispiel von Ranbow zeige, der im Laufe der Erzählung deutlich zu neuen Einsichten komme. Die Querschnittstheorie scheine ihm heuristisch nicht so ergiebig, weil das Ende beim Anfang liege. Auch *Suhrbier* meint, daß am Ende der "Stromtid" nicht die Rückkehr zur guten alten Zeit, zur heilen Welt stehe, sondern Veränderungen eingetreten und aufgegriffen worden seien. Am Ende stehe der Entwurf für ein humanes menschliches Zusammenleben.

Luise Reuter (geb. Kuntze) - Kreidezeichnung von Fritz Reuter

Cornelia Nenz

Luise Reuter. "Dat Winglas hett sei all bisid bröcht".

Es ist ein überschwengliches Glück, daß gerade Du es sein mußtest, Du, die ich erwählt von allen andern Menschenkindern, die auch der Herr erwählte, daß sie mir beiständе, mich tröstete, mich leitete, mich führte auf die Bahn des Guten und Wahren... Meine angebetete Luise, ich beschwöre Dich auf meinen Knieen, laß nicht die Hoffnung auf eine Zukunft voll Glück und Liebe fahren, sie wird kommen.... Du weißt, daß unser Loos kein glänzendes sein wird, d.h. im Sinne der Welt, aber in meinem Sinne, im Sinne einer Seele, die aufrichtig an wahres Glück denkt, wird es ein glänzendes, ein aus Liebe, Heiterkeit, Hingebung und Achtung erbauetes sein ... Auf immer Dein Fritz.[1]

Die Frau, der dieser und andere wunderbare Liebesbriefe gewidmet waren, mußte in der rückschauenden Betrachtung überaus widersprüchliche Bezeichnungen und Beurteilungen erfahren, die von überschwenglich über liebevoll, gerecht, ungerecht bis unflätig sich erstreckten.

Der Theologe Wilhelm Gottlieb Peter Kuntze und seine Frau Wilhelmine Caroline Christine, geborene Scharff, schlossen ihre Ehe in Grevesmühlen, wo Kuntze eine Rektorstelle bekleidete. Am 9. Oktober 1817 wurde ihnen Louise Charlotte Marie als zweites Kind geboren. Kurz darauf erhielt Kuntze die kleine Pfarrstelle in Roggenstorf, und die Familie zog in das Dorf im Klützer Winkel in Nordwestmecklenburg. Weitere 8 Kinder kamen in Roggenstorf zur Welt, Luise war die älteste Tochter unter 10 Kindern. Mit Sicherheit hörte sie all das, was älteste Töchter immer hören: "Du bist die ältere, sei auch die vernünftigere!" -- "Hilf der Mutter, du siehst doch, sie muß den Kleinen versorgen!" Die Einbindung in die häuslichen Pflichten war zwangsläufig und selbstverständlich und verfehlte die Wirkung auf die Charakterbildung nicht. Es gab keine andere Möglichkeit als das Entwickeln von Pflichtbewußtsein und Vernunft. Der Vater unterrichtete die Kinder zu Hause, erst zu Ostern des Jahres 1834 durfte Luise für ein Jahr die Lehranstalt für die weibliche Jugend in Lübeck besuchen.[2] Im Schülerinnenverzeichnis steht unter der Nummer ... *632: Luise Kuntze; Eltern: Pfarrer in Roggenstorf bei Grevismühlen. Eintritt in die Schule: Ostern 1834; Klasse I; Abgang Ostern*

---

1   Fritz Reuter an Luise am 6.10.1847, alle hier zitierten Briefe von Fritz an Luise im Goethe und Schiller-Archiv unter GSA 77/IV,5,1 bis GSA 77/ IV, 5,15.

2   Die Schule war 1804 gegründet und später in Erinnerung an einen der Schulgründer und seine Frau Ernestine "Ernestinenschule" genannt worden. Der Unterricht teilte sich in den Lehr- und den Arbeitsunterricht (z. T. auch Fächervereinigung, d.h. z.B. Französisch gekoppelt mit Handarbeit). Besonderer Wert wurde auf die Handarbeiten gelegt. Die Schule schloß allgemein mit der Konfirmation.

1835; war schon confirmirt: Schulzeit: 1 Jahr; fernere Schicksale: verheirathet
mit Fritz Reuter dem plattdeutschen Dichter. [3]
Unterkunft fand Luise beim Bruder der Mutter, Philipp Peter Wilhelm Scharff,
der in Lübeck wohnte. Luises Unterricht kostete vierteljährlich 21 Taler, dazu die
4 Taler für den französischen Unterricht. Das Zeugnis von Ostern 1835 für Luise
Kuntze: *Betragen: Gut; Aufmerksamkeit: Beständig rege theilnehmend; Häusli-*
cher Fleiß: lobenswerth; Fortschritte: waren sichtbar; Handarbeit: noch etwas
gehindert durch Mangel an Vorkenntnissen. [4] Luises Tagwerk hatte bisher aus
anderen Arbeiten bestanden, gröberen, notwendigen. Die einzige Ausnahme war
das Klavierspiel, Musik gehörte zum Leben in der Familie.

Luise, jetzt 17 ½ Jahre alt, kehrte aus dem Ernestinum zurück nach Roggenstorf,
half der Mutter und der dort lebenden Großmutter im Haushalt. Franz, der jüngste
Bruder, war geboren und noch nicht ein Jahr alt. Wieder das fröhliche, laute,
warme und herzliche Familienleben, doch auch die Beengtheit, die Unfreiheit, die
Unmöglichkeit der Selbstbestimmung. Eine Verheiratung stand nicht in Aussicht,
Luise wollte und mußte sich eine Existenz schaffen, auf eigenen Beinen stehen.
Konnte sie doch auf diese Weise nicht nur die Familie entlasten, sondern auch
endlich einmal eine Dienstzeit und eine Freizeit haben. Auf Empfehlung des
Stiefgroßvaters, des Kirchenrates Conradi, der seit 1805 als Pastor in Waren tätig
war, nahm sie im April 1844 eine Stellung beim Pfarrer Augustin in Rittermanns-
hagen an. Offenbar erfüllte sie nicht alle Erwartungen ihrer Dienstherrin Amalie
Augustin. Diese erinnert sich 1874: ... *Sie war ja bei uns Erzieherin,...sie war*
damals ein sehr leichtes, gewissenloses Mädchen von 28 bis 29 Jahren. Reuter
war in Demzin bei Herrn Rust um die Landwirthschaft zu lernen, worum er sich
auch kümmerte, er beaufsichtigte die Hofgänger bei der Arbeit, war aber oft so
leidenschaftlich dem Trunk ergeben, daß er oft drei, vier Tage nicht von der
Stube kam ... Nämlich die Bekanntschaft ist hier bei uns gewesen, auch hat er
hier um sie angehalten ... und sie wollte ihn nicht, ein Jahr darauf wieder, sie
gab ihm wieder Abschlag. Wie er überhaupt ein besonderer Mann war, war er
es auch in der Liebe ... er schrieb das erste Mal einen Brief an sie, mir ist's leid,
daß ich ihn nicht abgeschrieben habe, von einer Aufrichtigkeit und Herzens-
güte,... sie sagte so gleichgültig nein ... Ich sagte, ich begriffe kein Mädchen,
was solchen Antrag in solcher Weise zurückweise, und wenn sie erst sähe, es
käme kein Anderer, so nähme sie ihn doch. Worauf sie nein sagte ... [5]
Der fast 35-jährige Reuter war in Demzin beim Gutspächter Rust endlich in einer
Stelle untergekommen, als Strom, und war für sie, genau wie für die meisten

---

3   Stadtarchiv Lübeck, Schülerinnenverzeichnis des Ernestinums.
4   Ebenda.
5   Brief der Amalie Augustin vom 29.9.1874, kopiert von Karl-Theodor Gaedertz, im
    Fritz-Reuter-Literaturmuseum unter V125 R 8.

Menschen seiner Umgebung - denn nicht von ungefähr machte das Wort "ut em ward nix" die Runde -, der Mann ohne Aussicht, ein ehemaliger politischer Festungsgefangener, ein Mann wohl mit Bildung und vielerlei Neigung, doch ohne eine gesicherte Existenz, dazu ein Trinker, ein armer Gefallener, vom übermächtigen Vater, dem Stavenhagener Bürgermeister, abgeschrieben, abgeschoben und letztlich enterbt, wie sollte sie sich einem solchen Manne anvertrauen, in welch eine Gefahr würde sie sich begeben!

Doch Reuter war fasziniert von dieser jungen Frau, die gleich ihm musische Ambitionen und Talente hatte, die ihn fesselte durch ihr Klavierspiel und den Gesang, womit sie manchmal die Gesellschaft unterhielt.

Ende 1846 sahen sich Reuter und Luise wieder. Die Erlaubnis, ihr schreiben zu dürfen, nahm Fritz mit Dankbarkeit und Inbrunst in Anspruch. Eine hoffnungsfrohe Zeit brach an. ... *Gute Nacht, süße Luise, ich werde diese Nacht gewiß träumen von 6-8 Last culturfähigen Bodens und dreischüriger Wiesen und von mir als Herrn darauf und von Ihnen als meiner Herrin. Und über Jahr und Tag soll's kein Traum mehr sein, sondern die handgreifliche Wirklichkeit, wenn Sie es so wollen ...*[6]

Das gespannte Verhältnis zwischen Amalie Augustin und Luise Kuntze führte offensichtlich zu einem Zerwürfnis: ... *Bei uns kam gleich nach diesem so Manches ans Licht, und die Kuntze mußte urplötzlich abgehen ...*[7] . Luise, inzwischen mit Reuter verlobt, nahm in Ludwigslust eine Stelle als Erzieherin beim Hofgärtner und Gartenbau-Lehrer Carl Schweer an, nicht ohne von ihrem Verlobten innigen Abschied genommen zu haben. Ein langer Brief Reuters vom 10. Mai 1847 jubelte, sprudelte über: *Liebe, süße Luise, Was soll ich Dir schreiben, was Dir sagen, um Dir den ganzen heißen Dank eines glücklichen Herzens abzustatten? ... Oh, Luise, hättest Du damals in meine Brust blicken können, ... Du würdest stolzer dein schönes Haupt erheben, weil Du die Schöpferin solcher Wonnen warst ...*[8]

Im Sommer 1847 nahm Fritz eine Einladung nach Roggenstorf an, um sich den Eltern vorzustellen: ... *Diese seeligen 14 Tage müssen wir recht ausbeuten, um Kraft zu gewinnen für eine lange Trennung. Wie werde ich so glücklich sein! wie will ich Dich küssen, wie Dir so ganz angehören ...*[9]

Luises große Familie, deren Zusammenhalt, ein bisher nicht gekanntes Familienglück beeindruckten Reuter sehr. Mit großer Freundlichkeit und Wärme kam die Familie auch ihm entgegen, und Luises Eltern erkannten in ihm den Mann, dem

---

6   Fritz an Luise am 6.11. 1846, siehe Anm. 1.
7   Siehe Anm. 5.
8   Fritz an Luise, siehe Anm. 1.
9   Fritz an Luise am 1.8.1847, siehe Anm. 1.

sie ihre Tochter wohl anvertrauen wollten, obwohl eine glänzende Zukunft nicht zu erwarten war.

Mehrfach zweifelte Luise an der Richtigkeit ihres Entschlusses.

Der Freund, Gutspächter Fritz Peters auf Thalberg, griff zu einer Gewaltkur: ... *Wie Sie sich ... wohl denken können, so war dies Leiden sehr geeignet, Reuters Braut zu bestimmen, ihn nicht zu heiraten. Die Gute schwankte daher auch lange, auch selbst noch, nachdem sie schon eingewilligt hatte. Ich nahm daher ein Mal Veranlassung, die Braut während Reuters Privatlehrerzeit in Treptow zu ihm zu führen, als er ... krank war. Es war ihr der Anblick fürchterlich und sie litt lange und viel in Folge dessen, entschloß sich aber danach, wie ich glaube, in der Hoffnung, sie werde es über Reuter vermögen, ihn von dem Leiden zu heilen, ihn zu heiraten ... Und was ist es für unseren Freund für ein Segen gewesen, ohne seine Frau wäre er sicherlich zu Grunde gegangen ...*[10]

Der Trauschein hatte folgenden Wortlaut:

Herr Heinrich Ludewig Christian Friederich Reuter, Rentier in Treptow an der Tollense wurde mit seiner Verlobten, der Jungfrau Maria Luise Charlotte Kuntze in Roggenstorf am 16ten des Monats Juny im laufenden Jahr 1851 allhier in der Kirche durch den Herrn Praepositus Schliemann aus Kalkhorst ehelich eingesegnet. Aus dem hiesigen Kirchenbuche wird Vorstehendes hiermit auf's Bündigste bescheinigt.

Roggenstorf, im Großherzogthum Mecklenburg-Schwerin, am 30ten Juny 1851. Kuntze, Pastor.[11]

Am Roggenstorfer Pfarrhaus kündet eine 1960 angebrachte Tafel von dem Hochzeitsfest des Fritz, nicht der Luise Reuter.

Es entsprach Luises Naturell, ihrer Erziehung und Erfahrung, sich um Reuter zu kümmern, sie stellte sich in den Dienst des geliebten Mannes, der diese Liebe dankbar empfing und erwiderte, hatte er doch seit dem Tod der Mutter, seit seinem 14. Lebensjahr, Häuslichkeit und herzliche Liebe bitter entbehren müssen. Luise war sein Halt, seine Muse, seine Pflegerin.

Das Leben in Treptow begann bescheiden, der Freundeskreis vergrößerte sich bald, Reuter und mit ihm seine Frau gewannen die Achtung und die Zuneigung der Treptower, beide waren ob ihres freundlichen, verbindlichen und heiteren Wesens sehr beliebt. Die anspruchslose Lebensführung sollte sich später ändern.

Als man nach Luises Tod den Teil des Nachlasses, der nicht notwendig zur Villa Reuter gehörte, verkaufte, wurden die Pretiosen der Frau Dr. Reuter öffentlich versteigert: Eine Liste gibt 34 Positionen wertvollen Schmuckes an, ein Goldarm-

---

10   Fritz Peters an Karl-Theodor Gaedertz, im Fritz-Reuter-Literaturmuseum unter V 57 R 5.

11   Trauschein von Fritz und Luise Reuter, im Goethe- und Schiller-Archiv unter GSA 77/ IV, 6,18. Seit 1997 gibt es in Roggensdorf ein "Luise-Reuter-Haus".

band mit 11 Brillanten, eine Kollierkettte mit Medaillon Opal und Rosen, eine dreireihige Perlenkette.... zusammen ein Erlös von 2003 Mark.

Vorerst mußte sich Luise bescheiden, was ihr nicht schwerfiel. Sie identifizierte sich völlig mit ihrem Mann und seiner Arbeit, teilte seinen Erfolg und den Mißerfolg, war erstes - freundliches - Publikum für seine Werke.

Die Kinderlosigkeit war für beide Reuters ein Unglück, und auch in der Verwandtschaft wurde die Situation betrübt zur Kenntnis genommen. Luises Mutter berichtete von den Geschenken für eine Bekannte, die ein Kind erwartete, von Taufkleid und Wiege: *... Ja, meine liebe Luise, es war Gottes Wille nicht, daß Du bis jetzt eine solche Gabe bedurftest, wie gerne und freudig sie Dir gespendet wäre, darf ich Dir nicht versichern ...*[12]

Als die Freundin Marie Peters einen Sohn gebar, schrieb Luise: *Tante Luise schrie laut auf vor Freuden bei der Nachricht von der Ankunft des kleinen Menschenkindes ... und noch Jemand hatte lange zu thun, bis er den Eindruck ... bewältigt und nebenbei alte, begrabene, auf's Neue mächtig erwachte Wünsche und Gefühle zur Ruhe verwiesen . O Selbstverläugnung und Ergebung - so leicht auszusprechen und so schwer zu üben! ...*[13]

Daß diese Tatsache ausschließlich auf Luises Körperfunktionen zurückgeführt wurde, war in der Zeit nicht anders denkbar.

Luise trat eine Kur in Boltenhagen an. *Meine liebe kleine Frau, Es ist schon wieder halb zwölf Uhr; ich hole Deinen Brief herfür, lese Deine herzlichen Zeilen noch einmal in dankbarer Erinnerung allen Glücks, das ich Dir verdanke, und beginne Dir zu schreiben, wie ich mich ganz grausam sehne, Dich wieder zu begrüßen und zu küssen. Es ist mit mir ganz grade so, wie vor unserer Hochzeit: ausmahlen, wie, wo, wann ich Dich zuerst treffe, ob des Morgens im Garten, ob des Mittags, um dann mit Dir in engster Vertraulichkeit einen Mittagsschlaf zu halten, ob des Abends, um - nun um mit Dir zu plaudern ... Mit meiner Arbeit geht es frisch vorwärts, ich habe heute aufgerechnet, um Dir eine Freude zu machen; ich habe 840 Verse geschrieben, 1/7 des vorigen Buches, gut 2 ½ Bogen, den Bogen zu 3 Louis d'or gerechnet (ich krieg aber mehr) macht 37 ½ th Gold; ... Nun, mein kleines Weib, gute Nacht! ich wollte ich wäre jetzt bei Dir, Du solltest sehn, wie lieb ich Dich hätte, ich wollte ich hätte Dich hier auf meinen Knieen, wie wollt ich Dich küssen und Dir tausendmal sagen, daß ich doch bin Dein alter bester Freund Fritz Reuter.*[14]

---

12   Brief der Mutter an Luise vom 23.3.1856, im Goethe- und Schiller-Archiv unter GSA 77/ IV, 6,18.

13   Luise an Marie Peters, in: Fritz Reuter-Kalender auf das Jahr 1908, hrsg. von Karl-Theodor Gaedertz, Theodor Weicher, Leipzig.

14   Fritz an Luise am 12.7.1854, siehe Anm. 1.

1856 übersiedelten die Reuters nach Neubrandenburg. Luise war aufgeregt und geschmeichelt, nun auch Persönlichkeiten des öffentlichen Lebens kennenzulernen; selbst der Bürgermeister gab ihr die Ehre einer Visite, ihr, der immer noch eine "ungünstige Verheiratung" attestiert wurde[15] und die für ihr Leben dergleichen nicht zu erwarten gehofft hatte. Damit gab sie Reuter hübsche Anlässe zu originellen Briefpassagen, in denen er zwar den Sachverhalt, nämlich die Einladung zu diesem und jenem, diese oder jene Auszeichnung, mitteilen konnte, seine eigene Gelassenheit und Bescheidenheit aber doch durchblicken ließ. So anläßlich einer geplanten Reise nach Neustrelitz: ... *Sie denkt sich, wir werden beim Hofmarschall Thee trinken, beim Großherzog soupiren und dann, je nachdem, entweder mit einem Prinzen oder einer Prinzessin zu Bette gehn* ...[16] Natürlich dachte Luise nichts in der Art, sie war eine durchaus vernünftige und realistisch denkende Frau, die genügend damit zu tun hatte, die Alkoholexzesse ihres Mannes, wenn es ging, zu verhindern - und dies mit allen nur möglichen Tricks -, sonst zu vertuschen.

Worin aber bestand Luises Tätigkeit, wenn sie ihren Mann "pflegte"? Sanitätsrat Dr. Witthauer, Eisenach, schrieb 1895: ... *nachdem er etwa 8 Tage lang jeden Tag flott Wein gezecht hatte (bis zu 8 Flaschen pro Tag) so stellte sich eine Cumulation des Katzenjammers ein....Kollossales Erbrechen, Würgen, selbst blutiges Erbrechen, und das entsetzliche Finale von 8 tägigem Weingenuß* ...[17]

Es waren unappetitliche Situationen, Schmutz und üble Gerüche, wodurch das Bett, die Stube, das Leben beschmutzt waren, wodurch die Pastorentochter selbst sich unendlich gedemütigt und beleidigt fühlen mußte. Konnte man es ihr verdenken, wenn sie sich nach diesen Torturen ein neues Kleid machen ließ, hatte sie sich das nicht verdient? War es ein Wunder, daß sie in all den Jahren eine persönliche Stärke entwickelte, ja, Härte? Mit ihrem Mann mußte sie so werden wie sie war, und ohne ihre Stärke wäre sie zerbrochen und nicht die richtige Frau für Reuter gewesen. Reuter im übrigen wußte dies sehr wohl zu schätzen: ... *Gott hat mir in meiner lieben Frau Luise ... eine liebe, herzliche Gattin gegeben, die mit*

---

15   Landessuperintendent Schliemann am 14. 4. 1858 in seiner Stellungnahme zur Emeritierung des Pastors Kuntze: "...Seine zahlreichen Kinder sind zum größten Teil ausgewandert. Soviel ich weiß, ist nur noch ein Sohn im Lande...und eine, aber nicht günstig verheiratete, und zwei unverheiratete Töchter..." in: Hans-Peter Meyer-Bothling: Die Vorfahren von Luise Reuter (Typoskript).

16   Reuter am 4.3.1858 an Fritz Peters; in: Fritz Reuters Leben in seinen Briefen, hrsg. von Otto Weltzin, Leipzig o. J. [1913].

17   Sanitätsrat Dr. Witthauer, Eisenach, an Karl-Theodor Gaedertz; im Fritz-Reuter-Literaturmuseum unter V 128 R 8.

*liebevoller Sorge meine menschlichen Gebrechen trägt und mir meine Häuslich-
keit verschönt ...*[18]
Luise ließ sich, wie die Rechnungen auswiesen, sehr häufig neue Kleider machen,
kleidete sich gern gut, putzte sich, pflegte sich. Reuter legte Wert auf ihr gutes
Aussehen: Aus der Wasserkur an Grashof: *... Meine Frau, die herzlich grüßen
läßt, kurt auch ein wenig mit und wird fett dabei, ich hoffe, sie präsentieren zu
können ...*[19]
Reuter, ein Künstler, der Porträts zeichnete, Muster entwarf, Blumen liebte, der
Personen, Kleidungen, Gesichter beschrieb, war ein Ästhet. Er wünschte ohne
Zweifel neben sich eine gut aussehende Frau.
Ein übermütiges Denkmal setzte Reuter seiner Frau in seinem Roman "Ut mine
Stromtid" *...Un den geiht de Winter- un de Wihnachtslust los, un de Bom brennt,
un de Julklapp klappt, un denn kümmt 'ne Julklapp von min leiwe Fru mit en
Gedicht; dat is dat einzigste, wat sei all ehr Lewdag' makt hett, un fängt an:
'Hier sitz ich und schwitz ich und fördre nichts zutage...'* un wider geiht de Me-
lodie nich; is äwer ok naug von de Ort. - (Kapitel 30)
Nur in heiterster Laune, beim Versenden von Geschenken, bei nach alter Tradition gefeiertem Weihnachtsfest mit Julklappwerfen, sattelte Luise den Pegasus,
immer mit einem kräftigen Schuß Humor und Selbstironie, doch versagte Reuter
Robert Heller und Adolf Wilbrandt die Erlaubnis, sein Werk ins Hochdeutsche zu
übersetzen, weil *... sich meine Frau das so außerordentlich reizend ausgemalt
hatte, als Übersetzerin in der deutschen Literatur aufzutreten ...*[20] Aus dem
"reizenden" Vorhaben war nichts geworden, denn in Wahrheit wünschte Reuter
ja keine hochdeutsche Übersetzung, die Literatur sollte weiterhin nur mittelbar,
durch Reuter, Luises Leben bestimmen. Sie freute sich mit ihm und an ihm, wenn
er arbeitete, "arbeiten wir", war er krank, "sind wir krank".
Luise und Fritz Reuter unternahmen Reisen, beide lernten neue Menschen, neue
Umgebungen, neue Perspektiven kennen, und Luise sonnte sich wohl auch: *... o
wir leben aber auch in guter Gesellschaft, jetzt fast nur Adel hier, sehr liebenswürdige Menschen ...,*[21] wußte jedoch auch tiefe Empfindung zu äußern und beschrieb die Begegnung mit Jakob Grimm und seiner Schwägerin: *...die alte herz-*

18   Reuter an Adelheid Hermes; in: Karl-Theodor Gaedertz: Aus Fritz Reuters jungen und
      alten Tagen. Dritter (Schluß-) Band; Wismar 1901.
19   Reuter an Grashof am 18.7.1867; im Fritz-Reuter-Literaturmuseum unter V 15 R 7.
20   Reuter an A. Wilbrandt am 14.2. 1863; in: Fritz Reuter, Gesammelte Werke und Briefe.
      Hrsg. von Kurt Batt, Band 8. Rostock 1967, S. 413.
21   Luise an Marie Peters am 29.9.1862 aus Bad Elgersburg; in: Fritz-Reuter-Kalender auf
      das Jahr 1908, hrsg. von Karl-Theodor Gaedertz, Leipzig.

liche Frau, wie habe ich sie lieb gewonnen, die Witwe Wilhelms...[22] Luise war zufrieden, wußte sie ihren Mann nur gesund.

1863. *Liebe Marie,...unsere nächste Zukunft ist entschieden, wir gehen nach Eisenach...*[23] Reuter: *...ich gehe stark damit um, nach Thüringen, und zwar nach Eisenach, auszuwandern,... und wenn sich das nicht machen läßt, habe ich noch Rostock im Sinne...*[24] Es ging also nicht sofort darum, den plattdeutschen Boden zu verlassen, sondern Neubrandenburg. Gerade der Umgang mit vielen Menschen, Erfahrung von dem geistigen Leben in Thüringen, an das in Neubrandenburg nicht zu denken war, eine gewachsene Weltsicht, ein größer gewordener Horizont mußten Reuter die Enge und die politische und geistige Beschränktheit in der lieben Vorderstadt in immer größerem Maße bewußt machen. Seine Frau bestärkte ihn in dem Vorhaben, hatte sie doch auch den Vorteil der zeitweisen Trennung von den Freunden, dem Stammtisch und dem Alkohol im Sinn.

Daß den Mecklenburgern es nicht gleichgültig sein konnte, daß ihr Idol, ihre Gallionsfigur, ihr Vorzeige-Mecklenburger sie verließ, ist gerade angesichts des späteren Reuter-Kultes nur zu verständlich. Sie nahmen es geradezu übel. Doch auf Reuter durfte nicht der Schein eines Flecken fallen, was er tat, war wohlgetan. So wurde aus der noch von Wilbrandt geäußerten Begründung des Umzuges *...Die doch allzu abgelegene Existenz genügte ihnen nicht mehr... Es wirkte wohl auch der Wunsch mit, freiere Luft zu atmen: nicht fort und fort diese erbvergleichliche Erbweisheitsluft...*[25] im Laufe der Jahrzehnte etwa die von Seelmann: *...Thüringen hatte es Reuter und noch mehr seiner Frau angetan... Man sagt, daß Reuter in Neubrandenburg nur wenig Familienverkehr hatte und dieser ihr nicht genügt habe...*[26] und schließlich die entschiedene von Batt: *Der...Schriftsteller...fand sich nun in die Wünsche seiner Frau...*[27]

Bis zum volkstümlichen "Luise war schuld, daß Reuter dann nichts Großes mehr geschrieben hat" ist es dann nur noch ein kleiner Tritt. Viel wahrscheinlicher aber

---

22   Luise an Marie Peters am 20.8.1862 aus Arnstadt; kopiert von Karl-Theodor Gaedertz; im Fritz-Reuter-Literaturmuseum unter V 109 R 1-91.

23   Luise an Marie am 14. Februar 1863, kopiert von Karl-Theodor Gaedertz; im Fritz-Reuter-Literaturmuseum unter V 109 R 1-91 ("Sonnabend Morgens" schreibt Luise; in seiner Veröffentlichung setzt Gaedertz das Datum 11. Februar ein. Der 11. Februar 1863 war ein Mittwoch. Luise spricht den Plan des Umzugs also am gleichen Tag wie Reuter an Wilbrandt aus.)

24   Siehe Anm. 20.

25   In: Nachgelassene Schriften von Fritz Reuter, erster Theil. Hrsg. und mit einer Biographie des Dichters eingeleitet von Adolf Wilbrandt; Wismar, Rostock und Ludwigslust 1874.

26   In: Reuters Werke. Im Verein mit Dr. Conrad Borchling und Prof. Dr. Ernst Brandes herausgegeben von Prof. Dr. Wilhelm Seelmann. 1. Band. [1905].

27   in: Fritz Reuter, Gesammelte Werke und Briefe (vgl. Anm. 20). Band 9, S. 300.

ist, daß Reuter am Neubrandenburger Stammtisch - ohne diesen den Geist noch einmal auffrischenden Wechsel- sowohl körperliche als auch geistige Kräfte wesentlich schneller verlassen hätten.

Reuter und seine Frau zogen voll Erwartung an das neue Leben Ende Juni 1863 nach Eisenach. Die Verabschiedung in Neubrandenburg war triumphal gewesen, der Empfang in Eisenach war freundlich. Doch die Berühmtheit Reuters zeigte immer mehr ihre Schattenseiten, die Besuche nahmen überhand, Luise war gestört: *...wie die Pilze schießen sie hier auf...und nähmen wir Flügel der Morgenröte, wohin sollten wir vor ihnen entfliehen?*[28]

Die Auswahl der zu empfangenden oder abzuweisenden Besucher überließ Reuter gern seiner Frau. Es machte keinen Unterschied, ob er wirklich im Bett lag oder arbeitete. Sie schirmte ihn ab, unangenehme Absagen, Verhandlungen, Dienstbotenengagements waren ihre Sache, wenngleich er sich die endgültigen Entscheidungen und offensichtlich auch die genaue Kontrolle über alle Geldausgaben vorbehielt. Fritz weilte in Laubach zur Kur, Luise war nach Eisenach zurückgekehrt, um dort nach dem Rechten zu sehen: *Mein liebes Tücking,...Die Weinrechnung habe ich noch nicht..., zahle nach dem Abzapfen, dann auch Brunke Deine Hemdenleinwand - und werde mir gewiß von Herrn Ziegler noch 100 t geben lassen müssen. Ich schreibe alles genau an für Dich und lebe sehr sparsam mit Ausnahme von heute nachmittag, wo Familie Ziegler mit einer Freundin bei mir zum Kaffee waren und ich für 10 s Kuchen gekauft.... leb wohl, mein Friedrich, schlaf wohl! - Deine Luise. Überarbeite Dich auch nicht, strenge Dich nicht zu sehr an, Herzens-Tücking.*[29]

Liebe Luise, Es scheint doch so, als ob ich schreibfauler Mensch noch mehr Zeit zur Correspondenz finde, als Du.... Indessen ist es hier für mich so langweilig geworden,... daß ich Gott danken werde, wenn ich hier Lebewohl sagen kann. - Der Schneider hat eine Weste und Hose gebracht, sie sitzen recht gut. Der Rock kommt morgen. - Die Weinlese hat begonnen, man merkt aber auch gar nichts davon - als daß man hie und da ein überaus schmuziges Frauenzimmer mit 'ner Bütte tragen sieht. Das sind die schönen Winzerinnen!. ...Nun lebe wohl und komm bald wieder zu mir, mir fehlt's an allen Ecken und Enden, wenn Du nicht hier bist. Johann hat fest versprochen, die Mäuse zu vergiften, damit sie Dich nicht stören, wenn Du schlafen willst, oder wenn - Meine liebe Dirn, komm bald! ...[30]

---

28   Luise an Marie Peters am 27.7.1863; in: Fritz-Reuter-Kalender auf das Jahr 1908 (vgl. Anm. 13)

29   Luise an Fritz, der sich in Bad Laubbach aufhielt, am 1.10.1865; im Goethe-Schiller-Archiv unter GSA 77/ IV, 2.3.

30   Reuter aus Laubbach an Luise am 26.9.1865; im Goethe-Schiller-Archiv unter GSA 77/ IV, 5.14.

Mein Tücking!...Ich bin so fleißig wie möglich. Diesen Morgen an Grashofs ge-
schrieben und die Bücher gepackt; diesen Abend als Eilgut (1t 3s!) abgegangen,
so auch der Obstkorb an Jühlke mit einem Schreiben; ferner heute nachmittag
den Hochzeitslöffel für Elise eingepackt, geschrieben und versandt. Das Ge-
schenk ist sehr schön ausgefallen; der Stiel ist so gereift, wie die Doctorlöffel,
und kostet derselbe 12 t. Ich hatte die Wahl zwischen einem zu 9 t und diesem,
und das mußte es doch sein. An Lisette auch schon geschrieben. ...Der Wein ist
abgezapft - ... ich habe getan, was in meinen Kräften, mich dankbar zu bewei-
sen, gab dem Mädchen 10 s... Es sind 188 Flaschen klaren Weins und 3 mit Bo-
densatz, den ich aber noch durchseihen werde. - Die Weinrechnung habe ich
aber noch nicht - es ist gerade Jahrmarkt...Nun schlaf wohl, mein Tücking.
Deine Luise. Der Dittmer habe ich für Stubensträucher und Portoauslagen be-
zahlt 10t 26 s . Ist es Dir denn so langweilig dort? das tut mir leid. Aber sind da
denn Mäuse? Dann komme ich ganz gewiß nicht wieder. Krause nebst Frau
meinten, Du müßtest nur auch mal über "glühende Verehrerinnen" schreiben,
die jetzt Berlin nach allen Richtungen hin unsicher machen. Krankheit der Zeit,
sagte er, sie müssen Jemanden verehren.[31]

Auf Luises Drängen hatte Reuter die Kur angetreten; in ihrer Sorge um ihn bat sie
jedoch auch Freunde ihres Mannes, ihr bei der Beeinflussung ihres Fritz beizustehen, so Julian Schmidt: *...Sie müssen mir beistehen, meinen Fritz zu erhalten ...*
in einer Kaltwasseranstalt ... würde es leichter sein, die Cur consequenter
durchzuführen... ich allein habe trotz seiner Liebe für mich nicht den Einfluß,
ihn zu diesem Entschluß zu bewegen...[32]

Die Kur brachte nur kurzzeitige Besserung, schon 1866, im Jahr des beginnenden
Hausbaues, gab es verschiedentlich wieder Trunksuchtsanfälle.

Weihnachten 66: *Meine liebe Marie,... Ihr habt Manches über uns erfahren, nur*
nicht das, was die Ursache unseres langen Schweigens gewesen. Es hat gar
nicht so schön mit uns gestanden, wenn er gleich die Pausen mit Hof-Gehen
(dreimal in Zeit von 10 Tagen) und wer weiß womit noch ausgefüllt. Ich habe 4-
6 Wochen hindurch einen so heftigen Kitzelhusten gehabt, daß ich abends fie-
berte... Du kennst meine zähe leichtfertige Natur im Abschütteln, aber ich war
doch über Reuters Unwohlsein innerlich so verstimmt, daß ich das Schreiben
scheute.- Aber es geht zum Fest der Freude für Jedermann, und da soll man sein
Gemüth frei machen von Sorgen, Freunde nicht mitverstimmen...[33]

---

31   Luise an Reuter in Laubach am 4.10.1865; im Goethe-Schiller-Archiv unter GSA 77/
      IV, 2.3.

32   Luise an Dr. Julian Schmidt am 20. 5. [1865], kopiert von Karl-Theodor Gaedertz, im
      Fritz-Reuter-Literaturmuseum unter V 110 R 6.

33   Luise an Marie im Dezember 1866, kopiert von Karl-Theodor Gaedertz; im Fritz-Reu-
      ter-Literaturmuseum unter V 109 R 1-91.

Lieber Herr Grashof, wandte sich Luise erzürnt und verzweifelt am 9. September 1867 an den Leidensgefährten aus der Festungszeit, Freund und Finanzverwalter von Fritz, *eben ist Schramm fortgegangen,... Reuter erzähle ja ganz niedlich.. bei einem Glase Wein hätte er gedacht Reuter zum Widerrufen des über ihn gesagten zu bewegen... er ... müsse darauf bestehen... Er werde die Sache vor die Öffentlichkeit bringen...Ich habe meinen Reuter verteidigt wie eine Löwin... Ich weiß, Sie sind meines Reuters Freund,... Er kann im schlimmsten Fall Reuters Krankheit vor die Öffentlichkeit bringen und uns sehr weh tun... Bitte antworten Sie mir ... ich werde doch Reuter nicht geschadet haben?...*[34] Grashof konnte nicht mehr helfen; er starb am 24. 9. 1867. Die Angelegenheit weitete sich nicht aus, bereitete jedoch dem Ehepaar große Sorgen und Ärger.

1867 fuhr Reuter wieder zur Kur, diesmal nach Liebenstein, näher an Eisenach, so war es für Luise, die den Hausbau beaufsichtigte, weniger aufwendig, hin- und herzufahren.

Meine liebe Louise, ...Wenn Du nun einmal wieder hieher kommst, kannst Du Dir die Einrichtung des neuen Hotels besehen, es soll prachtvoll sein, der ausführende Tapezier...erzählte, die Pariser Tapeten hätten allein schon 5000 t gekostet. Der Wirth... hat mich aufgefordert, die Einrichtung zu besehen...[35] Dem besten Freund aber, dem Gutsbesitzer Peters in Pommern, dem er nun in puncto Besitz nicht mehr ganz so unterlegen war, teilte er in dem ihm eigenen stolz-koketten Wehklagen mit, als Luise, eingestimmt durch Beschauen von schönen Inneneinrichtungen, sich anschickte, auch ihr gemeinsames Haus einzurichten: *... Was sie ist, ist auf Möbelexpedition nach Meiningen, dann noch Polsterwaare, Vorhänge, Teppiche und vieles und alles; in diesem Augenblick wütet sie auf meinen Geldbeutel ein, oh, min arm Baukfink!...*[36] Reuter jedenfalls wollte sein Haus schön und groß haben: *...Schlecht will ich nicht bauen, es soll nicht heißen, daß ich ein liederlich Gebäude nach meinem Tode in der Welt zurückgelassen habe, kleiner auch nicht, ich will nicht wieder in solchem kleinen Kasten mich halbtot räuchern...*[37] O, ja, Luise Reuter hatte wunderbare Jahre mit ihrem Mann, die Reise nach Konstantinopel 1864 war eine Anregung, die ihr Leben weiter beeinflußte, ferner die Ehre, die wirtschaftliche Sicherheit.

Die Jahre der Kriege brachten Leid: *...O wie viel Elend bringen diese Siege! Wieviel Thränen! wie viel einzige Söhne fallen, wie viele Eltern beweinen meh-*

---

34   Luise an Hermann Grashof am 9.9.1867; im Fritz-Reuter-Literaturmuseum V 110 R 6.

35   Reuter aus Bad Liebenstein am 1.5.1867; im Goethe-Schiller-Archiv unter GSA 77/ IV, 5.19.

36   Reuter an Fritz Peters am 27.2.1868; in: Willi Finger, Fritz Reuter und Fritz Peters, Wismar1935, S. 100.

37   Reuter an Fritz Peters am 28.10.1866; in: Otto Weltzin, Fritz Reuters Briefe.

rere;... - Trauer und Thränen überall! ... Wie soll das enden, das Morden und Schlachten.[38] Luise pflegte Verwundete, fühlte sich gebraucht, befriedigt, erhielt 1871 ein "Ehrenzeichen für rühmliche Tätigkeit während des Krieges". *...mein Reuter freute sich auch...Ferner sagte er noch, daß die Reuterin sich nun in eine Ritterin verpuppt habe, die ihr Kreuz statt im Stillen nun öffentlich trage. Ach, wenn das erstere dadurch schwinden möchte...*[39]

Die nächsten Jahre waren beherrscht von Sorge um ihren Mann, dessen Zustand sich immer mehr verschlechterte: *...Mit Reuter steht's nicht besser... Nun, wo ist vollkommenes Glück...Wer Gutes empfängt, muß auch Böses in Kauf nehmen... Wir haben nur wenig gesunde Tage mehr...Wenn man doch lernen wollte, mit Ergebung zu tragen...* [40]

In meinen Armen verschied er. Unsere Wünsche erfüllten sich, der seinige, daß ich ihm die Augen zudrücke, und mein Gebet, daß sein Ende leicht sein möge ... Wenn Theilnahme-Beweise Trost geben können, ist mir derselbe in reichstem Maße zu Theil geworden,- sie zählen nach Hunderten, die Beantwortung nimmt mich lange noch in Anspruch, mir zum Segen, ich bin mit Ihm beschäftigt und die Zeit vergeht ...[41]

Ja, Teilnahme-Beweise kamen, warme, treue von Freunden, schwülstige, von völlig Unbekannten, und jeder glaubte und versicherte, Luises Leid nachfühlen zu können. Unsägliche Lobpreisungen: *Und ihm zur Seite lieb und treu/ stand seine brave Wising,/ Die schafft ihm emsig täglich neu/ Daheim ein Paradiesing/ ..../ Gerufen ab von dieser Welt/ ward ihr der Fritz entrissen/ und klagend unterm Sternenzelt/ steht Wising gramzerrissen/ Du weinest! Doch mit Dir auch weint/ Die Welt um ihren Liebling/ Mit ihm sind wir im Geist vereint/ Dies sei dein Trost, lieb Wising.*[42] Wer durfte sie Wiesing nennen? Wer denn konnte ermessen, was Luise fühlte? Mit welchem Recht setzte man ihren Schmerz mit dem des ganzen Volkes gleich? Es war ihr Mann gewesen, der da gestorben war, und er wurde ihr gleich zweifach genommen. Nun gab es Nachrufe, Verhandlungen über seine Werke, die, wenn sie nicht aufpaßte, über ihren Kopf hinweg geführt wurden, sie wurde nicht mehr beteiligt, jedenfalls nicht so, wie sie mit Reuter beteiligt gewesen war. Fremde Leute sagten ihr, wie traurig sie sei. Das Schild an der

---

38 Luise an Marie Peters am 5.12.1870 und am 20. 12 1870, kopiert von Karl-Theodor Gaedertz; im Fritz-Reuter-Literaturmuseum unter V 109 R 1-91.

39 Luise an Marie Peters am 27. 12. 1871; kopiert von Karl-Theodor Gaedertz; im Fritz-Reuter-Literaturmuseum unter V 109 R 1-91.

40 Luise an Marie am 14.4. 1872, am 2.8.1872, am 25.8.1872; kopiert von Karl-Theodor Gaedertz; im Fritz-Reuter-Literaturmuseum unter V 109 R 1-91.

41 Luise an August Reuter am 17.8.1874, im Fritz-Reuter-Literaturmuseum unter V 107 R 6.

42 Zuschrift von Chr. Oldenstern an den Redakteur der "Gartenlaube", im Goethe- und Schiller-Archiv unter GSA 77/ IV.7.4.

Villa "Morgens nicht zu sprechen" schreckte keinen mehr ab, der Hund Joli begrüßte jeden freundlich, Luise war der Öffentlichkeit preisgegeben, hatte keine Zeit, keine Gelegenheit für ihre eigene, ganz private Trauer.

Die "Andenken an Fritz Reuters Begräbnisfeier" wurden gedruckt, und Luise schickte sie als Dank für trostspendende Beileidsschreiben vielen Freunden.

Schon begannen die Verhandlungen zwischen Hinstorff und Wilbrandt um eine Biographie Reuters. Ja, sie wollte sich diesen Wünschen nicht verschließen, es sollte eine Biographie geschrieben werden, und eine Auswahl von Briefen sollte erscheinen. Gute Freunde, wie der wohlmeinende Gisbert von Vincke, rieten ihr dazu, so gab sie ein Inserat in verschiedene Zeitungen mit der "herzlichen Bitte", ihr die Briefe ihres Mannes kurzzeitig zur Verfügung zu stellen. Doch die schlimmen Zeiten der Alkoholkrankheit wollte sie nicht an das Licht der Öffentlichkeit gezerrt sehen. Es waren auch ihre schlimmen Zeiten. Häme befürchtete sie, heuchlerisches Bedauern von denen, die sie vorher beneidet hatten..

Und der Schmerz kam. Wilbrandt beriet sich nicht nur mit ihr, nein er befragte auch die engsten Freunde über Reuters Wesen und Eigenheiten, und Fritz Peters gab bis ins Kleinste Auskunft. Mochte es auch richtig sein, wie Peters sie zu beschwichtigen versuchte, daß *durch das Verschweigen dieser Angelegenheit sicherlich weit mehr geschadet als genützt werde, ... indem nicht 4 Wochen nach dem Erscheinen der Wilbrandtschen Biographie vergehen würden, bevor sich irgend ein ... Judenjunge darüber hermachte, um dieselbe als falsch und ungenau zu bezeichnen und nun grade das, was ängstlich vermieden werden sollte, sehr breit und übertrieben in die Welt hinein zu posaunen ...*[43]

Sie konnte es nicht verwinden. Die gesamte Korrespondenz von der besten Freundin Marie Peters an Luise ist vernichtet. Wir kennen nur die Briefe von Luise an Marie, die Karl-Theodor Gaedertz kopiert und auszugweise veröffentlicht hatte, bevor die Originale mit Marie Peters in den Sarg gelegt wurden.

Die Biographie von Wilbrandt erschien Ende 1874 und wurde im Auftrag von Luise an viele Freunde gesandt, mal mit, mal ohne Begleitschreiben.

Noch war Luise Reuter beschäftigt: die Grabstätte sollte eine schöne Büste erhalten, die Bearbeitung des Granits dauerte länger, Lieferzeiten wurden nicht eingehalten, die Werkstatt Afingers säumte, erst nach dem ersten Todestag konnte die Büste aufgestellt werden.

Mehrfach hatte sie ihre Gedanken über das zu errichtende Nationaldenkmal geäußert. Es waren Reuter-Vereine gegründet worden, verschiedene Komitees zur Errichtung von Denkmalen konkurrierten miteinander, Luise erfüllte die dringlichen Bitten der Mecklenburger nicht; das nationale Denkmal für Reuter sollte

---

43 Fritz Peters an Luise, offensichtlich Kladde, ohne Datum; im Fritz-Reuter-Literaturmuseum unter V 57 R 5.

ihrer Meinung nach in einem stärker frequentierten Ort errichtet werden: ... *In Jena hat Reuter den Traum seiner Jugend erblühen gesehn, ... Sein Auge flammte, wenn er mir von Jena sprach...*[44]

Die nie abgebrochenen Beziehungen zu ihren Geschwistern wurden noch enger. Emma, ihre unverheiratete Schwester, war häufig bei ihr, bezog auch eine kleine Rente von Luise, und regelmäßig gingen Geschenke über den Ozean an Bruder Heinrich, der in Australien in Warnambool Gastwirt war und unter seinen Kindern eine Tochter Luise und einen Sohn Fritz Reuter Kuntze hatte, an die herzlich geliebte Schwester Caroline in Californien, deren Kinder Luises Patenkinder waren, an den Bruder Friedrich in Guajaquil, der sich mit Klavierunterricht und Unterhaltungsmusik seinen Lebensunterhalt verdiente, und an Bruder Franz, Inhaber einer kleinen Küferwerkstatt in Indiana County.

Seit langem bereits war ihr Bruder Wilhelm, Postdirektor in Schwerin, durch falsche Spekulationen in finanziellen Schwierigkeiten. Luise streckte größere Summen vor, nicht ohne Garantien zu verlangen, nicht ohne Zögern, doch die geschwisterliche Gemeinschaft bezog sich nun durchaus auch auf die Kenntnis der Vermögensverhältnisse der Witwe: *...Du wirst ..., liebe Luise, auch nicht durch Deine Geldvorschüsse in die Nothwendigkeit versetzt werden, Deine Villa verkaufen zu müssen... sind doch die neuen Auflagen der Werke Deines Seligen Mannes eine dauernde und ausreichende Einnahmequelle...*[45]

In der Tat, Reuter hatte für seine Frau gut gesorgt. Luise erfreute sich der wachsenden Beliebtheit der Reuterschen Werke und der Geschäftstüchtigkeit des Verlegers Hinstorff, mit dem sie manchen Strauß auszufechten hatte, und er mit ihr, es gab gewaltige Meinungsverschiedenheiten, die in dem Wort Betrug gipfelten. Schließlich teilte ihr Rechtsanwalt Blum aus Leipzig mit: *...daß ich Hinstorff angezeigt habe, ich würde den nächsten Sonnabend, dazu benutzen, in Wismar mit ihm über den Abschluß eines neuen Vertrages zu verhandeln u. event. auch noch den Sonntag Vormittag (-vorausgesetzt, daß er da nicht seinem Gott danken muß dafür, Fritz Reuter überhaupt gefunden zu haben)... ich denke, sie werden sich's doch lieber zweimal überlegen, so daß ich Ihnen Günstiges von dort melden kann...*[46], weil Blum aus sicherer Quelle wisse, daß die 75000 Mark Honorar für Luise den 1.100.000 Mark Gewinn von Hinstorff gegenüberstünden. Es gab neue Verhandlungen, bessere Konditionen für Luise. Darüber hinaus bekam Luise in schöner Regelmäßigkeit Einnahmen aus den Aktien, die ihr Mann mit

44   Luise an Victor Siemerling am 30.9.1874, im Fritz-Reuter-Literaturmuseum unter V 107 R 6.

45   Wilhelm Kuntze an Luise am 19.4.1875; im Reuter-Wagner-Museum Eisenach.

46   Dr. Hans Blum, Leipzig, an Luise am 19.9.1889; im Fritz-Reuter-Literaturmuseum unter V 115 R 6.

Hilfe seines Freundes Grashof in Lübeck erworben hatte, die allein im Jahr 1884 insgesamt 15825 Mark betrugen.

Eine jüngere Freundin, die Tochter des Schriftstellers Friedrich Friedrich, berichtete:

...In Eisenach war Frau Reuter keine allgemein beliebte Persönlichkeit, weil sie, bei aller bezaubernden Liebenswürdigkeit, doch eine resolvierte und vornehme Natur besaß, die an dem kleinlichen Geschwätz der Kaffeegesellschaften keinen Gefallen finden konnte, und daß sie diese mied, war für die Eisenacherinnen ein großes Aergernis. Man betrachtet es in Eisenach ja gewissermaßen als eine Gnade, eine Herablassung, wenn Einer von der Zunft der Schriftsteller zur Gesellschaft zugelassen wird, denn dieser Stand kommt dort gleich hinter dem der Seiltänzer. >Die von der Feder< machen in Eisenach die tragikomischsten Erfahrungen, mein Vater lebte schließlich als Einsiedler dort... So verstand man auch Luising, diese ... anders geartete Frau nicht, und wenn die hohe schwarze Gestalt in ihrem Garten lustwandelte, wird von den vorübergehenden Eisenachern wohl manche häßliche Bemerkung gefallen sein, kaum daß sie gegrüßt wurde...[47]

Die Villa in Eisenach war Luise nicht nur die Heimstatt, der Ort zur Erinnerung, sie war auch ein Klotz am Bein, den sie manchmal am liebsten weit von sich schleudern wollte, doch aus dem geplanten und in Angriff genommenen Verkauf wurde nichts; immer wieder gab es bedauernde, mahnende, ermutigende Gegenargumente von Freunden, und Wachsmuth, der alte Freund Reuters, gab ihr den Rat, dies Haus dereinst der Schillerstiftung zu vermachen.

Luise erschien die Villa groß, kalt, leer, sie ging auf Reisen, fast jeden Winter war sie abwesend. Nach Lübeck zu den Verwandten und Freunden, zu Kuren nach Wiesbaden, fuhr in die Schweiz auf längere Zeit, besuchte Rom: *... O, daß mein Fritz hätte theilnehmen können, hätte mitempfinden können. - Der Theure, hätte Er die Werke Raphaels, Michel Angelos, Titians schauen können! - Aber - mitgelebt hat Er, nicht allein in mir. Wohin ich kam - Sein Name öffnete mir Herzen ...*[48]

Hilferufe erreichten sie fast täglich, sie half, wo Hilfe wirklich nötig war, spendete einen ansehnlichen Betrag der Kirche St. Georg in Eisenach, wollte dabei aber ihren Namen nicht genannt wissen.

Galt es doch zu verhindern, daß etwa eine wildfremde Frau ihren Sohn in der Villa Reuter als Pensionär unterbringen wollte, daß ein fremder Herr sich berech-

---

47   Else Wildhagen an Karl-Theodor Gaedertz; im Fritz-Reuter-Literaturmuseum unter V
       128 R 8.

48   Luise an Pastor Niederhöffer, Stavenhagen, am 10.7.1878; im Fritz-Reuter-Literatur-
       museum unter V 107 R 6.

tigt glaubte, von ihr das Schreiben der Kronprinzessin als Andenken, und wenn das nicht möglich, notfalls eine Originalhandschrift von Fritz verlangen zu dürfen. *... Was beginnen Sie im nächsten Sommer? fragte eine Bekannte. Gehn Sie in die Schweiz? Ich an Ihrer Stelle thäte es, Sie entgehen damit allen unerwünschten Besuchen, sonst kommt die Villa Zum Guten Herzen zu stark in Aufnahme ...*[49]

Luise Reuter starb am 9. Juni 1894 in ihrer Villa in Eisenach. Sie vermachte in ihrem Testament die Villa der Schillerstiftung, die Rechte an den Werken Reuters den 4 Familien ihrer Geschwister in Übersee. Der Nachlaßverwalter Kurt Walter in Eisenach besorgte die Geschäfte bis zum Ende der Schutzfrist 1904: *... Es ist für die vier Erben eine schöne Erbschaft gewesen, denn es wird einem Jeden immer gegen 115.000 M. betragen haben ...*[50]

"Dat Winglas hett sei all bisid bröcht..." hatte Fritz Reuter einmal geschrieben, als Luise für den Umzug nach Eisenach einpackte. Sie war ihrem Mann Liebe, Heimat, Muse, Ruhepol. Bedeutende Werke der niederdeutschen Literatur wären nicht geschrieben worden, hätte Luise Reuter ihrem Mann nicht immer wieder dat Winglas bisid bröcht.

49　Dascha Grimm, Riga, an Luise am 6./18. Februar 1884; im Goethe- und Schiller-Archiv unter 77/ IV,6,10.

50　Kurt Walther an Karl-Theodor Gaedertz am 18.10.1904; im Fritz-Reuter-Literaturmuseum unter V 112 R 6.

Diskussion des Beitrages von Cornelia Nenz

Über die Briefe von Luise im Archiv Stavenhagen berichtet *Nenz*, daß diese oft schwer zu datieren seien, da Luise, anders als ihr Mann, mit Daten nicht sehr sorgfältig verfahren sei. Nicht selten heiße es in Briefen lediglich "am Sonntagabend". Das Archiv enthalte den größten Teil der Abschriften von Luises Briefen an Marie Peters. Auf *Bunners* Frage erläuterte *Nenz*, Demmler auf Ende der sechziger Jahre. Demmler habe sich in einem Brief an Luise ironisch über Reuters kleinliche Art geäußert, daß er z.b. bei einem gemeinsamen Geschenk beider an Reinhard den genauen Preis wissen wollte. Reinhard war über Reuter enttäuscht, als er seine Bitte ausschlug, für sein Buch "Spaziergänge" ein Vorwort zu verfassen (*Hückstädt*). Offensichtlich trat zeitweise eine gewisse Entfremdung ein, jedenfalls erwähnte Reuter, daß er längere Zeit nichts von Reinhard gehört habe (*Lüders*).

Günther weist darauf hin, daß der Name Dr. Witthauer mehrfach auftauche, u.a. im Zusammenhang mit Jühlke und dem Reuterschen Garten. Nenz erklärt, daß Dr. Witthauer zeitweise Reuters Arzt gewesen sei. Er habe versprochen, zu Luises Lebzeiten nicht über Reuters Krankheit zu sprechen. Dieses habe er auch erstmals ein Jahr nach Luises Tod getan.

Meyer-Bothling fragt nach dem eigentlichen Grund für Luises Jawort. Man könne dies nur aus dem familiären Umfeld verstehen. Vater Kuntze habe als Pastor in sehr bescheidenen Verhältnissen gelebt, noch erbärmlicher sein Stiefvater Conradi auf der Hungerpfarre Woosten. Zweimal habe der Vater Gesuche um Unterstützung an den Landesherrn gerichtet, weil er es als Pastor nicht für vertretbar gehalten habe, Schulden zu machen. Der Superintendent habe über ihn berichtet, daß er zwar kein großer Kanzelredner, aber in der Gemeinde außerordentlich beliebt war, einer der immer half, wenn jemand in Not war. In diesem Geist sei Luise mit der für sie selbstverständlichen Pflicht aufgewachsen, daß man helfen müsse, wenn Menschen in Not sind. Nach dem Tod Fritz Reuters habe Luise an Marie Peters geschrieben: "Nun bin ich mein Amt los." So habe sie ihr Verhältnis zu Reuter lebenslang verstanden: als Auftrag Gottes. Reuters Briefe in den ersten Jahren ihrer Freundschaft seien geradezu Hilfeschreie gewesen.

Bunners sieht in Luise eine Tatfrömmigkeit, wie sie Lessing schon forderte. Er erinnert ferner an die von *Nenz* in der Eisenacher Arbeitstagung eingebrachten Aussagen über die erotischen Beziehungen der Eheleute. Sie ergänzten Luises "Amtsverständnis" sehr und seien in der Reuter-Literatur meist unterschlagen worden.

Selbstbildnis Reuters in der Festungshaft.

Wolfgang Beutin

"Die Wunde brennt mir zu heftig, als daß sie ein öfteres Aufdecken ertragen könnte". Zum Alkoholismus-Problem in der Biographie Fritz Reuters

Der Alkoholismus Reuters ist ein unbezweifelbares Faktum, und unbezweifelbar, was auch Reuters Biographen nicht verschwiegen, daß der Dichter selber darunter litt, körperlich, seelisch und moralisch. Eigene Äußerungen belegen es, z. B.: "... die Wunde brennt mir zu heftig, als daß sie ein öfteres Aufdecken ertragen könnte".[1] Einige seiner Zeitgenossen, die gelegentlich Zeugen eines Exzesses wurden, hinterließen ihre diesbezüglichen Beobachtungen schriftlich (Pietsch, von Vincke). An moralischen Vorhaltungen ließen sie es nicht fehlen.

So schrieb Gisbert von Vincke 1866 an an den Dichter: "... ich habe die trübsten Erfahrungen aus Eisenach mitgenommen ... Es ist herzzerreißend zu sehen, wie eine reiche Dichternatur sich selbst zerstört, indem sie den rohen Trieb an die Stelle der sittlichen Gewalt treten läßt. ... das wahrscheinliche Bild der Zukunft ...: völlige Vernichtung des geistigen Lebens ... Aber der Arzt sagte mir auch, daß er das Vertrauen noch nicht aufgebe, Dich durch eigene Willenskraft völlig gerettet zu sehen ... nur keine Entschuldigung! Sie mag gelten allenfalls für den Ursprung in der traurigen Festungszeit ..." usw.[2]

Vincke selber und Reuters Arzt verwendeten eine Psychologie, wonach der Alkohol-"Trieb" wohl beherrschbar gewesen wäre, wenn Reuter genügend eigene Willenskraft aufgebracht, sozusagen 'nur gewollt hätte'. Daraus folgte dann ihr moralischer Vorwurf.

Aber war diese Psychologie richtig? Jedenfalls lag sie eigenen Aussagen Reuters ebenso zugrunde, etwa wo er über sein Trinken an den Vater schrieb: "... aber sicher kannst Du darauf bauen, daß es bei mir abnehmen wird". Glaubte er es selber, und war es die Mitteilung seiner Absicht, die Sucht zu besiegen, oder nur Täuschung des Vaters?

Verräterisch formulierte der Briefschreiber gleich .darauf, nach einem simplen Komma, zudem noch das ausdrückliche Gegenteil, um sich reinzuwaschen: "... da

1   Aus einem Brief Reuters vom 21.1.1867 an Freiherrn von Vincke. In: Fritz Reuter: Gesammelte Werke und Briefe. Hrsg. von Kurt Batt. Rostock 1966/1967. Unveränderter Nachdruck Rostock 1990 (im folgenden: GWB), Bd. 8, S. 611.

2   Abgedr. in: U. Bichel u. a. (Hrsg.), Vom Reichtum des Erzählens. Fritz Reuter 1810 - 1874, München 1985, S. 234 f.

ich eigentlich gar nicht darauf ausgehe, mich zu berauschen, sondern da es mir ohne mein[en] Willen und Wissen über den Hals kommt."[3] Vergleichbar wenige Monate später, als er, um den Griff nach "diesem Betäubungsmittel" zu entschuldigen, bemerkte, es "geht dies bei mir unbewußt vor sich".[4]

Die moralisierende Sicht - Reuters selber und der Zeitgenossen - schloß ein, daß es in seiner Macht gelegen hätte, auf den Alkohol zu verzichten. Dagegen standen aber andere Erkenntnisse des Briefschreibers, die das Gegenteil besagten: es lag nicht in seiner Macht. Hätte es in seiner Macht gelegen, wären die gegen ihn erhobenen Anschuldigungen nicht ungerechtfertigt gewesen. Umgekehrt, war der Alkoholkonsum nicht beherrschbar, so bleiben aus heutiger Perspektive alternativ zu diskutieren:

(a) Die genetische Hypothese: Alkoholismus ist erblich. Es war die ältere Auffassung, eingewurzelt in der Biologie, Anthropologie und älteren Psychiatrie, selbst in der Gegenwart noch vertreten (durch Gelehrte wie Jensen, Eysenck u. a.). Der vom Alkoholismus Befallene wurde es aufgrund seiner Erbanlagen, ohne eigene Schuld.

(b) Die 'environmentalistische' Hypothese: Alkoholismus wird im Laufe des Lebens erworben, verursacht durch das Milieu bzw. einen oder mehrere seiner Faktoren. Er ist indes auch unter dieser Voraussetzung schwer beeinflußbar. So die Lehre, die vertreten wird in moderneren Richtungen der Psychiatrie, vor allem der Psychologie, darunter Tiefenpsychologie.

Auf der Basis der genetischen Hypothese untersuchte Paul Albrecht, Mediziner - seinerzeit Oberarzt an der Provinzial-Heilanstalt in Treptow an der Rega[5] - "Fritz Reuters Krankheit" (= der Buchtitel)[6]. Er unterschied das regelmäßige, etwa tägliche Trinken ohne besonderen Exzeßcharakter, den "Alkoholismus" im engeren Sinne, vom Konsum mit außerordentlichem Exzeßcharakter, der "Dipsomanie". Bei Reuter konstatierte er beides. Der Alkoholismus i. e. S. ist bereits für seine Studien- und Burschenschaftszeit sicher bezeugt. Doch gelang es ihm laut Aussage der vorliegenden Zeugnisse, ihn später vermittels Willensanstrengung im wesentlichen zu überwinden. Anders die Dipsomanie. Sie schwand erst im letzten

---

3   GWB, Bd. 8, S. 197 (Dömitz, 4. 3. 1840).

4   Ebd., S. 209 f. (Dömitz, 24. 7. 1840).

5   Auch = "Neutreptow", nicht identisch mit Reuters Wohnort 1850 ff. = "Alttreptow".

6   Halle / Saale 1907. - Eine Besprechung dieses Buchs lieferte im Jahre 1911 Traugott Friedemann in einer Sammelrezension u. d. T.: "Neue Reuterschriften", in: Das literarische Echo 13 / 1911, Sp. 706-711. (Für den Hinweis bin ich meinem Kollegen H. Suhrbier zu Dank verpflichtet.) Friedemann verkannte den Wert der Schrift, amüsierte sich über die Differenzierung Alkoholismus / Dipsomanie und fand Reuters Unfähigkeit (um die es ja keinesfalls ging), anderen "einen guten Trunk" abzuschlagen, "ganz und gar natürlich" (Sp. 708 f.).

Lebensjahr. Bis dahin traten bei ihm drei bis vier Anfälle pro Jahr auf. Während ihrer konsumierte er jeweils dreißig oder mehr [!] Flaschen von einem leichten, weißen Wein. Albrecht zufolge waren für eine Dipsomanie verantwortlich die "primären, also psychologisch nicht begründeten Unlustgefühle", eine konstitutionelle "Verstimmung". Auch zeitlich sei diese das "Erste eines dipsomanischen Anfalls, der Trinkexzeß ist erst die Folge". Der krankhafte Charakter des Übels sei bewiesen zudem durch die pathologische Bewußtseinsveränderung zur Zeit der akuten Anfälle.

Der Autor wendete sich gegen die von den meisten Biographen vertretene Ansicht, "daß die jahrelange Haft Reuters kräftige Konstitution untergraben und in ihm die traurige Krankheit erzeugt habe". Er legte dar, daß "widrige Lebensumstände, wie Haft, die schlummernde Anlage zu einer periodisch auftretenden Anomalie der Psyche zu wecken und auszulösen, nicht aber sie selbständig zu erzeugen" vermöchten. Dazu berief er sich auch auf Vorfälle im Leben Reuters in der Zeit vor der Einkerkerung, z. B. in den Jahren 1831 und 1832. So gesehen, sei die Haft offensichtlich nur ein auslösendes Moment für heftigeres Auftreten der Krankheit, diese selber aber endogener Veranlagung zuzuschreiben, "wie sie als erbliche Belastung am häufigsten durch bereits vorangegangene geistige Anomalien der Vorfahren bedingt wird".[7]

Neunzig Jahre später ist es an der Zeit, Albrechts Befunde einmal im Lichte der neueren Forschungen zu überprüfen.[8] Generell blieb zunächst die Differenzierung erhalten: Alcoholismus chronicus / Dipsomanie, z. B. in Bleulers Lehrbuch der Psychiatrie, wo als Kennzeichen der Dipsomanie benannt wird: "*Dipsomane ergeben sich im Zusammenhang mit Verstimmungen schwersten Trinkexzessen von einigen Tagen Dauer, während sie dazwischen keinen Alkoholmißbrauch treiben.*"[9] Es blieb also auch die Einsicht: die Verstimmung bildet den Anfang. An-

---

7   Ebd., S. 34 f. u. 41-45.

8   Als eine solche Überprüfung kann man den Aufsatz Hugos von Keyserlingk nicht gelten lassen: Fritz Reuter - Beschreibung einer Krankheit, in: kikut 8 / 1983, S. 38-50. Dieser Verfasser vermied wie Friedemann (Anm. 6) wiederum die ernsthafte Auseinandersetzung mit Albrechts Ergebnissen und benutzte bloße Behauptungen, statt Argumente zu liefern: Er verspottete die Differenzierung (S. 45 f.) und gab an, er könne sich nicht "vergegenwärtigen", daß Reuter "erste literarische Anregungen" seiner Mutter verdankte (S. 39; sein Zweifel kommt einer Verwerfung der eigenen Bekundung des Dichters gleich, weshalb eine gute Begründung nicht fehlen dürfte).

9   [15]Berlin etc. 1983, S. 294 ff., Zitat S. 310. - Die Definitionen, die man selbst in einigen neuesten Büchern zum Dichter-Alkoholismus noch finden kann, wirken, gemessen an der älteren Bleulers, verhältnismäßig armselig. - Vgl. D. W. Goodwin, Alkohol & Autor, Zürich 1995, S. 18: "Man könnte vielleicht sagen, mit Alkoholismus werde ein Trinktrieb bezeichnet, der stark genug ist, um die Gesundheit, die gesellschaftlichen Beziehungen und die Produktivität eines Menschen zu beeinträchtigen." - Das Wort

ders als Albrecht schreibt man diese allerdings nicht mehr endogener Veranlagung zu, sondern sie wird im Gegenteil als psychisches Phänomen gedeutet. Was folgt, ist der Exzeß. Und spezifisch: Ganz richtig, meine ich, verwarf Albrecht die von Vincke und anderen Zeitgenossen sowie von den meisten Biographen, sogar auch schon von Reuter selber gelieferte Erklärung: der Alkoholismus wurde verursacht durch die Festungshaft. Nur wäre die Erklärung aus Sicht modernerer Wissenschaft mit anderer Argumentation als Albrechts abzulehnen. Abgelehnt wird in der gegenwärtigen Forschung zumeist auch die Vererbungshypothese.[10]

Ich versuche im folgenden, teils mit Übernahme von Albrechts Befunden, teils kontrastiv dazu, Reuters Alkoholismus-Problem zu sichten, indem ich neuere Ergebnisse der einschlägigen Fachdisziplinen heranziehe, mit Favorisierung der tiefenpsychologischen. Vorweg zwei methodologische Hinweise:

I: Der Alkoholismus einer Person sollte nicht außerhalb des Zusammenhangs ihrer Lebensgeschichte analysiert werden. Mit einem Ausdruck Alexander Mitscherlichs: Es ist zu ermitteln, ob vielleicht dem Alkoholismus eine "Erlebniskatastrophe"[11] vorangegangen ist, unter Umständen: in einer weiter, sogar sehr weit zurückliegenden Lebensphase, wodurch dessen psychische Basis entstand, eine erhebliche Schädigung der seelischen Befindlichkeit.

II: Alkoholismus ist nicht deutbar als eine Krankheit oder Krankheitssyndrom mit seelischen und körperlichen Symptomen. Vielmehr der Ursprung, das psychische 'Leiden', liegt zeitlich davor, und der Alkoholismus bildet die Reaktion darauf: ein Selbstheilungsversuch des Menschen, freilich kein mit Bewußtsein unternommener, sondern ein quasi 'hinter dem eigenen Rücken' stattfindender, gänzlich unbewußter. Somit gehört er einer längeren Reihe 'psychischer Produktionen' an; außerdem noch: die Suchterscheinungen überhaupt wie die Drogen-Abhängigkeit in ihren unterschiedlichen Formen, die Psychosen, Neurosen und Perversionen.

Wie die übrigen Selbstheilungsversuche, führt auch der Alkoholismus zu neuen starken Beeinträchtigungen, da von diesem 'Heil'mittel seinerseits wieder zerstö-

---

"Trinktrieb" ist bestenfalls ein Synonym, aber ohne Erklärungswert. Da die gesellschaftlichen Beziehungen Reuters sowie seine Produktivität durch seinen Alkoholkonsum nicht oder kaum wesentlich gestört wurden (dazu vgl. unten!), er sogar in seinen späteren Jahren als Autor einen unerhörten Erfolg erzielte, bei recht lange anhaltender Produktivität, fiele sein Trinken nicht unter den Begriff "Alkoholismus"!

10 Vgl. ebd. (Bleuler), S. 304, wo als hauptsächlich mögliche Ursachen des Alkoholismus benannt werden: Milieu und Gelegenheit, neurotische Persönlichkeitsentwicklung und charakterliche Schwierigkeiten; bei sekundärem Alkoholismus ist dieser das Symptom einer "anderen Geistesstörung".

11 Krankheit als Konflikt. Studien zur psychosomatischen Medizin 1, Frankfurt / M. 1966, S. 13.

rende Wirkungen ausgehen: körperliche, dazu seelische, angefangen bei morali-schen Selbstvorwürfen, zuletzt Persönlichkeitszerfall.

Welches 'lebensgeschichtliche' Ereignis, sprich: welche Erlebniskatastrophe in Reuters Biographie muß für seinen Alkoholismus verantwortlich gemacht wer-den?

Von der Reuter-Biographik wurde, wie erwähnt, meistens Reuters eigene Erklä-rung ungeprüft akzeptiert. Sie lautet "eine Errungenschaft der Festungszeit".[12] Trat die Erlebniskatastrophe in der Beziehung des Dichters zu seinem Vater auf? Beider Verhältnis erweist sich zunächst als sehr schwierig, wie aus ihrem Brief-wechsel hervorgeht, dessen Lektüre sensible Leser einigermaßen quälen muß. Bezeichnend ist bereits der erste Satz des ersten erhaltenen Briefs an den Vater, aus Friedland, am 24. März 1827. Der Siebzehnjährige fängt an: "Teuerster Va-ter, fern sei es von mir, meine Fehler durch Entschuldigen zu beschönigen, dop-pelt fern, sie durch Leugnen zu vergrößern."[13] Der Adressat erscheint sofort als der Ankläger, auch Richter, der Absender als Delinquent, der seine Verfehlungen eingestehen muß, Entschuldigung erflehend.

Dieselbe Rollenverteilung zieht sich durch die Briefe über ungefähr anderthalb Jahrzehnte hin. Der Zwanzigjährige erbittet vom Vater sich die Gunst: "... Du sollst ... mir ein freundliches Gesicht und ein freundliches Wort geben ... Du sollst mir nicht neue Vorwürfe über neu entdeckte Vergehen machen ..."[14]

Auf der anderen Seite war der Sohn auch imstande, einmal die Rolle des Anklä-gers oder zumindest des Klagenden zu übernehmen, wenn er im Brief vom 7. Juli 1839 aus Dömitz dem Vater vorwirft, dieser könne sich nicht in seine Lage ver-setzen, da er nur "eine höchst mangelhafte Vorstellung davon haben" müsse, hät-ten doch unter ihnen "die schlimmen Seiten derselben nie ... erörtert werden kön-nen ..."[15] Die Beziehung war durch scharfe 'Ambivalenz' geprägt, und zwar bei-derseits; eine Anspannung, die für die Beteiligten offensichtlich manchmal bis zur Grenze des Erträglichen ging.

Die Katastrophe in der Vater-Sohn-Beziehung indes trat niemals, wie man hätte spekulieren können, durch einen völligen Bruch ein, aber sie trat ein: durch den Tod des Vaters, am 22. März 1845. Dem folgte nach einem dreiviertel Jahr, zu Weihnachten, des Sohnes psychischer Zusammenbruch.[16] Dieser kann indes nicht für Reuters Alkoholprobleme verantwortlich gewesen sein, waren sie doch schon lange Zeit davor akut.

---

12   GWB, Bd. 8, S. 465.
13   Ebd., S. 7 (Friedland, 24. 3. 1827).
14   Ebd., S. 23 (Parchim, 20. 3. 1830).
15   Ebd., S. 171.
16   Ebd., S. 240 f.

Die Festungshaft und der Tod des Vaters mit der bezeichneten Folge - für Reuter bestand damals die reale Gefahr des Eintauchens in die Psychose -, bildeten zwei starke Zäsuren in der Biographie des Sohns und sind gewiß als lebensgeschichtlich bedeutsam anzusehen, jedoch keineswegs als Ursache der Dipsomanie.

In der Vergangenheit, lange vor beiden, müßte als entscheidende lebensgeschichtliche Katastrophe eine andere, erste zu nominieren sein. Gibt es Spuren dafür in Reuters Biographie?

Man braucht nicht lange zu suchen: es kann nur der Verlust der Mutter gewesen sein (19. 5.1826, nach langem Siechtum, seit 1812).

Der Tod eines Elternteils ist in vielen Fällen ausschlaggebend für das weitere Leben hinterbliebener Kinder, insbesondere deren seelische Entwicklung, wie es z. B. die Lebensgeschichte Ernst Barlachs beweist (Tod des Vaters, als Ernst 14 war).

Ein Fund, der die Schwere der Problematik andeutet: Henry Benrath verfaßte einen historischen Roman über das Leben Kaiser Ottos III., des letzten Ottonen, der, 980 geboren, seine Mutter Theophanu 991 verlor. Der Dichter redete in seinem Buch, über fast ein Jahrtausend hinweg, den Kaiser an: "So also ist es für jedes Herz, das sich nicht den natürlichen Regungen des Gefühles verschließt, selbstverständlich, daß das plötzliche Verschwinden des mütterlichen Bildes zum ENTSCHEIDENDEN Ereignis Ihrer Knabenjahre werden mußte."[17]

Ein eindrucksvoller Beleg für die enge Mutterbindung Fritz Reuters ist eine Erinnerung aus dem Munde von Julius Falck. Dieser war als Kind, während seiner Knabenzeit in Graudenz von dem Festungsgefangenen Reuter unterrichtet worden. Seine Reuter-Reminiszenzen wurden in einem Text gedruckt, der, aus heutiger Sicht, an entlegener Stelle erschien[18]. Falck teilte hierin einen Traum mit, der in Reuters Graudenzer Zeit gehört: "Eines Tages nun träumte Reuter in seinem kranken Zustande, seine Mutter sei ins Wasser gefallen und sei dem Ertrinken nahe. Da riß er das Fenster auf und sprang eine Treppe hoch hinab, um seine Mutter zu retten. Ein großer langer Brennholzstapel wurde von Reuter als das Wasser angesehen, in dem seine Mutter mit dem Tode kämpfe. Merkwürdigerweise that er sich keinen Schaden, obgleich unter dem Fenster gepflastert war." Dies mag für den Blick eines Lesers, der sich nicht in der tiefenpsychologischen Kasuistik und Symbollehre auskennt, ein Traum wie jeder andere sein, nicht

---

17   Ausg. München 1982, S. 19. - Ausführlichere Argumentation zur Bedeutung des Verlusts der Mutter in Reuters Lebensgeschichte: W. Beutin, Der Demokrat Fritz Reuter, Hamburg 1995 (Mecklenburger Profile, Bd. 2), S. 92 f. u. 101 ff.

18   E. Brandes, Aus Fritz Reuters Leben. In: Wissenschaftliche Beilage zu den Schulnachrichten des Gymnasiums Strasburg/Wpr., Teil II. Strasburg/Wpr. 1901. Das folgende Zitat daselbst S. 12. - Ich verdanke den Hinweis auf diesen Text abermals meinem Kollegen Hartwig Suhrbier.

weiter auffällig: denn weshalb sollte nicht ein Sohn davon träumen, einer so nahen Angehörigen wie der eigenen Mutter in - vermuteter - Lebensgefahr beizuspringen? In Wirklichkeit enthält der Traum ein recht komplexes, aus bekannten Symbolen zusammengesetztes Szenario, im Zentrum: die Mutter mit dem Tode kämpfend, der Sohn herbeieilend als eingreifender Helfer in der Not. Es ist dies keine beiläufige Phantasie, sondern eine typische, zudem eine gut erforschte: das "Rettungsmotiv". Nach Freuds Feststellungen hat es "seine eigene Bedeutung und Geschichte und ist ein selbständiger Abkömmling des Mutter- oder, richtiger gesagt, des Elternkomplexes." Mit der Rettungsphantasie reagiert das Kind auf die Aussage, daß es sein Leben den Eltern verdanke. Es entsteht in ihm der Wunsch, "den Eltern dieses Geschenk zurückzuerstatten". In der einen Variante des Traums geht es darum, den Vater aus einer tödlichen Gefahr zu erretten (oder auch den Kaiser, König, sonst einen großen Herrn). "In der Anwendung auf den Vater überwiegt bei weitem der trotzige Sinn der Rettungsphantasie, der Mutter wendet sie meist ihre zärtliche Bedeutung zu. ... Bei geringem Bedeutungswandel ... gewinnt das Retten der Mutter die Bedeutung von: ihr ein Kind schenken oder machen, natürlich ein Kind, wie man selbst ist ..." In der Rettungsphantasie identifiziere sich der Sohn "völlig mit dem Vater".[19] In Reuters Traum wären also ausgedrückt worden: der Wunsch, mit dem Vater identifiziert - also sein eigener Vater - zu sein, sowie vor allem die zärtliche Zuwendung zur Mutter.

Der Kaiser Otto III. war beim Tode seiner Mutter elf, Reuter bei dem der seinigen immerhin bereits 15 und ein halbes Jahr alt. Dennoch legte ihr Verlust in der Psyche des jungen Fritz Reuter wahrscheinlich die Basis für eine periodisch wiederkehrende depressive Verstimmung. Daraus ergäbe sich die Vermutung, daß ihm die Verarbeitung des Tods der Mutter, die "Trauerarbeit", nicht gelungen sein kann. Die - sicherlich verzögerte - Reaktion darauf bildete dann der späterhin etwa vierteljährlich sich wiederholende Trinkexzeß, eine von Reuter zwar gewiß nicht bewußt gewählte Tröstung, die aber gerade deshalb als Zwang über ihn kam, nicht anders als eine Naturgewalt von außen. Die Dramatik des jeweiligen Vorgangs befremdete, wie nachzulesen ist, so manchen Beobachter.

Auch ist die Dipsomanie, obwohl temporär die Depression aufhebend, immer ein kostspieliges Aufmunterungsmittel. Es bringt Gefahren mit sich wie die Drohung der physischen Selbstzerstörung, des Endes im Delirium, in der Psychose oder durch Suicid. Dennoch blieben die Exzesse eine Begleiterscheinung für fast den gesamten Rest von Reuters Leben.

Die gegenwärtige Forschung rechnet den Alkoholismus zu den Suchterscheinungen.

---

19   Sigmund Freud, in: Beiträge zur Psychologie des Liebeslebens, in: GW 8, S. 74 f.

Aus Sicht der Tiefenpsychologie gab Ernst Lürßen die folgende Definition: "Die Psychoanalyse versteht unter Sucht ganz allgemein einen inneren Zwang, die hemmungslos unbezwingbare Gier, einen bestimmten Stoff einzunehmen, ohne Rücksicht bzw. sogar unter bewußter oder unbewußter Einbeziehung seiner schädigenden Folgen."[20] Derselbe Autor verwies darauf, daß mehrere Forscher "den Rausch als eine Form der artifiziellen oder toxischen Manie, d. h. als eine manische Verleugnung des depressiven Zustands" betrachteten, und bezeichnete es als "sicher richtig und wichtig, daß viele Süchte, insbesondere der Alkoholismus, eine enge Beziehung zu depressiven Neurosen haben und die Sucht dynamisch gesehen durchaus der Abwehr der Depression dient". Der Depression wiederum oder deutlichen Depressivität gehe - so aus Sicht dieser Theorie - immer schon der "Verlust einer vorhandenen Objektbeziehung" voraus. Die Sucht - den Alkoholismus eingeschlossen - wäre dann "zwischen den eigentlichen narzißtischen Persönlichkeitsstörungen und den präpsychotischen schizoiden bzw. borderline-Zuständen einzuordnen".[21]

Es besteht Einigkeit bei fast allen Tiefenpsychologen, "daß die Sucht eine psychische Funktion hat, daß das Suchtmittel eine Hilfe für den Kranken darstellt, kurz, daß die Sucht ein mißglückter Selbsttherapieversuch ist".[22]

Das Mißglücken ist kein Zufall, sondern Notwendigkeit, "weil keine psychische Struktur aufgebaut wird und der Defekt bleibt".[23]

Es ist noch heute so, daß im allgemeinen weder die Psychiater noch die Psychoanalytiker gern die Behandlung suchtkranker Personen übernehmen, weil sie größten Schwierigkeiten ausgesetzt ist, die Psychopathologie sogar noch verschlimmern kann und mit dem Abbruch der Behandlung gerechnet werden muß.[24] Welche Aufgabe stellt sich ihnen? Sie lautet: "Ich-Stützung", mit dem Ziel, "eine positive Übertragung zu entwickeln".[25] Was ist eine Übertragung? Es müssen infantile Konstellationen, Personen, Vorbilder aktuell wiederbelebt werden; es geht um eine Aktualisierung unbewußter Wünsche, die der Kranke an bestimmten Objekten im Rahmen eines bestimmten Beziehungstypus ausleben darf. Der Beziehungstypus könnte z. B. die Mutter / Kind-Dyade sein, das begehrte, aber einstmals verlorene Objekt die Mutter, deren Imago in der Übertragung wieder auflebt. Als häufige unbewußte Wünsche kämen dann in Betracht:

---

20   Das Suchtproblem in neuerer psychoanalytischer Sicht, in: Kindlers Psychologie des 20. Jahrhunderts / Tiefenpsychologie, Bd. 2: Neue Wege der Psychoanalyse (...), hrsg. von D. Eicke, Weinheim etc. 1982, S. 101-130, hier: S. 101.
21   Ebd., S. 118 f.
22   Ebd., S. 102.
23   Ebd., S. 114.
24   Ebd., S. 124 f.
25   Ebd., S. 125.

Liebe vonseiten der Mutter, Pflege durch sie. Zu Zeiten Reuters gab es bekanntlich noch keine pschologische Therapie, die eine solche Übertragung hätte bewerkstelligen können, und die Rettung von daher war also ausgeschlossen.

Daß mit Anwendung bloßer "Willenskraft" ebenfalls nichts zu machen war, liegt dabei so sehr auf der Hand wie die mangelnde Effektivität der damals - und vielerorten sogar noch in der Gegenwart - angewendeten Psychologie nach der Melodie: 'Du mußt nur wollen ...' Eine entsetzlichere Verkennung der Möglichkeiten, über die der Alkoholiker verfügt, ist undenkbar.

Eine besondere Fragestellung ist noch: Hingen die verschiedenen körperlichen Leiden Reuters, wie sie sich besonders in brieflichen Aussagen widerspiegeln, mit seinem Alkoholismus zusammen? Um eine angemessene Antwort zu erhalten, müßte man sie sowohl getrennt nach den verschiedenen Lebensstationen auswerten als auch nach den diversen Krankheiten. Es liegt auf der Hand, daß das von ihm mehrfach berichtete Unwohlsein oder Übel des Magens Folge von Trinkexzessen gewesen sein kann.[26] Eine zweite Reihe von Nachrichten scheint sich auf die Abfolge depressiver Zustände zu beziehen[27], eine dritte auf einzelne Affektionen, Hämorrhoiden, einen "Schaden" am Arm[28] sowie das chronische Augenleiden[29]. Würde man die Verteilung auf die unterschiedlichen Phasen im Leben Reuters prüfen, könnte das Resultat lauten: häufige Klagen über Krankheiten und körperliches Unwohlsein in der ersten Haftzeit, vor allem in Silberberg; positive Äußerungen (Gesundheit, wesentliches Wohlergehen) bereits aus Magdeburg, erst recht aus Graudenz und Dömitz; wiederum Klagen aus Heidelberg (1. Hälfte 1841); gemäßigt positive Äußerungen aus Neubrandenburg[30]. Es sind überhaupt für die letzten Lebensjahrzehnte kaum noch Hinweise auf die körperliche Befindlichkeit im brieflichen Werk zu finden, was entweder am besseren Gesamtzustand gelegen haben könnte oder am Fehlen des Briefpartners, dem er als Leidender entgegentreten wollte (dem Vater!).

Das Grundproblem bei alledem blieb doch der Alkohol (notabene: oder blieb, was sich dahinter verbarg, jenes periodisch überstark auftretende depressive Verstimmtsein wegen des Mutterverlusts). Dennoch, für Reuter war Rettung auf

---

26   Vgl. z. B. GWB, Bd. 8, S. 31 sowie S. 68, 76, 78; vielleicht gehörte auch ein "chronisches Unterleibsleiden" dazu, vgl. S. 94.

27   Vgl. Äußerungen wie z. B. GWB, Bd. 8, S. 67 (u. a. "Lebensüberdruß"), allerdings erklärlich ebenso durch die Gefangenschaft! - Dagegen am 18. 3. 1841 (GWB, Bd. 8, S. 230): "Anlage zur Hypochondrie, wonach ich zu einzelnen Stunden ausgelassen lustig und in anderen ungemein deprimiert bin ..."

28   GWB, Bd. 8, S. 223 (Heidelberg, 7. 1. 1841).

29   Nach der Diagnose des Stabsarztes Starke in Silberberg (1836) eine Veränderung der Augenregenbogenhaut (GWB, Bd. 8, S. 94).

30   Vgl. z.. B. GWB, Bd. 8, S. 298 u. 416 (aus 1856 u. 1863).

dem Wege, und damit wurde sein Lebenslauf zum Inbegriff eines exzeptionellen. Diese Rettung war auf der einen Seite nicht so effektiv, daß sie ihn von seinem Alkohol-Problem hätte befreien können, aber auf der anderen immerhin so, daß sein Leben eine mehr als nur erträgliche Bahn nahm, mit einer geglückten Ehe, die ihm Halt verlieh, einem ehrbaren Beruf, dem Schriftstellerberuf, der ihn auf eine ansehnliche Höhe führte: die des Erfolgsautors, sogar des erfolgreichsten deutschen Autors seiner Zeit (gemessen an Auflagen seiner Bücher, Honoraren, Ehrungen und Beliebtheit beim Publikum).

Aus welcher Richtung kam die Rettung?

Die Erlebniskatastrophe von 1845 mit ihrer Weihnachtsperipetie bedeutete nicht ein Erliegen der vitalen Energien Reuters. Er widersetzte sich nun in dreifacher Weise kräftig den Anordnungen des - verstorbenen - Vaters: er schloß 1. definitiv die Verbindung mit Luise, verwarf 2. den ihm vom Vater diktierten Lebensentwurf und einen nach väterlichem Vorbild früher einmal gewählten: Jurist, Landmann, um ihn durch einen neuen zu ersetzen: Pädagoge, dazu Schriftsteller als Menschenerzieher, und stellte sich 3. endlich auch finanziell 'auf die eigenen Beine'.

Dabei war es entscheidend, daß er sich verläßlich auf das Prinzip Weiblichkeit stützen konnte, und dies in doppelter Weise: gleich zwiefach erhielt er Hilfe von Frauen.

Die eine von ihnen war schon tot, die Mutter. Doch die Befassung mit Literatur und Literaturproduktion bot ihm einen Wiederanschluß an die einstmalige Lebenssphäre der Mutter, die ihn mit Liebe in die Welt der Dichtung eingeführt hatte.

Und die zweite: Luise. Sie erwies sich als der unentbehrliche Schutzengel des neuen, diesmal gelingenden Lebensentwurfs ihres Fritz.

Die wichtigsten Faktoren der Stabilisation seiner seelischen und in der Folge auch lebenspraktischen Situation waren also: 1. das 'Überwechseln in das Land der Musen' als Besetzung mütterlichen Terrains (Dichten und der Erfolg des Dichtens), 2. die geglückte Ehe mit Luise, der Frau, die seine dichterische Existenz mit sicherer Hand abschirmte.

Diskussion des Beitrages von Wolfgang Beutin

Als vermeintliche Ursache für den Alkoholismus hält Bichel den Verlust der Mutter und die Überforderung durch den übermächtigen Vater gleichermaßen für relevant, verstärkt durch die körperliehen und seelischen Folgen der Festungshaft. Erst das Zusammentreffen aller drei Ursachen habe zu den katstrophalen Folgen geführt. Ihn erstaune die medizinische Modernität in von Vinckes Brief. Sein Rat, daß nur völliger Verzicht auf Alkoholgenuß helfen könne, entspreche ganz dem Ausgangspunkt jeder heutigen Therapie. Heute bestehe weitgehend Einigkeit, daß Drogenkonsum von den Betroffenen fast immer als Ausweg aus einer Überforderung der Umwelt an sich oder aus eigener Überforderung an die Umwelt oder, wie Frau *Beutin* ergänzt, aus Überforderung an sich selbst gewählt worden sei.

Grote hat das Referat durch einen Nichtfachmann auf medizinischem Gebiet ganz besonders gefallen. Den bisher genannten Ursachen für Reuters Krankheit möchte er das Fehlen einer intakten Familie hinzufügen. Reuter müsse unter dem Fehlen der Famliemgemeinschaft sehr gelitten haben. Familie habe er erstmals bei der Familie Kuntze kennengelernt. In der Verbindung mit Luise habe er ein neues Fundament für sein Leben gefunden. Eine zusätzliche Tragik sei es gewesen, daß die Ehe kinderlos blieb.

Schmidt-Henkel skizziert kurz die Behandlung von Reuters Krankheit in der Literaturgeschichte: vom Verschweigen (bürgerliche Abwehrhaltung), Moralismus ("hei süpt") bis zur heutigen Behandlung als Fall der Suchtkrankheit. Wichtig sei es, zwischen übermäßigem Alkoholgenuß durch den geselligen Trinker, bei Reuter in der Studentenzeit noch anzutreffen, und dem krankhaften Trinker zu unterscheiden. Bei Reuter sei das eine dem anderen gefolgt. Neben der individualpsychologischen biographischen Betrachtung sei auch die allgemeinpsychologische literaturgeschichtliche Sicht erforderlich. Die Kultur- und Literaturgeschichte sei voll von Trinkern und Suchtkranken, u.a. Baudelaire, dem bierseligen Jean Paul, dem Alkoholkonsum bei Goethe, Gottfried Benn. Fallada komme Reuter am nächsten. Fallada sei Drogen verfallen gewesen, solange er nicht schrieb. Schrieb er, so sei es rauschhaft, druckreif, ohne Zeichen von Alkoholismus geschehen. Bei diesem Befund frage er sich, ob der Gebrauch von Rauschmitteln vielleicht zum Wesen des schöpferischen Menschen gehöre, jedenfalls, wenn eine bestimmte Anlage bestehe. Fritz Reuter habe wohl lebenslang Alkoholexzesse gebraucht, um als Schriftsteller schöpferisch zu sein.

Hückstädt verdeutlicht den Einbruch in Fritz Reuters Jugend durch den Tod der Mutter an Hand von Briefen. Reuters erster überlieferter Brief an den Vater datiere vom März 1827. Dabei besuchte er die Schule in Friedland aber schon seit 1824. Jedoch lebte bis 1826 die Mutter. Bis dahin habe der junge Reuter offenbar sein Zuhause gehabt, die Wärme des Elternhauses, die Güte der Mutter, die immer an ihn glaubte, die ihm alle jugendlichen Fehler verzieh. Da brauchte er nicht Briefe zu schreiben, um sich zu rechtfertigen. Mit dem Tod der Mutter übernahm der Vater die Erziehung ganz. Sofort hatte der Vater Zweifel, ob der Sohn in Friedland richtig aufgehoben sei und sah den Schulwechsel vor. Jetzt setzte der Briefwechsel ein, der einseitig geführt wurde. Nur zwei Briefe des Vaters seien nach Friedland gegangen, aber nicht an den Sohn, sondern an den Lehrer bzw. die Pensionsmutter Schulze, bei der Fritz und der ihm als Aufpasser beigegebene Vetter August wohnten. Fritz sei in den Ferien nicht mehr nach Hause gefahren. Mit der Ausrede, er wolle Latein lernen, sei er in Friedland geblieben, offenbar aus Angst vor dem Vater. Er habe nach Ersatz für seine Mutter gesucht und auch ein wenig in seiner Halbschwester Lisette gefunden.

De Voss erinnert an die von Finger-Hain aufgestellte Vermutung, daß Fritz Reuter durch Alkoholismus erblich belastet gewesen sei. In einer Tribsees-Studie habe Finger-Hain auf Alkoholismus in der aus Tribsees stammenden mütterlichen Familie Ölpke hingewiesen (*Hückstädt*). *Beutin* ergänzt, daß auch von Keyserlingk Vermutungen über eine erbliche Belastung in der Familie Reuter äußere. Vater Reuter habe sehr erfolgreich eine Bierbrauerei ("Stemhäger Burmeisterbier") betrieben. *Suhrbier* merkt an, daß der Vater sich anderweitig getröstet habe. Das habe schon früh beim Sohn Widersprüche in der Glaubwürdigkeit des Vaters mit dessen rigorosen Wertvorstellungen begründen können. Mit welchem Recht kümmere sich der Vater bis ins Kleinste um das Verhalten des Sohns, wenn bei ihm selbst moralisch nicht alles in Ordnung war, fragt *Suhrbier*. Einen gewissen Familienersatz habe der junge Reuter bei Onkel Herse und einer gelegentlich erwähnten Tante gefunden. Reuter sei zu einem "oralen Typ" geworden: in Essen und Trinken habe er Befriedigung gefunden.

Lüders fragt, wieweit der Freundeskreis Ersatz für die Familie gewesen sei, besonders die Freundschaft mit Fritz Peters habe ihm wohl die Möglichkeit gegeben, "aufgefangen" zu werden. *Davis* bezieht sich auf ihre früheren Untersuchungen über Fritz Reuter als Einzelkind. Sie weist auf ein neues Buch von Wolfgang Paulsen über Uwe Johnson hin. Dort werde die These vertreten, daß psychische Schädigungn häufig eine Flucht aus der Realität durch Suchtmittel und zugleich Kompensation des Scheiterns durch besondere schöpferische Leistungen auslösen. Hiernach bestehe kein Ursachenzusammenhang zwischen Suchtexzessen und künstlerischen Leistungen, sondern Parallelität, beides durch seelische Schädigung ausgelöst. *Schmidt-Henkel* macht darauf aufmerksam, daß Reuter in seinen

Werken das Thema Alkohol nur unter freundlichen Gesichtspunkten behandelt habe. Weder bei Reuter noch etwa bei Johnson tauche der Alkohol als Bedrohung auf. Bei Crespah erscheine der Branntwein ebenso wie bei Bräsig ("lütten Kümmel") oder Moses als selbstverständlicher Genuß, gleichsam als Mecklenburger Ambiente. Offenbar habe keiner versucht, die Bedrohung, die ihnen durchaus bewußt war, durch Schreiben zu bewältigen.

Nach *Bunners* passe dazu in "Hanne Nüte" beim Abschied von Hanne Nüte auch das Bild des Pastors, den Reuter sonst eher als etwas verklemmt schildere, den er aber bei einer Flasche Wein immer mehr beschwingt, geradezu rauschhaft die Vorzüge Jenas als Studienort preisen lasse. Auch hier der Alkohol nicht als Dämon, sondern als Freund!

Beutin faßt zusammen, daß zum einem das Fehlen eines liebenden Vaters in der Regel dazu führe, daß sich das Kind im Innern eine verklärte Vaterfigur schaffe. Bei schöpferischen Menschen drücke sich dieses in Bildwerken oder Dichtung oder in beiden, z.B. Barlach, aus. Ein anderer Weg, lebensgeschichtlich den fehlenden Vaterbezug zu ersetzen, sei die Brüderschaft, bei Reuter mangels Brüder die Burschenschaft. Hier sei an die Stelle des leiblichen Vaters, von dem er sich befreien wollte, der Landesvater, den die Studenten stürzen wollten, getreten. In der Festungszeit sei der sexuelle Verzicht als weitere psychologische Belastung hinzugetreten. Er sei übrigens im Strafvollzug durch die Zellen (früher habe es häufig nicht einmal eine Trennung nach Geschlechtern gegeben) erst eine Erscheinung des 19. Jahrhunderts in Übernahme aus dem puritanischen Amerika. Essen und Trinken sei ein Ersatz gewesen, ebenso die aussichtslose Liebe zur Kommandantentochter in Dömitz. Den Verlust der Mutter habe Reuter durch orale Erotik kompensiert. Über die Lippen sei ihm mit dem Trinken immer wieder das geronnen, was er durch den Tod der Mutter verloren habe. Spiegelbildlich vergleichbar sei der lebensgeschichtliche Verlauf bei Barlach. Dieser habe mit 14 Jahren seinen Vater verloren. Als Reaktion darauf stellten sich kurze Zeit danach erste Symptome einer Herzkrankheit ein, die sich rasch verschlimmerte.

Ähnlich wie Brecht sei Barlach zeitlebens herzkrank gewesen, gezwungen zu ständigen ärztlichen Beratungen und Behandlungen und Sanatoriumsaufenthalten. Sein Barlachbuch und Reuterbuch ständen in einem engen Zusammenhang. Barlach habe bis zuletzt ein sehr ambivalentes Verhältnis zur Mutter gehabt. Aus dem Verlust des Vaters erklärten sich bei Barlach die mythischen und schöpfungstheologischen Bemühungen um ein eigenes Gottesbild. Damit habe er sich ein ideales Vaterbild schaffen wollen. *Schmidt-Henkel* macht darauf aufmerksam, daß das Pferd, das im Drama "Der Tote Tag" den Sohn von der Mutter zum Vater tragen solle, den Namen des Geburtsorts des Vaters trage. *Frau Beutin* weist darauf hin, daß Dichter ihr Verhältnis zu ihren Werken häufig im Sinn einer Eltern-Kind-Beziehung, darin auch oft eines Familienersatzes gesehen haben.

Manfred Günther

Fritz Reuter und die gesellschaftlichen Verhältnisse in Eisenach - eine Wechselbeziehung?

Anläßlich der Festveranstaltung zum 100. Geburtstag Fritz Reuters legten die Repräsentanten Eisenachs mit Stolz auf den Bürger ihrer Stadt Wert darauf, ihn "den wahrhaft unsrigen" zu nennen. Nach der Heiligen Elisabeth, dem Sängerkrieg, Luther und Bach wurde "kein besserer, kein größerer Name in die Chronik unserer Stadt geschrieben als der Fritz Reuters".[1] So ihr Urteil über den Jubilar. Diese außerordentliche Wertschätzung mag für den Außenstehenden übertrieben erscheinen. Für den Oberbürgermeister der Wartburgstadt Hans Schmieder ergab sie sich aus der Erfahrung gewachsenen Ansehens der Stadt durch ihren Bürger Fritz Reuter.

Inwieweit das Urteil einer Wertung aus heutiger Sicht standhält, ist u.a. ein Anliegen meines Beitrages.

Sich dem Problem "Fritz Reuter und die gesellschaftlichen Verhältnisse in Eisenach - eine Wechselbeziehung?" zu nähern, setzt die Beantwortung der Fragen voraus, warum die Reuters nach Thüringen, nach Eisenach übersiedelten und wer sich dabei als die treibende Kraft erwies, Fritz oder Luise Reuter? Nicht etwa, daß diese Fragen originell und deren Beantwortung nicht längst bekannt wären. Es geht vielmehr darum, sie von den Vorurteilen patriarchalischer Denkweise und des mecklenburgischen Lokalpatriotismus zu befreien.

Reuters Leben, Wirken, Bleiben und Beisetzung in Eisenach ergeben sich m.E. ganz wesentlich aus den Gründen, die den Dichter bewogen, Mecklenburg zu verlassen. In der Literatur und folglich auch in der öffentlichen Meinung über Reuter dominiert bisher Luise als treibende Kraft für den Ortswechsel. Sie habe sich davon eine Verbesserung des Gesundheitszustandes ihres Fritz versprochen und ihn deshalb zu einem Ortswechsel - Rostock oder Eisenach - gedrängt. Wie jede Behauptung, erst einmal in die Welt gesetzt, erfuhr auch diese mannigfache Reproduktion. Daß Fritz Reuter, der "Vorzeigemecklenburger", seine Landsleute verließ, verließ auf Lebenszeit, und daß er in fremder Erde ruht, verletzte zutiefst ihren Lokalpatriotismus. Noch heute - so scheint es - ist diese Wunde nicht völlig verheilt. Die Verantwortung dafür ihrem Fritz Reuter anzulasten, hätte bedeutet, ihr Bild vom Landsmann und Dichter Fritz Reuter durch den Makel der Treulosigkeit zu beschädigen. Das aber konnte und durfte nicht geschehen. Es paßte und paßt in das zählebige patriarchalische Denkmuster, die Frau, also Luise, zur

---

[1]   Die Jahrhundertfeier von Fritz Reuters Geburtstag in Eisenach vom 5. bis 7. November 1910. Sonderdruck aus der "Eisenacher Zeitung". Hofbuchdruckerei H. Kahle, S. 6.

Schuldigen für die Abkehr des Dichters von seiner geliebten Heimat zu erklären. Damit blieb das Reuterbild der Mecklenburger nicht nur unbeschädigt, es erfuhr um die Nuance Reuter als "Opfer" sogar eine willkommene Ergänzung.

Die Entscheidung, den Ortswechsel nach Eisenach zu vollziehen, traf Reuter prinzipiell selbst. Freilich nicht gegen Luise. Für ihn verband sich dabei das Praktische mit dem Nützlichen. Der Dichter Fritz Reuter entschied sich, wie er am 29. März 1863 an Hobein schrieb,[2] nicht leichtfertig. Er nannte in diesem Brief als Grund für den Ortswechsel einen "tief in mir liegenden Trieb". Diesem Trieb danke er "seine etwaigen poetischen und fröhlichen Auffassungen des Menschenlebens". Im "plötzlichen Wechsel" sah er die "Springfeder seines Lebens". Der Zeitpunkt des Wechsels war in ihm "zu einem notwendigen Bedürfnis herangewachsen". Der Wechsel weg von der Belastung durch die ruhelose Öffentlichkeit um seine Person, hin zur schöpferischen Ruhe schriftstellerischen Schaffens, in Einheit mit "uneingeschränktem Genuß" der Natur.

Was könnte Fritz Reuter bewogen haben, sich in der Realisierung des für notwendig erachteten Ortswechsels für Eisenach zu entscheiden ?

Er kannte und schätzte Thüringen. Persönlichkeiten, die Reuters Leben beeinflußten, brachten ihn schon früh Thüringen nahe. Sein Pate, Amtshauptmann Weber, schwärmte aus der Erinnerung von der "Musenstadt Jena". Durch seinen Lehrer und Freund Carl Horn erfuhr er aus berufenem Munde erstes über die von Jena ausgegangene Burschenschaftsbewegung. Nicht zufällig also schlug Reuter seinem Vater vor, das in Rostock abgebrochene Jurastudium in Jena fortzusetzen. Der kurze Aufenthalt in Jena (1832/33) hinterließ in Reuters Leben insgesamt tiefe Spuren. Hier trat er, weniger politisch motiviert als seinen Ambitionen für Geselligkeit folgend, für kurze Zeit den Burschenschaften bei. Ein Schritt, der zum folgenschweren Unrechtsurteil der preußischen Justiz führte. Aus der Studienzeit in Jena entstanden Freundschaften mit Persönlichkeiten, die ihn mit Thüringen und mit Eisenach verbanden. Verwiesen sei auf Kirchenrat Ludwig Stier und auf Gymnasialprofessor Friedrich Koch.

Die Wartburg wertete der Dichter Fritz Reuter im Brief nach Neubrandenburg am 17. Juni 1863 als das "deutsche Kapitol".[3] Ihre Rolle in der deutschen Kultur- und Geistesgeschichte und ihre nationale Symbolwirkung kannte er ebenso wie die klassische deutsche Literatur mit ihrem Zentrum in Weimar. Zu wichtigen Städten Thüringens wie Arnstadt, Gotha, Coburg u.a. hatte er persönliche Beziehungen.

---

2   Fritz Reuter, Gesammelte Werke und Briefe. Hrsg. von Kurt Batt (=GWB). Bd.8. Briefe. Rostock 1967, S.13f.

3   Ebda., S.427f.

Zur Begründung für die getroffene Wahl wußte Fritz Reuter die gesellschaftlich freieren Verhältnisse unter dem aufgeklärten Großherzog Carl Alexander im Großherzogtum Sachsen-Weimar-Eisenach zu schätzen. Auch die kleinstädtische Idylle Eisenachs, dessen zentrale Lage in Deutschland und seine günstige Anbindung an das Verkehrssystem dürften den Dichter beeinflußt haben. Und nicht zuletzt die natürlichen Reize dieses Landstrichs, besonders des Thüringer Waldes.

Für Luise verband sich mit dem Ortswechsel die Hoffnung auf Besserung des Gesundheitszustandes ihres Fritz mit der Flucht aus dem erlittenen Schmerz durch den Tod ihres Vaters.

Eisenach, dessen Bürger Fritz Reuter von 1863 bis 1874 und dessen Bürgerin seine Frau Luise von 1863 bis 1894 gewesen sind, wie dürfen wir es uns vorstellen?

Das gesellschaftliche Leben in Eisenach vollzog sich im allgemeinen Spannungsfeld all jener wirtschaftlichen, sozialen, politischen und geistig-kulturellen Prozesse, die der deutschen Geschichte in der 2. Hälfte des 19. Jahrhunderts, beeinflußt durch die historischen Tendenzen in Europa, insgesamt ihren Stempel aufdrückten: die Revolution von 1848 mit ihren Wirkungen in Licht und Schatten, das wachsende Selbstbewußtsein des liberalen Bürgertums in Synthese mit der beginnenden Industrialisierung, der Weg zum deutschen Kaiserreich unter preußischer Hegemonie. Neben dem allgemeinen historischen Kontext wirkten vor Ort besonders jene Bedingungen, die sich mit der Regentschaft des Großherzogs Carl Alexander von Sachsen-Weimar-Eisenach und mit Eisenach als dessen 2. Residenz verbanden.

In seiner annähernd 800jährigen Geschichte hatte sich Eisenach von einer kleinen Ansiedlung zu einem Städtchen ländlich-dörflichen Charakters entwickelt. In dessen Mauern lebten unter Einschluß der eingemeindeten Außenbezirke Ehrensteig und Fischbach zwischen 11500 und 14000 Einwohner. Die Einwohnerzahl wuchs rascher als das Wohnraumangebot. Die Zahl der in einem Haus Wohnenden stieg, und der Wohnungsbau blieb ausschließlich privater Initiative vorbehalten. Kommunalen oder sozialen Wohnungsbau gab es noch nicht. Die sozial benachteiligten Teile der Bevölkerung siedelten vornehmlich in den Randgebieten der Stadt. "Aus den armen Hütten, insbesondere der Vorstädte, grinst freilich auch nicht selten moralische Versunkenheit und geistige Stumpfheit",[4] wußten Zeitzeugen zu berichten. In der Altersstruktur dominierte die Gruppe der bis 30 Jahre, während sich die Geschlechter in etwa die Waage hielten. Die Mehrheit der Bürger Eisenachs gehörte der evangelisch-lutherischen Religion an. Nur etwa 200 Perso-

---

4   Schwerdt/Jäger, Eisenach und die Wartburg mit ihren Merkwürdigkeiten und Umgebungen. Verlag Bacmeister, Eisenach 1871, S. 55.

nen bekannten sich zum Katholizismus und knapp 100 zählten zur jüdischen Gemeinde.

Im Ackerbau und in der Viehzucht fanden große Teile der Bevölkerung die materielle Grundlage ihrer Existenz. Während Fritz Reuter hier lebte, registrierten die Behörden im Durchschnitt 250 Pferde, 500 Rinder, 1500-2000 Schafe, 1500 Schweine, 350 Ziegen und 150 Bienenstöcke.

Bis 1869 deckte die Bevölkerung der Stadt ihren Trinkwasserbedarf aus privaten und öffentlichen Brunnen. In der Abwasserentsorgung beherrschte noch immer die "Gosse" das Geschehen.

Das kaufmännische Rechnen operierte noch nicht mit dem Dezimalsystem. 12 Pfennige ergaben einen Silbergroschen und dreißig Silbergroschen einen Taler. Längen maß man in Ruten, und in Kilo wog niemand. Der Eimer bezeichnete ein gängiges Hohlmaß. Die Einführung einheitlicher Maße und Gewichte erfolgte in Eisenach erst nach der Reichseinigung mit Wirkung vom 1. Januar 1872, also gegen Ende der Reuterzeit.

Erste Fabrikschornsteine kündigten den Einzug des Industriezeitalters an. 108 Firmen trugen sich am 1. April 1863 in das Handelsregister des Eisenacher Stadtgerichtes mit Inkrafttreten des Allgemeinen Deutschen Handelsgesetzbuches ein. Wirkliche "Fabrikherren" zählte die Statistik zur gleichen Zeit aber nur fünf. Typisch für Eisenach blieb zur Reuterzeit der kleine Handwerksbetrieb. Im Jahr 1872 erfaßte die Statistik[5] u.a. 36 Bäcker und Brothändler, eine etwa ebenso große Anzahl Fleischer, 54 Schneider und 104 Schuhmacher. Zu gesichertem Reichtum konnten diese Gewerbe bei der angegeben Einwohnerzahl nicht gelangen. Zugewinn erbrachte ihnen der wachsende Fremdenverkehr. Hotels, Gast- und Logierhäuser, die bekanntesten unter ihnen mit "eigenen Equipagen", der "Rautenkranz" am Markt, der "Goldene Löwe" am Frauentor, der "Halbe Mond" in der Georgenstraße u.a. erfreuten sich wachsenden Zuspruchs. Ende 1861 registrierte die Stadtverwaltung 684 Dienstboten und 814 Gehilfen. In diesen stark angestiegenen Zahlen schlugen sich der beginnende Fremdenverkehr und der wachsende Zuzug von Beamten, Militärs und Pensionären nieder.

Eng verknüpft mit der Entwicklung des Fremdenverkehrs vollzog sich die Anerkennung Eisenachs als Tagungs- und Kongreßstadt. Zur Illustration: 1850 Hauptversammlung des Gustav-Adolf-Vereins, 1857 Evangelische Kirchenkonferenz, 1859 vorbereitende Gründungsversammlung des Deutschen Nationalvereins, 1864 Tagung der Demokratischen Volkspartei, 1865 Deutscher Protestantentag, 1869 Gründungskongreß der Sozialdemokratischen Arbeiterpartei, 1873 V. Kongreß der gleichen Partei, jährlich Zusammenkünfte der deutschen Burschenschaften. Für das geistig-kulturelle Leben boten Kongresse und Tagungen ebenso wie

---

5   Eisenach zur Zeit des Kongresses 1869. August-Bebel-Gesellschaft 1995, S.9.

Eisenach als Schulstadt günstige Bedingungen. Besonders aber beeinflußte zur Reuterzeit jener Künstler- und Intellektuellenkreis die geistig-ästhetische Atmosphäre der Stadt, der mit der Restaurierung der Wartburg in Verbindung stand. Das differenzierte Vereins- und Organisationsleben in Eisenach dürfte in Quantität und Qualität über dem vergleichbarer Städte gelegen haben. Zu den einflußreichsten Vereinen zählten: Der Dienstagverein, gegründet 1854, versammelte die geistige Elite der Stadt. Mitglied des Vereins wurde auch Fritz Reuter. Die "Clemda-Gesellschaft", gegründet 1816, rekrutierte sich vorwiegend aus den Beamten und Militärs der Stadt. Die "Erholungsgesellschaft" (Gründungsjahr unbekannt) sah besonders im Mittelstand ihre Mitglieder. Sie ernannte Fritz Reuter, "ihren hochverehrten Mitbürger, diesen biederen deutschen, von der ganzen zivilisierten Welt gefeierten Dichter, auf den Eisenach stolz ist",[6] zum Ehrenmitglied. Die "Blechschmiede", wahrscheinlich erst Ende der 60er Jahre gegründet, versammelte die in Eisenach lebenden Schriftsteller, unter ihnen Reuter.

Vornehmlich die Pflege der Kirchenmusik besaß seit den Festlichkeiten zum 100. Todestag Johann Sebastian Bachs 1850 eine Tradition, die in der Wartburgstadt bis in unsere Tage fortwirkt. Von Carl Müller-Hartung, Kantor und Chordirektor in Eisenach, ab 1861 initiiert, gehörten Sinfoniekonzerte, anspruchsvoller Ausgleich zur Militärmusik, zum regelmäßigen Angebot. Wie in der zeitgenössischen Lokalpresse zu lesen, fanden fast täglich in Gasthöfen - das Landestheater gehörte ab 1879 zum Bild der Stadt - Kulturveranstaltungen statt. Sie reichten von der Sprechbühne bis zur Oper, schlossen Chorvorträge ebenso ein wie Ausstellungen und ließen auch die Volkskunst und das sportliche Leben nicht aus. Die auftretenden Künstler gehörten meist auswärtigen Gruppen an.

Mit dem "Eisenacher Tageblatt", ab 1871 in "Eisenacher Zeitung" umbenannt, erschien erstmalig eine Tageszeitung in der Stadt. Sie entwickelte sich zur meistgelesenen Zeitung mit einer Auflage von 1000. In den 70er Jahren las Reuter diese Zeitung nachweislich,[7] möglich ist auch ein früherer Zeitpunkt. Bis zu dessen Einstellung 1867, erschien viermal in der Woche das "Eisenacher Kreisblatt". Auch wenn er es beiläufig mit "Wurstblättchen" titulierte,[8] gehörte Reuter zu dessen ständigen Lesern. Die in Eisenach ebenfalls erscheinende "Thüringer Landeszeitung" und das amtlich beeinflußte "Regierungsblatt"[9] las er nicht.

---

6   Wilhelm Greiner, Fritz Reuters Eisenacher Zeit. Jacobis Buchhandlung Eisenach 1924, S.20/21.

7   Reuter-Wagner-Museum Eisenach. Archiv - Rechnung für die Bezahlung der Zeitung.

8   GWB (wie Anm. 2), Bd.8, S. 684.

9   Die im Reuter-Wagner-Museum Eisenach archivierten Abonnement-Quittungen verzeichnen auf einem Beleg mehrere Zeitungen, die hier erwähnten Zeitungen bleiben ohne Betrag.

Das schwache Interesse der Bürger Eisenachs am politischen Alltag fand Widerhall in der geringen Wahlbeteiligung, die während der Reuterzeit fast lückenlos belegbar ist. Sie betrug, mit geringsten Ausnahmen, 25-35%.[10]
Wachsenden Zuspruchs hingegen erfreute sich der Alkoholkonsum. Für den fraglichen Zeitraum wies die hiesige Statistik[11] im Durchschnitt pro Jahr und Kopf 160 Liter Bier und 10 Liter Branntwein aus.
Fritz Reuter und Zeitzeugen urteilten übereinstimmend über die Eisenacher. Reuter bemerkte in einem Brief vom Oktober 1863: "...es lebt sich gut mit dem Völkchen, die Leute sind freundlich und höflich, leichtlebig und bei schwachen Mitteln fröhlich".[12] Und der zeitgenössische Chronist schrieb: "Eisenachs Bewohner, die sich, abgesehen von den Beamten, vorzugsweise mit Handwerk, Ackerbau und Kleinhandel beschäftigen, sind ein schlichter, kräftiger Menschenschlag. Die seichte Kultur, mit welcher die moderne Zerrissenheit der größeren Städte prunkt, hat in ihrer Mitte noch keinen gedeihlichen Boden gefunden, wenn sie auch mehr und mehr den jüngeren Nachwuchs beleckt."[13] Zu den die Stadt dominierenden Persönlichkeiten während der Reuterzeit gehörten vor allem: Oberbürgermeister Roese, Bezirksdirektor Coudray, Burghauptmann Bernhard von Arnswald, Kirchenrat Dr. Stier, Medizinalrat Dr. Schwabe, Rechtsanwalt Dr. Creuznacher, Kreisgerichtsrat Fischer, Oberforstrat Grebe, Bankier Ziegler, Baurat Dittmar, Hofgärtner Jäger, Posamentier Looß, Kirchenchorleiter Müller-Hartung, Musikdirektor Thureau, Universalgelehrter und Lehrer Prof. Senf, Gymnasiallehrer Prof. Koch und der neugeadelte Unternehmer und Gutsbesitzer von Eichel-Streiber. Sie alle kannte Fritz Reuter persönlich. Mit von Arnswald, Fischer, Dittmar, Koch, Dr. Schwabe, Dr. Stier und Ziegler war und blieb er in Freundschaft eng verbunden.
Vor diesem skizzierten Hintergrund einige a u s g e w ä h l t e Sachverhalte[14]:

Eckdaten
Am 20. Juni 1863 trafen der Dichter Fritz Reuter und seine Frau Luise in Eisenach ein.

---

10   Karl Kahle, Beiträge zu Geschichte Eisenachs, IX. Aus Eisenachs guten und bösen Tagen. Heft 7:1861 bis 1870. Eisenach 1913.
11   Ebda.
12   GWB, Bd.8, S.447.
13   Schwerdt/Jäger (Anm.4), S.55.
14   Ausführlichere und bisher nicht veröffentliche Dokumente zu diesem Gegenstand sind Inhalt der Veröffentlichung: Gudrun Osmann / Manfred Günther, "...daß ich immer Farbe gehalten habe..." Zeugnisse aus Fritz Reuters Eisenacher Zeit. Hrsg. von Karlheinz Büttner. Eisenach 1997 (=Schwarze Brunnen Reihe 2).

Für kurze Zeit wohnten sie in der Karlstraße beim Bankier Severus Ziegler, einem Freund Reuters. Am 24. Juni 1863 bezogen sie am Schloßberg 15 die Wohnung im Hause des Baurates Carl Dittmar. Ihren endgültigen Wohnsitz fanden die Reuters ab 1. April 1868 in der eigenen Villa im Helltal am Fuße der Wartburg. Am 12. Juli 1874 starb Fritz Reuter. Seine letzte Ruhestätte fand er auf dem Neuen Friedhof am Wartenberg in Eisenach. Luise Reuter wohnte bis zu ihrem Tod in der Reutervilla. Sie überlebte ihren Gatten um 20 Jahre. Im Ehrengrab Fritz Reuters fand auch sie ihre letzte Ruhe.

Herzliche Freundschaften ließen Reuter in Eisenach rasch heimisch werden
Außer einem Ständchen, das ihm die aus Mecklenburg gebürtigen Schüler der Eisenacher Forstlehranstalt darboten und einem bald erfolgten offiziellen Besuch des Oberbürgermeisters August Roese, blieb der Einzug der Reuters öffentlich weithin unbemerkt. Aber buchstäblich von der ersten Stunde an umgab sie ein eng gezogener Kreis stadtbekannter Persönlichkeiten, die ihnen in herzlicher und ehrlicher Freundschaft verbunden waren:
Kreisgerichtsrat Friedrich Fischer. Mit Fischer verband Fritz Reuter herzliche Freundschaft aus der Jenenser Studentenzeit. Auch er war Burschenschafter und der Demagogenverfolgung ausgesetzt. In den politischen Auffassungen ähnelten sie sich. Durch das Amt als Kreisgerichtsrat, durch Sachverstand und durch humorige Umgangsformen erwarb er sich einflußreiche Beziehungen in Eisenach. Die Freundschaft mit Fischer bewährte sich während aller Jahre, die Reuter in Eisenach lebte. Durch die Versetzung in den Ruhestand im Februar 1866 gewann Fischer mehr Zeit zur Wahrnehmung dieser Freundschaft. Nach Reuters Tod erwies Kreisgerichtsrat Fischer Frau Luise Beistand. Den Hausarzt, Kreisphysikus Dr. Schwabe, wählte Fritz Reuter auf Empfehlung Fischers. Die herzliche Verbundenheit mit beiden drückte sich nicht nur in Reuters Teilnahme an der Hochzeit zwischen Schwabes Sohn und Fischers Tochter, sondern auch darin aus, die Hochzeitsgesellschaft mit satirischen Trinksprüchen und launigen Porträts zu unterhalten, was er ansonsten ablehnte.
Bankier Severus Ziegler. Die Freundschaft mit ihm gründete sich in voreisenacher Zeit, möglicherweise durch eine Vermittlung Friedrich Fischers. Ziegler galt in Eisenach als hochangesehen, vornehm, grundgediegen und von trefflicher Unterhaltungsgabe. Er suchte im Auftrag Reuters die geeignete Wohnung in Eisenach und verhandelte den Mietvertrag mit Baurat Dietmar. In Finanzangelegenheiten ebenso wie in der Beratung bei Aktiengeschäften erwies sich der Bankier Ziegler als unentbehrliche Vertrauensperson für Reuter. Bis zum Tod Zieglers 1871, für Reuter ein außerordentlich schmerzlicher Verlust, bewährte sich diese Freundschaft unter allen Umständen.

Baurat Carl Dietmar, der Hausherr, wurde vermittelt durch Severus Ziegler. Bei ihm wohnten die Reuters nicht irgendwo und irgendwie, sondern in der "belle étage" des im Landhausstil errichteten Neubaus einer stadt- und thüringenbekannten Persönlichkeit. In der Hand des Baurates lag maßgeblich die praktische Umsetzung des von Hugo von Ritgens entworfenen Planes zur Restaurierung der Wartburg. Die Lage und Beschaffenheit der Wohnung durfte Reuter als Zeichen seiner Wertschätzung verstehen, und gleichzeitig förderte sie seine Reputation an der neuen Wirkungsstätte. Über Carl Dietmar hatte Reuter vom ersten Tag an persönlichen Kontakt zu jenem Personenkreis, der in Beziehung zur Restaurierung der Burg stand und in Eisenach das Niveau des geistig-kulturellen Lebens wesentlich beeinflußte.

Außerdem verband ihn von Anfang an eine herzliche Beziehung mit dem Junggesellen Professor Friedrich Koch. Ihn kannte Reuter ebenfalls aus der Jenenser Zeit. Seine sprachwissenschaftliche Begabung, bereits im Kindesalter bemerkbar, ließ Koch zum Sprachforscher internationalen Ranges werden. Als langjähriger Gymnasiallehrer in Eisenach genoß er ebenso hohes Ansehen in der Stadt wie als Vorstandsmitglied des Musikvereins. Der Dichter Reuter schätzte an ihm das "feine Sprachgefühl und seine ausgebreiteten Kenntnisse". Der Freund Reuter schwärmte vom "urgemütlichen Haus" oder vom "Dicken Fritz",[15] wie Koch von seinen Schülern genannten wurde.

Auch die natürlichen Reize der thüringischen Landschaft und die vortreffliche Lage des Schweizerhauses am Eisenacher Schloßberg , von der er schwärmerisch im Brief[16] an Viktor Siemerling in Neubrandenburg schrieb, ließen den Dichter rasch eine innige Beziehung zu Eisenach finden.

Die erste nachweisbare Teilnahme Fritz Reuters an einer großen öffentlichen Veranstaltung in Thüringen belegt ein bisher unveröffentlichter Brief.[17] Es war dies das Künstlerfest im Großherzogtum Sachsen-Weimar-Eisenach. Es begann am 18. August 1863 in Weimar, und auf "höchste Einladung" des Großherzogs fuhren die Beteiligten am 21. August nach Eisenach und besuchten die Wartburg. Unmittelbar nach vollzogenem Ortswechsel machte sich Fritz Reuter intensiv mit dem Milieu der Stadt Eisenach und mit den Schönheiten der Natur in ihrer Umgebung vertraut. Den dafür erforderlichen Freiraum erschloß er sich aus den geringen zeitlichen Belastungen als Folge des kleinen Eisenacher Freundeskreises und den minimalen Pflichten in Eisenachs Öffentlichkeit. Der erfahrene Schriftsteller und Sozialkritiker, der sensibel war für die Bedingtheit von äußerem

---

15   H. Weigel, Das ist ein ganzer Poet - August Becker. Eisenacher Heimatblätter 1993, S. 12.

16   Vgl. den Brief in GWB, Bd.8, S.429ff.

17   Wartburg-Stiftung Eisenach, Wa Hs 286.

Schein und innerem Wesen, charakterisierte humorvoll satirisch das Ergebnis der gewonnenen Eindrücke und seine Position in dem bekannten Brief vom 2. Oktober 1863 an die Freunde Franz und Ernst Boll.[18]

Im Herbst des Jahres 1863 läßt sich aus Äußerungen Reuters[19] ein gewisses Resumée über seinen Platz in der Öffentlichkeit Eisenachs ziehen: In den "Mittelpunkt der Politik" hatte er sich "bisher fast gar nicht" begeben. Die Mitgliedschaft im Nationalverein dauerte an.

Der Auftrag aus Hamburg, namens des Nationalvereins im Oktober in Eisenach eine Spendenaktion für das Körnerdenkmal zu besorgen, traf weniger seine Intentionen, und er bezeichnete ihn als "sehr unerquicklich". Dem Turnverein, für ihn eine wichtige Station seiner Mannesentwicklung bereits in Mecklenburg, trat er auch in Eisenach bei. Insgesamt aber war er "ein ziemlich indifferenter Teilnehmer geblieben". Als Beitrag zum 50. Todestag Theodor Körners schrieb er ein Gedicht und brachte es, "begeisterten Jubel" erntend, während einer Gedenkfeier am 26.August 1863 im "Löwen" zu Gehör. Offensichtlich fühlte er sich dazu als Mitglied des Turnvereins angesprochen, ging doch von ihm die Initiative für die Körnerehrung aus.

Mitte Dezember 1863 hatte er damit "genug zu tun, sich die Unmasse der gänzlich entgegengesetzten Ansichten [gemeint ist in der Schleswig-Holstein-Bewegung] vom Leibe zu halten."[20] Es kann also davon ausgegangen werden, daß er dem am 29. November 1863 im "Mohrensaal" in Eisenach gegründeten Hilfskomitee für Schleswig-Holstein, dessen Aufgabe in Spendenaktionen und in der Freiwilligenwerbung bestand, nicht angehörte.

Wenn Reuter seinen Bekanntheitsgrad in Eisenachs Öffentlichkeit schon Ende September 1863 in einem Brief an Richard Schröder[21] mit dem sprichwörtlichen "bunten Hund" symbolisierte, dann stützte sich die gewiß vorhandene Popularität des Dichters in Eisenach nicht auf seine aktive Teilnahme am etablierten städtischen Leben und auch nicht darauf, daß er öffentliche Lesungen seiner Werke organisierte. Sie wuchs vielmehr aus seinem erlesenen Freundeskreis, aus der Frohnatur des rasch eingebürgerten Mecklenburgers an Eisenacher Stammtischen und aus der großen Zahl auswärtiger Gäste, unter ihnen nicht wenige nationalen und internationalen Ranges, die sich ihren Weg quer durch die Stadt zum Schweizerhaus am Schloßberg, in dem Reuter wohnte, erfragten. Auch über die geschäftstüchtigen Droschkenkutscher Eisenachs, die sich eifrig um die berühmten und zahlungskräftigen Gäste Reuters bemühten, verbreitete sich das Ansehen des Dichters in der Stadt.

---

18   Vgl. GWB, Bd.8, S.446ff.
19   Vgl. dazu ebda., S.438, 446, 459.
20   Ebda., S.459.
21   Vgl. ebda., S.446ff.

Insgesamt läßt sich feststellen, Fritz Reuter lebte sich in Eisenach gut und deshalb rasch ein. Weder die Beziehungen zu Freunden und Bekannten noch die zur Obrigkeit der Stadt, weder die Teilnahme am Vereinsleben noch die neue Wohnung oder die neue Umgebung gaben ihm Gründe, enttäuscht zu sein. Im Gegenteil. Ende 1863 faßte Fritz Reuter die gewonnenen Eindrücke über die neue Heimat in dem Urteil zusammen: "Ach, Eisenach ist schön, ist wunderschön."[22] Bereits die ersten sechs Monate seines Aufenthaltes in Eisenach zeigen Verallgemeinerungswürdiges für die Gesamtzeit Reuters in Eisenach: Fritz Reuters Popularität in Eisenach wuchs ebensowenig aus der Übernahme öffentlicher Ämter mit kontinuierlich wahrzunehmenden Pflichten wie aus öffentlichem politischem Engagement oder dem Vortrag eigener Werke. Sie beruhte vielmehr auf der Ausstrahlungskraft herzlicher Freundschaften zu renommierten Persönlichkeiten der Stadt, auf gleichzeitiger wenn auch nur sporadisch wahrgenommener Mitgliedschaft in mehreren Vereinen bzw. Komitees, ohne in ihnen Spektakuläres zu bewirken, auf der großen Zahl national und international geachteter Persönlichkeiten, die Reuter als Gäste die Ehre gaben, und auf seiner Frohnatur und Originalität in geselliger Runde an Stammtischen in der Stadt.

Außer durch seinen überdurchschnittlichen Beitrag zur Hilfe für die vielen Verwundeten nach der Schlacht bei Langensalza im Sommer 1866 und durch die beiden öffentlichen Reden nach der Schlacht bei Sedan bzw. nach dem Friedensschluß im deutsch-französischen Krieg 1870/71 ist Reuter während seines elfjährigen Aufenthaltes in Eisenach nicht öffentlich herausgehoben politisch aufgetreten.

In diesem Zusammenhang ist auf Reuters Beziehung zu Eisenach als Stadt der Pflege burschenschaftlicher Traditionen zu verweisen. Im August 1863 trafen sich in Eisenach 13 Verbände der Burschenschaften von 10 Hochschulen. Doch weder über dieses Treffen noch über dessen zahlreiche Nachfolger, eingeschlossen das Jubiläum "Fünfzig Jahre Wartburgtreffen deutscher Burschenschaften" 1867, ist ein Urteil Reuters oder ein Beleg seiner Teilnahme überliefert. Den organisatorischen und politischen Bruch mit der Burschenschaft hatte er in Jena 1833 vollzogen. Reuters Ambitionen in Eisenach entsprach es deshalb nicht, sich auf das Feld der öffentlichen politischen Traditionspflege der Burschenschaften zu begeben. Wohl aber galt seine Aufmerksamkeit der Wahrung persönlicher Freundschaften aus der kurzen Burschenschaftzeit bzw. aus der langjährigen Festungshaft. Die repräsentative Beteiligung der Burschenschaften an den Beisetzungsfeierlichkeiten Fritz Reuters ließ aktive Beziehungen des Dichters zu derselben während der Eisenacher Zeit vermuten. Dem ist jedoch nicht so.

---

22   Zit. bei Greiner (Anm.6), S.30.

Ursprünglich äußerte Fritz Reuter die Absicht, zwei Jahre in Eisenach zu bleiben

Hier stellt sich als erstes die Frage, traf er, wie z.b. im Brief an Hobein v. 29.3.1863[23] zum Ausdruck gebracht, seine Entscheidung, nur 1 bis 2 Jahre in Eisenach zu bleiben, ernsthaft?

Einiges spricht andeutungsweise dagegen. Bereits im Brief an Waltjen vom 6. Januar 1864,[24] also knapp 6 Monate nach Reuters Ankunft in Eisenach, findet sich ein Hinweis, der auf ein längeres, vielleicht sogar dauerndes Verweilen schließen läßt. Reuter äußerte dort die Absicht, sich in 4 - 5 Jahren in die "bürgerliche Ruhe" zurückzuziehen. Stünden dem nicht die Aufregungen und Belastungen, die ein neuerlicher Umzug mit sich brächte, entgegen? Auch Luise schrieb bereits nach wenigen Monaten: "...ich gewöhne mich ungern an den Gedanken, unseren lieblichen Aufenthalt schon nach 2 Jahren wieder zu verlassen."[25]

Und an Peters schrieb er am 25. Juli (Jakobitag) 1864, "...besuchen werden wir Mecklenburg..., aber für immer kehren wir nicht zurück."[26] Darf das Pflanzen einer Eiche in Stavenhagen zum Gedenken an seine Eltern nicht auch als Ausdruck der Unsicherheit darüber gewertet werden, daß es eine räumliche Trennung für immer werden könnte?

Frei von Spekulation läßt sich als Begründung für sein Bleiben in Eisenach feststellen: Hier fand er, was in ihm "allmählich zum Bedürfnis herangewachsen war": Die Verbindung von "reinem Naturgenuß" mit "schriftstellerischer Arbeit". Hier erfüllte sich sein Wunsch nach eigenem Grundstück mit Haus und Garten in idealer Qualität. Hier fand er einen kleinen aber zuverlässigen und vertrauensvollen Freundeskreis ohne öffentliche Belastungen. Mit Eisenach verbanden sich insgesamt jene Jahre im Leben des Dichters, die er, frei von Sorgen, selbstbestimmt gestaltete. Einzig der ab Anfang der 70er Jahre rasch fortschreitende Alterungsprozeß bekümmerte ihn substantiell.

Beziehungen des Dichters zum Großherzog

Aus bisher unveröffentlichten Briefen im Archiv der Wartburg-Stiftung[27] geht hervor, daß die Begegnungen des Dichters mit dem Großherzog Carl Alexander von Sachsen-Weimar-Eisenach zahlreicher und inniger gewesen sind als bisher angenommen.

---

23   Vgl. GWB, Bd.8, S.413f.
24   Ebda., S.465f.
25   Zit. nach Greiner, S.30.
26   GWB, Bd.8, S.492.
27   Wartburg-Stiftung Eisenach. Archiv, Wa Hs 284, 285, 286, 287.

Obwohl der konkrete Adressat der Briefe Reuters nicht überliefert ist, dürfte es sich um den Burghauptmann Bernhard von Arnswald handeln. Geht man von dieser Annahme aus, dann ist erkennbar, Arnswald fungierte zwischen Reuter und dem Großherzog als Vermittler. Die Briefe belegen nicht nur das mehrfache Bemühen Reuters, über Arnswald als Fürsprecher mit dem Regenten zusammenzutreffen, sondern auch den Inhalt der konkreten Vorteile, die Fritz Reuter daraus zog. So hatte beispielsweise die Bitte Reuters an den Großherzog Erfolg, er möge abwenden, daß ihm der Baumeister Freitag und der Kaufmann Büschel "eine Kneipe vor die Nase" setzen. Die genannten bisher unveröffentlichten Archivalien der Wartburg-Stiftung, der einschlägige Flurkartenauszug und der Schriftverkehr mit der Stadtverwaltung belegen eindeutig: Die in nicht wenigen Veröffentlichungen anzutreffende Behauptung, das Baugrundstück für die Reutervilla habe der Dichter vom Großherzog als Geschenk erhalten, ist in das Reich der Legende zu verweisen.[28]

Fritz Reuter und die "Schriftsteller-Colonie in Eisenach"[29]
In der Literatur blieb bisher die Beziehung Reuters zu seinen Berufskollegen in Eisenach fast ohne Beachtung. Während der Reuterzeit lebten mehrere Schriftsteller in der Wartburgstadt. Gemessen an ihrer Zahl und Qualität war es berechtigt, wie in der "Deutschen Zeitung" vom 24. Februar 1872 in Wien zu lesen stand, von einer "Schriftsteller-Colonie in Eisenach" zu sprechen. Mit dieser "Colonie" verbinden sich die Namen August Becker, Friedrich Friedrich, Fedor von Köppen, Friedrich Spielhagen, Albert Emil Brachvogel und Julius Rodenberg. Die Beziehungen Reuters zu diesen Persönlichkeiten waren differenziert. Während sie sich zu August Becker und zu Friedrich Friedrich in Form eines sehr engen und herzlichen Umgangs entwickelten, reduzierten sie sich gegenüber von Köppen und Spielhagen auf mehr oder weniger regelmäßige Begegnungen in der "Blechschmiede". Von Köppen trat in Eisenach als Kritiker der Sedanrede Reuters hervor.[30] Die beiden letzten weilten nur Monate, Brachvogel von Mai 1869 bis April 1870, Rodenberg 1872 in Eisenach. Sie erfreuten sich eines kollegialen Verhältnisses zu Reuter. August Becker, der Pfälzer, von Reuter gefördert - auch über seine Vermittlung zum Verleger Hinstorff - stand, einschließlich seiner Familie, in freundschaftlich enger Beziehung zu Reuter und lebte in Eisenach bis

---

28   Näheres dazu vgl. im Beitrag von Dieter Dolgner in diesem Band.
29   Johann Bacmeister spricht in seinem Bericht über die "Blechschmiede" in Eisenach, deren Mitglied auch Reuter war, von einer "förmlichen Dichter- und Schriftsteller-Kolonie". Johann Bacmeister, Warum? Mensch und Buchhändler. Lebens-Aufzeichnungen von Johann Bacmeister. Wiesbaden 1898, S.113f. Vgl. auch Osmann/ Günther (Anm.14), S.81-87.
30   Ebda., S.76.

zu seinem Tod 1892. Friedrich Friedrich verlegte von 1872 bis 1876 seinen Wohnsitz nach Eisenach. In ihm, dem ursprünglichen Theologen aus Braunschweig, dem späteren Redakteur der Leipziger "Illustrierten Zeitung", dem Vorstandsmitglied der Schillerstiftung und Initiator des ersten Deutschen Schriftstelltages in Leipzig, erwuchs Reuter ein gewisser Ausgleich zum Verlust seiner engsten Freunde Stier und Ziegler im Jahr 1871. Friedrich Friedrich wohnte bis 1876 in eigener Villa am Fuße der Wartburg in Eisenach. Der von ihm aus persönlicher Nähe zum Dichter geschriebene Nachruf in der "Gartenlaube"[31] war beredter Ausdruck tiefempfundener Verehrung für den Berufskollegen und Freund Fritz Reuter. Friedrich blieb neben Fischer und Becker auch der Witwe Reuter eine wertvolle Stütze. Denkbar ist die Herstellung der Verbindung zwischen Luise und der Schillerstiftung, die für das Schicksal der Villa Bedeutung erlangen sollte, neben anderen Kanälen, auch über Friedrich.

Rechnungen und andere (bisher nicht oder kaum beachtete) Belege aus den Beständen des Reuter-Wagner-Museums Eisenach

Exemplarisch folgende Beispiele:

1. Es finden sich Belege dafür, daß für Fritz Reuter zur Sicherung und Mehrung des Vermögens die Spekulation mit Aktien in größerer Dimension nichts Fremdes gewesen ist.
2. Beim Erwerb des im Salon aufgestellten Stutzflügels holte Reuter Rat und Beistand des Experten ein. Ihn fand er in der Person des Musikdirektors Thureau, die auf dem Gebiet der Musikpflege in Eisenach führende Persönlichkeit. Thureau kaufte auch im Auftrag Reuters den Flügel im April 1868 für 450 Taler in Göttingen bei der Firma Ritmüller & Sohn.
3. Das Kaufdatum für den Rollstuhl ist der 24. April 1874. Der Kaufpreis betrug 223 Taler.
4. Zur Verrichtung körperlicher Arbeit, vermutlich für die Pflege des Gartens, lieh Fritz Reuter in den letzten Lebensjahren mehrfach Gefangene des Landesgefängnisses Eisenach gegen Entgelt aus.

"Fritz Reuter ist wahrhaft der unsrige geworden"
Reuter kam, seit Jahren glücklich verheiratet und im 53. Lebensjahr, nach Eisenach. Er war eine Persönlichkeit mit ausgereiftem Charakter, stabilen Gewohnheiten und gefestigten Ansichten, gewachsen aus einem widerspruchsvollen Leben. Er hatte seinen Weg als Schriftsteller gefunden, mehr noch, sich in diesem

---

31   Jahrgang XXII, Nr. 31, S. 498.

Metier außerordentlich erfolgreich ausgewiesen und in seiner mecklenburgischen Heimat höchste Anerkennung erfahren. Dank wachsender Auflagen seiner Werke war er finanziell gesichert und damit unabhängig. Seine Bücher, vorwiegend im Norden Deutschlands verbreitet und dort begeistert gelesen, fanden zunehmend auch in anderen deutschen Ländern, so auch in Thüringen, ihre Leser. Hinter ihm lagen die Jahre der nicht erfahrenen Kinderliebe durch den Vater, die Jahre der Abhängigkeit und Armut, des Lebens im Widerspruch zwischen Vorsatz und Tat, die Jahre der ungerechten Festungshaft, die Jahre der Qual des Zweifels an sich selbst.

Als Neubürger Eisenachs war sich Fritz Reuter seiner Unabhängigkeit und seiner Persönlichkeit, nicht zuletzt auch durch die vor seinem Umzug nach Eisenach verliehene Ehrendoktorwürde der Universität Rostock, voll bewußt, ohne sie indes wie ein Banner vor sich herzutragen. Sich selbst in den Mittelpunkt zu stellen, lehnte Reuter prinzipiell ab. Hier bevorzugte er die Unauffälligkeit. In der Projektierung und Bauausführung der Reutervilla, in der Anlage und Gestaltung des Gartens, in der Wahl des Künstlers, dem er Modell saß, in der Qualität der Kleidung und des Hausrates stellte er indes höchste Ansprüche, achtete er sehr wohl auf sein Ansehen als Persönlichkeit in Eisenach und darüber hinaus. Die neue Wahlheimat enttäuschte Fritz Reuter, abgesehen von kritikwürdigen Begleiterscheinungen der Herrschaftsverhältnisse auch in Thüringen, nachdem er sie durch eigenes Erleben umfassend kannte, in keiner Beziehung. Materiell unabhängig, frei von Einbindungen in Verantwortung für die Stadt - und die Stadt bedrängte ihn dieserhalb nicht -, umgeben von einem kleinen Kreis gleichermaßen anregender wie verständnisvoller Freunde, führte Fritz Reuter ein Leben, wie er es wollte.

Thüringen wirkte sich nicht nachteilig auf sein Schaffen aus, wie bisher in Veröffentlichungen zu lesen. Nicht der Ortswechsel, sondern der rasch fortschreitende Alterungsprozeß beeinträchtigte Leben und Werk des Dichters. Beeindruckt von Eisenach, der Wartburg und dem Wohnsitz Fritz Reuters schrieb Philip Freytag 1876: "Liegt es nicht nahe, schmerzbewegt an die Möglichkeit zu denken, daß der hochbegabte Dichter noch heute schaffen und wirken würde, wenn ihn das Schicksal früher an diesen schönen Hafen geführt ?"[32]

Aus dieser Sicht scheint es gerechtfertigt, die Schaffensperiode des Dichters in Eisenach neu zu bewerten. Die Modalität seiner Lebensweise, der Platz des Dichters, des Freundes Reuter und des Bürgers Reuter in Eisenach ebenso wie der räumliche und zeitliche Abstand zu seiner mecklenburgischen Heimat ermöglichten es ihm, eine neue Sicht auf die dortigen Verhältnisse und Personen zu

---

32   Philipp Freytag, Wartburg-Erinnerungen. Ein neuer Cicerone für Wartburg-Pilger. Leipzig 1876, S. 8.

gewinnen. Die Wechselbeziehungen zwischen Reuter und Eisenach gestalteten sich für beide begünstigend, ohne indes ihre Wesen zu verändern. Der Dichter verlebte in Eisenach die sorgenfreiesten Jahre seines Lebens. Und Eisenach erfuhr durch ihn eine willkommene, weil aufwertende Bereicherung seines Ansehens.

Es ist dem Oberbürgermeister der Wartburgstadt zuzustimmen, wenn er in seiner Festansprache am 7. November 1910 zum 100. Geburtstag des Dichters hervorhob: "...wenn Eisenach den Namen der Lutherstadt, der Bachstadt führt, so hat sie an ihren Beziehungen zu diesen Männern kein eigenes Verdienst, nicht aus eigener, freier Entschließung sind Luther oder Bach zu Eisenach in Beziehung getreten. Fritz Reuter aber wurde von unserer schönen Stadt angezogen, aus eigenem Antrieb baute er sich hier sein Haus, sein eigener Wille war es, den Abend seines Lebens hier in Eisenach zu verbringen."[33] Hinzuzufügen bleibt: Fritz Reuter entschied sich auch für Eisenach als seine letzte Ruhestätte. Und damit wurde aus dem Gast der Neubürger und aus dem Neubürger ein Bürger dieser Stadt oder, wie es der Oberbürgermeister auf den Punkt brachte, ist "Fritz Reuter wahrhaft der unsrige geworden".[34]

Die Eisenacher dürfen es sich zur Ehre anrechnen, durch ihre Lebensart und durch ihr Verhältnis zu "ihrem Reuter" sein Bleiben in ihrer Stadt maßgeblich beeinflußt zu haben. Reuter bewahrte ihnen dafür seine Gunst bis an sein Lebensende, auch wenn die in Eisenach geschaffenen Werke (z.B. "De Reis' nah Konstantinopel") ganz wenig und nur Zufälliges aus der neuen Umgebung reflektierten. Als Dichter jedoch blieb er zutiefst seiner norddeutschen Heimat, gerade wegen seiner elfjährigen Trennung von ihr, verbunden und schöpfte aus ihrer Geschichte, Tradition, Landschaft und Sprache als einer der großen Schriftsteller seiner Zeit.

Benutzte Literatur:

1. Fritz Reuter, Gesammelte Werke und Briefe. Hrsg. von Kurt Batt. Bd. 8. Rostock 1967.
2. K. Th. Gaedertz, Im Reiche Reuters. Leipzig 1905.
3. K. Kahle, Aus Eisenachs guten und bösen Tagen. Hefte 7 und 8. Eisenach 1913.
4. W. Greiner, Fritz Reuters Eisenacher Zeit, Jakobis Buchhandlung Eisenach 1924 .
5. Paul Lindau, Nur Erinnerungen. Zweiter Band. Stuttgart und Berlin 1917.
6. Die Jahrhundertfeier von Fritz Reuters Geburtstag in Eisenach vom 5. bis 7. November 1910. Sonderdruck "Eisenacher Zeitung".
7. Eisenacher Lokalzeitungen Jahrgänge 1863 bis 1874. Stadtarchiv Eisenach.
8. Rechnungen und andere Belege F. und L. Reuters. Archiv Reuter-Wagner-Museum Eisenach.
9. 4 unveröffentlichte Briefe. Archiv der Wartburg. Zeichen WA Hs 284, 285, 286, 287.

33   Die Jahrhundertfeier (Anm. 1), S. 6.
34   Ebda.

10. Gartenlaube, Jahrgang XXII, Nr. 31, S. 498, 499.
11. Thüringischer Kalender 1925.
12. Wartburg-Herold IV, Nr. 1.
13. Thüringisches Fähnlein 1934, S. 44.
14. Die Heimat. 26. Jahrgang Nr. 16, 27. August 1927.
15. R. Brunner, Eisenach zur Zeit des Kongresses 1869. August-Bebel-Gesellschaft e.V. 1995
16. H. Weigel, Das ist ein ganzer Poet - August Becker. Eisenacher Heimatblätter 1993.
17. Ph. Freytag, Wartburg-Erinnerungen. Ein neuer Cicerone für Wartburgpilger. Leipzig 1876.
18. G. Osmann/M.Günther, "...daß ich immer Farbe gehalten habe...". Zeugnisse aus Fritz Reuters Eisenacher Zeit. Herausgegeben von Karlheinz Büttner in der Schwarzen Brunnen Reihe, Heft 2. Eisenach 1997.

Diskussion des Beitrages von Manfred Günther

Günther hält es auf Nachfrage für möglich, daß in Eisenacher Familienarchiven noch weitere Unterlagen über Fritz Reuter zu finden seien. Reuter habe weniger Kontakt zu den Spitzen der Stadt als zur bügerlichen Mittelschicht, zu Ärzten, Pastoren, Anwälten, Wissenschaftlern, zu literarischen und künstlerischen Kreisen gehabt. Er habe dem Komitee zur Stiftung des Bachdenkmals angehört, sei dort aber nicht besonders hervorgetreten. Beim Protestantentag 1865 sei er als Redner aufgetreten, vermutlich weil er den Präsidenten der Versammlung, Schwarz, kannte. *Bunners* macht darauf aufmerksam, daß in "Dörchläuchting" der Organist Jochen Lehndorf (Vorbild sei vermutlich der Organist und spätere Musikdirektor Johannes Schondorf in Neubrandenburg), auf der Orgel Bach spiele. Das sei auffallend, weil in Reuters Neubrandenburger Zeit Bach noch wenig Eingang in die Kirchenmusik gefunden habe. Vermutlich sei Reuter erst durch die Begegnung mit der Bachtradition in Eisenach dazu angeregt worden. *Günther* bestätigt, daß die Kirchenmusik im Eisenacher Kulturleben des 19. Jahrhunderts eine große Rolle gespielt habe. *Hückstädt* verweist auf einen Brief, nach dem Luise an Stelle ihres Manns im Bach-Komitee tätig gewesen sei. *Nenz* konkretisiert, daß es sich um einen Brief Luises an Schondorf gehandelt habe, in dem sie um Unterstützung für ihre Tätigkeit bitte. Der Brief habe sich bei Schondorfs Sohn befunden, der als Architekt in Brixen lebte und das Carolinum in Neustrelitz gebaut habe. *Rösler* berichtet, daß ihm in Kahles Dokumentation und in der zeitgenössischen Presse Reuters Name im Zusammenhang mit dem Bach-Komitee nur ein einziges Mal begegnet sei. Überhaupt sei er bei Kahle viel seltener auf Reuter gestoßen, als er es nach der Vorjahrstagung erwartet habe.

Osmann weist darauf hin, daß Künstler selten anderswo als in ihrer Heimat beerdigt worden seien. Der Pfälzer Dichter August Becker, der in Eisenach lebte und starb, sei in der Pfalz beigesetzt worden, Karl Maria von Weber sei nicht in London, wo er starb, sondern in seiner Heimat Dresden beigesetzt worden. Hatte sich im Gegensatz dazu Reuter völlig von Mecklenburg abgewendet? *De Voß* berichtet, daß seine Großmutter ihm 1924 - in seinem 2. Grundschuljahr - am 50. Todestag Reuters erzählt habe, wie sie sich gut erinnere, daß in Wismar bei Reuters Tod fast die ganze Stadt halbmast geflaggt habe. Es könne wohl nicht die Rede davon sein, daß Mecklenburg Fritz Reuter in seiner Eisenacher Zeit, und umgekehrt entsprechend, vergessen habe. *Günther* ergänzt, daß Reuter zwar seine Beisetzung in Eisenach verfügt habe, die Trauerfeier sei jedoch, wie Friedrich Friedrich überliefere, auf mecklenburgische Art erfolgt: während in Thüringen zu jener Zeit der Sarg geschlossen durch die Stadt gefahren worden sei, habe Reuter bestimmt, daß der Sarg offen durch die Stadt geleitet werden solle.

Nenz weist auf den im Vortrag von ihr zitierten Brief hin. Dem auch von Justizrat Schröder unterstützten Wunsch, daß das geplante Nationaldenkmal für Fritz Reuter in Mecklenburg errichtet werden solle, habe Luise entgegengehalten, daß Fritz Reuter ein Deutscher sei und die Erinnerung an ihn in Eisenach gepflegt werde. Für Luise habe dabei sicher eine Rolle gespielt, daß Reuter zu Lebzeiten die Verbindung zur Familie in Mecklenburg, besonders zur Halbschwester Sophie in Stavenhagen, weitgehend verloren hatte. Außerdem hatte die Stadt Eisenach dem Ehepaar eine Grabstätte in Eisenach geschenkt. *Hückstädt* hält es für menschlich verständlich, daß Luise das Grab in Ihrer Nähe und nicht fern in Mecklenburg habe wissen wollen. *Günther* sieht Reuters nationale Haltung, kraft derer er nicht Mecklenburger oder Thüringer, sondern Deutscher sein wollte, besonders durch sein Engagement 1866 bei der Pflege von Verwundeten nach der Schlacht bei Langensalza bestätigt. Luises Zurückhaltung gegenüber den Preußen habe Reuter entgegengesetzt: Nein, das sind "all's dütsch Landslüd".

Auf die Frage von *Davis*, wie angesichts der wiederkehrenden Bemerkung, daß Geldzahlungen für Reuter an Severus Ziegler gingen, Reuter seine Geldgeschäfte besorgte, antwortet *Prestien*: Sein Großvater sei als Justizrat und Rechtsanwalt in Parchim Zahlstelle der Rostocker Bank gewesen. Für seine Kunden habe er die Auszahlungen vorgelegt und sich die Beträge aus Rostock erstatten lassen. Überweisungen und Schecks habe es noch nicht gegeben, es sei mit Wechseln gearbeitet worden. Auf *Hückstädts* Frage, woher die frühen Verbindungen zwischen Ziegler und Reuter rühren könnten, weist *Osmann* auf die Verbindung zu Severus Zieglers Bruder Alexander, einem Dichter, hin. Als Reuter 1867 den Tiedge-Preis der Schiller-Stiftung erhielt, habe Alexander in einem Brief vorgeschlagen, einen neuerbauten Turm "Fritz-Reuter-Turm" zu nennen. Reuter wehrte sich dagegen, weil er nicht schwindelfrei sei, und der Turm wurde Alexander-Turm genannt. Dem Verhältnis zu Alexander Ziegler, dem Reiseschriftsteller und Hofrat, müsse man nochmals nachgehen. *Davis* erklärt sich die Beziehung zu Severus Ziegler aus der Tatsache, daß Reuter vor dem Umzug nach Eisenach dort eine Bankverbindung brauchte und er auf diese Weise die Beziehung schon aus Neubrandenburg knüpfte. *Schmidt-Henkel* bezweifelt, daß Reuter ernsthaft gezwungen gewesen sei, sich für die Reise nach Konstantinopel Geld zu leihen oder vorschießen zu lassen (so aber Brief an Victor Simerling vom 30.1. 1864, GWB VIII, S. 470 f., dazu auch GWB VIII, S. 474, 478).

Reinhard Rösler

"...die Träume meiner Jugend und die Hoffnungen meines gereiften Alters..." - Fritz Reuter, Bismarck und die preußisch-deutsche Einigung

Fritz Reuter hat sich, nicht erst in seiner Eisenacher Zeit, da aber verstärkt, brieflich und in ausgesprochen politisch zu nennenden Dichtungen immer wieder zu Zeitfragen geäußert. Daß solche Stellungnahmen in den 60er und beginnenden 70er Jahren so zahlreich sind, verwundert nicht, wurden damals doch die entscheidenden Schritte zur lange ersehnten Reichseinigung getan und damit nicht zuletzt auch die Machtverhältnisse in Europa geklärt. Es vollzogen sich also Entwicklungen, die Fritz Reuter in höchstem Maße interessierten. Und da sich auch entschied, welcher der deutschen Teilstaaten im künftigen deutschen Reich das Sagen haben würde, waren politische Äußerungen stets auch solche zur Rolle Preußens, sie hatten, direkt oder indirekt, immer auch mit Bismarck zu tun. Frühe Reuter-Biographen lasen aus solchen Bekundungen des Autors "gute deutsche Gesinnung" (H. Ebert) heraus oder nannten ihn einen "fürigen «Bismärcker»" (P. Warncke); vor allem Karl Theodor Gaedertz feierte ihn in so manchen seiner Schriften gleichsam hymnisch als Bismarck-Verehrer.[1]

Sie und andere konnten sich auf handfestes Material stützen, auf briefliche Äußerungen aus den 60er Jahren zum Beispiel. Oft zitiert ist das Schreiben, das Reuter zusammen mit seinen "opera omnia" am 4. September 1866 an den Kanzler gesandt hatte, diesem schon als Verwirklicher der von ihm seit seiner Jugend ersehnten Einheit Deutschlands dankend.[2]

---

1   Die Zitate aus Hermann Ebert: Fritz Reuter. Sein Leben und seine Werke, Güstrow 1874, S. 274; Paul Warncke: Fritz Reuter. Woans hei lewt un schrewen hett, Leipzig 1898, S. 355. Gaedertz hat Belege für die tatsächliche oder angebliche Bismarck-Verehrung Reuters sozusagen häppchenweise an den Tag gegeben, so 1885 in den von ihm hrsg. *Fritz-Reuter-Reliquien*, in den zwischen 1896 und 1901 unter dem Titel *Aus Fritz Reuters jungen und alten Tagen* veröffentlichten drei Büchern, in der 1898 erschienenen Schrift *Fürst Bismarck und Fritz Reuter* (aus der wir auch wissen, daß seit 1866 eine Bismarck-Büste über Reuters Schreibtisch ihren Platz hatte) und in einigen der von ihm zwischen 1907 und 1912 edierten *Reuter-Kalender*.

2   Fritz Reuter: Gesammelte Werke und Briefe, hrsg. von Kurt Batt, Band VIII, Rostock 1967, S. 584. Es heißt dort zu Beginn: "Hochgeborener Herr, Hochverehrtester Herr Graf, es treibt mich, Ew. Exzellenz als dem Manne, der die Träume meiner Jugend und die Hoffnungen meines gereiften Alters zur faßbaren und im Sonnenschein glänzenden

Zahlreiche Belege in Briefen an Freunde und Bekannte zeugen davon, wie Reuter geradezu darum gerungen hat, Preußens und Bismarcks Rolle im Prozeß der Einigung Deutschlands zu verstehen und zu bewerten. Zumindest zweierlei machen diese Briefe deutlich. Zum ersten: Fritz Reuter ist, so richtig wohl im Zusammenhang mit den Ereignissen des Jahres 1866, tatsächlich zu einem "eifrigen Bismärcker" geworden, so von ihm selbst formuliert in einem Brief an Franz und Ernst Boll am 5. Oktober 1866. Was er an Bismarcks Leistungen schätzte, zählt er in dem Brief auf - man kann da auch aus heutiger Sicht voll hinter ihm stehen. Er beruft sich nämlich ausdrücklich nicht auf die militärischen Siege Preußens ("sie könnten scheußlich mißbraucht werden", weiß er), sondern nennt Ereignisse wie Bismarcks Entgegenkommen gegen die liberale Partei, den Bruch mit der Junkerpartei und das "Jammergeschrei unserer kleinen mecklenburgischen Dynasten" als die "wahren signa temporis, die, wohl benutzt, uns weiterbringen können und werden".[3] Verständlich werden Reuters Worte zum Ruhme Bismarcks vor allem, wenn man die historische Situation in Betracht zieht, in der sie 1866 geschrieben wurden - Wolfgang Beutin hat darauf hingewiesen: Am 23. August jenes Jahres war mit dem Prager Frieden der Krieg zwischen Preußen und Österreich beendet worden; der Frieden war, was bis zum heutigen Tag selten genug ist, ohne Annexionen geschlossen worden.[4] Genau diesen Umstand führt Reuter Albert Schultze gegenüber ins Feld, wenn er unter dem 14. Dezember 1866 betont, wie sehr er sich gefreut habe, "als Bismarck mit unendlicher Mäßigung die Ernte dieser Siege" eingeheimst habe.[5] Reuter ist eifriger Bismärcker geworden, weil er sah, daß nur mit diesem Politiker eine Entwicklung möglich war; die in dem zitierten Brief an die Brüder Boll ausgedrückte Einschränkung, daß jene signa temporis nur bei richtiger, vernünftiger Nutzung zum Segen für das Vaterland werden würden, macht deutlich genug, daß er über Gefahren, die im Einigungsprozeß lagen, gründlich nachgedacht hatte. Aber er wußte ebenso gut, daß die Einheit Deutschlands notwendig war, um auch im Kampf um soziale Gerechtigkeit voranzukommen. Klingt es nicht geradezu beschwörend, wenn er in dem ebenfalls

---

Wahrheit verwirklicht hat, ich meine die Einheit Deutschlands, meinen tiefgefühlten Dank zu sagen. Nicht Autoreneitelkeit, sondern der lebhafte Wunsch, für so viel schöne Realität, die Ew. Exzellenz dem Vaterlande geschenkt haben, auch etwas Reales zu bieten, veranlaßt mich, diesem Dank den Inhalt des beifolgenden Paketes beizufügen." Die Ausgabe Kurt Batts von 1966/67 wird fortan als GWB zitiert, die römische Ziffer danach benennt den entsprechenden Band.

3   GWB VIII, S. 594.
4   Vgl. Wolfgang Beutin: Der Demokrat Fritz Reuter, Hamburg 1995, S. 85. Beutin hat in diesem wichtigen Buch, vor allem im Kapitel "Risse und Sprünge im Bild Reuters", S. 83 - 90, die Entwicklung der politischen Anschauungen Reuters in den 60er und 70er Jahren untersucht und pointiert bewertet.
5   GWB VIII, S. 603.

oft zitierten Brief an Demmler vom 16. Juli 1866 - da war der Krieg Preußens gegen Österreich noch im Gange - schreibt, Bismarck müsse doch, den günstigsten Verlauf des Krieges angenommen, "dem Volke Konzessionen" machen? Aber er räumt dem Freund gegenüber auch ein (und beweist damit ein beträchtliches Maß an Einsicht in gesellschaftliche Entwicklungsprozesse): "Ich verhehle mir es nicht, daß dem deutschen Volke ein viel wichtigerer, gefährlicherer Kampf, als der jetzt ausgebrochene Krieg ist, bevorsteht, der um die Freiheit; aber in diesem Kampfe werden wir auch siegen, wenn auch nur allmählich, denn die Rechtskämpfe eines Volkes sind nicht allein segensreicher, sondern auch mühseliger und weniger glänzend als die Schlachten."[6]
Die zweite Erkenntnis, die sich aus vielen der Reuterschen Briefe mit Bismarck- und Reichseinigungsbezügen gewinnen läßt (in dem Brief an Demmler wird das klar gesagt): Die Einheit Deutschlands ist Reuter nicht nur Voraussetzung für freie oder doch wenigstens freiere Entwicklung in Deutschland; sie ist ihm notwendig für und gleichbedeutend mit Macht Deutschlands dem Ausland gegenüber. Und da tönt es dann auch bei ihm schon einmal kräftig nationalistisch, da werden europäische Nachbarn - Konkurrenten Preußen-Deutschlands um die Vorherrschaft in Europa - durchaus verunglimpft. Ein "ordentlicher Stolz" sei ihm ins Herz gefahren, schreibt er in dem oben zitierten Brief an die Brüder Boll, daß nun "wir Deutsche doch nicht nötig haben, fürder uns von jedem Hanswursten von Franzosen und Bulldogg von Engländer auf der Nase tanzen zu lassen".[7] Wie es scheint, hat Reuter in dieser Hinsicht nicht die gleiche Souveränität aufgebracht wie bei der zuerst erwähnten Einsicht in Zusammenhänge zwischen Einheit und Freiheit, man denke da nur an den späten Brief - 28. April 1873 - an Joseph Popper, in dem er "Polen, Tschechen, Rumänier[n] und dergleichen Gelichter" vorwirft, ihr ganzer Patriotismus bestehe "in nationalen Röcken und Hosen".[8] Vielleicht hat sich Fritz Reuter da allzu unbedacht die Sprache der Medien jener Zeit, der Zeitungen, zu eigen gemacht; immerhin las er 1870 in Eisenach deren vier, wie er Fritz Peters am 13. Oktober mitteilte - "die Kölnische, die Weimarsche, die Rostocker und unser Eisenacher Wurstblättchen".[9]

Zu dem handfesten Material, aus dem die Zeitgenossen Reuters "gute deutsche Gesinnung" herauslasen, gehören aber auch literarische Texte - Lyrisches und Balladenhaftes vor allem, das im folgenden etwas näher betrachtet werden soll. Es handelt sich dabei, das muß vorausgeschickt werden, zu einem großen Teil um Gelegenheitsdichtungen, die man gewiß nicht überbewerten darf. Aber aufschluß-

---

6   Beide Briefstellen: GWB VIII, S. 572.
7   Ebenda, S. 594.
8   Ebenda, S. 713.
9   Ebenda, S. 684. Bei der letztgenannten handelte es sich um das *Eisenacher Tageblatt*.

reich sind sie allemal; sie sind ja auch, wenigstens die meisten von ihnen, in die Werkausgaben aufgenommen worden, sie gehören zum Gesamtwerk. Zumindest den umfangreichen Text *Ok 'ne lütte Gaw' för Dütschland*, von dem noch die Rede sein wird, hat Reuter selbst nicht eben gering geschätzt: Ein "Stückchen Poesie" habe er ihm einsenden wollen, so schreibt er an Max Peters am 2. November 1870; Gaedertz zitiert 1910 einen Brief Reuters an den Verleger Lipperheide, aus dem deutlich wird, daß er damit einen Korrekturbogen der *Lütten Gaw'* gemeint hat.[10]

Ok 'ne lütte Gaw' för Dütschland ist in den Monaten des Krieges gegen Frankreich geschrieben worden und bildet gleichsam den Höhepunkt des Reuterschen patriotischen Schrifttums. Zuvor schon, in dem Jahrzehnt zwischen der Mitte der 50er und der Mitte der 60er Jahre, entstanden (neben den in diesem Beitrag nicht zur Debatte stehenden großen Prosatexten Reuters) Verse, in denen seine Hoffnung auf die Einheit Deutschlands gewissermaßen an "Lichtgestalten" gebunden ist. Gaedertz veröffentlichte zum Beispiel 1901 ein hochdeutsches Gedicht Reuters aus der Altentreptower Zeit, das den Zustand Deutschlands in der Restaurationszeit nach 1815 beklagt, sich ironisch-satirisch gegen Kleinstaaterei und Kleingeist richtet und, ohne daß der Name genannt wird, offenbar Ernst Moritz Arndt als den "ernsten Mann", den "Riesen unter Zwergen" beschwört, der die Deutschen zur Erneuerung des alten, guten "Deutschen Hauses" aufruft.[11]

1859 ist es dann Friedrich Schiller, den Reuter, Mitglied des Deutschen Nationalvereins, zur Gestalt stilisiert, an der sich das deutsche Volk bei seinem Ringen um die Einheit orientieren soll; in ähnlicher Funktion sind Verse im Zusammenhang mit den Körnerfeiern des Jahres 1863 zu sehen. *Zum Schillerfest* ist das vierstrophige Gedicht überschrieben, in dem Reuter mit genau den gleichen Stereotypen arbeitet, die auch "nationale" Dichter wie Geibel und andere benutzen - "das Deutsche" ist das Gute, Echte; "Fremdes" ist "Tand", ist also unecht, nichts wert: "Deutscher Sinn lag tief in Schanden", heißt es da, "Unter fremdem Tand versteckt,/ Da erstand in Volkes Mitte/ Ein Verkünder deutscher Sitte;/ Ein Prophet ward uns erweckt." Dann wird an die Opferbereitschaft der Deutschen in den Freiheitskriegen gegen Napoleon erinnert, da sich das edle Volk der Deutschen jauchzend in die Speere gestürzt habe; nun soll Schiller die Deutschen noch einmal wachrufen, "gegen fremde Dränger" und gegen "eignen Hauses Schmach".[12] Nicht wesentlich anders klingt es 1863. Überall in Deutschland ge-

---

10 Briefzitat aus GWB VIII, S. 688. Zur Entstehungsgeschichte der *Lütten Gaw'* siehe Karl Theodor Gaedertz: Vor vierzig Jahren. Reuters Beteiligung an den Liedern zu Schutz und Trutz.- In: Reuter-Kalender auf das Jahr 1911, Leipzig 1910, S. 66-69.

11 Karl Theodor Gaedertz: Aus Fritz Reuters jungen und alten Tagen, 3. Band, Wismar 1901, S. 85-89.

12 Beide Textstellen: GWB VII, S. 481.

denkt man des Jahres 1813; der Tod Theodor Körners, des "Sängers der Befreiungskriege", am 26. August 1813 bei Gadebusch ist der Anlaß zahlreicher Gedenkfeiern in den deutschen Landen. Fritz Reuters hochdeutsches Gedicht *Zur Körnerfeier in Eisenach (1863)*[13] beschwört nun diesen Dichter als Rufer zur Einheit, sein Geist soll die Deutschen zusammenschließen. Das Gedicht, vom Autor selbst vorgetragen, war der örtlichen Presse zufolge einer der Höhepunkte der Körnerfeiern in Eisenach am 26. August 1863 im Gasthof "Zum Löwen". Nach der Festrede und dem obligatorischen Hoch auf das deutsche Vaterland kamen nämlich zwei poetische Texte zum Vortrag - Theodor Körners *Du Schwert an meiner Linken* und eben Reuters Gedicht, das vom Publikum "mit begeisterter Akklamation aufgenommen" wurde.[14] Reuter hat übrigens außerdem von Eisenach aus einen Kranz zur zentralen Körnerfeier nach Wöbbelin geschickt; der zu dieser Feier entsandte Korrespondent der in Schwerin herausgegebenen *Mecklenburgischen Zeitung* hat die beigefügten Verse den Lesern zur Kenntnis gebracht.[15] Sieht man von der fast obligatorischen "deutschen Hand" ab, die diesen Kranz gewunden hat, dann ist dieser Text eher launig als nationalistisch; die Reime entbehren nicht einer gewissen unfreiwilligen (oder gewollten?) Komik.

In der Gaedertzschen Reuter-Ausgabe von 1905 gibt es noch zwei weitere ausgesprochene Gelegenheitsgedichte, *Vaterländisches Festgedicht* sowie *Ansprak bi den Andrunk / Tausprak bi den Taudrunk*[16] überschrieben und von Reuter als Dank für die Zusendung eines Fäßchens Erlanger Bieres durch dort studierende

---

13   Ebenda, S. 483-484.

14   Eisenacher Kreisblatt, Nr. 135, 28.8.1863. Nach den poetischen Beiträgen und weiteren Reden schloß übrigens so, das Blatt, "die officielle ernste Feier", man ging zum in der Zeitung auch so genannten "gemüthlichen Theil derselben" über: "Bald verwandelte sich der Festsaal in einen Commerssaal, in dem Musik, Trinksprüche, Gesänge und allerlei Kurzweil zahlreiche Gäste bis in die späte Nacht fröhlich zusammenhielten." Wie lange Reuter geblieben ist, ist nicht überliefert.

15   Mecklenburgische Zeitung, Schwerin, Nr. 199, 27.8.1863. Der Korrespondent teilte mit: "Von unserem alten - ich möchte sagen - untreuen Fritz Reuter fand ich einen Mooskranz mit folgender poetischen Beigabe: Wo einst ertönte deutscher Minnesang,/ Und Friedrich in die Wange ist gebissen,/ Wo Luther mit dem Teufel selber rang,/ Und ihm das Tintfaß an den Kopf geschmissen -/ An Wartburgs Veste ist dies Moos gefunden,/ Von deutscher Hand zum Kranz gewunden,/ Damit es jene Stätte kränze,/ Wo Körner ruht nach kurzem Lebenslenze.-/ Wir nehmen unser Glas zur Hand,/ Und leeren's auf das Vaterland./ Hoch Deutschland hoch! Auf Deutschlands Wohl!/ Das sei der Gruß vom deutschen Capitol!" Gaedertz hat diesen Text im 12. Band seiner Reuter-Ausgabe von 1905 (s. Anm. 16), S. 287-288, ebenfalls abgedruckt.

16   Fritz Reuters sämtliche Werke in zwölf Bänden. Vollständige, kritisch durchgesehene und erläuterte Ausgabe mit Biographie und Einleitungen von Karl Theodor Gaedertz, Leipzig 1905, S. 277 - 279.

Mecklenburger verfaßt und zum Vortrag bzw. Gesang bei einem Kommers in Erlangen bestimmt. "Lichtgestalten" werden hier nicht bemüht; der erstgenannte Text ist ein Loblied auf die Heimat am "hellen Ostseestrand" und allgemeines Bekenntnis, daß die Mecklenburger "in der Frömd tausamen" stehn, "stiv un stramm", wie es heißt; auch wird die Hoffnung artikuliert, daß Gott dem norddeutschen Vaterland einmal wieder Licht geben wird und "Schutz vör fremde Macht". Der zweite Text wird schon deutlicher, nennt die Feinde beim Namen - 1858 ist das -; es sind die Russen und die Franzosen, und man soll sie hassen.

Alles in allem erscheinen mir die patriotischen Gelegenheitsgedichte der Jahre bis 1863 mit ihrer Verwendung damals gängiger Versatzstücke nationaler Dichtung jedoch eher unverbindlich-pathetisch. Schärfer, martialischer wird der Ton erst in den *Liedern für Schleswig-Holstein* von 1864. Die meisten Ausgaben, so auch die von Kurt Batt, enthalten drei solcher Lieder (*Politisches Gedicht in plattdeutscher Mundart; Wi heww'n en dütsches Hart; Lat di nich verblüffen*); Gaedertz hat 1908 zwei weitere Lieder für Schleswig-Holstein mitgeteilt.[17] Reuter arbeitet in all diesen Texten, besonders in *Wi heww'n en dütsches Hart*, mit gängigem Vokabular - die See und der Sturmwind brausen, Kugeln pfeifen, es gibt einen trefflichen Refrain; ausgesprochen schnoddrig klingt jedoch das *Politische Gedicht in plattdeutscher Mundart*, das mit der Zeile "Leiw Vader, so giww mi de Büß mal her" beginnt. Es gipfelt nämlich in der Feststellung des jugendlichen, sich zum Kampf gegen die Dänen rüstenden Ichs, daß es in diesem Kampf ein Knüppel als Waffe durchaus tue, denn tollwütige Hunde schlage man ja auch mit Knüppeln tot. Das ist schon etwas bedenklich, gerade auch dann, wenn man sich vor Augen hält, wieviel maßvoller z. B. Theodor Storm als direkt von den Auseinandersetzungen um Schleswig-Holstein Betroffener in seinen politischen Gedichten argumentiert hat.

Auch in einem ausgesprochenen Auftragswerk, wie es die *Begleitverse zu einem Truthahn, der dem Bundeskanzler Grafen Bismarck (1867) als Geschenk zugesandt wurde* darstellen, läßt sich erkennen, daß Reuters Sprache Mitte der 60er Jahre schärfer, direkter geworden ist. Er bezieht jetzt unverhüllt politisch Stellung, vergleicht in dem Text den genudelten Truthahn mit dem Franzosen als solchem - im Jahre 1867 wohlgemerkt, was Gaedertz auch zu der Bemerkung veranlaßte, daß sich Reuter damit "als Prophet ausgesprochen"[18] habe; es ging ja

---

17   Siehe GWB VII, S. 484 - 486; Karl Theodor Gaedertz: Fritz Reuter und Schleswig-Holstein. Mit einem ungedruckten und einem verschollenen Liede.- In: Reuter-Kalender auf das Jahr 1909, Leipzig 1908, S. 91-93.

18   Zur Entstehungsgeschichte siehe Karl Theodor Gaedertz: Fürst Bismarck und Fritz Reuter, Wismar 1898, S. 15-17 (Zitat: S. 17). Der Text des Gedichts ist unter der Überschrift "An den Herrn Grafen Bismarck, as em en Kuhnhahn ut de Provinz Posen

schließlich erst 1870 gegen die Franzosen. Zunächst wird über fünf Strophen das Gehabe des Truthahns karikaturistisch dargestellt und mit vermeintlichen französischen Nationaleigenschaften verglichen (herumkollern, sich aufplustern, Rad schlagen), dann wird Bismarck direkt angesprochen: "Du hest s' und wardst nich liden/ Den Franzmann sine Nück,/ Dat sünd jitzt ann're Tiden,/ Un't hett en annern Schick.// Un lat di dat nich beiden!/ Brock em wat in de Supp!/ Un bliwwt hei unbescheiden,/ Denn frett em up!"[19]

Und dann ist da noch etwas. In der Battschen Ausgabe endet das Gedicht mit den zitierten Zeilen. Als Gaedertz es 1898 in seiner "Den Manen des großen Kanzlers" geweihten Schrift *Fürst Bismarck und Fritz Reuter* veröffentlichte, folgten dieser Aufforderung noch zwei weitere Zeilen. Sie lauten: "Un twei olle Burschen de wünschen Di hüt/ Taum Kuhnhahn un Franzmann den besten Apptit!"[20] - den Humor, mit dem hier munter drauflos gereimt wurde, kann man, zumindest aus heutiger Sicht, schon etwas bedenklich finden.

1863 hatte Reuter in einem Brief an die Brüder Boll wohl mit einigem Recht sagen können, daß er, wenn er auch einmal "zur Körnerfeier ein Gedicht vom Stapel gelassen" habe, ein "ziemlich indifferenter Teilnehmer"[21] der Politik sei - das trifft nun nicht mehr zu. Man kann es deutlich an den beiden umfangreichen Texten erkennen, die er zu den von dem Verleger Franz Lipperheide in dessen Berliner Verlagsbuchhandlung während des deutsch-französischen Krieges 1870/1871 herausgegebenen *Liedern zu Schutz und Trutz* beigesteuert hat. Lipperheide gab, auf Aktualität bedacht, die Texte zunächst in einzelnen "Sammlungen" heraus; sie sind dann zu einem Pracht-Goldschnittband zusammengefügt worden. Es gab insgesamt vier Sammlungen, Reuters Texte befinden sich in der dritten - *Ok 'ne lütte Gaw' för Dütschland* - und in der vierten Sammlung - *Großmutting, hei is dod!*[22] Die dritte Sammlung enthält Texte, die zwischen Oktober und Dezember

---

presentiert würd'" auf S. 16 - 17 abgedruckt. Gaedertz berichtet von der Anfrage des Gutsbesitzers Funck auf Weidenvorwerk bei Bentschen in der Provinz Posen an Reuter, ob dieser ihm "ein hübsches plattdeutsches Gedicht" anfertigen könne, das einem an Bismarck zu sendenden genudelten Puter "die Würze geben" sollte. Auf Reuter sei er gekommen, so der Bittsteller freimütig, weil ihm sein alter Bekannter, Justizrat Schultze (das ist niemand anderer als der "Kapteihn", Reuters Freund aus Festungszeiten, R.R.), gesagt habe, daß Reuter wie er selbst für Bismarck schwärme.

19   GWB VII, S. 487.
20   Gaedertz, Fürst Bismarck und Fritz Reuter (wie Anm. 18), S. 17.
21   GWB VIII, S. 446.
22   Ok 'ne lütte Gaw' för Dütschland.- In: Lieder zu Schutz und Trutz. Gaben deutscher Dichter aus der Zeit des Krieges im Jahre 1870. Gesammelt und herausgegeben von Franz Lipperheide. Dritte Sammlung: October bis December 1870, Berlin o.J., S. 68 -

1870 zusammengetragen worden sind; die vierte umfaßt den Zeitraum Februar bis Juli 1871. Der Reinertrag des Unternehmens war, einer Mitteilung auf dem Titelblatt jeder Sammlung zufolge, für die Vereine zur Pflege im Felde verwundeter und erkrankter Krieger des deutschen Heeres bestimmt - ganz sicher auch ein Grund für Reuter, sich zu beteiligen. Schließlich hatte er sich bereits im Krieg zwischen Preußen und Österreich 1866 von Eisenach aus mit großem persönlichen Einsatz karitativ betätigt.

Aufs Ganze gesehen stellen die *Lieder zu Schutz und Trutz* eine Zusammenstellung all dessen dar, was es damals an vaterländisch-nationalistischer Dichtung gegeben hat. Lipperheide trug zusammen, was ihm deutsche Autoren nur immer an französenfeindlichen Texten liefern wollten und konnten, Originalbeiträge und auch bereits Gedrucktes; viele der Texte sind als Autograph gedruckt, so auch Reuters *Lütte Gaw'*. Wer ist da nicht alles vertreten! Dahn und Geibel natürlich und Berthold Auerbach, dazu Carl von Holtei, Hermann Lingg, immer wieder Karl Gerok, selbst Gisbert von Vincke, dem Reuter *De Reis' nah Konstantinopel* gewidmet hatte; auch inzwischen alt und sehr alt gewordene ehemalige 48er ließen es sich nicht nehmen, den Krieg gegen Frankreich zu feiern: Hoffmann von Fallersleben hat etwas beigesteuert und Georg Herwegh, Ferdinand Freiligrath besingt die Wacht am Rhein und tritt "Für deutsches Recht, für deutsches Wort,/ Für deutsche Sitt' und Art"[23] ein. Auch Klaus Groth hat einen Originalbeitrag geschickt, der das deutsche Heer feiert, das von überall her zusammenströmt, um Deutschlands Ehre zu retten; Karl Gutzkow lieferte einen *Feldzugskatechismus gegen Frankreich*, Karl Simrock tritt mit besonders giftigen französenfeindlichen Reimereien auf. Das so Gewonnene stellte Lipperheide geschickt in den Zusammenhang mit einer anderen großen Zeit patriotischer Dichtung in Deutschland - mit der sogenannten "Rheinkrise" des Jahres 1840; in vielen Texten gibt es zudem Bezüge auf das Jahr 1813, der aktuelle Krieg wird gleichsam als die logische, notwendige Fortsetzung des Kampfes gegen den Feind von damals, den es nun endgültig zu schlagen gelte, interpretiert.

Daß die Texte sorgfältig gerade unter diesem Gesichtspunkt zusammengestellt worden sind, macht bereits der Eingang der ersten Sammlung deutlich. Das Heft beginnt nämlich nicht mit einem der zahlreichen auf einzelne Schlachten und Siege der Deutschen 1870 gedichteten Lieder, sondern mit Ernst Moritz Arndts *In Frankreich hinein!* von 1841, das mit seinem Refrain "Zum Rhein! Übern

---

79; Großmutting, hei is dod!.- In: Ebenda, Vierte Sammlung: Februar bis Juli 1871, Berlin o.J., S. 55 - 59.

23   Ferdinand Freiligrath: Hurrah, Germania!.- In: Ebenda, Zweite Sammlung: September 1870, Berlin o.J., S. 59 - 60.

Rhein!/ Alldeutschland in Frankreich hinein!"[24] noch eine Steigerung von Arndts ingrimmigem Franzosenhaß aus der Zeit um 1813 darstellt. In der dritten und vierten Sammlung, wo, wie gesagt, Reuters Beiträge stehen, werden dann die beiden bekanntesten patriotischen Texte des Jahres 1840 - Nikolaus Beckers *Rheinlied* ("Sie sollen ihn nicht haben,/ Den freien deutschen Rhein...") und Max Schneckenburgers *Wacht am Rhein* ("Es braust ein Ruf wie Donnerhall...") wie zuvor Arndts Lieder dazu genutzt, die Kontinuität des Kampfes gegen den "Erbfeind" zu dokumentieren.

Die "Wacht am Rhein" hat auch Fritz Reuter ausdrücklich beschworen, aber doch etwas anders als Schneckenburger und seine Nachahmer. Auch stehen die Verse, in denen er sich ausdrücklich jenen anschließt, die als Wacht an diesem vielbesungenen Grenzfluß stehen, nicht in den Lipperheideschen Schutz- und Trutz-Liedern; sie sind auch in den wichtigen Reuter-Ausgaben nicht enthalten. Nachzulesen sind dort bis heute nur die beiden genannten Texte. *Ok 'ne lütte Gaw' för Dütschland*, bis auf wenige hochdeutsche Strophen in plattdeutscher Sprache verfaßt, ist ein in neun Abschnitte geliederter gereimter Text mit der sentimentalen Geschichte von zwei jungen pommerschen Bauern, die 1870 freudig in den Krieg ziehen und dort ums Leben kommen, nachdem sie Heldentaten im Kampf gegen die Franzosen verrichtet haben. Die Idee für diese Geschichte ist Reuter zufolge Max Peters zu verdanken, dem zweiten Sohn des Freundes Fritz Peters. Ein brieflicher Bericht des jungen Soldaten über die Schlacht bei Gravelotte (18. August 1870), an der er als Angehöriger des 2. (des sogenannten Pommerschen) Armeekorps teilgenommen hatte, hat Reuter, so teilt er es Max Peters am 2. November 1870 mit, zum Schreiben dieser Dichtung veranlaßt.[25]
Man könnte die *Lütte Gaw'* eine sehr umfangreiche Ballade, auch eine Versdichtung nennen. Reuter war sich bewußt, daß sein Text zumindest im Formalen nicht ganz in das Umfeld der *Lieder zu Schutz und Trutz* paßte, schrieb er doch, wie Gaedertz 1910 mitteilte, an den Verleger bei der Übersendung der *Lütten Gaw'*, Lipperheide habe möglicherweise "ganz etwas Anderes erwartet; aber ein Hundsvott gibt mehr, als er kann! Begeisterte und sangbare lyrische Gedichte, wie sie so viel und schön in Ihrer Sammlung zu finden sind, kann ich nicht machen, ich muß mich auf das Feld der Erzählung beschränken".[26] Das erzählende Element ist denn auch deutlich, dazu gibt es viele dialogische Teile. Inhaltlich und sprachlich fällt auf, daß eigentlich keines der gängigen Klischees ausgelassen wird. Die Mutter eines der jungen Männer bekundet zum Beispiel beim Abschied von ihrem

24   Ernst Moritz Arndt: In Frankreich hinein!.- In: Ebenda, Erste Sammlung: August 1870, Berlin o.J., S. 1 - 2.
25   Vgl. GWB VIII, S. 688.
26   Karl Theodor Gaedertz: Vor vierzig Jahren (wie Anm. 10, 2. Teil), S. 67.

Sohn, daß Traurigkeit nicht am Platze sei, wenn es gegen die Franzosen geht, schließlich hätten die damals - gemeint ist die Zeit der napoleonischen Besetzung am Beginn des Jahrhunderts - hier gestohlen wie die Raben; dafür muß nun eben Rache genommen werden; dafür geht es nun in den heiligen Krieg (der wird im Text gleich mehrfach beschworen). Daß Reuter selbst einiges von diesem Text gehalten hat, wurde schon gesagt; es läßt sich auch daraus ablesen, daß er immerhin Sonderdrucke an Fritz Peters mit der Bitte um Weitergabe an Freunde in der Heimat schickte und ihm empfahl, sich doch die Lieder insgesamt kommen zu lassen, sie seien schließlich "eine schöne Erinnerung für die Zukunft; alle Dichter der Jetztzeit haben dazu beigesteuert, und Ihr kriegt von fast allen die Autographen".[27]

Ebert, Warncke, Gaedertz, Willi Finger und andere haben angesichts der *Lütten Gaw'* von einem nochmaligen Aufflammen der dichterischen Potenz Reuters gesprochen; davon kann sicher nicht die Rede sein, dazu ist der Text viel zu sehr mit den Klischees der vaterländischen Dichtung jener Zeit überladen. Auch der zweite Beitrag zu Lipperheides Sammlung, *Großmutting, hei is dod!*, ist wieder kein sangbares Lied, eine poetische Perle ist es auch nicht. Wie bei dem ersten handelt es sich um einen balladenhaft erzählenden gereimten Text. Er baut auf einem tradierten Balladenmotiv auf - ein junges Mädchen, dessen Liebster im Felde steht, hat Vorahnungen, sieht den Geliebten tot; die Vorahnung bestätigt sich. Vor allem im zweiten Teil dieser Dichtung findet sich mit einer Warnung vor allzu unbekümmertem Hurrapatriotismus etwas von dem, das Kurt Batt bewogen haben mag, davon zu sprechen, daß Reuter in diesem sentimentalen Text die Tragik betone, welche die Kreigsereignisse für den einzelnen heraufbeschworen.[28]

Noch einmal zu den Klischees in der *Lütten Gaw' för Dütschland*. Sie beherrschen auch die im Gegensatz zu dem vorangegangenen niederdeutschen Text hochdeutschen Schlußstrophen, die dem Pastor des Dorfes, das den Tod der beiden jungen Männer zu beklagen hat, in den Mund gelegt werden: Diese Toten seien, so der Pastor nämlich zu den Trauernden, die "blutigen Gaben aus unserem Ort,/ Gott hat in Gnaden sie genommen;/ Die beiden fielen für Deutschlands Ehr'./ Es schweigt für immer der Hohn und Spott:/ Deutschland ist einig; kein Zwiespalt mehr!/ Und nun stimmt an: Nun danket alle Gott!"[29]

Was Reuter zu solchen dem Zeitgeschmack verhafteten wenig originellen Versen veranlaßt haben mag, liegt aber klar auf der Hand: Von den Träumen der Jugend ist wenigstens der von der Einheit Deutschlands jetzt Wirklichkeit geworden;

27   GWB VIII, S. 688.
28   Vgl. GWB IX, S. 401.
29   GWB VII, S. 496.

diese endlich erreichte innere Einheit des Vaterlandes ist die Voraussetzung für die Stärke dem Ausland gegenüber; dafür waren Opfer zu bringen - so stellt sich die Quintessenz des Textes dar.

Und, es wurde ja schon darauf hingewiesen, es gibt da noch Texte bzw. Textteile aus dem Umfeld der *Lütten Gaw'*, pronconciert politische sogar, aus denen ersichtlich wird, daß Fritz Reuter 1870/1871 nicht einfach in das allgemeine Kriegsgeschrei einstimmte. Mit diesen Texten hat es nun allerdings eine eigene Bewandtnis, ihre Interpretation ist deshalb nicht ganz leicht. Karl Theodor Gaedertz hat nämlich im 1. Band von *Aus Fritz Reuters jungen und alten Tagen* einen in fünf numerierte Abschnitte gegliederten offenbar unvollendeten Text veröffentlicht, den er seinerzeit als vom Verleger und Herausgeber Lipperheide nicht aufgenommenen Teil der *Lütten Gaw'* ansah, auch Kurt Batt hat sich dieser Auffassung angeschlossen.[30] 1910 hat Gaedertz dann, gestützt auf briefliche Äußerungen Reuters gegenüber Lipperheide vom 7. Oktober 1871, diese Textteile anders, nämlich als eigenständige, wenn auch unvollendete Dichtung, bewertet. Aus dem erwähnten Brief geht hervor, daß Reuter Lipperheide nach den beiden Beiträgen zur Schutz-und-Trutz-Sammlung eine weitere Dichtung für eine Veröffentlichung außerhalb jenes Unternehmens versprochen hat; nun teilt er dem Verleger mit, daß er zwar "ein größeres Gedicht fertig" vor sich liegen habe, "dasselbe ist jedoch bei reiferer Überlegung viel zu herbe und bissig ausgefallen, als daß ich es, da es den Gegensatz der früheren preußischen Regierung, zur Zeit meiner Leidensjahre, mit der jetzigen behandelt, der heutigen gehobenen Stimmung für anpassend erachten könnte."[31] Gaedertz ist davon ausgegangen, daß es sich bei dem von ihm veröffentlichten Text also um den von Reuter genannten handelt. Vergleicht man ihn mit den im Weimarer Goethe- und Schiller- Archiv aufbewahrten Handschriften, fällt ins Auge, daß Gaedertz mit dieser Interpretation zumindest eigenmächtig gehandelt hat. Das Archiv verzeichnet im Anschluß an die Handschrift der *Lütten Gaw'* zwei weitere Bogen mit dem Hinweis des Archivars, sie seien wohl ursprünglich ebenfalls für dieses Gedicht gedacht gewesen "und vielleicht aus Bedenken des Verlegers (Lipperheide) fortgelassen" worden;[32] diese deutlich als drei Strophen erkennbaren Abschnitte hat Gaedertz in

---

30 Aus Fritz Reuters jungen und alten Tagen. Neues über des Dichters Leben und Werden auf Grund ungedruckter Briefe und Dichtungen mitgetheilt von Karl Theodor Gaedertz, 1. Band, Wismar ³1899, S. 155 - 158. Zu Batts Bewertung siehe GWB IX, S. 401.

31 Karl Theodor Gaedertz: Vor vierzig Jahren (wie Anm. 10, 2. Teil), S. 69. Dieser Brief auch in GWB VIII, S. 698.

32 Stiftung Weimarer Klassik, Goethe-und Schiller-Archiv, Sign. 77/I, 12, 1. Unter dieser Signatur ist auch die Handschrift der *Lütten Gaw'* archiviert. Die genannten beiden Bo-

der gegebenen Reihenfolge numeriert; als Abschnitt IV schließt er mit *"De Tiden ännern sik"* einen im Archiv als eigenständig ausgewiesenen Text an.[33] Ob sich Reuters Bemerkungen in dem erwähnten Brief tatsächlich auf den Text in der Gaedertzschen Druckfassung beziehen, läßt sich nicht eindeutig feststellen. Es ist allerdings nicht zu bestreiten, daß das Ganze in dieser Fassung einen logischen Zusammenhang hat; auszuschließen ist, daß es sich, wie bis zu Batt vermutet, um vom Verleger unterdrückte Teile der *Lütten Gaw'* handelt.

Die von Reuter also möglicherweise in einem Akt von Selbstzensur zurückgehaltenen Strophen, die auch ich als inhaltlich und formal zusammengehörig ansehe, haben leider keinen Eingang in die Werkausgaben gefunden. Hinsichtlich des Umgangs Reuters mit der Problematik der Reichseinigung und insbesondere hinsichtlich seiner Haltung Preußen gegenüber stellen sie jedoch ein überaus aufschlußreiches Dokument dar; sie sind wesentlich interessanter und aufschlußreicher als die in der Sammlung Lipperheides gedruckten beiden Reuterschen Versdichtungen.

In das Umfeld jener Sammlung hätten die Verse auch überhaupt nicht gepaßt; dort mußte es möglichst kriegerisch und möglichst lautstark zugehen; die jetzt bei Reuter anzutreffende Nachdenklichkeit ist nicht gefragt. Anders als in den Hymnen und Haßgesängen vieler der in den *Liedern zu Schutz und Trutz* versammelten Autoren, die den Krieg als deutsches Ereignis feierten und dabei Klischee an Klischee reihten - Reuter hat es, wie angedeutet wurde, auch zur Genüge getan -, finden sich nämlich in den nicht gedruckten Strophen mehr als nur Anzeichen einer ganz persönlichen Auseinandersetzung. Auffällig und in dem Brief an Lipperheide ja auch deutlich angesprochen: Unverhüllt spricht der Autor von sich, von seiner Entwicklung bis ins Jahr 1870, von seinem Schicksal; das ist etwas Eigenes, etwas ganz anderes als die beiden gedruckten sentimentalen Geschichten. "Demagogen! Demagogen! reep dat hier un allentwegen,/ Königsmürder! schallt dat wider, reep uns jeder Lump entgegen..."[34] - so setzt die erste Strophe ein; bilanziert wird die bittere Zeit der "Demagogenverfolgung", die für Reuter so schlimme Folgen hatte. Verhaftung, Beschimpfung als Demagoge und Königsmörder, vor allem die sieben Jahre Festungshaft werden erinnert, die ihn das Hassen gelehrt hätten: "Un nah lange säben Johren würden endlich los wi laten,/ Hadden nicks nich lihrt as Hassen, de von Leiw mal äwerflaten."[35] Alles ist noch einmal aufgebrochen, das ganze Trauma, das sich Reuter mit der *Festungstid* schon von der Seele geschrieben zu haben schien, ist wieder da: "Herr Müller,

---

gen tragen die gleiche Signatur. Vgl. zur Problematik der Zuordnung der Handschriften auch den Beitrag von Christa Rudnik in diesem Band.

33   Stiftung Weimarer Klassik, Goethe-und Schiller-Archiv, Sign. 77/I, 12, 2.

34   Aus Fritz Reuters jungen und alten Tagen (wie Anm. 30), S. 155.

35   Ebenda.

von Rochow un de Herr von Brehm/ De setten dunn hoch op den Thron,/ Up ehre vier Baukstawen seeten se dor/ As Ministerial-Kommischon;/ Un wat sei nich ahnten, dat hürten sei bald;/ Herr von Tzschoppe, de was Rezensent./ Un mihr, as sei wüßten, dat wüßten sei bald,/ Denn Dambach was Inquirent."[36]

Die Liebe, heißt es weiter, hat die Wunden gekühlt und die Zeit sie geheilt, Freundeshand hat den Weg zurück ins Leben ermöglicht - aber zu vergessen ist das Leid aus der Zeit der Demagogenverfolgung und der Festungshaft nicht. Die Verse gegen Ende von "*De Tiden ännern sik*" sprechen da, wahrhaft ergreifend, eine beredte Sprache: "Uns' Schipp was kentert, tau öberst den Kil,/ In Dods-Not seeten wi dor,/ För unsen Nacken was slepen dat Bil,/ Un nahst würden't dörtig Johr."[37] Und dreißig Jahre Haft sei ja auch die Strafe gewesen, die Strafe für nichts anderes als das, was nun Wirklichkeit geworden sei, die Einheit Deutschlands - darum kreist der ganze Text, könnte man sagen. Und natürlich wird das Verhältnis zu Preußen reflektiert. Preußen, das war in den Jahren der Festungshaft Inbegriff für alles Schreckliche und unvorstellbar als Zentrum der Einigung. Keiner der Festungshäftlinge, heißt es im Anschluß an die zitierten Zeilen über die Herren Müller, von Rochow, von Brehm und Dambach, habe es seinerzeit für möglich gehalten, "Dat grad von Preußen de helle Stiern/ 'mal breken würd dörch de Nacht."[38] Und die Zeilen aus dem zweiten Abschnitt "Un da stahn wi olle Jungen:/ Wornah wi mal ihrlich rungen,/ Is nu all ahn' uns geschiehn./ Aewer weg mit de Gedanken!/ Ahne Awgunst, ahne Wanken/ Stahn ok wi as Wacht am Rhein"[39] lese ich so, daß nun endlich, nachdem all das Schreckliche noch einmal ausgesprochen worden ist, das sich für Reuter mit dem Wort Preußen verbindet, ein Schlußstrich gezogen werden konnte. Denn er, der "Demagoge" und Festungsgefangene, so die Botschaft dieses wohl auch durch des Autors Rücksichtnahme auf die "gehobene Stimmung" des Jahres 1871 weitgehend unbekannt gebliebenen Textes, war sich treu geblieben; die Preußen waren jetzt andere als die zur Zeit der Herren Müller und Rochow in den dreißiger Jahren. Und natürlich war es ein anderes Deutschland, eines eben, das man verteidigen konnte und mußte - deshalb die "Wacht am Rhein" in dem zitierten Vers.

Wie aus so manchem der Briefe an Freunde aus den 60er Jahren kann man aus den hier abschließend vorgestellten Nachlaßmaterialien herauslesen, wie ernsthaft und wohl auch selbstquälerisch sich der Autor um eine Erklärung seines veränderten Verhältnisses zu Preußen bemüht hat. Man kann manches darin durchaus als Variation dessen lesen, was Reuter schon am 16. August 1864 an Franz Rudolf Wachsmuth, auch ehemaliger (Silberberger) Festungshäftling, geschrieben

---

36   Ebenda, S. 157.
37   Ebenda, S. 158.
38   Ebenda, S. 157.
39   Ebenda, S. 156.

hatte: Wenn einer Augen habe zu sehen, so Fritz Reuter in dem Brief, "so wird er zwischen den Zeilen meiner Schreibereien herauslesen müssen, daß ich immer Farbe gehalten habe und daß die Ideen, die den jungen Kopf beinahe unters Beil gebracht hätten, noch in dem alten fortspuken".[40]

Das galt auch jetzt noch. Freilich hat Reuter seine die preußisch-deutsche Geschichte so kritisch befragenden Äußerungen 1871 nicht öffentlich gemacht - das verdient wohl ebenso Beachtung wie das, was in den Strophen zu lesen ist. Für das Verständnis der politischen Entwicklung Reuters ist beides von Bedeutung.

---

40   GWB VIII, S. 500.

Diskussion des Beitrages von Reinhard Rösler

In dem Gedicht "Das deutsche Haus" erblickt *Hückstädt* eine deutliche Kritik Reuters an der Kleinstaaterei in Deutschland und einen frühen Appell zur deutschen Einheit. *Rösler* deutet das Gedicht auch als Appell zur Wachsamkeit gegen den "Erbfeind" Frankreich ("schnöder Westwind" bedroht das Haus) und zur Wahrung "deutscher Art" (Kellner spricht den Gast erst englisch, dann französisch und zuletzt deutsch an). Vielleicht könne man darin auch eine Anspielung auf die Rheinkrise Anfang der 40er Jahre (vgl. z.B. Schneckenburgers "Die Wacht am Rhein") sehen. *Bunners* knüpft an seine eigenen Ausführungen über Luthers Gestalt ("Der dunkle Mönch aus Wittenberg") bei Reuter an und weist auf den Zusammenhang zwischen der Glaubensfreiheit bei Luther, dem Freiheitsstreben der Burschenschaften und der deutschen Einigung hin. *Rösler* sieht darin eine Bestätigung dafür, daß Reuter seine Hoffnung auf die Einheit Deutschland an "Lichtgestalten" gebunden habe. Historisch spräche viel dafür, daß Bismarck den deutsch-französischen Krieg zum Schutz der süddeutschen Staaten ausgelöst und diese damit erfolgreich für die Einheit gewonnen hätte. Damit stimme Reuters franzosenfeindliche Haltung völlig überein.

Rösler erläutert auf Nachfrage, daß Lipperheides "Lieder zu Schutz und Trutz" zunächst in vier Einzelheften ("Sammlungen") erschienen, dann in Prachtbänden mit Goldschnitt und Germania auf dem Einband verbreitet worden seien. Sonderbarerweise befände sich in Reuters Bibliothek nur der Prachtband mit den beiden ersten Sammlungen, nicht aber der Band mit seinen eigenen Beiträgen. Die "Lieder zu Schutz und Trutz" seien eine Fundgrube für jeden Historiker und Germanisten, der sich mit der Zeit der Reichsgründung befasse. Dort sei nahezu alles versammelt, was es seit den antinapoleonischen Kriegen zu Beginn des Jahrhunderts an patriotischer Dichtung gegeben habe, beginnend mit Ernst Moritz Arndt und Theodor Körner. Den Hauptteil machten aber natürlich die Kriegsdichtungen von 1870/71 aus. Am Ende der vierten Sammlung seien Texte deutscher und französischer Autoren aus der Zeit um 1840 aufgeführt, die den "Krieg der Worte" zu beiden Seiten des Rheins dokumentierten.

Im Zusammenhang mit von Gaedertz mitgeteilten Texten aus dem Umkreis von Reuters "Ok 'ne lütte Gaw' för Dütschland" betonte *Rösler*, daß Fritz Reuter diese Texte selbst zurückgehalten habe. Sie paßten mit ihren eher leisen, für Reuter mit sehr persönlichen Erinnerungen verbundenen Versen nicht in das Wortgedröhn der "Lieder zu Schutz und Trutz". Er hält gerade diese Lieder für literarisch wertvoll und für biographisch interessant und aufschlußreich, weil Reuter den in der "Festungstid" verarbeiteten Stoff erneut aufgegriffen habe, ein Zeichen, wie sehr ihn diese Erlebnisse das Leben hindurch geprägt haben. Reuters Kriegsdichtung hätte mit diesen unveröffentlichten Texten eine ganz eigene Note erhalten.

Auf die Frage nach dem Sinn der Worte vom "dunklen Mönch in Wittenberg" macht *Rudnik* darauf aufmerksam, daß Reuter zunächst "Dr. Martin Luther in Wittenberg" geschrieben, die Worte dann aber in "Der dunkle Mönch in Wittenberg" abgeändert habe. Sie erkläre sich die Änderung mehr aus ästhetischen als aus inhaltlichen Gründen. *Beutin* neigt auch dazu, daß sich Reuters frühe politische Gedichte vor allem auf die nationale Einheit, weniger auf den Kampf gegen den französischen Erbfeind bezögen.

Klaus Lüders

"Hat die Welt uns einmal zu Demokraten gemacht, so wollen wir's auch bleiben bis an's selige Ende." Fritz Reuter als Demokrat vor und während seiner Eisenacher Zeit

> "Vernunft ist immer republikanisch;
> aber die Menschen scheinen,
> wenn man die Synopse ihrer Geschichte nimmt,
> doch durchaus zum Despotismus geboren zu seyn."
> *Johann Gottfried Seume,*
> *gestorben in Fritz Reuters Geburtsjahr 1810,*
> *Lieblingsautor seines Vaters.*

> "Worum en ordentlich Minsch
> tauletzt en Demokrat warden kann."
> *Fritz Reuter, Ut mine Festungstid, Vorspann zu Kapitel 10.*

1. Demokratiegeschichte und Reuter-Rezeption

Warum laut vorangestelltem Zitat ein "ordentlicher" Mensch wie Fritz Reuter "zuletzt" zum Demokraten werden konnte, ist eine Frage, deren Beantwortung er uns gerade für seine Eisenacher Lebensphase nicht leicht gemacht hat. Konkret bezog er diese seine Worte zunächst auf die erlittene siebenjährige Festungszeit mit einem auf 30 Jahre Haft "gelinderten" Todesurteil, und dabei besonders auf die unmenschlichen Haftbedingungen in der Festung Magdeburg, die sein Bild von der monarchischen Herrschaftsform bis zur Kenntlichkeit entstellt hatten, weil hinsichtlich der politischen Gefangenen ignoriert wurde, "dat wi doch eigentlich ok Minschen wiren, wenn ok man swart-rot-goldene".[1] Denn Reuter "hadd up eine dütsche Uneversetät an den hellen lichten Dag de dütschen Farben dragen",[2] also eben Schwarz/Rot/Gold und allein "dorüm sitt wi jo".[3] Sogar noch an seinem Lebensabend, in einem reichlich nationalistisch geratenen "Schwanensang" (K.T. Gaedertz) zur Bismarckschen Reichseinigung von 1871 kehrte Reuter aufgewühlt noch mal zur dichterischen Erinnerung seiner studenti-

---

1 Fritz Reuter, Ut mine Festungstid, in: ders., Gesammelte Werke und Briefe. Hrsg. von Kurt Batt. Rostock 1966/67. Nachdruck Rostock 1990 (künftig zitiert als "GWB"). Bd. IV, S. 392.

2 Reuter, Festungstid, a.a.O., S. 327.

3 Reuter, Festungstid, a.a.O., S. 489.

schen politischen Leidenszeit "för Dütschlands Einigkeit und för de Friheit tauglik" zurück.[4]

Unser Thema versteht sich hier weniger innerhalb der bisher gewohnten literaturgeschichtlichen Reuterforschung, als vielmehr in der eher ungewohnten demokratiegeschichtlichen Betrachtung, die über das spezielle Reuter-Interesse hinaus auf die gesamtgesellschaftliche politische Kultur abzielt, in der "nicht nur politisches Handeln *aus* historischem Bewußtsein, sondern auch politisches Handeln *für* ein historisches Bewußtsein"[5] stattfinden soll, das an Freiheitswerten orientiert ist, mit denen auch Reuters widerspruchsvolle Biographie verknüpft war. Reuter beschrieb 1847 sein politisches Zeitalter mit dem nach seinen Worten fast unversöhnlichen Gegensatz eines monarchisch-patriarchalischen "Alles *für* das Volk!" und dem selbstbewußt bürgerlichen "Alles *durch* das Volk!".[6] Aber er hat das Problem insgesamt weder politisch-intellektuell durchdrungen noch sein Demokratiebekenntnis immer stetig vorgelebt, sondern "nur" durchlitten und auf seine Weise literarisch ausgedrückt. In Reuters Privatbibliothek in seinem Eisenacher Haus subsumiert sein zwölfbändiges Lexikon unter dem Stichwort "Demokratie" sowohl die "rein demokratische" Variante mit lediglich politischen Freiheitsrechten als auch die "social-demokratische" Variante mit dem demokratischen Prinzip als Mittel zur Erringung sozialer Gleichheit.[7] Begnügen wir uns der Kürze halber mit diesem vagen definitorischen Rahmen für unser Thema, und beginnen wir mit einem bescheidenen Beispiel aus unserer Zeit.

Die "Urgeschicht von Meckelnborg", ein als demokratisch pointierte Satire intendiertes unvollendetes Spätwerk Reuters, eröffnet bekanntlich mit den Worten: "As uns' Herrgott de Welt erschaffen ded, fung hei bi Meckelnborg an, un tworsten von de Ostseesid her, un makte dat eigenhändig fahrig, up de ein Sid bet Ratzeborg un Swerin, up de anner Sid bet Stemhagen und Bramborg."[8] Dabei gefiel es später dieser Schöpfung, auf ihrer einen Seite, in Stavenhagen, den eigenen Chronisten Fritz Reuter zu gegebener Zeit auf seinen unsteten Lebensweg zu schicken, von dem Reuter in seiner letzten Lebensstation in Eisenach beteuerte,

---

4   Karl Theodor Gaedertz, Aus Fritz Reuters jungen und alten Tagen, Bd. 1, Wismar 1896, S. 142 ff (auch 2. Aufl. 1897, S. 150 ff und 3. Aufl. 1899, S. 154 ff); vgl. auch GWB, Bd. VII, S. 609 ff.

5   Theodor Schieder, Politisches Handeln aus historischem Bewußtsein, in: ders., Einsichten in die Geschichte (Essays), Frankfurt/M 1980, S. 501 (Nachdruck aus der Historischen Zeitschrift, Bd. 220, 1975, S. 4-25).

6   Fritz Reuters Brief an Luise Kuntze, Thalberg 10.5.1847, GWB, Bd. VIII, S. 250.

7   Conversations-Lexikon (10. Aufl., 15 Bde.) Bd. 4, Leipzig (Brockhaus) 1852, Stichwort "Demokratie", S. 685-690, hier: S. 687, Reuter-Bibliothek (Eisenach) Inv. Nr. RM 888.

8   Fritz Reuter, De Urgeschicht von Meckelnborg, GWB, Bd. VII, S. 31.

daß er im schon erwähnten Sinne politisch "immer Farbe gehalten" habe.[9] Und am anderen Ende dieser solchermaßen umrissenen Welt, in Ratzeburg eben, war, als diese politischen Farben mittlerweile die offizielle Staatsflagge ausmachten, in besagter Schöpfung auch noch Platz für die Meinung des dortigen städtischen Magistrats, Reuter sei ein Revoluzzer gewesen, habe in diesem Zusammenhang ja auch mal "gesessen" und könne möglicherweise einen entsprechend schlechten Einfluß auf die Schüler ausüben. So jedenfalls war es um die Jahreswende 1979/80 der regionalen Presse zu entnehmen,[10] die dies eine "Eulenspiegelei" nannte, womit man wohl nicht nur zuvor Reuter, sondern nun auch Eulenspiegel Unrecht tat. Dieses Ratzeburger Verdikt ließ die Einschätzung der preußischen Unrechtsjustiz, Reuter sei politisch eigentlich nur ein "Taugenichts",[11] ebenso kühn hinter sich wie die Einschätzung in der DDR: "Fritz Reuter war kein Revolutionär in dem Sinne, wie wir heute das Wort auslegen."[12] Der sachliche Hintergrund in Ratzeburg war die dort beantragte Namensänderung einer am Stadtrand und teilweise im historischen Mecklenburger Einzugsgebiet gelegenen "Vorstadt-Schule" in "Fritz-Reuter-Schule", die somit bis heute verhindert wurde. Wehre den Anfängen. Schon ein "gutes" Jahrhundert zuvor hatte folgender Vorfall[13] in Reuters Mecklenburger Heimat im Jahre 1863 die damals herrschende Meinung bestärkt, daß die Dreifarbenkombination Schwarz-Rot-Gold ursprünglich eine Trikolore gegen die Obrigkeit ist. Der kleine Ort Dargun nämlich bot zu Ehren eines Kurzbesuches seines Großherzogs Friedrich Franz II. jeglichen auch nur verfügbaren und vermeintlich Mecklenburger Flaggenschmuck in den Straßen auf. Doch als Seine Königliche Hoheit (S. K. H.) "zufällig an einer deutschen Fahne anstreifte", brach Höchstdieselbe in die ungehaltenen Worte aus: "Gibt es denn hier gar keine Polizei?" und segelte ungnädig davon, einen untröstlichen Begleitbeamten und eine verstörte Untertanenschaft hinter sich lassend. Dieser kurze Blick in die verwirrende Geschichte und Gegenwart mag künden von den gleichermaßen großen Schwierigkeiten einerseits der Verbreitung von Demokra-

---

9   Reuters Brief an Franz Rudolf Wachsmuth, Eisenach 16.8.1864, GWB, Bd. VIII, S. 500.

10 Ratzeburg, Niederschrift der 67. Sitzung des Magistrats vom 27.11.1979 und der 10. Sitzung der Stadtvertretung vom 11.12.1979; H.-J. Wohlfahrt, Wie Ratzeburg den Dichter Fritz Reuter schneidet, in: Die Welt, 15.12.1979; Namensgebung für die Vorstadtschule wurde vertagt, in: Lübecker Nachrichten (Lauenburger Ausgabe) 23.12.1979; De Voss: "Herr Reuter haben ümmer das Preh!", in: Lübecker Nachrichten, 12.1.1980; Helmut de Voss, Vorstadtschule? - Fritz-Reuter-Schule? Ein Ratzeburger Problem, in: Der Markt (Ratzeburg), 14.2.1980.

11 Kurt Batt, Fritz Reuter - Leben und Werk, GWB, Bd. IX, S. 65.

12 Ehm Welk, "KEIN HÜSUNG" als Film, in: Fritz Reuter zur 80. Wiederkehr seines Todestages, Neubrandenburg 1954, S. 25.

13 Drei Jahre in der Unterwelt, Berlin 1866, S. 22.

tie zu Reuters Zeiten und andererseits der Verbreitung von Demokratiegeschichte zu unseren Zeiten. Aber auch Reuters erwähnte "Urgeschicht von Meckelnborg", blieb ja unvollendet bei der Feststellung, daß der Demokrat Krischan Schult bei den "anständig Lüd" und den "»Sonderinteressen«, as sei up Stunns dortau seggen",[14] so seine Schwierigkeiten hatte.

Das Problem ist aktuell und gar nicht anekdotisch. Im Frühjahr 1997 hat Irmtraud Rösler, Lehrstuhlinhaberin für Niederdeutsch an der Universität Rostock, eine Umfrage an die über 30 Fritz-Reuter-Schulen in Mecklenburg-Vorpommern gerichtet, wieviele Aktivitäten zu Fritz Reuter denn an diesen Schulen zu benennen seien. Die Antworten tendierten in der Regel (mit wenigen Ausnahmen) inhaltlich gegen Null. Aber auch oberhalb dieses Niveaus war der Umgang mit Reuter, zumal mit dem politischen Reuter immer zeitbedingt geprägt. "Gegenwärtig stehen wir in der Reuter-Rezeption und -forschung in einer Phase, in der es überkommene Klischees zu überdenken gilt."[15] Christian Bunners äußerte dies am Beginn der deutschen Einheit im Jahre 1990 am Beispiel der religiösen und freiheitlichen Bindungen Reuters, und Hans-Dietrich Dahnke begab sich im Sinn dieses Überdenkens hinsichtlich der Reuterforschung in der DDR ebenfalls auf den Weg.[16] Wolfgang Beutin vertiefte das bald aus demokratiegeschichtlicher Sicht mit einer umfassenden kritischen Übersicht über "eine etwa hundertjährige Schief- oder Falschrezeption Reuters in der deutschen Forschung und Literaturgeschichtsschreibung",[17] deren manipulative Beispiele sich von einer Glorifizierung Reuters und Bismarcks in einem Atemzug[18] bis zur ideologisch überinterpretierten Veränderung eines Reuter-Titels Herr von Hakensterz und seine "Leibeigenen" (statt "Tagelöhner")[19] erstrecken. Belassen wir es an dieser Stelle mit Kurt Batts Fazit

---

14   Reuter, De Urgeschicht von Meckelnborg, a. a. O., S. 97.

15   Christian Bunners, "Fri sält ji sin up frie Ird!". Kirchengeschichtliche Anmerkungen zu Fritz Reuters Liberalismus, in: Fritz Reuters Freiheitsidee. Dichter für Liberalismus und Demokratie. Beiträge der Fritz Reuter Gesellschaft, Heft 2, Neubrandenburg 1992, S. 50.

16   Hans-Dietrich Dahnke, Historisierung und Ideologisierung: Ansätze und Ergebnisse, Wandlungen und Probleme marxistischer Reuter-Interpretation, ebda., S. 63 ff.

17   Wolfgang Beutin, Der Demokrat Fritz Reuter, Hamburg 1995, S. 9

18   Karl Theodor Gaedertz, Fürst Bismarck und Fritz Reuter, Wismar 1898. Bei seiner Suche nach einer Druckmöglichkeit für seinen Text stieß Gaedertz auf politisch geteilte Resonanz. Siehe Gaedertz Familienarchiv, Materialmappe Nr. 159, im Archiv der Hansestadt Lübeck.

19   Fritz Reuter, Herr vom Hakensterz und seine Leibeigenen, mit einer Einführung von Willi Finger, Rostock 1954. Finger (ebda. S. 11) beruft sich dabei auf die Nichte Ida Reuter. Vgl. Michael Töteberg, "So ännern wi de Tieden", Reuter-Rezeption in der DDR, in: FRG-Beiträge Heft 2 (wie Anm. 15), S. 53 ff. Martin Schultz, Fritz Reuter - der lange Weg, Rostock 1996, S. 25.

zu Reuter: "Seine Wirkungsgeschichte ist widerspruchsvoll. Widerspruchsvoller noch als sein Werk."[20]

Auch das im Titel des vorliegenden Textes vorgegebene Reuter-Zitat wäre als Beispiel anzuführen. "Hat die Welt uns einmal zu Demokraten gemacht, so wollen wir's auch bleiben bis an's selige Ende." Dieser Satz Reuters in einem Brief vom 27.1.1862 an Julius Wiggers in Rostock fand keinen Platz in einer fast 800seitigen, von Otto Weltzien 1913 herausgegebenen Reuter-Briefe-Sammlung, der zwar den anderthalbseitigen Brief abdruckte, aber mit der Ersetzung dieses speziellen Satzes durch drei Punkte immerhin anderthalb Zeilen einsparte[21] und dem damaligen Leser oder auch sich selbst die vermeintliche Peinlichkeit dieses Reuterschen Demokratiebekenntnisses ersparte. Möglicherweise hat Weltzien den so verstümmelten Text von Karl Theodor Gaedertz unbesehen übernommen, der sich dasselbe bereits im Jahr 1901 erlaubt hatte.[22] Im selben Jahr war der komplette Brief von Julius Wiggers selbst veröffentlicht worden,[23] fand aber danach seine unmanipulierte Wiedergabe erst in der Reuter-Ausgabe von Kurt Batt.[24]

Daß Reuters Wirkungsgeschichte nach Kurt Batt noch widerspruchsvoller als sein Werk ist, nimmt uns heute in die Pflicht, unser demokratisches Gegenwartsverständnis wesentlich pointierter als bisher mit einem entsprechend werteorientierten Geschichtsbewußtsein korrespondieren zu lassen, in dem auch Reuter seinen angemessenen Platz hat.

2. Vater-Sohn-Problem und politischer Freundeskreis

Als Reuter im Juni 1863 nach Eisenach übersiedelte, konnte er zwar bereits auf große literarische Erfolge, mußte aber teilweise auch auf bedrückende persönlichkeitsprägende Erlebnisse zurückblicken. "Wer von dem Sohn reden will, muß in diesem Fall mit dem Vater anfangen",[25] benannte Friedrich Griese eines dieser Problemfelder. Wenn der Weg zur demokratisch orientierten Lebensgestaltung auch "als Wille zum besseren Leben mit aufrechtem Gang"[26] angetreten werden sollte, wie Ernst Bloch meint, so hatte Fritz Reuter schon als angehender Erwach-

20   Kurt Batt, Fritz Reuter - Leben und Werk, GWB, Bd. IX, S. 404.
21   Otto Weltzien (Hrsg.), Fritz Reuters Briefe, Leipzig o.J. S. 452 f. - Das Original befindet sich im Stavenhagener Reuter-Museum.
22   Karl Theodor Gaedertz, Aus Fritz Reuters jungen und alten Tagen, Bd. 3, Wismar 1901, S. 134.
23   Julius Wiggers, Aus meinem Leben, Leipzig 1901, S. 192 f.
24   GWB, Bd. VIII, S. 387 f.
25   Friedrich Griese, Fritz Reuter, Stuttgart 1938, S. 13.
26   Ernst Bloch, Tübinger Einleitung in die Philosophie, Bd. 2, Frankfurt/Main 1964, S. 178.

sener, "as ick von de groten Schaulen mal 'ne Tram höger up de Uneversität hüppen ded",[27] nachhaltige Probleme. Der zur ungeliebten Juristerei vergatterte Rostocker Student im ersten Semester (1831/2) begründete gegen den Vater die "Halbheit in meinem Betragen" und den "Wankelmut und Leichtsinn in meinem Charakter" mit den fortgesetzten patriarchalischen Erziehungsmitteln, "die mich früher verdarben. Vater! tue das nicht; es kann keiner etwas aus mir machen, ich selbst muß etwas aus mir machen".[28] Einerseits schaffte es Fritz Reuter dann doch nicht, sich vom Vater zu emanzipieren,[29] andererseits bewies er Charakterstärke in seinem standhaften Bemühen nach seiner Verhaftung, in den preußischen Verhören seine studentischen Freunde keinesfalls zu belasten.[30] Einerseits konstatierte er am Ende des Studiums im Verhältnis zum Vater einen "Riß zwischen uns"[31] und am Ende der Festungszeit: "Wi wiren uns frömd worden."[32] Andererseits entschied er nicht selbst, sondern überließ es der (ablehnenden) Meinung des Vaters, den existentiell empfundenen Freiheitsverlust in der Festungszeit durch eine zweimalige Fluchtgelegenheit zu überwinden.[33] Die faktische testamentarische Enterbung durch den 1845 gestorbenen Vater brachte den bedürftigen Sohn nicht nur "dem Wahnsinn nahe",[34] sondern brachte ihn durch eine vormundschaftliche Regelung (Kuratel) noch 1848 um sein demokratisches Urwählerrecht.[35] Seiner späteren Ehefrau Luise Kuntze erklärte Reuter rückblickend zum frühen und nie verschmerzten[36] Tod seiner Mutter: "Ich habe ja seit meinem 14. Lebensjahr nicht gewußt, was Häuslichkeit ist... Bedenke, daß alle meine Unterhaltung bisher in einem Wirtshausleben bestanden hat, daß mich sogar das tägliche Bedürfnis dorthin gerufen hat."[37] Schon in seinem erwähnten

---

27 Fritz Reuter, De meckelnbörgschen Montecchi un Capuletti oder De Reis' nah Konstantinopel, GWB, Bd. VI, S. 251.

28 Fritz Reuter, Brief an den Vater, Rostock 28.1.1832, GWB, Bd. VIII, S. 35.

29 Michael Töteberg, Fritz Reuter in Selbstzeugnissen und Dokumenten, Reinbek 1978, S. 56.

30 Walter Grupe, Fritz Reuters "Selbstbekenntnis" vom 8. November 1833, in: Fritz Reuter - Eine Festschrift zum 150. Geburtstag, Rostock 1960, S. 171 ff, s. auch den Beitrag von Arnold Hückstädt in diesem Band.

31 Fritz Reuter, Brief an den Vater, Camburg 16.03.1833, GWB, Bd. VIII, S. 54.

32 Fritz Reuter, Festungstid, a.a.0., S. 535.

33 Ebda., S. 350-352 und 382-384.

34 Fritz Reuter, Brief an Franz Rust, Demzin 26.12.1845, GWB, Bd. VIII, S. 240.

35 Arnold Hückstädt, "Irnst Boll. Dat was min Mann." Ernst Boll und Fritz Reuter - Stationen einer Freundschaft, in: Aufsätze zu Ernst Boll, in: Ernst Boll, Geschichte Meklenburgs mit besonderer Berücksichtigung der Culturgeschichte, Neubrandenburg 1855 [Nachdruck], Bd. 4, Neubrandenburg 1995, S. 80f.

36 Siehe den Beitrag von Wolfgang Beutin in diesem Band.

37 Fritz Reuter, Brief an Luise Kuntze, Treptow, Mai 1851, GWB, Bd. VIII, S. 275 f.

frühen Rostocker Protestbrief[38] gegen den Vater führte er persönliche Freunde als Kronzeugen für seinen persönlichen Selbstwert an. In der Festung wurden Freunde zur Notwendigkeit gegenseitigen seelischen Beistands der Leidensgenossen. Reuters lebenslanges Bedürfnis, wenn nicht vom Vater, so doch wenigstens von Freunden geachtet und in einer Gemeinschaft akzeptiert zu werden, hatte eine untrennbare persönliche und politische Dimension. Vor diesem Hintergrund war es Reuter in seiner Eisenacher Zeit ein großes persönliches Anliegen, "daß ich infolge meiner literarischen Tätigkeit so einen Zentralpunkt von allen Festungsgenossen abgebe",[39] eine Art Nachrichtenbörse und persönlicher Treffpunkt als Variante seiner beständigen "Art und Weise, wie ich alte Freundschaften in Ehren halte - sieh Dir nur die verschiedenen Dedikationen meiner opera an! -"[40] Für das opus "Festungstid" galt die Widmung dem engsten Kamerad aus schlimmer Magdeburger Festungszeit, Hermann Grashof, der kurz nach Erscheinen dieses Buches von Westfalen im Frühjahr 1863 nach Lübeck übersiedelte. Bleiben wir für diese Zeit beim Beispiel Lübeck,[41] denn es gab dort gleich mehrere Freunde, wenn auch einer von ihnen, der Studienfreund und spätere Lübecker Senator Hermann von der Hude, bereits gestorben war. Fritz Reuter hielt sich im Mai 1862 in Lübeck auf, bevor er ein Jahr später, im Juni 1863, nach Eisenach übersiedelte. Nach Lübeck war Reuter durch seinen ehemaligen Jenenser Bundesbruder August Wichmann zur Teilnahme an der von dem liberalen Politiker Rudolf von Bennigsen präsidierten Tagung des Deutschen Nationalvereins eingeladen worden, dessen Lübecker Komitee-Vorsitzender Wichmann war. Wichmann war Direktor der Deutschen Lebensversicherungsgesellschaft in Lübeck, von 1873-75 Vorsitzender der Lübecker Bürgerschaft und zuvor von 1871-73 Reichstagsabgeordneter der Nationalliberalen Partei. Der Nationalverein war 1859 in Frankfurt am Main zur Förderung der Einigung Deutschlands unter preußischer Führung und mit Orientierung an der Reichsverfassung von 1849 gegründet worden, und Reuter ist offenbar schon sehr frühzeitig in Neubrandenburg Mitglied geworden.[42] Er bezeichnete sich später in Eisenach zwar als "ein ziemlich indifferenter Teilnehmer"[43] in diesem Verein, übernahm aber doch einige Aktivitäten darin,

38   S.o. Anm. 28, S. 35/36.
39   Fritz Reuter, Brief an Ludwig Koenigk, Eisenach 2.6.1868, GWB, Bd. VIII, S. 651.
40   Fritz Reuter, Brief an Gisbert Freiherr von Vincke, Liebenstein 18.5.1867, ebda., S. 624.
41   Zu diversen Lübecker Einzelheiten siehe Karl Theodor Gaedertz, Reuter-Freunde in Lübeck, in: ders., Reuter-Kalender auf das Jahr 1911, S. 70 ff, auch Fotos ebda. S. 35.
42   Vgl. Fritz Reuter, Brief an den Nationalverein in Neubrandenburg, Neubrandenburg, ohne Datum, GWB, Bd. VIII, S. 350.
43   Fritz Reuter, Brief an Franz und Ernst Boll, Eisenach 2.10.1863, GWB, Bd. VIII, S. 446.

nahm auch an größeren Tagungen wie beispielsweise in Berlin teil, wo ein studentischer Verehrer den Literaten freilich nur in dessen alkoholischem "bösen Quartal" vorfand.[44] Zu seiner Lübecker Einladung jedenfalls betonte er gegenüber Wichmann seine Mitgliedschaft und erwähnte dabei sogar seine Wahlhelferrolle in Anklam "als Wühler (nicht als Wähler)".[45] Der Kongress, auf dem Reuter in einer Ansprache ein vaterländisches Erbauungsgedicht vortrug, fand mit ca. 1500 Teilnehmem in der Katharinenkirche statt, wo gleich nebenan Reuters einstiger Festungsgenosse Karl Dettmer Gymnasialprofessor des Katharineums war. Als Vertreter Mecklenburgs teilte Moritz Wiggers der Versammlung mit, "daß nicht nur der Gegensatz zwischen Democraten und Constitutionellen in Mecklenburg aufgehört, sondern daß überhaupt eine vollständige Fusion der liberalen Parteien stattgefunden habe".[46]

Neben diesem politischen Rahmen kam natürlich die private Geselligkeit nicht zu kurz. Julius Nissen, Mitinhaber des damals vor dem 25-jährigen Geschäftsjubiläum stehenden Lübecker Weinhauses Massmann und Nissen, war Reuters guter alter Bekannter, seit er 1840 den gerade aus Dömitz entlassenen Sträfling am Wegesrand ein Stück im Wagen mitgenommen hatte. Fröhliches Frühstück unter Freunden gab es bei Rudolf Karl Müller auf dem Brandenbaumer Bauernhof vor den Toren Lübecks, auf dessen väterlichen Hof in Scharpzow bei Stavenhagen Hoffmann von Fallersleben in gemütlicher Runde einst Reuter zum Schreiben ermuntert hatte.[47] Abends gings zum Essen bei Müllers Schwager Theodor Dugge in der Lübecker Innenstadt usw. usw. Der Bezug dieser Besuche zu unserem Thema ist, daß Müller und Dugge mit je einer Tochter des großen Rostocker Demokraten von 1848, Professor Karl Türk, verheiratet waren, der nun in der Duggeschen Wohnung bei seiner ältesten Tochter Auguste wohnte, weil die politische Willkürjustiz in Mecklenburg nach 1848 seine berufliche Existenz zerstört hatte und er sich keine eigene Wohnung leisten konnte. Reuter hatte, wie seine früheren Biographen berichteten,[48] als Rostocker Student im Wintersemester 1831/32 bei Professor Türk eine juristische Vorlesung belegt. Türk, der einst in seiner eigenen Bonner Studentenzeit mit Hoffmann von Fallersleben und Heinrich

---

44 Theodor Renaud, Aus meiner Studentenzeit (Erlangen und Berlin. 1861-1865.), in: Burschenschaftliche Blätter, Berlin, Nr. 6, 15.12.1908, S. 125 (enthalten im Familien-Archiv Gaedertz, Materialmappe 157, Archiv der Hansestadt Lübeck).

45 Fritz Reuter, Zwei Briefe an August Wichmann, Siedenbollentin 24.4.1862 und 5.5.1862, GWB, Bd. VIII, S. 398 f.

46 Lübeckische Blätter, Nr. 20, 18.5.1862, S. 164.

47 Hoffmann von Fallersleben, Mein Leben, Hannover 1868, Bd. 4, S. 146 f.

48 Siehe beispielsweise Hermann Elert, Fritz Reuter, Sein Leben und seine Werke, Güstrow 1874, S. 114; A. Römer, Fritz Reuter in seinem Leben und Schaffen, Berlin 1896, S. 35; Paul Warncke, Fritz Reuter - Woans hei lewt un schrewen hett, Leipzig 1899, S. 42.

Heine verkehrt hatte, war seit Juli 1852 nach 28 Dienstjahren an der Universität Rostock entlassen und im November 1856 in einem Hochverratsprozeß, bei Verlust seiner Pension, zu einer Freiheitsstrafe verurteilt worden, denn seine mutige "demokratische Richtung galt als Bescholtenheit".[49] Nun tafelte Reuter fröhlich mehrfach in Türks Nähe, sogar in der Wohnung, in der ein Zimmer Jahre später von Türks Enkeln noch "Großvaters Stube" genannt wurde.[50] Aber Reuter erwähnte ihn an keiner Stelle, nicht einmal, als er sich in Eisenach an seinen Rostocker Professor Elvers erinnerte.[51] Türk, von dem Reuter nicht nur die Juristerei, sondern vor allem eine gradlinige demokratische Haltung hätte lernen können, hätte nun in seiner Not ein Stück Solidarität und ehrendes politisches Gedenken verdient. Reuters Titelzitat zum vorliegenden Text, lebenslang Demokrat bleiben zu wollen, war erst wenige Wochen vor seinem Lübecker Besuch an seinen Freund aus Rostocker Studententagen, Julius Wiggers, geschrieben worden, weil jener seinen Rostocker Hochverratsprozeß in einem Buch beschrieb, in dem auch andere Opfer wie Türk oder Wilbrandt erwähnt wurden. Einen Tag nach seinem besagten Wiggers-Brief hatte Reuter an Adolf Wilbrandt geschrieben, dem er wegen gemeinsamer politischer Verfolgung die Freundschaft anbot,[52] aber dabei den Sohn Adolf (Reuters späterem Biographen) mit dem Vater Professor Christian Wilbrandt (dem Angeklagten im Rostocker Hochverratsprozeß) verwechselt. Es stellt sich angesichts solcher diffusen Verhaltensweisen und Kenntnisse die Frage, ob Reuters politische Freundschaften primär von politischen Motiven getragen wurden oder dabei nicht doch die primär menschliche Verbundenheit den Ausschlag gab. Bei Reuters nächstem Lübeck-Besuch im Frühjahr 1865, "gastlich aufgenommen von dem Kleeblatt Dettmer, Grashof und Wichmann",[53] gab es da keine Unklarheiten.

Den Lübecker und Mecklenburger Gesinnungsfreunden auf regionaler Ebene entsprachen dann in Eisenach seine überregionalen Kontakte. Dort "war der ganze Nationalverein bei mir, wenigstens in seinen Spitzen: Rudolph von Bennigsen, Schulze-Delitzsch, Miquel, Streit usw. usw."[54] Reuter genoß das, denn "wir sitzen hier zusammen und reden ein freies Wort".[55] Das war im November 1864,

49   Karl Türk, Die Revision des Rostocker s.g. Hochverrathsprozesses, Lübeck 1866, S. 10.

50   Carl Dugge, Erinnerungen an den Professor Dr. Carl Tuerk 1800-1887. Versuch eines Lebensbildes (unveröffentlichtes Manuskript), Rostock 1935, S. 42 (Familienarchiv Türk, Mappe Nr. 1, Archiv der Hansestadt Lübeck).

51   Reuter, Reis' nah Konstantinopel, GWB, Bd. VI, S. 252.

52   Fritz Reuter, Brief an Adolf Wilbrandt, Neubrandenburg 28.1.1862, GWB, Bd. VIII, S. 390.

53   Gaedertz, s. o. Anm. 41, S. 74.

54   Fritz Reuter, Brief an Franz Boll, Eisenach 14.11.1864, GWB, Bd. VIII, S. 520.

55   Fritz Reuter, Brief an Heinrich Gesellius, Eisenach 12.11.1864, ebda., S. 518.

also bereits im zweiten Jahr des Konflikts um die Heeresrefonn in Preußen und damit der offenen Konfrontation zwischen den Liberalen und Bismarck, der seit dem 22.9.1862 Ministerpräsident war. Sein emotionalisierendes Wort von der Lösung der großen Zeitfragen "durch Blut und Eisen" war schon gefallen (30.9.1862), die verfassungswidrige Unterdrückung der Pressefreiheit (Verordnung vom 1.6.1863) galt, und die ganze Zeit schon regierte Bismarck gegen das Parlament weil ohne einen verfassungsmäßig genehmigten Etat. "Es war ein Kampf der Stände, des Bürgertums gegen das Junkertum, es war ein Kampf um die Gestaltung der Zukunft und schließlich auch ein Kampf um das Recht."[56] Im Krieg von 1866 pflegte Reuter in seiner großherzigen Hilfsaktion die Verwundeten beider kriegführenden Seiten. In Mecklenburg wurde er dabei aktiv von Baumeister Georg Adolph Demmler unterstützt, der seinem Freund Reuter gegenüber allerdings politisch klarstellte: "Wie Du weißt, bin ich kein großer Verehrer der Erfolge und Resultate des Jahres 1866 und namentlich kein Freund der Zwangsjacke, welche der Freiheit durch die norddeutsche Bundes-Verfassung ist angelegt worden. Ich wende mich - wie immer - einem freiheitli-chen Ideal zu und will dafür meine Sympathie auch an den Tag legen..."[57] Reuter schien einverstanden: "Ja, ich teile Deine Furcht vor einer Bismarckschen und Junker-Regierung, die wird uns schwerlich erspart bleiben; aber ich glaube nicht, daß der Bismarck sich so ohne Besinnung den Junkern und Pfaffen in die Arme werfen wird...",[58] wenn es in Deutschland mittelfristig wenigstens um die Einheit ohne Freiheit ging. Dann war der Krieg von 1866 für Bismarck gewonnen, und Reuter schickte ihm "für so viel schöne Realität, die Ew. Exzellenz dem Vater-lande geschenkt haben,"[59] seine gesammelten Werke. Zu dieser "schönen Reali-tät" gehörte für ihn nicht nur der militärische Sieg, sondern auch Bismarcks An-trag im preußischen Abgeordnetenhaus, Indemnität für alle bis dahin unbewillig-ten aber gleichwohl getätigten Ausgaben seiner Regierung zu bekommen, womit er aus Reuters Sicht das Recht der Abgeordneten anerkannte.[60] "Ich bin aber mit dem Zustand der Dinge in Deutschland sehr zufrieden," kommentierte er "und muß dem gehaßten Bismarck seinen Bruch mit der Junkerpartei hoch anrech-nen."[61] Dabei schien Reuter sich auch Hoffnung für Mecklenburg zu machen:

---

56 Friedrich C. Sell, Die Tragödie des Deutschen Liberalismus, 2. Aufl. Baden-Baden 1981, S. 195.

57 Margot Krempien, Schweriner Schloßbaumeister G.A. Demmler, 1804-1886, Schwerin 1991, S. 84.

58 Fritz Reuter, Brief an Georg Adolf Demmler, Eisenach 16.7.1866, GWB, Bd. VIII, S. 572.

59 Fritz Reuter, Brief an Otto Graf von Bismarck, Eisenach 4.9.1866, ebda., S. 584.

60 Fritz Reuter, Brief an Albert Schultze, Eisenach 14.12.1866, ebda., S. 603.

61 Fritz Reuter, Brief an Fritz Peters, Eisenach 11.9.1866, ebda., S. 587.

"Mich amüsiert nichts mehr.... als das Gebaren der mecklenburgischen Junker. Dem armen Großherzog mögen die Haare schön weh tun; auf der einen Seite die renitenten kleinen Herren seines Landes, auf der anderen Seite Bismarck: die Klemme ist nicht zu unterschätzen."[62] Doch für den inzwischen "eifrigen Bismärcker" Reuter[63] verschoben sich die Prioritäten: Zu Beginn des Krieges von 1866 lagen ihm noch "Freiheit und Einigkeit in den Würfeln".[64] Zwei Jahre später war für ihn "taum wenigsten de irste Anfang dormit makt..., dat uns' Dütschland mal einig warden kann; mit de Friheit hett dat frilich woll noch lange Bein",[65] und nach dem Krieg von 1870/71 war er Gott dankbar, "daß er mir es vergönnt hat, dies glorreiche Jahr zu erleben, und daß er mir den Trost zuruft: Aus der Einheit Deutschlands wird auch die Freiheit hervorgehen",[66] aber er rechnete nicht mehr damit, das noch selber zu erleben. Und während Reuter mit leisem Vorbehalt doch einräumte, der prophetische Bismarck habe mit seinem Wort vom Blut und Eisen "wohl recht" gehabt,[67] bekräftigte sein Freund Demmler für seine Person, "am allerwenigsten Anbeter der preußischen Pickelhaube und des durch Blut und Eisen zusammengeschweißten Centralmilitärstaates"[68] zu sein. Und Reuters Freund Ludwig Reinhard hatte auch so seine Bedenken, ob Reuter, der "zu sehr" für "Bismarck eingenommen" sei, beispielsweise für ein politisches Blatt zu gewinnen sei, das nicht in die "preußische Trompete" stößt.[69]

3. Reuter und Ritterschaft

Reuters versöhnliche Annäherung an Bismarck blieb von gleichbleibend unversöhnlicher Polemik gegen die Junker begleitet. Und schon die willkürliche Textverstümmelung von Gaedertz und Weltzien in dem besagten Brief an Wiggers in unserem Titelzitat betraf auch eine zweite dort weggelassene Textstelle, nämlich "für die Niederlage der Feudalen," womit Reuter erläuterte, "was *uns* not tut".[70] Auch in Eisenach (Febr. 1864) bekräftigte er, welchen zentralen Stellenwert dieses Thema in seinem Herzen und in seinem literarischen Gesamtwerk einnahm, als er einmal seine erfolgreichen größeren Werke als seine verschiedenen Kinder

---

62   Fritz Reuter, Brief an Hermann Grashof, Eisenach 19.9.1866, ebda., S. 589. Vgl. ders., Brief an Franz und Ernst Boll, Eisenach 5.10.1866, ebda., S. 594.
63   Fritz Reuter, Brief vom 5.10.1866, vgl. Anm. 62.
64   Fritz Reuter, Brief an Albert Schultze, vgl. Anm. 60, S. 602.
65   Fritz Reuter, Brief an den Plattdütschen Verein in Zürich, Eisenach 17.1.1868, GWB, Bd. VIII, S. 642.
66   Fritz Reuter, Brief an Franz Boll, Eisenach 15.7.1871, ebda.,S. 697.
67   Fritz Reuter, Brief an Wilhelm Mayer, Eisenach 22.8.1872, ebda., S. 707.
68   Krempien, Demmler (Anm. 57), S. 87.
69   Reinhards Brief (Coburg, 16.1.1868) an Demmler, Blatt 24 einer Briefe-Sammlung im Reuter-Museum Stavenhagen.
70   S. o. Anm. 21 u. 22.

charakterisierte und dabei zu seinem "düstern Gast" anmerkte: "Un mit Di ward't ok woll mal beter. - Du büst doch min Best! - Du büst min leiw »Kein Hüsung«."[71] Ein paar Monate später (Juli 1864) sollte als nächste Aufgabe die orthographische Umarbeitung "von min bestes Bauk sin, von »Kein Hüsung«", danach sollte die "Urgeschicht von Meckelnborg" oder "Dörchläuchting" folgen.[72]

Das sozialkritische Element war von Anfang an in Reuters schriftstellerischer Tätigkeit enthalten. In seinem satirischen "Gräflichen Geburtstag" (1846/47)[73] deutete er an, in welcher politischen, geistig scharfsinnigen Umgebung (Ludwig Reinhard, Adolf Glaßbrenner) er sich zunächst bewegte. Etwa zur gleichen Zeit brachte er mit dem Gutsbesitzer Pomuchelskopp in seinem Hakensterz-Fragment (1847-50) auch ernste sozialkritische Töne ein. Als Redakteur des "Unterhaltungsblatts für beide Mecklenburg und Pommern" (1855/56) ermunterte er sich und andere zu sozialer Kritik.[74] Mit "Kein Hüsung" (1857), das er "mit meinem Herzblut" schrieb,[75] lud er sich dann "das ganze Wespennest des mecklenburgischen Junkertums auf den Hals".[76] Und die von Samuel Schnelle schon 1847 angeprangerten "Heimatverhältnisse"[77] illustrierte Reuter 1862 an einem unmenschlich tragischen Einzelfall,[78] dessen Hauptakteur bzw. Opfer Krischan Schult hieß.

Wir begegnen Krischan Schult wieder als aufmüpfigem Demokraten in Reuters "Urgeschicht von Meckelnborg". Die "Originalität der Idee" sah Reuter 1860 in der frischen Satire, mit der er "unsere sozialen, politischen und kirchlichen Zu-

---

71   Fritz Reuter, Brief an Gärtner (Rom), Eisenach Febr. 1864, in: Weltzien (Anm. 21), S. 542. (Der Brief ist bei Batt in GWB, Bd. VIII nicht vorhanden.) Vgl. Gaedertz (Anm. 22), S. 145.

72   Fritz Reuter, Brief an Carsten Hinrich Waltjen, Eisenach 23.7.1864, GWB, Bd. VIII, S. 488.

73   Die Feier des Geburtstages der regierenden Frau Gräfin, wie sie am 29. u. 30. Mai 1842 in der Begüterung vor sich ging, Teil 1, in: Mecklenburgisches Volksbuch für das Jahr 1846, Hamburg 1846, S. 136 ff, Teil 2, in: W. Raabe (Hrsg.), Meklenburg. Ein Jahrbuch für alle Stände, Jg. 1847, Hamburg 1847, S. 171 ff; vgl. GWB, Bd. 1, S. 243 ff.

74   Vgl. Nachbemerkung von Arnold Hückstädt zum Reprint (Rostock 1989) des Unterhaltungsblatt für beide Mecklenburg und Pommern (Red. Fritz Reuter, Neubrandenburg 1855/56), S. II.

75   Fritz Reuter, Brief an Warnitz, Neubrandenburg 7.12.1856, GWB, Bd. VIII, S. 302.

76   Fritz Reuter, Brief an F.H. Mertens, Neubrandenburg 16.12.1859, ebda., S. 349.

77   S. Schnelle, Die Heimathsverhältnisse in Mecklenburg, in: W. Raabe (Hrsg.), Meklenburg. Ein Jahrbuch für alle Stände, Jg. 1847 (Anm. 73), S. 211 ff.

78   Vgl. den Brief an Adolf Wilbrandt, Neubrandenburg 7.12.1862, GWB, Bd. VIII, S.406. Vgl. Gaedertz, Bd.3 (Anm 22), S.78 ff. Die Erzählung "Ein Heimatloser in Mecklenburg" in GWB, Bd. VII, S. 594 ff.

stände" aufspießen wollte bis hin zum Risiko, "ob es verboten werden wird".[79] So wollte er lieber eine vorzeitige Öffentlichkeit 1862 vermeiden, weil er fürchtete, daß dies "die gegeißelten Machthaber aufmerksam machen könnte und daß man mir das Kind in der Wiege erwürgen könnte", da er doch "sehr rücksichtslos die Schäden der Junker- und Bürgermeister-Wirtschaft in unserem guten Vaterlande aufdecken" wollte und er derzeit "in ungeheurer Heiterkeit daran arbeitete", doch "ich will's nicht übereilen, da ja noch - Gott sei Dank! - tagtäglich wunderschöne Staatsalbernheiten bei uns passieren".[80] So lag ihm hier ein Thema "auf der Seele", mit dem er seinen Mecklenburgern "gehörig Spaß machen" wollte und "worin ich denn unserer Ritter- und Landschaft wie auch Serenissimo und Hochdero Regierung und dem Herrn Oberkirchenrat Kliefoth allerlei ganz gehorsamste Späßchen vorzumachen"[81] gedachte. Vor dieser anvisierten Konfrontation beschrieb er die Dinge am Beispiel der Revolution von 1848 in seiner "Stromtid" (III. Teil, Kapitel 35 ff) eher noch humorvoll distanziert.[82] Bald nach seinem Umzug nach Eisenach aber wollte er energisch weiter: "Von nun an werde ich mich mit Macht auf den letzten Teil der »Stromtid« stürzen und dann ernstlich die »Urgeschichte von Mecklenburg« in Angriff nehmen, um so mehr, als mir kompetente Leute hier gesagt haben, daß dies das Bedeutendste von meinen Arbeiten werden wird. Neu ist es wenigstens, wir Deutschen haben bisher keine politische Satire."[83] Letzteres sagte freilich mehr über sein derzeitiges Selbstvertrauen als über einen angeblichen Mangel an Satiren aus.

Ende 1863 kam Reuter in Eisenach so richtig in Stimmung wegen der sich in Mecklenburg anbahnenden "Einführung der ritterschaftlichen Prügel - für mich ein unschätzbarer Beitrag zu meiner Urgeschichte!"[84] Und kampflustig kündigte er seinem Mecklenburger Freund Fritz Peters, "der kein Pomuchelskopp ist", an, "wenn man die Landtagsverhandlungen über den Tagelöhnerzwang und über die Prügelstrafe, wenn man über die Teufelsverhandlungen in den Synoden liest, dann will Mecklenburg es selbst. Also, teures Vaterland, du sollst es haben!"[85] Und während er in Eisenach in jenen Tagen öffentlich gepoltert haben soll, man sollte

79 Fritz Reuters Brief an Eduard Hobein, o.O., November 1860, GWB, Bd. VIII, S.360.

80 Fritz Reuter, Brief vom 7.12.1862, s.o. Anm. 78, S. 406 f.

81 Fritz Reuter, Brief an Adolf Wilbrandt, Neubrandenburg 28.1.1862, GWB, Bd. VIII, S. 390 f.

82 Vgl. Wolfgang Lindow, Die bürgerliche Revolution 1848-1849 im Spiegel der "Stromtid". Ein Kapitel Literatursoziologie im Niederdeutschen, in: Ztschr. Carolinum, Nr. 68/69, Göttingen 1974, S. 17 ff.

83 Fritz Reuter, Brief an Fritz Peters, Eisenach 21.9.1863, GWB, Bd. VIII, S. 439.

84 Fritz Reuter, Brief an Julius Wiggers, Eisenach 20.12.1863, GWB, Bd. VIII, S. 461.

85 Fritz Reuter, Brief an Fritz Peters, Eisenach 18.12.1863, ebda. S. 460; Reuter bat auch die Brüder Boll um satirisch verwendbare "Mecklenburgica" für seine Urgeschicht, siehe den Brief vom 17.8.1864, ebd. S. 502.

doch "der nichtswürdigen Aristokratenbrut die Köpfe abschlagen"[86] und er gegenüber seinem alten Festungsgenossen Wilhelm Wolff so tat, als warte er "nun schon an die dreißig Jahr ... auf eine tüchtige Revolution",[87] thematisierte er fern von Mecklenburg weiterhin "unser leibeigenes Vaterland"[88] und hielt es bald, im August 1864, nur noch für "sehr unwahrscheinlich, daß ich mich wieder in dem Rayon der Röhrchenhiebe seßhaft machen werde; der Teufel könnte sein Spiel haben und meine Freunde, die Junker und Pomuchelsköppe, verführen, daß sie die Prügelstrafe auf das Volk der Literaten ausdehnten".[89]

Letzteres mag Reuter ironisch gemeint haben, doch hätte er wegen "des oberflächlichsten liberalistischen Raisonnements"[90] (so ein regierungsoffizieller Text) auch außerhalb eines Gutsbezirks vielleicht doch Recht haben können, etwa beim Rostocker Polizeipräsidenten Senator Dr. Blanck, der eine öffentliche Reuter-Lesung des Rezitators Karl Kraepelin untersagte, ansonsten seinem Spitznamen "Prügel-Blanck" dienstlich durchaus gerecht wurde und Rostocker Mitglieder des in Mecklenburg-Schwerin verbotenen Nationalvereins für ihre bloße Mitgliedschaft mit einer Geldstrafe von mindestens 5 Talern belegte, was auf dem Lande dem juristischen Gegenwert von 25 Prügelhieben entsprach.[91] In diesen "Mecklenburger Zuständen" meinte Reuter im August 1864 eine für seine "Urgeschicht" günstige "ganz gehörige Gärung unter dem Volke" ausgemacht zu haben: "Es wäre vielleicht also ein günstiger Moment, wenn so'n bißchen Satire in den Hexenkessel hineingeworfen würde."[92] Die Brüder Julius und Moritz Wiggers hatten das soeben mit einem anonymen Flugblatt in Rostock getan.[93]

Man könnte somit meinen, Reuter strebe nach eigener Einschätzung in der Kombination von sozialer Empörung und scharfem Witz nun unaufhaltsam seinem politisch-literarischen Höhepunkt zu, - "aber da hapert's, ich bin verdrießlich darüber, daß ich die dumme Urgeschichte angefangen habe; ich habe nicht bedacht, daß eine Satire notwendig ihre Schärfe haben muß und daß Mäßigung in derselben soviel wie Lahmheit bedeutet. Ich habe nun etwas schärfer geschrieben und sehe nun zu meinem Erstaunen, daß Hinstorff und ich das Ding nicht herausgeben können, er, weil ihm sein Verlag verboten werden, ich, weil mir Mecklenburg für

86   Kurt Batt, Fritz Reuter - Leben und Werk, s.o. Anm. 11, S. 340.
87   Fritz Reuter, Brief an Wilhelm Wolff, Eisenach 12.1.1864, GWB, Bd. VIII, S. 467.
88   Fritz Reuter, Brief an Viktor Siemerling, Franz Boll, Ernst Boll, Ludwig Brückner, Eisenach 28.5.1864, ebda., S. 484.
89   Fritz Reuter, Brief an Sophie Weber geb. Saniter, Eisenach 9.8.1864, ebda., S. 496.
90   Drei Jahre in der Unterwelt (Anm. 13), S. 42.
91   Ebda. S. 32, 54, 62, 67 f, 81, 112 ff, 115 ff etc.
92   Fritz Reuter, Brief an Julian Schmidt, Eisenach 19.8.1864, GWB, Bd. VIII, S. 505.
93   Drei Jahre in der Unterwelt (Anm. 13), S. 88 ff, 106. Julius Wiggers, Aus meinem Leben (Anm. 23), S. 230 ff.

immer zugenagelt werden kann. Das wäre doch für beide Teile sehr verdrießlich; vor Jahren wäre mir das sehr gleichgültig gewesen, aber mit grauen Haaren sehnt man sich doch ab und an, das Land seiner Jugend wiederzusehen und dort in Frieden seine Tage zu beschließen."[94] Reuter hatte die "notwendige Schärfe" im Text der "Urgeschichte" bereits bis zur Benennung des Güstrower Arbeitshauses (in das der reale Krischan Schult eingewiesen worden war) vorangetrieben, aber das vielzitierte Thema "Prügelstrafe" noch gar nicht eingebaut. Da hörte er schon auf die Mahnung seiner Hinstorffschen Hofbuchhandlung und ließ davon ab. Das war im Dezember 1864. Kurz zuvor hatte er etwas wehmütig in einem Brief erwähnt, daß er gerade auf 54 Jahre gealtert war, wie er es empfand. Und nur wenige Monate später (März 1865) nach einer Reise nach Mecklenburg und Lübeck, stellte er rückblickend fest, "ick heww tau vele Tid mit Reisen un mit de Bearbeitung von 'ne lustige meckelnbörgsche Urgeschicht vertrödelt, de ick nu doch tauletzt heww bisid smiten müßt, indem dat sei mi in minen Vaderlan'n eklich würden up de Fingern kloppt hewwen, wenn ick dormit tau'm Vörschin kamen wir. Ick bün nu äwer all en ollen Kirl un mag mi in minen ollen Dagen keine Lüs' mihr in den Pelz setten, will von politische Unnersäukungen un Preßspektakel nicks mihr weiten, dorüm heww ick dat Ding bisid smeten un heww leiwerst en nigen Deil von de ollen Kamellen anfungen, den ick unner den Titel »Dörchläuchting« heute gewen ward un de von einen ollen Dörchläuchten Hertog von Meckelnborg handelt un spaßig warden kann."[95] Und eine zeitgenössische, in Mecklenburg verbotene Streitschrift von 1864 gegen die Prügelstrafe blieb in Reuters Eisenacher Hausbibliothek[96] bis heute erkennbar ungelesen.

In der "Urgeschicht" hatte Reuter noch politisch mit den Worten Krischan Schults formuliert, "wat wi richtigen Demokraten sünd, wi fegen nich blot vör uns' eigen Dören, wi fegen ok girn vör frömde Dören".[97] Nun kehrte er literarisch zu der Haltung zurück, die er darin selbst mit einem Faust-Zitat kennzeichnete: "Greif nur hinein ins volle Menschenleben, und wo ihr's packt, da ist's interessant."[98] Im Originaltext sind das die Worte der sog. "Lustigen Person", die sogleich erläutert, wie es gemeint ist: "In bunten Bildern wenig Klarheit, Viel Irrtum und ein Fünkchen Wahrheit, So wird der beste Trank gebraut"...[99] Also griff Reuter hinein in

94   Fritz Reuter, Brief an Eduard Quandt, Eisenach 4.12.1864, GWB, Bd. VIII, S. 522 f.
95   Fritz Reuter, Brief an Carsten Hinrich Weltjen, Eisenach 18.3.1865, ebda. S. 530.
96   Die Wiederherstellung der Leibeigenschaft in Mecklenburg, 2. Aufl., Verlag F. Streit, Coburg 1864. Das Exemplar (Nr. 1303) ist unaufgeschnitten, siehe Bibliothek in der Eisenacher Reuter-Villa. Vgl. Drei Jahre in der Unterwelt (Anm. 13), S. 110, 112.
97   Reuter, Urgeschicht von Meckelnborg, GWB, Bd. VII, S. 90
98   Fritz Reuter, Brief an Heinrich von Schuckmann, Eisenach 3.1.1868, GWB, Bd. VIII, S. 641.
99   Goethes Faust, Erster Teil, Vorspiel auf dem Theater.

die "aschgraue Zeit des vorigen Jahrhunderts"[100] in Mecklenburg-Strelitz und braute lustig seinen "Dörchläuchting", "wo vel von Roman de Red' is un wenig von Geschicht, ward allens schön dörchenanner mölen"...[101] und wohl bekomms. "Unglücklich das Land, das keine Helden hat!", mußte sich Galilei (lt. Brecht) nach seinem Zurückweichen vor der Inquisition von seinem enttäuschten Schüler vorwerfen lassen. Galileis Antwort: "Nein. Unglücklich das Land, das Helden nötig hat."[102] Mecklenburger Demokraten, die mutiger waren, politisch konkreter handelten und geistig klarer sahen als Reuter, zahlten einen entsprechend hohen Preis. Mit den hier schon erwähnten Namen Glaßbrenner, Reinhard, Wiggers, Türk, Demmler usw. sind persönliche Schicksale wie Gefängnis, Berufsverbot, Pressezensur, politische Willkürjustiz, Ausweisung, Publikationsverbot usw. verbunden. Und Reuters Festungserlebnis steckte ihm offenbar immer noch in den Knochen. Unglücklich das Land, das Helden nötig hat.

Demokraten, so sagte Krischan Schult in der "Urgeschicht", "sünd wi All, as wi hier gebacken und geburen sünd; blot de verfluchten Hun'n hewwen nich de Kurasch', dat grad' ut tau seggen".[103] Von der menschlichen Mühsal, Courage aufzubringen, wußte auch Reuter. Doch er war Demokrat, weil er es sein und bleiben wollte. In seiner Zeit, in der man nicht gerade in eine Demokratie hineingeboren wurde, war das viel. Hätte Reuter, wie Jehann in "Kein Hüsung", einen Sohn gehabt, so wäre auch für ihn sein letztes Wort gewesen, "fri sall hei sin!"

---

100   Fritz Reuter, Brief an Gisbert Freiherr v. Vincke, s.o. Anm. 40, S. 625.

101   Reuter, Dörchläuchting (Vorrede), GWB, Bd. VI, S. 8.

102   Bert Brecht, Leben des Galilei, 13. Szene.

103   Reuter, Urgeschicht von Meckelnborg, GWB, Bd. VII, S. 85.

Diskussion des Beitrages von Klaus Lüders

Beutin sieht die - nach seiner Ansicht - grundsätzliche Frage, ob Fritz Reuter seinen politischen Idealen treu geblieben sei, auch durch Lüders nicht eindeutig beantwortet. *Lüders* bezieht sich daraufhin auf einen in Stavenhagen liegenden Schriftwechsel zwischen Demmler und Reinhard. Beide sagen darin, daß Fritz Reuter politisch zwar nicht so weit wie sie gegangen sei, aber immer eindeutig Stellung bezogen habe. Nach *Lüders* habe sich Reuter niemals gescheut, sich als Demokrat zu bezeichnen. Sicher habe er nicht mehr in studentischer Manier Farben getragen oder sich sonstwie politisch exponiert. Aber sein Leben lang sei er standhaft, aufrichtig, kameradschaftlich und hilfsbereit gewesen. Das hätten erneut die Protokolle über sein Verhalten als Student im Disziplinarverfahren und im Strafverfahren ebenso wie später vor den preußischen Behörden bestätigt. Unglückliche Folgen hätte seine väterliche Erziehung und jahrelange Festungshaft für ihn gehabt, und dies erkläre einige Brüche. Alle Freunde aus der Festungszeit hätten in ihrer Biographie Brüche erlitten: einige mußten auswandern, andere trafen berufliche oder gesundheitliche Folgen. Ebenso hätten seine späteren politischen Freunde, wie Demmler, berufliche Nachteile gehabt. Das sei Reuter bis auf die gesundheitlichen Folgen zwar erspart geblieben, aber er hätte immer treu zu den alten Freunden gestanden. *Suhrbier* unterstreicht: Reuter sei kein Mensch der Tat gewesen, aber er hätte als Schriftsteller Mut bewiesen und damit nicht weniger als seine Freunde bewirkt. Er habe auf seine Weise "Farbe gehalten". *Günther* trägt die von der jüngsten Tochter des mit Reuter eng befreundeten Kirchenrats Stier überlieferte Anekdote bei: 1868 seien sie gemeinsam ins Manöver gefahren. Reuter sei nur mitgefahren, weil er erfahren habe, daß der Großherzog das Manöver aufsuche. Tatsächlich sei ihnen die großherzogliche Kutsche entgegengekommen, Reuter habe ehrerbietig den Hut geschwenkt. Beim Vorbeifahren hätten sie dann aber gemerkt, daß der Großherzog nicht darin saß. Daraufhin habe Luise erklärt: "Ei, ei, was ist aus dem alten Demokraten geworden!" Fritz Reuter habe geschwiegen.

Rösler sieht in dem nicht gedruckten Teil der "Lütte Gaw" Reuters stärkstes Bekenntnis im Alter zu den lebenslangen demokratischen Idealen. Ein Kämpfer sei er nie gewesen, bezeichnend sei, daß er nicht auf den vollständigen Abdruck seines Gedichts bestanden hätte. *Bunners* warnt davor, Reuter zu vollkommen als Demokrat in Anspruch zu nehmen. Politisch habe für ihn in den letzten 10 Jahren seines Lebens die nationale Einigung im Vordergrund gestanden. Hinsichtlich der demokratischen Ideale habe Reuter manche Zugeständnisse an die Gegebenheiten der Zeit gemacht. Man sollte sich davor hüten, das Schema Reuter als Humoristen durch eine neue Schablone des Demokraten Reuter auszuwechseln. *Suhrbier* räumt ein, daß die Widersprüchlichkeit der Zeit sich in vielen Widersprüchen in Reuters Entwicklung widerspiegele. Die von Reuter seit der Studentenzeit verfolgte nationale Einheit sei erreicht worden, die allgemeine persönliche Freiheit und die Demokratie nur teilweise.

Rudnik wünscht sich mehr Gerechtigkeit für Reuter als Schriftsteller: Schriftsteller solle man generell an ihren Werken so wie sie vorliegen, und nicht an späteren Werkfassungen oder der politischen Lebensgeschichte des Autors messen. Die Widersprüchlichkeit der Zeit dürfe nicht in die Werke interpretiert werden. *Davis* hält es für bedenklich, wenn man die Begriffe des Demokraten oder Kommunisten statisch fasse. Die Kategorien seien inhaltlichen Wandlungen unterworfen. Und wenn Reuters Haltung sich ändere, so müsse man zunächst fragen, was sich in der zugrundeliegenden politischen Auffassung verändert habe.

Abschließend weist *Lüders* auf die verschiedenen sich stärker ergänzenden als widersprüchlichen Züge in Reuters Bild hin: sein soziales Engagement, seine politische Mitmenschlichkeit (einschließlich der Kriegsgedichte, in denen er nicht vergesse zu bemerken, daß jeder Heldentod eine Familienkatastrophe zu Hause ist), seine demokratischen Ideale und seine nationale Begeisterung. Reuter habe die politische Realität nicht wie Ludwig Reinhard analysiert. Er habe nicht die Aporie im Liberalismus zwischen dem politischen Freiheitsideal und den sozialen Reformen erkannt. Reuter sei eben Schriftsteller gewesen, und von diesem könne man nicht dieselben Einsichten wie von einem Politiker erwarten. In dem ihm möglichen Rahmen habe er "immer Farbe gehalten".

Christa Rudnik

Weimar -
Stapelort der niederdeutschen Dichtkunst Fritz Reuters

In einem Brief an Karl Friedrich Zelter vom 11. März 1824 nennt Goethe Weimar den "eigentlichen Stapelort deutscher Dichtkunst", eine Formulierung, die Freunde gebraucht hatten, als sie ihn um einen Beitrag von Tischliedern baten, um die Geburtstagsfeier des Staatsrats Albrecht Daniel Thaer ausgestalten zu können.[1] Dieser "Stapelort deutscher Dichtkunst" sollte 70 Jahre später auch zum Stapelort niederdeutscher Dichtkunst werden.

Als Fritz Reuters Ehefrau Luise 1894 in Eisenach starb - 20 Jahre nach dem zu dieser Zeit längst in ganz Deutschland berühmten Dichter -, ging neben der Villa, dem Grundstück, der Bibliothek und anderer beweglicher Habe auch ein großer Teil des handschriftlichen Nachlasses Fritz Reuters in den Besitz der Deutschen Schillerstiftung in Weimar über. Während Grundstück, Villa und Inventar an die Stadt Eisenach verkauft werden konnten, blieb der literarische Nachlaß Eigentum der Deutschen Schillerstiftung, die ihn als Depositum dem Goethe- und Schiller-Archiv als dem erst wenige Jahre zuvor entstandenen ersten deutschen Literaturarchiv übergab.

Aus den Akten der Deutschen Schillerstiftung und den Unterlagen des Goethe- und Schiller-Archivs lassen sich die Modalitäten der Übergabe sowie einer vorläufigen Erschließung und Benutzung gut rekonstruieren.[2] Die Reuter-Erben, die im literarischen Nachlaß Fritz Reuters noch manch Ungedrucktes vermuteten, wollten zunächst, daß nur Handschriften von bereits gedruckten Werken ins Archiv gegeben würden, nachdem sie die Idee wieder aufgegeben hatten, die bereits veröffentlichten Manuskripte unter sich - sozusagen als Memorialstücke - zu verteilen. Verständlicherweise erhofften die Erben sich durch Veröffentlichung nachgelassener Schriften einen Gewinn. In Verhandlungen des Rechtsvertreters der Reuter-Erben, Curt Walther, mit der Deutschen Schillerstiftung einerseits und dem Goethe- und Schiller-Archiv andererseits kam man schließlich überein, den literarischen Nachlaß nicht zu trennen, sondern ihn sofort nach Übergabe im Archiv inventarisieren zu lassen. Für eine vorgesehene Veröffentlichung von Ungedrucktem sollte das Archiv Abschriften zur Verfügung stellen.[3] So wurden am

---

1   Vgl. Weimarer Ausgabe der Werke, Tagebücher und Briefe Goethes (WA) IV, 38, S. 73.
2   Vgl. GSA 134/107,8 und 108,1; GSA, Institutsarchiv. Bestand GSA alt, Nr. 153 I.
3   Vgl. den Schriftwechsel in: GSA 134/108,1.

28. Oktober 1894 zunächst die literarischen Werke und die persönlichen Papiere Fritz Reuters ans Goethe- und Schiller-Archiv übergeben.[4]

Der Germanist Franz Sandvoß inventarisierte den Nachlaß in kurzer Zeit und konnte schon im Februar 1895 in einem umfassenden Bericht feststellen, daß von einem "nennenswerten literarischen Nachlaß nicht die Rede sein kann",[5] d. h., daß fast alles schon gedruckt sei. Der Bericht von Sandvoß liegt übrigens als Anreicherung im Nachlaß Fritz Reuters selbst. Er ist eine umfassende, interessante Arbeit, die auch heute noch manche Aufschlüsse geben kann. Nach der Feststellung von Sandvoß verzichteten die Erben schließlich auf die "Verwertung des Ungedruckten".[6]

Der zweite Teil des Nachlasses wurde am 27. Januar 1896 ebenfalls von der Deutschen Schillerstiftung als Depositum an das Archiv übergeben.[7] Er enthält im wesentlichen Briefwechsel - vor allem eine große Anzahl von Briefen Fritz Reuters und Luises Briefwechsel sowie Sammlungsstücke und Zeitungsberichte aus der Zeit nach Reuters Tod.

Unter den verschiedenen Erwerbungen, die in der Folgezeit aus Privatbesitz oder von Auktionen hinzukamen, sei besonders auf Briefe Fritz Reuters an seine Verleger und Buchhändler hingewiesen, speziell auf die 14 Briefe an Erhard Quandt, die schon 1908 ins Archiv kamen. Den bedeutendsten Zugang erfuhr das Goethe- und Schiller-Archiv jedoch 1995, als es einen Teilnachlaß des Vaters, des Bürgermeisters Georg Johann Reuter, aus Privatbesitz erwerben konnte. Sein besonderer Wert besteht darin, daß er zahlreiche frühe Briefe Fritz Reuters und vor allem Briefe aus der Festungszeit an seinen Vater enthält.[8] Hinzu kommen persönliche Papiere wie Zeugnisse und das Testament des Dichters.

Die Erschließung des Nachlasses im Archiv erfolgte in zwei zeitlich weit auseinanderliegenden Etappen. Am Anfang stand die Inventarisierung der Werke durch Franz Sandvoß als eine Art Bestandsaufnahme. Sie führte noch nicht zur heutigen Ordnung. Zur zweiten Etappe der Erschließung kam es im Zusammenhang mit den umfangreichen Ordnungs- und Verzeichnungsarbeiten, die Mitte der 50er Jahre im Archiv einsetzten und die 1957 zu einem vorläufigen Findbuch führten. Findbücher sind Findhilfsmittel zum internen Gebrauch für den Benutzer des Archivs, wie sie in diesen Jahren für die wichtigsten Bestände angefertigt wurden. Zusammengefaßt gingen die Ergebnisse dieser in relativ kurzer Zeit erfolgten Er-

---

4   Ebd., Bl 20.
5   Ebd., Bl 25 Rs.
6   Vgl. GSA 77/IV, 8 Bl 1 ff.
7   Vgl. GSA, Institutsarchiv, Bestand GSA alt, Nr. 153 I Bl 16 ff.
8   Sie sind zum größten Teil gedruckt in: Briefe von Fritz Reuter an seinen Vater aus der Schüler-, Studenten- und Festungszeit (1827-1841). Hrsg. von Franz Engel. 2 Bde., Braunschweig 1896.

schließungsarbeiten in das 1961 veröffentlichte Bestandsverzeichnis des Goethe- und Schiller-Archivs ein.[9]

Vor kurzem wurden nun die Neuerwerbungen der letzten zwei Jahrzehnte - insbesondere auch der Teilnachlaß Georg Johann Reuters - in den Bestand eingearbeitet und im Findbuch verzeichnet. Natürlich ist ein solches Findbuch vorläufig, da es ständig durch neue Erkenntnisse und Hinweise von Spezialisten ergänzt wird, weshalb es in den Findbüchern immer wieder Korrekturen gibt. Die Erstellung sogenannter endgültiger Findbücher mit großer Verzeichnungsintensität, wie z. B. mit Nachweis der Überlieferungsformen und des Druckortes, wird für alle Bestände angestrebt und ist bereits für einige Nachlässe geleistet worden. Da eine solche Verzeichnung intensive Recherchen erfordert, wird sie bei fast 150 Nachlässen, die das Archiv besitzt, für den Nachlaß Fritz Reuters in nächster Zeit nicht zu verwirklichen sein.

Nun einige Worte zur Arbeit im Archiv. Archive haben ihre besonderen Ordnungs- und Verzeichnungsmethoden[10], auch ihre besondere Terminologie, die dem Außenstehenden nicht immer vertraut ist. Aus diesem Grunde seien hierzu an dieser Stelle ein paar Erläuterungen gegeben: Der Nachlaß wird im Archiv zum Bestand. Wenn in einem solchen Bestand Nachlässe oder Teilnachlässe mehrerer Personen (in der Regel enger Familienangehöriger) überliefert sind, wird ein Familienbestand gebildet. Manchmal ist die Entscheidung schwierig, ob es sich in dem einen oder anderen Fall um einen persönlichen Bestand des Dichters handelt, der *auch* einige Familienpapiere enthält, oder ob ein Familienbestand zu bilden ist, weil von einzelnen Familienangehörigen umfangreiche Teilnachlässe da sind oder weil sie selber von ihrer Bedeutung her die Bildung eines Teilbestandes rechtfertigen. Wir haben uns im Fall Fritz Reuter in neuester Zeit für die Bildung eines Familienbestandes entschieden, weil der Anteil des Briefnachlasses von *Luise Reuter* beträchtlich ist und der Teilnachlaß des Bürgermeisters *Georg Johann Reuter*, der, wie bereits erwähnt, vor zwei Jahren hinzukam, dies doppelt rechtfertigt. Der Familienbestand heißt also REUTER, wichtigster Teil ist natürlich der Bestand des Hauptnachlassers *Fritz Reuter*. Das Zitieren wird von dieser Entscheidung übrigens nicht berührt, denn für den Bestandsnamen steht nach wie vor die Ziffer 77.

Die Archivbestände - auch die Teilbestände - sind nach einer inneren Ordnung gegliedert. Bei Schriftstellern spielen naturgemäß die *Werke* die Hauptrolle, sie stehen deshalb immer am Anfang. Es folgt die Ordnungsgruppe *Eingegangene*

9   Goethe und Schiller-Archiv. Bestandsverzeichnis. Bearbeitet von Karl-Heinz Hahn. Weimar 1961.

10 Vgl. Bestandserschließung im Literaturarchiv. Arbeitsgrundsätze des Goethe- und Schiller-Archivs in Weimar. Hrsg. von Gerhard Schmid. München. New Providence. London. Paris 1996.

Briefe,[11] d. h. Briefe an den Bestandsbildner. Diese Gruppe ist normalerweise umfangreich, so auch bei Reuter, im Gegensatz zu den nun folgenden *Ausgegangenen Briefen*, die - soweit es sich um Ausfertigungen handelt, was ja der Normalfall ist - provenienzmäßig in den Nachlässen der Empfänger zu suchen sind. Wenn sie sich trotzdem im Bestand befinden, z. B. durch Erwerbungen, so wird von Anreicherungen gesprochen. Im weiteren folgen die Ordnungsgruppen *Tagebücher, Geschäftlich-berufliche und persönliche Unterlagen* und schließlich *Sammlungs- und Erinnerungsstücke*.

Nach dieser archivarischen Vorrede nun endlich zur allgemeinen Inhaltsbeschreibung des Bestandes REUTER.

Betrachten wir den Teilnachlaß *Fritz Reuter*, so ist festzustellen, daß die Werkmanuskripte den größten Teil des Nachlasses und bezogen auf den Gesamtbestand REUTER etwa ein Drittel des Umfangs bilden. Von frühen Gelegenheitsgedichten, aber auch von früheren umfangreicheren Versdichtungen wie "Hanne Nüte un de lütte Pudel" oder dem hochdeutschen Epos "Der Ort war schauerlich" und manch anderem Werk der vorthüringischen Zeit sind oft nur Manuskriptteile - sowohl von Reinschriften als auch von Konzepten - vorhanden. Die großen Prosawerke der Spätzeit hingegen sind meist als vollständige Reinschriften, die z. T. als Druckvorlagen erkennbar sind, überliefert.

Besonders umfangreich ist erwartungsgemäß die Ordnungsgruppe *Eingegangene Briefe*. Es sind etwa 640 Briefe von über 360 Absendern an Fritz Reuter nachgewiesen. Unter den Absendern befinden sich ehemalige Festungskameraden, so Hermann Grashoff, Wilhelm Schultheiß, Franz Rudolf Wachsmuth, Wilhelm Wolff, und politische Freunde der 48er Jahre wie Ludwig Reinhard, Georg Adolf Demmler und Julius Wiggers. Schließlich sind Verleger und Herausgeber wie Detloff-Carl Hinstorff, Karl Theodor Kunicke, Erhard Quandt und der Schriftstellerkollege Adolf Wilbrandt sowie selbstverständlich auch die für Reuter sehr wichtigen Brüder Ernst und Franz Christian Boll zu nennen.

Ausgegangene Briefe sind sehr wenige im Bestand, denn sie liegen, wie schon gesagt, normalerweise im Nachlaß des Empfängers. Da wir glücklicherweise einen Familienbestand besitzen, sind auch 20 Briefe Reuters an Luise vorhanden und vor allem 136 im Teilnachlaß des Vaters überlieferte Briefe Fritz Reuters aus der Zeit von 1827 bis 1841. Hinzu kommen 14 Briefe an den Buchhändler Erhard Quandt, 1 Brief an den Verleger Detloff-Carl Hinstorff und 4 Briefe an Karl Theodor Kunicke, um nur die wichtigsten zu nennen. Außerdem sind Briefkonzepte an so bedeutende Empfänger wie Ernst Moritz Arndt und den Großherzog

---

11   In vielen Findbüchern, so auch bei Reuter, sind die Formulierungen noch nicht einheitlich, so steht dort statt *Eingegangene Briefe*: Briefe an Fritz Reuter von Verschiedenen. Erst bei den Neuzugängen am Ende des Findbuchs wird die konsequente Durchführung der Ordnungs- und Verzeichnungsgrundsätze sichtbar.

Friedrich Franz II. von Mecklenburg-Schwerin überliefert. Alles in allem sind im Goethe- und Schiller-Archiv knapp 200 Briefe Fritz Reuters nachgewiesen. Nicht unwichtig sind auch die in der Ordnungsgruppe *Geschäftlich-berufliche und persönliche Unterlagen* verzeichneten Papiere. Die persönlichen Zeugnisse und Urkunden haben durch den Zugang des väterlichen Nachlasses eine bedeutende Ergänzung erfahren. So sind u. a. außer dem Reifezeugnis und Akten aus der Studienzeit der Trauschein, ein Reisepaß und das Testament Reuters überliefert. Auch ein Zeugnis des Festungskommandanten v. Bülow und ein Gnadengesuch des Vaters an den preußischen König befinden sich in dieser Gruppe. Zu den beruflichen Unterlagen gehören auch Akten über die Herausgebertätigkeit Fritz Reuters, wie sie z.B. die Unterlagen zur Herausgabe des "Unterhaltungsblattes für beide Mecklenburg und Pommern" darstellen.[12] Zu dieser Gruppe kann man auch einen Teil der später als kleine Schriften publizierten Aufsätze rechnen, so z. B. die Eingabe und den Zeitungsaufsatz über die Anlage eines Turnplatzes in Treptow a. d. Tollense,[13] ebenso Reuters "Abweisung der ungerechten Angriffe und unwahren Behauptungen, welche Dr. Klaus Groth in seinen Briefen über Plattdeutsch und Hochdeutsch gegen mich gerichtet hat".[14] Auch Rezensionen zu Werken Reuters sind an dieser Stelle zu nennen, wenn sie keinem einzelnen Werk zugeordnet werden können, wie beispielsweise die erste Rezension des Reuterschen Werkes außerhalb Mecklenburgs von Robert Prutz und ein Gutachten Emanuel Geibels[15] über Reuter und Groth.

Von den verschiedenen *Sammlungs- und Erinnerungsstücken* seien nur Visitenkarten, Einladungen und Programme genannt.

Der Teilnachlaß *Luise Reuter* kann hier nur kurz gestreift werden. Nennenswert sind die oben erwähnten 20 Briefe von Fritz Reuter sowie die Zahl der 223 Briefe von etwa 120 Absendern an Luise. Hinzu kommen 3 Briefe Luises an Erhard Quandt. Über den Nachlaß des Bürgermeisters *Georg Johann Reuter* ist zu sagen, daß er außer den schon genannten Briefen und persönlichen Papieren Fritz Reuters vor allem Briefwechsel mit Fritz Reuters Lehrern sowie verschiedene Familienpapiere enthält.

Die Ordnungsgruppe *Werke* gliedert sich bei Dichtern (die ja unsere Hauptnachlasser sind) nach Genres, und zwar in der Folge: Lyrik, Dramatik, Epik, theoretische Schriften. Die Anordnung bei der Lyrik Fritz Reuters bereitet einige Schwierigkeiten, weil die Archivalieneinheiten, die Gedichte in sehr unterschiedlicher Überlieferungsform enthalten, nur sehr summarisch verzeichnet sind. Allerdings scheint die Chronologie im wesentlichen, wenn auch am Anfang nicht immer,

---

12   GSA 77/II, 18.
13   GSA 77/II, 19.
14   GSA 77/II, 11.
15   GSA 77/V, 11,1 und 3.

eingehalten. Offensichtlich schrieb Fritz Reuter in jungen Jahren vor allem hochdeutsch. Meist sind die Gedichte gemischt überliefert, d. h. hoch- und plattdeutsche Gedichte summarisch in einer Archivalieneinheit zusammengefaßt. Obwohl der Übergang von der reinen Lyrik zum Versepos sich bei Reuter fließend darstellt, ist in der archivalischen Überlieferung seines Werkes in allen Genres eine Entwicklung von der kleinen zur großen Form - vom Gedicht zum Versepos, vom Dialog über den Schwank zum Drama, von der Anekdote über die Erzählung zu den großen Romanen - sichtbar. Am Ende der Gruppe *Werke* stehen dann die theoretischen Arbeiten, wie etwa politische Aufsätze und Aufsätze zur Landwirtschaft.

Am Anfang unseres Findbuches ist merkwürdigerweise ein eigenhändiges Bruchstück zu einem hochdeutschen Epos verzeichnet. Es beginnt: "Der Ort war schauerlich ..." Aus der prosaischen Einleitung, die an Luise in der frühen Zeit ihrer Bekanntschaft mit Fritz Reuter gerichtet ist, läßt sich dies Fragment etwa auf das Jahr 1846 datieren. Ebenfalls aus sehr früher Zeit sind die 30 Blätter "Verschiedene hoch- und plattdeutsche Gedichte", unter ihnen befindet sich z. B. das hochdeutsche Gedicht "Ich habe nicht Fürsten und Kön'gen gedient...", zu dem Luise die Bemerkung schrieb: "Product einer *Schmerzensnacht* in den ersten Jahren unserer Ehe.-". Genannt sei auch das sehr schöne Gedicht "Verschwundenes Glück" ("Es ist ein selig Wandern..."), das wahrscheinlich schon 1840 nach der Entlassung aus der Festungshaft entstanden ist und 1855 im "Unterhaltungsblatt" gedruckt wurde. In der nächsten Mappe folgen Bruchstücke von 2 plattdeutschen Gedichten.

Besonders interessant ist eine Mappe mit Manuskripten und Manuskriptstücken, betitelt "Verschiedene hoch- und plattdeutsche Gedichte", die das Gedicht "An Severus Ziegler" enthält, das 1863, kurz vor der Übersiedlung der Reuters nach Eisenach, entstand und Besonderheiten aufweist, die uns noch oft begegnen werden: auf dem Manuskript befinden sich Porträtskizzen von Reuter sowie Bemerkungen Luises.

Die beiden folgenden Archivalieneinheiten enthalten meist eigenhändige Manuskripte zu hoch- und plattdeutschen Polterabendgedichten aus den Jahren 1849 - 1854.

Eine wohl jugendliche Arbeit stellt das nun folgende hochdeutsche Gedichtfragment "Der Südwind keucht heran ..." dar.

Wiederum verschiedene hoch- und plattdeutsche Gedichte (z. T. auch von fremden Verfassern) enthält die nächste Mappe. Darin ist ein sehr hübsches Blatt überliefert, das wieder durch Porträtskizzen auffällt. Dazu liest man die reizende Erklärung Luises: "Beim 'Köpfezeichnen' kommen mir die besten Gedanken, sagte mein Fritz oft - und manch liebes Blatt zeigt Köpfe." Die Mappe enthält übrigens auch das politisch interessante Gedicht "Das deutsche Haus". Zu

"Läuschen un Rimels", der ersten großen plattdeutschen Veröffentlichung im Selbstverlag 1853, ist neben Vorarbeiten ein vollständiges Manuskript, vermutlich die Druckvorlage, vorhanden. Schon Franz Sandvoß hat in seinem Inventarisierungsbericht[16] "eine Reihe von Reuterschen Druckmanuscripten für den zweiten Band der »Läuschen und [sic!] Rimels«" erfaßt. Leider hat Sandvoß sich dabei eines "Vergehens" schuldig gemacht, das der heutige Archivar mit Entsetzen feststellen muß: des Hineinnotierens der Druckorte oder anderer Bemerkungen ins Manuskript. "Ich habe fast bei jedem Bogen die Stelle der Volksausgabe auffinden und mit Bleifeder am Rande notieren können, wo sie gedruckt stehen", schreibt Sandvoß, dem dies noch kein Sakrileg war.

Von der Verserzählung "De Reis' nah Belligen" aus dem Jahre 1855 ist ein vollständiges Manuskript vorhanden, während das Versepos "Hanne Nüte un de lütte Pudel" aus dem Jahre 1860 nur in Bruchstücken überliefert ist. Am Ende der Versdichtungen stehen drei Gedichte, die auf die Ereignisse von 1870/71 bezogen sind:
- "Ok 'ne lütte Gaw' för Dütschland", korrigierte Reinschrift
- "De Tiden ännern sik...", korrigierte Reinschrift, Bruchstück
- "Großmutting, hei is dod!", Konzept.

Interessant sind die Anmerkungen von Sandvoß zu diesen drei Gedichten, die er in seinem Bericht vollständig abschreibt, weil dem Manuskript "Ok 'ne lütte Gaw' ..." noch Verse beiliegen, die die Erinnerung an die früherlebte Verfolgung wachrufen ("Demagogen! Demagogen! rep dat hir un allentwegen..."), von denen Sandvoß wohl mit Recht meinte, daß der Verleger Lipperheide sie für bedenklich hielt.

Daß die Verse auch später meist nicht mit veröffentlicht wurden, mag verschiedene Ursachen haben. Ob es poetische oder politische Gründe sind, die zu der Zurückhaltung führten, sei dahingestellt. Jedenfalls gehören sie in den Kontext und wurden ja auch schon einmal in einer separaten Publikation von Karl Theodor Gaedertz publiziert, und zwar 1896 in einer Nachlaßveröffentlichung "Aus Fritz Reuters jungen und alten Tagen", S. 143.

Daß das Gedicht "De Tiden ännern sik", das Gaedertz im selben Kontext druckte, später meist nicht publiziert wurde, ist wohl auch der politischen Vorsicht geschuldet, denn auch diese Verse stellten zumindest indirekt eine Anklage gegen Reaktion und Demagogenverfolgung dar. Die drei Gedichte im Zusammenhang betrachtet belegen wohl - trotz der nationalistischen Töne - Reuters ungebrochene demokratische Gesinnung, und man muß der Mahnung von Sandvoß zustimmen, daß Reuters Gedicht "Ok 'ne lütte Gaw' ... " in seiner jetzt erreichbaren Vollstän-

---

16   Vgl. GSA 77/IV,8 Bl 78.

digkeit in heutiger Zeit dargeboten werden möge und man ihm als Motto voranstellen möchte, was Fritz Reuter 1864 an seinen alten Kampfgenossen Franz Rudolph Wachsmuth schrieb, daß er "immer Farbe gehalten habe",[17] man müsse nur zwischen den Zeilen lesen.

Von Reuters dramatischen Werken sind ebenfalls Handschriften im Archiv überliefert. Zunächst: "Der erste April 1856, oder Onkel Jakob und Onkel Jochen", ein Schwank in 3 Akten, ein vollständiges Manuskript. Von dem Schwank "Fürst Blücher in Teterow" ist eine vollständige Reinschrift vorhanden, außerdem gibt es einige Konzeptfragmente. Nur verschiedene Bruchstücke sind von dem Lustspiel "Die drei Langhänse" aus dem Jahre 1858 überliefert. Zu den im Nachlaß erhaltenen fragmentarischen Lustspielen, die Reuter nicht publiziert hat, gehört "Der Teufel im braunen Frack oder der verunglückte Kaffeekuchen". Reuter bezeichnete es als satirisches Schauspiel und modernes Zeitbild in einem Akt. Leider liegen davon nur das Schema und der Anfang der ersten Szene vor.

Von den kleineren Prosawerken ist eine Reihe von Erzählungen überliefert, die in verschiedenen unselbständigen Publikationen zuerst gedruckt wurden.

Zunächst sei das Konzept für die Schilderung der Geburtstagsfeier der Gräfin Hahn genannt, die 1846 und 1847 anonym in Wilhelm Raabes Jahrbüchern erschien.

Von den folgenden 4 Erzählungen, die im "Unterhaltungsblatt für beide Mecklenburg und Pommern" abgedruckt wurden, sind Manuskripte und Manuskriptteile, z. T. Druckvorlagen, überliefert. Es handelt sich um die Erzählungen:
- "Meine Vaterstadt Stavenhagen" (Teil der Druckvorlage des 1. Teils, der unter dem Titel "Skizzen aus alter Zeit" im "Unterhaltungsblatt" veröffentlicht wurde, z.T. von Reuters, z. T. von Luises Hand), dazu ist das Druckexemplar des "Unterhaltungsblattes" Nr. 2/1855 mit Korrekturen Reuters ebenfalls vorhanden;
- die unter dem zusammenfassenden Titel "Communal-Angelegenheiten" publizierten Geschichten aus "Klashahnenurt", eigenhändige Reinschrift, Druckvorlage;
- "Haunefiken", unvollständige korrigierte Reinschrift (Anfang fehlt);
- "Eine heitere Episode aus einer traurigen Zeit", unvollständige korrigierte Reinschrift, Druckvorlage.

Bevor über die großen Romane gesprochen werden soll, seien noch einige Erzählungen erwähnt: "Abendteuer des Entspekter Bräsig, bürtig aus Meckelborg-Schwerin, von ihm selbst erzählt", eine Erzählung, von der eine vollständige, datierte Druckvorlage für "Schurr=Murr" sowie unvollständige Manuskriptteile und eine zeitgenössische Abschrift vorhanden sind; dazu zwei später datierte Manu-

---

17   Vgl. Reuter, Fritz: Gesammelte Werke und Briefe. Hrsg. von Kurt Batt. Band 8. Rostock 1967, S. 500.

skriptteile zum Bräsigthema mit Briefen des "Entspekter", die aber nicht zu den frühen edierten Briefen gehören, sondern zeitlich später zu datieren sind. Von der Erzählung "Herr von Hakensterz und seine Leibeigenen", der hochdeutschen Vorstufe von "Ut mine Stromtid", ist nur ein Konzeptfragment von 6 Blatt im Archiv überliefert. Auch die aus relativ früher Zeit stammende Erzählung "Einer selbander" ist nur teilweise in zeitgenössischer Abschrift vorhanden.

Nun zu den großen Romanen der späten Zeit, die Fritz Reuter unter dem Sammeltitel "Olle Kamellen" veröffentlicht hat. Im Goethe- und Schiller-Archiv sind überliefert:

- "Ut mine Stromtid" I. II. u. III. Teil, Druckvorlage
- "Dörchläuchting", Druckvorlage
- "De meckelnbörgschen Montecchi un Capuletti oder De Reis' nah Konstantinopel", Druckvorlage.

Das Druckmanuskript der "Stromtid" weist besonders auf der ersten Seite interessante Eintragungen auf, die sowohl für die Entstehungs- als auch für die Druckgeschichte von Bedeutung sind. So erfahren wir durch die notierten Datierungen des Dichters "d 21 te Febr 1862" am Rande des ersten Bogens und durch weitere solcher Datierungen genau, wann Reuter an dem Roman gearbeitet hat. Von der Hand des Verlegers Hinstorff liest man am Rande quer über dem 1. Bogen: "Auflage 3100 Ex." und darunter: "die zweite Correctur ist an Herrn Schriftsteller Fritz Reuter in Elgersburg Thüringen franco zu senden und zwar allemal in 2 Ex." Ferner noch von Hinstorff: "l Ex. der Aushängebogen ist dem Korrekturbogen an Herrn Reuter beizulegen, ein zweites Ex. erbitten, hierher [nach Elgersburg] durch die Meinsche Buchhandlung.-" Und schließlich hält Sandvoß noch die Bestätigung des Eingangs in Wismar fest: "Wism. 24/9.62 ... Hinstorffsche Bch."

Von dem schon ganz in Eisenach entstandenen Roman "Dörchläuchting" ist ein vollständiges durchpaginiertes Manuskript überliefert, und zwar in unterschiedlichen Formaten (Folio und Quart, letzteres mit Heftungen), die aber zusammengehören und offenbar die Druckvorlage bildeten.

Auch zu dem letzten großen von Reuter noch veröffentlichten Roman der Eisenacher Zeit "De meckelnbörgschen Montecchi un Capuletti oder De Reis' nah Konstantinopel" ist ein vollständiges Druckmanuskript vorhanden, in Großquart mit Heftspuren. Nur Titel und Dedikation fehlen. Dazu gibt Reuter am Ende des Manuskripts mit dem Vermerk: "Titel und Dedication kommen nächstens" selbst die Erklärung.

Unter den als Fragmente hinterlassenen Prosawerken ist die von Gaedertz im Fritz-Reuter-Kalender auf das Jahr 1908, S. 100 f. als letzte Geschichte Fritz Reuters publizierte Erzählung "Wurans Franz Zunkel tau 'ne Dochter kamm" zu nennen. Überliefert ist der Anfang der Geschichte. Die ausgesprochen gut lesbare Reinschrift im Großquart, am Rande mehrfach mit Blei von Reuter datiert

(Anfangsdatum 7. März 1870), war in den ersten Jahren nach Reuters Tod unter den nachgelassenen Papieren angeblich nicht auffindbar. Luise schrieb jedenfalls 1883 an Gaedertz, daß der "Zunkel" nicht zu finden sei, auch nicht in Wismar, wo bekanntlich die nachgelassenen Werke Reuters von Wilbrandt veröffentlicht wurden. "Sicher ist die Kladde, denn eine solche war's nur und wenige Bogen, in der ersten Zeit nach meines Reuters Tode mit vielen andern Papieren vernichtet worden", schreibt Luise.[18] Gaedertz schreibt im Anschluß an seine Publikation des Fragments in den Erläuterungen dazu:
"Glücklicherweise entdeckte ich aber doch das Anfangskapitel; Reuter notiert am Rande: 7. 9. und 10. März 1870".[19] Das sind genau die Daten auf unserem Manuskript, das offenbar doch vorher in Wismar gewesen ist, denn auf dem letzten Bogen des Fragmentes stehen aufschlußreiche Bemerkungen von Luise [wohl an die Adresse Gaedertz']: "Vorliegendes Manuskript ist das von Herrn Hinstorff in der Mappe meines Reuters *entdeckte*. Sie sahen nur einen kleinen Anfang ein Bruchtheil.[20] Reuter begann es etwa 69. Die Idee gab eine kleine wahre Geschichte; ein unerfahrener Bursche zum ersten Mal in Berlin, läßt sich ein hülfloses Kindchen in den Arm drücken - und - nimmt es mitleidig und rathlos zurück zu seinen wohlhabenden Eltern. Beim Arbeiten fand Reuter zu viel Ähnliches mit früher Geschriebenem und gab die Idee auf als verfehlt.- So hielt ich auch nicht dafür, das Bruchstück gleich mitzuschicken." Das heißt ja wohl, daß Luise das Manuskript aus verständlichen Gründen zunächst bewußt zurückgehalten hat.
Unter den Fragmenten in Fritz Reuters Nachlaß fand sich auch ein 2 Blatt umfassendes Manuskript vom Anfang der politischen Satire "De Urgeschicht von Meckelnborg". Da es gerade am Anfang vom Druck abweicht, blieb es lange Zeit unentdeckt. Hans Joachim Gernentz erwähnte dieses Bruchstück in seinem Beitrag "Der Fritz-Reuter-Nachlaß in Weimar", veröffentlicht im "Quickborn", 1960 Nr. 3/4, S. 51. Das Blatt ist übrigens datiert mit dem 24. Oktober 1860, stammt also aus einer relativ frühen Zeit.
Zum Schluß noch einige Worte zu Fritz Reuters hochdeutschen Arbeiten, die untrennbar mit seinem literarischen Schaffen verbunden sind. Als erstes ist hier die "Kurze Beschreibung meiner Reise durch großer und kleiner Herren Länder" zu nennen, die Adolf Wilbrandt 1874 in den Nachgelassenen Schriften unter dem Titel "Die Reise nach Braunschweig" zuerst edierte. Der 1823 entstandene Aufsatz gilt als die wohl erste schriftstellerische Arbeit Fritz Reuters. Das Manuskript zeigt deutlich eine große Kinderhandschrift, und es erweist sich als Druckvorlage, in die der erste Herausgeber kräftig eingegriffen hat, indem er den Auf-

---

18   Vgl. Fritz-Reuter-Kalender auf das Jahr 1908, S. 115.
19   Ebd. S. 118.
20   Vgl. die Formulierung von Gaedertz, ebd., S. 114.

satz um einige Passagen kürzte. Die Auslassungen sind in Gaedertz' kritischer Ausgabe voll wieder eingefügt.[21]

Unter den hochdeutschen Aufsätzen sind die Ausführungen über landwirtschaftliche Fragen zu nennen, die im Zusammenhang mit der beruflichen Tätigkeit Reuters entstanden sind und sich besonders gegen die Rückständigkeit im gutsherrschaftlichen Mecklenburg wenden. Bekannt wurde vor allem der "Offene Brief an die Mecklenburgischen Landwirte", der 1847 anonym in dem von Wilhelm Raabe herausgegebenen Jahrbuch "Mecklenburg. Ein Jahrbuch für alle Stände" erschien. Im Archiv befindet sich ein nicht ganz vollständiges, halbbrüchig geschriebenes Konzept. Der Aufsatz, in dem Reuter eine Lanze für die Wissenschaft bricht, insbesondere für die Dienstbarmachung der Naturwissenschaften in der Landwirtschaft, ist ein gutes Beispiel für die Aufgeschlossenheit des Dichters für wesentliche Probleme seiner Zeit. Künftige Reuter-Forschungen sollten auch die weiteren m. W. nicht publizierten Arbeiten Reuters über Fragen der Landwirtschaft, z. B. bei den Römern, oder eine recht umfangreiche Ausarbeitung (28 S.), in der Reuter die Einführung von Bestellungs- und Erntekarteien vorschlägt, berücksichtigen.

Ein anderes Manuskriptstück deutet auf Reuters soziales Engagement hin. Dort heißt es: "...das Vertrauen der städtischen Behörde meines Wohnorts sowie das meiner Mitbürger hat mich zum ersten Verwaltungsbeamten eines umfänglichen Armenwesens ... berufen."[22] Eine zeitgenössische Abschrift von einem Aufsatz über nützliche und schädliche Vögel und schließlich Exzerpte über Chemie aus der gleichen Zeit mögen den Überblick über die Aufsätze zur Landwirtschaft beschließen.

In die Gruppe der Aufsätze gehört auch die oben schon erwähnte "Abweisung der ungerechten Angriffe ...., welche Dr. Klaus Groth gegen mich gerichtet hat", die als vollständiges durchkorrigiertes Manuskript vorhanden ist. Besonderen Aufschluß über Reuters politische Haltung geben drei Aufsätze, die aus der Zeit der Revolution von 1848 stammen. Es sind halbbrüchig geschriebene, vollständige Konzepte zu den folgenden Themen: "Über die politische Dummheit", "Über die politische Eitelkeit" und "Über die politische Parteisucht". Die drei Aufsätze wurden - mit Ausnahme des Aufsatzes "Über die politische Dummheit", den Gaedertz mit einigen Veränderungen schon im Reuter-Kalender auf das Jahr 1912 gedruckt hat - erst sehr spät publiziert, nämlich in der 1960 vom Reuter-Komitee der DDR herausgegebenen Festschrift zum 150. Geburtstag Fritz Reuters.[23]

---

21 Vgl, dazu Anhang zu: Reuter, Fritz: Gesammelte Werke und Briefe. Hrsg. von Kurt Batt. Band 7. Rostock 1967, S. 614-616.

22 Vgl. GSA 77/II,12,3.

23 In: Fritz Reuter. Eine Festschrift zum 150. Geburtstag. Rostock 1960, S. 237 ff.

Zusammenfassend kann gesagt werden, daß im Fundus des Goethe- und Schiller-Archivs sicher keine sensationellen Neuentdeckungen in bezug auf Reuters Werk zu erwarten sind. Einzelne Manuskripte - wie beispielsweise das Bruchstück zum Anfang der Urgeschichte oder die bisher unveröffentlichten Aufsätze zu landwirtschaftlichen Fragen -, ganz zu schweigen von den zahlreichen Briefen an Reuter, dürften jedoch reichhaltiges Material für neue Interpretationsansätze bieten.

Diskussion des Beitrages von Christa Rudnik

Davis berichtet, wie glücklich sie gewesen sei, als sie im Weimarer Archiv auf Reuters landwirtschaftlichen Artikel stieß. Sie erblicke in dem einleitenden historischen Abschnitt den entscheidenden Beweis für Reuters geschichtliches Interesse und Sachwissen. Sie halte dieses Manuskript für eine wichtige Selbstaussage Reuters über sein Verhältnis zur Geschichte. Deshalb habe sie den ganzen Beitrag transkribiert. Das Manuskript solle unbedingt veröffentlicht werden.

Bunners fragt nach Reuters Arbeitsmethoden. Er habe offensichtlich alles eigenhändig entworfen und druckreif gemacht. *Rudnik* bestätigt, daß Reuter alle Druckvorlagen selbst geschrieben habe. Meist seien nur diese erhalten; vorangegangene Entwürfe seien nur aus Reuters Frühzeit vorhanden. Die frühen Manuskripte enthielten häufiger Korrekturen und Einfügungen. Man habe den Eindruck, daß Reuter daran sorgfältiger als an den späteren gearbeitet habe. Weiteren Aufschluß über die Methode gebe der Schriftwechsel mit Hinstorff und Briefe von Luise. *Nenz* berichtet von einem nichtveröffentlichten, besonders schönen Brief von Alwine Wuthenow aus dem Weimarer Archiv. Die Schrift sei schwer lesbar. In solchen Fällen helfe keine Kopie, sondern nur das Original.

Davis berichtet aus einem Brief Luises (wohl von Gaedertz übertragen, im Archiv Stavenhagen), daß sie sehr stolz darauf war, daß Reuter druckreif schriebe. Das Manuskript zur "Stromtid" enthalte aber viele Zusätze, Verbesserungen, Streichungen. Unter den Kapitelüberschriften habe Reuter Platz für die Superskripte gelassen, die er später, in sehr kleiner Schrift eingefügt habe. *Rudnik* erläutert, daß es sich um eine sog. korrigierte Handschrift handele, die nicht ausschließe, daß es Vorentwürfe gegeben habe. *De Voß* erinnert an Th. Manns "Pensum", das täglich in seiner endgültigen Fassung entstand und nur selten noch verändert wurde. *Hückstädt* ist der Ansicht, daß Reuters Arbeitsstil unterschiedlich war. So gebe es im Archiv Stavenhagen vom "Hakensterz"-Manuskript eine Kladde und eine sehr saubere Reinschrift. Wenn von einem Werk zwei Entwürfe existierten, könne es sich auch daraus erklären, daß dasselbe Werk mehrfach veröffentlicht worden sei, z.B. im "Unterhaltungsblatt" und in "Schurr-Murr". Bei "Kein Hüsung" nehme er an, daß das in Amerika befindliche Exemplar eine Kladde sei. Beim Manuskript "Dörchläuchting" falle auf, daß es aus Teilen in unterschiedlichen Format und Papier bestehe. Das könne sich daraus erklären, daß Reuter an verschiedenen Orten daran gearbeitet habe. Auch hier handele es sich nicht um Abschriften, sondern um Reuters eigenhändige Druckvorlage.
Auf die Frage nach der Herkunft des Namens "Bauschan" bemerkt *Bunners*, daß über diese Frage die Herren Matter und de Voß schriftlich im Gespräch standen;

bisher gebe es nur Vermutungen. *Suhrbier* hat bei Dietmar Grieser ("Im Tiergarten der Weltliteratur") in bezug auf Th.Manns gleichnamigen Hund in München den Hinweis gefunden, daß Mann den Namen von Reuter übernommen habe und er sich wohl vom französischen "beau chien" herleite. Mehrere Teilnehmer halten dies für eine denkbare Erklärung. *Schmidt-Henkel* unterstützt die Ableitung mit dem Hinweis, daß in Deutschland seit der Napoleonischen Zeit viele französische Worte in die Volksetymologie eingegangen seien und eingedeutscht wurden. *Suhrbier* weist darauf hin, daß in der "Stromtid" Jung-Jochen von seinem Hund Jung-Bauschan als dem "Thronfolger" spreche. Wenn Reuter dieses als einzigen Witz bezeichnete, den Jung-Jochen in einer guten Stunde zustandebrachte (GWB V, S. 224), so halte er es für denkbar, daß Reuter damit auf Prinz Wilhelm, den "Kartätschenprinz" bei der Märzrevolution 1848, den späteren Kaiser Wilhelm I., anspielte.

Dieter Dolgner

"Aber mir ist es schrecklich widerstrebend, so teuer zu wohnen; ..."[1]
- Fritz Reuters Villa in Eisenach

Als sich das Ehepaar Reuter 1863 in Eisenach ansiedelte, war die Stadt gerade im Begriff, sich aufgrund ihrer klimatischen, landschaftlichen, verkehrsgeographischen, historischen und kulturellen Vorzüge zu einem Rentier- und Pensionär-Paradies, zu einem Kur- und Fremdenverkehrsort mit ausgedehnten Villengebieten zu entwickeln. Und es besteht kein Zweifel, daß Luise und Fritz Reuter in ihrem Wunsch, ein eigenes Haus mit Garten zu bewohnen, durch den einsetzenden Bauboom bestärkt worden sind. Viele andere Gründe dürften mitgesprochen haben: in Eintracht mit der Natur zu leben, den Garten pflegen und genießen zu können, in der neuen, fremden Umgebung ein Stück persönlicher Heimat zu finden, das erworbene gesellschaftliche Ansehen für jedermann sichtbar zu demonstrieren. "Schlecht will ich nicht bauen, es soll nicht heißen, daß ich ein liederlich Gebäude nach meinem Tode in der Welt zurückgelassen habe"[2], läßt Reuter seinen Freund Fritz Peters auf Siedenbollentin am 28. Oktober 1866 wissen. Der Anspruch des Ehepaars Reuter war also hoch gesteckt. Zudem konnte sich Fritz Reuter den Bau eines aufwendigen Hauses finanziell bequem leisten, denn er war in Deutschland der Schriftsteller mit den höchsten Honoraren, die ihm aus den Neuauflagen seiner Werke munter zuflossen.

Nach einer Briefstelle datiert der Entschluß zum Hausbau vom 14. April 1866: "Heute ist aber das prachtvollste Frühlingswetter, und 'Meine' hat Hut und Sonnenschirm genommen und läuft - Gott weiß, wo - herum; wahrscheinlich aber besieht sie sich Feuerstellen oder doch wenigstens die Stellen, wo unsere Feuerstelle rauchend zu sein möglich sein dürfte; denn ich will dir nur sagen, seitdem sie hier ist, hat sich in ihrem Kopfe eine so breit ausgesponnene häusliche Idylle von Schlafrock und Pantoffeln, Kohl und Rüben und ungemachtem Haar niedergelassen, ... - Na, minentwegen, un wat soll ick wider dorbi dauhn! Ich soll mich wohl schicken, ... so warf ich gestern abend hin: 'Nun, wir könnten ja bauen, brauchten's ja aber nicht fertigbauen.' - Dieser glänzende Einfall gefiel und hat sie denn heute morgen auf Entdeckungsreise ausgeschickt."[3] Mit diesen Zeilen

---

1   Brief an Fritz Peters vom 28. Oktober 1866, zit. nach Greiner, Wilhelm: Fritz Reuters Eisenacher Zeit, Eisenach 1924, S. 47.
2   Ebenda.
3   Brief an Eduard Böcking vom 15. April 1866, zit. nach Fritz Reuter: Gesammelte Werke und Briefe, hrsg. von Kurt Batt, Bd. 8: Briefe, Rostock 1967, S. 553 f.

haben wir ein erstes, gleichwohl sehr charakteristisches Beispiel, vor uns, wie Fritz Reuter nach außen hin geradzu angestrengt bemüht war, die ganze Initiative der Grundstückssuche und -wahl, des Baues und der Einrichtung der Villa seiner Frau zuzuschreiben und sich selbst in der Rolle eines überrumpelten, sich notgedrungen in sein unabänderliches Schicksal fügenden Opfers darzustellen. Während es ihn einerseits offenbar drängte, ein solches, für sein bisheriges Leben und Dichter-Verständnis eher peinliches Vorhaben quasi zu entschuldigen, deutet er andererseits durch die in derartigen Passagen immer gebrauchte humoristische Diktion gleichsam augenzwinkernd an, daß diese nicht ganz ernst genommen werden möchten. Denn sobald er auf seinen eigenen Anteil an dem Unternehmen zu sprechen kommt, wird der Ton sofort ganz sachlich.

Ein passendes, wenngleich als Bauterrain schwieriges Grundstück, das aus einem "wüsten, felsigen Berggarten, der mit einem Dutzend Zwetschenbäumen bepflanzt war"[4], bestand, hatte sich bei dem noch schier unerschöpflichen Angebot bald gefunden. Bei der Grundstückssuche war offenbar Burghauptmann Bernhard von Arnswald behilflich, mit dem der Dichter frühzeitig Freundschaft geschlossen hatte. In einem Brief vom 16. Mai 1866, der leider nicht vollständig erhalten ist, macht dieser mehrere Vorschläge und gibt Reuter den entscheidenden Hinweis: "Ihr Besitz grenzt an die Herrschaft nach zwei Seiten, so daß Sie keinen Unannehmlichkeiten mit Nachbarn ausgesetzt sind."[5] Fritz Reuter reagiert sofort, denn in einem Brief vom 17. Mai 1866 teilt er Fritz Peters mit: "Hier glaubt jedermann an Krieg ...[6] Aus dieser Rücksicht werde ich nun freilich in diesem Jahr wohl nicht bauen, stehe aber in Unterhandlung wegen Ankaufs eines wohlgelegenen Gartens, den ich für zukünftige Baupläne im Auge habe."[7] Am 5. Juli dann läßt er seinen alten Festungsgenossen und nunmehrigen Kapitalverwalter Hermann Grashof in Lübeck wissen, "daß ich mir einen Garten, prächtig gelegen, für 900 Taler gekauft habe, worin ich mir ein Haus zu bauen beabsichtige, aber später"[8]; "und einen zweiten für 250 Taler werde ich wahrscheinlich dazukaufen"[9], so ergänzt er am 1. September 1866. Dieses freudige Ereignis verbreitet Reuter nun mit jeweils ähnlichen Worten unter allen seinen Freunden und Bekannten. Obgleich sich der Grundstückskauf viel schwieriger gestaltete, sind die Angaben korrekt. Aber dann verfällt Reuter auf die Legende von der großherzoglichen

---

4   Brief an Franz Boll vom 15. Juli 1871, ebenda, S. 697.

5   Weimar, Goethe- und Schiller-Archiv, 77/III, 1, 1, B. 48.

6   Gemeint ist der Deutsch-Österreichische Krieg, der Ende Juni/Anfang Juli 1866 auch Eisenach und die Umgebung in Mitleidenschaft zog und Reuters humanitären Einsatz forderte.

7   Wie Anm. 3, S. 555.

8   Ebenda, S. 563.

9   Brief an Hermann Grashof, ebenda, S. 579.

Landschenkung und schmückt diese in den folgenden Wochen und Monaten immer weiter aus. In dem bereits zitierten Brief an Grashof vom 1. September heißt es dazu: "Gestern abend war ich bei unserer Königlichen Hoheit auf die Wartburg zum Diner befohlen ... Königliche Hoheit waren überaus gnädig gegen mich und haben mir ungebeten und aus freien Stücken eine Verbreiterung der einen Ecke meines Gartens und einen Umwendeplatz vor demselben zugesagt, wodurch ich allerdings einer wesentlichen Verbesserung meines Grundstücks teilhaftig werde."[10] Reuter macht sich stark: "Mein Nachbar Großherzog kommt heute ... hier nach der Wartburg; ich stehe jetzt mit ihm in lebhaftem Briefverkehr wegen meines Schloßbaus, er soll nun halten, was er versprach, und deshalb zwieble ich ihn", läßt er gegenüber Hermann Grashof am 19. September 1866 unter Andeutung seines vertrauten Umgangs mit Karl Alexander verlauten.[11] Am 17. Januar 1867 ist es dann gar "Land zum geraden Gange, zum breiteren Wege und Umwende vor dem Garten" geworden.[12] Um es vorwegzunehmen: Das fragliche "Land" umfaßte 1 3/4 Quadratruten, also ca. 20 Quadratmeter, und war weder ein Geschenk noch stammte es vom Großherzog. Aber offensichtlich hatte sich der in diesem Punkt recht naiv aufführende Reuter tatsächlich aus der bevorstehenden Nachbarschaft mit der "Herrschaft" Vorteile versprochen, denn er bittet Arnswald, "einen Wunsch ... höchsten Ortes anzusprechen". Arnswald läßt Reuter indes unmißverständlich wissen: "Bemerken muß ich, daß der Großherzog nicht einen Fuß breit verschenken kann, ohne solchen auch in aller Form dem Fiscus abzukaufen. Wie Sie mir früher sagten, es sei ihr Wunsch, nicht das Grundstück vom Großherzog geschenkt zu erhalten, sondern gegen Entrichtung des Werthes, so würden die Aquisitionskosten wohl dieselben bleiben, wenn Sie von der Herrschaft oder dem Staat, oder vom Privatmann kauften."[13] Und noch in eine andere Mär scheint Fritz Reuter - er war ja schließlich Dichter - geradezu verliebt gewesen zu sein, nämlich "der Großherzog legt mir vor der Tür einen Park an, der ebensogut der meine wie der seine wird", so in einem Brief an die Gebrüder Franz und Ernst Boll in Neubrandenburg vom 5. Oktober 1866.[14] Mag sein, daß der Großherzog einmal eine diesbezügliche Bemerkung fallengelassen hat. Aus dem Helltal ist allerdings niemals ein Park entstanden, und schon gar nicht bis hinauf zur Wartburg, wie es Reuter gerne erzählte.

---

10   Ebenda, S. 580 f.
11   Ebenda, S. 588.
12   Brief an August Loescher, ebenda, S. 609.
13   Brief Bernhard von Arnswalds an Fritz Reuter vom 16. Mai 1866, wie Anm. 5.
14   Wie Anm. 3, S. 595.

Eine Akte im Stadtarchiv Eisenach gibt darüber Auskunft, wie sich der Grundstückserwerb tatsächlich zugetragen hat.[15] Das Grundstück befindet sich in südlicher Hanglage am Ausgang des Helltales über den Hainteichen, "mit Unterlage von Fels, auf dem jedoch größere Bäume (Eichen, Buchen, Eschen) recht sehr gut und üppig wachsen".[16] Es handelt sich um das Grundstück Nr. 920, das im Süden durch einen fünf Fuß breiten, in städtischem Besitz befindlichen Weg, die Haingasse, heute Reuterweg, von dem staatlichen Flurstück "Wildbahn" getrennt ist. Es hatte zunächst dem Schneidermeister Karl Schwabe, dann dem Leutnant Schilling gehört, von dem es Fritz Reuter vor dem 31. Mai 1866 erwarb.

Denn an diesem Tag erschien Reuter vor dem Stadtrat und erklärte, er habe von dem Leutnant Schilling dessen an der Haingasse gelegenen Garten gekauft und beabsichtige, auch den gegenüberliegenden, das heißt oberhalb des Hanges befindlichen Garten des Herrn Registrator Stephanus zu erwerben. Er wolle in diese Besitzung ein Wohnhaus bauen, allerdings unter der Bedingung, daß der beide Gärten trennende Weg ihm von der Stadt käuflich überlassen werde. In einem Brief vom 8. Juni 1866 an den Stadtrat unterstützt Stephanus dieses Anliegen, indem er den Weg als unbrauchbar und als "Diebsgasse" schildert. Doch die Angelegenheit verzögert sich, auch hatten die Geschäftspartner die Rechnung ohne den Wirt, das heißt ohne die anderen anliegenden Grundstücksbesitzer gemacht. Diese richten am 11. Februar 1867, als der Hausbau längst begonnen hat, ein Protestschreiben an die Stadt, worin sie für sich die Unentbehrlichkeit des Weges, unter anderem zum "Mistkarren" begründen. Daraufhin wird ein Lokaltermin anberaumt, bei dem die Kommission feststellt, daß der fragliche Weg seit langen Jahren von niemandem, außer vom Registrator Stephanus, benutzt worden sei und demzufolge einer Abtretung an Reuter nichts im Wege stünde. Der Protest der Anlieger wird am 16. Februar 1867 abgewiesen.

Parallel dazu gab es einen anderen Verwaltungsvorgang. Der Bauführer der Reuter-Villa Kleinicke bittet am 29. November 1866 die Stadt im Namen Reuters um Abtretung eines kleinen Teiles vom Gemeindeareal zur Begradigung der Grundstücksgrenze an der Südostecke. Es ging indes gar nicht vordergründig um die angeführte Begradigung, sondern um den Erhalt einer ebenen und hinlänglich breiten Fläche für die Zufahrt zum Haus. Wenn man nicht zu weiteren Felssprengarbeiten schreiten wollte, um die Verbreiterung nach Norden zu erzwingen,

---

15 Eisenach, Stadtverwaltung, Stadtarchiv, Bestand 10/68: Acten des Stadtrates zu Eisenach. Die Abtretung einiger Stücke Gemeinde-Arreal am Hainteich an den Herrn Schledehaus und den Hr. Dr. Fritz Reuter sowie die Abstellung eines zwischen Gärten liegenden Fußweges. Die Akte wurde mir in einer Ablichtung freundlicherweise von der Leiterin des Reuter-Wagner-Museums Eisenach, Frau Gudrun Osmann, zur Verfügung gestellt. Dafür meinen Dank.

16 Brief an Ferdinand Jühlke, zit. nach Titel in Anm. 1, S. 45.

mußte an diesem Engpaß im Süden ein winziger Zipfel Boden hinzuerworben werden. Da diese gewichtigen Gründe offenbar einleuchteten, genehmigt die Stadt nach einer Besichtigung den Antrag. Damit war der Amtsweg jedoch keineswegs an sein Ende gelangt. Denn die Reuter zugestandenen wenigen Quadratmeter gingen von der Haingasse ab. Und da diese erhalten bleiben sollte, mußte sie nun ihrerseits nach Süden, und zwar - jetzt erst kommt der Großherzog bzw. seine Administration ins Spiel - auf das Terrain des Großherzoglichen Forstes, auf das Flurstück "Wildbahn", verlegt werden. Dazu bedurfte es eines Gesuches und der Genehmigung durch den Großherzoglichen Direktor des III. Verwaltungsbezirkes, die am 18. Mai 1867 schließlich erteilt wird. Auf dieser Grundlage kommt es am 28. Mai 1867 zwischen der Stadt Eisenach und Herrn Dr. Fritz Reuter mit Zustimmung des Gemeinderates und Genehmigung des Ausschusses des III. Verwaltungsbezirkes zu einem Tauschvertrag. Reuter erhält das Wegeareal Nr. 1444a in einer Größe von 18 3/4 Quadratruten (zwischen den ehemaligen Grundstücken Schilling und Stephanus) und das Wegeareal Nr. 166 in einer Größe von 1 3/4 Quadratruten (vom früheren Verlauf der Haingasse) unentgeltlich übertragen, dafür verpflichtet sich dieser, aus der östlich an seinem Grundstück den Hang hinaufführenden sogenannten "Steinrutsche" auf eigene Kosten für die Stadtgemeinde einen ordentlichen gangbaren Weg herzustellen, was auch geschieht.

Ende gut, alles gut. In einer einjährigen Anstrengung hatte sich Fritz Reuter einen Grundbesitz erkämpft, von dem er schwärmen konnte: "Die Lage kann nicht schöner sein und die Aussicht ebenfalls nicht. Die Gärten liegen nach Süden, sind im Norden von höheren Bergen geschützt, haben die Aussicht auf die Wartburg, ins Mariental und ins Johannistal. Vor dem Hause (welches allerdings noch zu bauen ist) sind Teiche ..."[17] So schön die Lage des Grundstücks indes auch war und heute noch immer ist, einen Bauplatz für die Villa gab es dort nicht. Die erforderliche Standfläche mußte erst aus dem Felsen herausgesprengt werden. Bereits am 28. Oktober 1866 meldet Reuter an Fritz Peters den Vollzug der Sprengarbeiten, für die über fünf Zentner Pulver notwendig gewesen seien.[18] Spätere Äußerungen deuten jedoch darauf hin, daß sich die Sprengung des Gesteins, das zugleich vorzügliches Baumaterial abgab, noch bis in den Spätherbst hinzog. Der Bauplatz war dennoch aus bautechnischer Sicht höchst unvorteilhaft gewählt. Der schiebende Hang führte bald dazu, daß Terrassenmauern einstürzten und sich das ganze Eisengitter auf der Futtermauer zur Straße hin senkte - eine unerschöpfliche Quelle fortdauernder Reparaturarbeiten. Selbst heute noch erwachsen dem Haus

---

17 Brief an Ferdinand Jühlke, ebenda.
18 Ebenda und Brief an Fritz Peters vom 22. Juli 1867, wie Anm. 3, S. 630.

mit der sich neigenden Loggia aus der Hanglage für seinen Bestand ernsthafte Gefahren.

Immerhin, Baufreiheit war geschaffen, "nun geht´s aber auf den Hausbau los", jubelt Reuter.[19] Für den Entwurf, der von September 1866 datiert und in der Bauakte - wenngleich in desolatem Zustand - erhalten ist[20], hatte er den Architekten Professor Ludwig Bohnstedt gewonnen, der 1863 von St. Petersburg nach Gotha übergesiedelt war[21]; die örtliche Bauleitung, mit der sich der Star- und Künstler-Architekt als allzu profane Angelegenheit niemals abgab, besorgte der Eisenacher Abteilungsingenieur bei der Eisenbahn Friedrich August Ludwig Kleinicke. Der Entwurf war von Reuter - wohl als Akt der Selbstdarstellung und Geste guten Willens - dem Großherzog zur Begutachtung übersandt und von diesem gutgeheißen worden.[22]

Fritz Reuter erwähnt zwar in seinen Briefen häufig und stolz die Entwurfsleistung von Ludwig Bohnstedt, gibt aber keinen einzigen Hinweis darauf, warum er diesen Architekten wählte und wie der Kontakt zustande kam. War es Zufall, die geographische Nähe oder auch der Wunsch, nur das Beste zu erhalten? Andere Möglichkeiten hätten für Reuter näher gelegen. Auch gab es in dieser Hinsicht eindeutige Empfehlungen. Dazu Burghauptmann Bernhard von Arnswald: "Es wird jetzt sehr viel hier gebaut, gerade in dem Theil, wo auch Sie sich niederlassen wollen. Leider lassen die Baustyle, die sich dabei zeigen, sehr viel zu wünschen übrig. - Es sollte mich schon ungemein freuen, wenn Sie Ihr Häuschen in einer dem Wartburgstyl anpassenden Weise bauen ließen. - Unser Baumeister (gemeint kann nur Hugo von Ritgen sein, d. V.) macht Ihnen nach Angabe Ihres Bedarfs eine passende Vorlage, wenn Sie wünschen. Derselbe ist vertraut mit dem Confort der englischen, norddeutschen, mitteldeutschen, Schweizer und italienischen Wohnhäuser, würde daher gewiß Ihrem Bedarf am besten entsprechen können, während Dittmar den Bau ausführte."[23] Aber weder Hugo von Ritgen noch den "Wartburgstyl" scheint Reuter jemals in eine ernsthafte Erwägung gezogen zu haben.

Er hätte auch, wie es durchaus üblich war, den ausführenden Maurermeister mit dem Entwurf beauftragen und sich dadurch das Architektenhonorar sparen können. Denn Bohnstedt war sicher nicht billig. Leider wissen wir nicht, welche Summe dieser verlangt und erhalten hat. Unter der Fülle der für den Hausbau und

---

19 Brief an Hermann Grashof vom 1. September 1866, ebenda, S. 579.

20 Wie Anm. 15, Abt. Bauarchiv, Bauakte: Reuterstraße (heute Reuterweg) 2.

21 S. hierzu u. a. Dolgner, Dieter: Architektur im 19. Jahrhundert. Ludwig Bohnstedt - Leben und Werk, Weimar 1979; ders.: Ludwig Bohnstedt, in: Große Baumeister, Berlin 1987, S. 186-231.

22 Für den freundlichen Hinweis danke ich Herrn Dr. Manfred Günther, Eisenach.

23 Brief Bernhard von Arnswalds an Fritz Reuter vom 16. Mai 1866, wie Anm. 5.

dessen Ausstattung erhaltenen Handwerker- und Lieferantenrechnungen[24] fehlt ausgerechnet die Entwurfsabrechnung Bohnstedts. Es scheint in der Tat zunächst Versuche einer Kostenminimierung gegeben zu haben. Denn aus dem Nachlaß Luise Reuters haben sich Entwurfsskizzen für die "Reuter-Villa in Eisenach", eine Lageskizze, ein Grundriß und ein polygonales Treppenhaus, erhalten[25] - rührend naive, laienhafte und kaum verwendbare Produktionen, gleichsam erste Ideen zur Lage und Raumdisposition des Hauses.

Sicherlich wäre auch der Bauführer Kleinicke zur Anfertigung eines brauchbaren Entwurfs in der Lage gewesen; und dann gab es doch den von Arnswald als Bauführer empfohlenen Baurat und Wartburg-Restaurator Dittmar, kein besonders namhafter, aber doch fähiger Architekt, in dessen Haus das Ehepaar Reuter wohnte und mit dem es sicherlich Begegnungen und Gespräche gab. Und wenn Reuter von vornherein Wert darauf gelegt haben sollte, nur einen der größten Baumeister Deutschlands für den Entwurf seiner Villa in Betracht zu ziehen, warum hat er sich dann nicht an seinen Schweriner Freund und politischen Gesinnungsgenossen Georg Adolph Demmler gewandt, den er in einem Brief vom 16. Juli 1866, also in der fraglichen Zeit der Architektensuche, "Lieber Bruder" nennt?[26] Als hochangesehener und protegierter Schweriner Hof- und Schloßbaumeister war Demmler wegen revolutionärer und demokratischer Umtriebe 1851 in Ungnade gefallen und aus dem Staatsdienst entlassen worden. Er strebte daraufhin eine politische Karriere an, zuletzt als sozialdemokratischer Reichstagsabgeordneter. Vielleicht hätte er sich sogar darüber gefreut, seinem Freund Fritz Reuter einen Gefallen zu tun.

Wie dem nun auch immer gewesen sein mag, jedenfalls beauftragte Reuter den Architekten Bohnstedt mit dem Projekt. Wie aber und durch wen kam diese Verbindung zustande? Hierzu muß man wissen, daß Bohnstedt im Unterschied zu seinem Ansehen in St. Petersburg und Riga zur fraglichen Zeit in Deutschland, außer in Fachkreisen, noch ziemlich unbekannt war. Die Reuter-Villa war nach der inzwischen teilabgerissenen Häusergruppe für den Maurermeister Weißenborn in Gotha von 1865 überhaupt erst der zweite Auftrag, den er in Deutschland erhielt. Als bausachverständiger Senator im Stadtrat von Gotha, ein Amt, das Bohnstedt von 1863 bis 1868 ausübte und zur städtebaulichen Neuordnung des Gebietes zwischen Altstadt und Bahnhof nutzte, gehörte er gleichwohl zu den Honoratioren der Stadt.

Fritz Reuter unterhielt mancherlei Beziehungen zu Gotha, so zu dem dort sich vorübergehend aufhaltenden demokratischen Schriftsteller und Kritiker Ludwig

24   Eisenach, Reuter-Wagner-Museum.
25   Wie Anm. 5, 77/V, 14, Bl. 1.
26   Wie Anm. 3, S. 571.

Reinhold Walesrode, der ihn zu Weihnachten 1863 und 1864 in Eisenach besuchte. In einem Brief an Fritz Peters vom 18. Dezember 1863 berichtet Reuter, daß er sich zweimal zu Besuch in einer liebenswürdigen Gesellschaft bei dem Abgeordneten Dr. Friedrich Henneberg in Gotha aufgehalten habe[27], für dessen Familie Bohnstedt später ebenfalls tätig werden sollte. Den Generalsuperintendenten August Petersen zu Gotha nennt er in einem Brief vom 14. Juli 1866 "einen warmen Freund".[28] Und schließlich hatte Fritz Reuter in dem Gothaer Oberhofprediger Carl Schwarz, der aus Wieck auf Rügen stammte, einen wirklichen neuen Freund gefunden. Dieser war es auch, der Reuter bat, am 17. November 1864 eine Vorlesung vor einem sehr gewählten Publikum im Gothaer Theater zugunsten des Gustav-Adolph-Vereins zu halten.[29] Gelegenheiten, auf Bohnstedt aufmerksam gemacht zu werden oder diesem gar persönlich zu begegnen, waren also gegeben. Vielleicht hat den letzten Ausschlag der Auftragserteilung die Tatsache bestimmt, daß Bohnstedt väterlicherseits aus Stralsund stammte und möglicherweise sogar neben den vielen anderen Sprachen, die er perfekt in Rede und Schrift beherrschte, auch Plattdeutsch verstand und sprach. Zeugnisse der Beziehungen zwischen Reuter und Bohnstedt haben sich außer den Entwurfsblättern nicht erhalten[30], und wenn solche nicht noch auftauchen, wird wohl deren Hergang und Charakter für immer im Dunkeln bleiben.

Über den Bauablauf sagen die dürren Fakten der Bauakte folgendes aus: Am 9. Oktober 1866 werden die Baupläne an den Vorstand der Residenzstadt Eisenach zur Genehmigung durch den Abteilungs-Ingenieur Kleinicke eingereicht; am 2. November wird die Baugenehmigung erteilt; am 9. August 1867 bittet Kleinicke um die Rohbau-Abnahme, die am 15. August erfolgt und am 20. August bestätigt wird.[31] Weitere Informationen sind den Briefen Fritz Reuters zu entnehmen. So erfahren wir am 11. September 1866: "...; einen genauen Anschlag über den Bau habe ich noch nicht, weil der Plan wegen einiger Abänderungen an Bohnstedt zurückgegangen ist."[32] Doch sei ungeachtet dessen mit dem Hausbau insofern schon begonnen worden, als man dabei ist, die Felsen zu sprengen. Näheres berichtet Reuter dann erst wieder am 22. Juli 1867: "Mit meinem Hause geht´s auch langsam vorwärts, doch ist´s schon vor 14 Tagen gerichtet, wird jetzt mit Zink gedeckt, und vorne wird der Portikus von Sandstein gerichtet, bei den großen Werkstücken eine sehr schwierige Arbeit; auch die Windelböden

---

27   Ebenda, S. 459.

28   Ebenda, S. 567.

29   Ebenda, S. 517.

30   Fast der gesamte Bohnstedt-Nachlaß in Gotha wurde in den Wirren unmittelbar nach dem zweiten Weltkrieg in einer Papiermühle vernichtet.

31   Wie Anm. 20.

32   Brief an Fritz Peters, wie Anm. 3, S. 585.

(Zwischendecken, d. V.) werden gemacht. Ich bin mit dem Bau sehr zufrieden - wir werden Ostern 1868 dahinein können."[33] Am 26. September 1867 heißt es dann: "Unser Hausbau ist soweit fortgeschritten, daß von innen und außen abgeputzt ist, und der Tischler ... kann jetzt beginnen. Auch der Glaser, der hier auch die Fensterrahmen machte, ist mit den Vorarbeiten fertig; aber dennoch werden wir wohl den Winter über Notöfen zum Heizen setzen müssen, damit die Handwerker im Hause arbeiten können, und das Gebäude recht austrocknen kann. Es steckt in dem Kasten eine Menge von Arbeiten, und wie noch alles fertig werden soll, ist für mich unverständlich, obgleich mein Baumeister mich des Gegenteils stets lächelnd versichert."[34] Im Oktober 1867 fielen die Rüststangen, und auch sonst wurde noch alles rechtzeitig fertig. Am 1. April 1868 konnte das Ehepaar Reuter sein neues Heim beziehen.

Fritz Reuter durchkostete die Freuden und Leiden aller Bauherren bis zur Neige. Wenn auch der Hausbau "eine große Quelle nie versiegender Unterhaltung und ähnlicher Freude, wie den Kindern die Heilchristbescherung" darstellte - und zwar trotz der "ewigen Scharmützel" zwischen den Ehepartnern -, so legte doch "der Teufel bald ein Basiliskenei ins Nest: den Kostenanschlag".[35] Anfang September 1866 geht Kleinicke noch von 7-8000 Talern aus. Reuter macht sich auf 10000 Taler gefaßt, um sich später nicht ärgern zu müssen. Der am 26. September dann vorliegende Kostenanschlag weist allerdings die Summe von 12 000 Talern aus, und im Oktober heißt es dann: "'s wird ne Geschichte von 15000 Talern. Das geht mir doch etwas über den Kreidstock! Aber was tun? ... Ich hatte mir beim Beginn der Bauerei fest vorgenommen, dieselbe zu keiner Quelle von Verdruß und Ärger werden zu lassen; aber da nehme sich einer was vor!"[36] Diese Summe schloß allerdings die Kosten für das Grundstück mit ein. Dennoch läßt Reuter am 10. Februar 1868 gegenüber Gisbert Freiherr von Vincke seinem Unmut über die Kostenfrage und anderweitige Verdrießlichkeiten noch einmal freien Lauf: "Lieber Vincke, willst Du diesen Provat- und Separatgenuß Dir in alten Tagen gönnen, dann fange an zu bauen. Du kannst an der Behendigkeit, mit welcher das Geld Dir durch die Finger läuft, Deine wahre Freude haben. Du kannst diese, mit 2 potenziert, genießen, wenn Du über den Anschlag hinaus bezahlst; Du erwirbst Dir dadurch das Recht, über die Faulheit der Arbeiter und die Dummheit der Handwerker zu räsonieren, was freilich ohne allen Zweck ist, auch keine Folgen hat; aber doch zur Behaglichkeit eines Bauunternehmers wesentlich beiträgt."[37]

---

33   Brief an Fritz Peters, ebenda, S. 630.
34   Brief an Fritz Peters, ebenda, S. 635.
35   Brief an Fritz Peters vom 28. Oktober 1866, wie Anm. 1.
36   Ebenda.
37   Wie Anm. 3, S. 645.

In sachlichem Zusammenhang spricht Reuter immer von seinem "Haus" bzw. "Hausbau", wenn er Anlaß zur Freude hat, von der "Idylle", wenn aber irgendein Ungemach droht, abfällig vom "Kasten". In solchen Charakterisierungen wie "unser Schloßbau", "zukünftiges Palais"," unser Sanssouci" oder auch "Kavalleriekaserne" bringt er seinen Stolz über das Erreichte zum Ausdruck, dem er aber stets eine gehörige Portion Selbstironie beimischt. Um aller eventuellen Kritik an seinem Geschmack und seinem Bauherren-Talent vorzubeugen, schiebt er mit teilweise recht situationskomischen Schilderungen Luise vor. "Lowisa ipsa fecit - wenigstens up´n Buplan!", soll er einem staunenden Besucher erklärt haben.[38] Und am 1. September heißt es in einem Brief an Hermann Grashof: "Du kannst Dir wohl denken wie ´sie´ jetzt immer baut, sie hat alles schon fix und fertig, bis auf Gardinen und Sofas; wenn es aber nach ihrem Willen ginge, würde das ganze Haus ein einziger Erker, und alles würde zu Balkonen nach außen und zu Schmollwinkeln nach innen eingerichtet."[39] Zwei Tage später ergänzt er gegenüber Eduard Böcking diese Mitteilung unter Berufung auf die antike Mythologie: "...; einen (Erker, d. V.) kriegt sie mit dem Blick auf die Wartburg; dann kriegt sie einen anderen Wunsch erfüllt: ein Speisezimmer mit einer Tür auf eine Terrasse, und dann noch viele andere Wünsche. Sie läßt´s sich aber dafür auch sauer werden, läuft alle Tage zum Bau, kontrolliert jede Karre Erde und ermuntert die Arbeiter mit passender Rede zu Fleiß und Ausdauer. Sie ist eine unschätzbare Penelopeia fürs freie Land, nur daß sie viel vernünftiger ist als die alte und in der Nacht die ausgekarrte Erde nicht wieder zurückkarrt."[40] Wir erfahren noch manches andere über Luises Aktionismus, etwa über ihre "Möbelexpeditionen" nach Meiningen und die Art, wie sie höchst energisch auf Reuters Geldbeutel loswütet, wenn die Möbelrechnung doppelt so hoch ausfällt wie erwartet.[41]

Aufgrund solcher Äußerungen war man bisher nur allzu willig geneigt, Luises Anteil am Hausbau überzubewerten. Kurt Batt schreibt die "selbstgeschaffene Pracht, der Kronleuchter und Samtfauteuils, der Marmortische und grünumrankten Büsten", ja die angebliche Vorwegnahme des "bourgeoisen Pseudostils der Gründerjahre" allein ihren Bedürfnissen und ihrem entgleisten Geschmack zu, während Reuter daran im Innersten nie recht froh geworden sei.[42] Und bei Wilhelm Greiner heißt es: "Sie ist sicher für möglichste Vornehmheit eingetreten und

---

38   Wie Anm. 1, S. 46.
39   Wie Anm. 3, S. 579.
40   Ebenda, S. 583.
41   Wie Anm. 1, S. 46.
42   Batt, Kurt: Fritz Reuter. Leben und Werk. Gesammelte Werke und Briefe, hrsg. von Kurt Batt, Bd. 9, Rostock 1967, S. 397.

hat am meisten mit Bohnstedt verhandelt; Reuter hat ihr darin gutmütig nachgegeben."[43]

Für eine solche Annahme spricht indes auch nicht ein einziger archivalisch gesicherter Hinweis, und sie ist allein schon deshalb höchst unwahrscheinlich, weil Fritz Reuter in Architektur- und Kunstfragen eindeutig der Kompetentere war. In seinem Drang zum Bilden und Gestalten hatte er zwar der Schriftstellerei den Vorrang eingeräumt, doch wurzelte darin ebenso seine früh hervorgetretene Neigung zum Zeichnen. Ja, er wollte eigentlich Maler werden, hätte auch statt der Jurisprudenz viel lieber Architektur studiert oder sich sogleich praktisch dem Baufach gewidmet. In Jena nahm er dann zeitweilig Privatunterricht in der Porzellanmalerei, und während seiner Untersuchungshaft in der Berliner Hausvogtei beschäftigte er sich wiederum mit Architektur und übte sich im Zeichnen, eine Lieblingsbeschäftigung, die er als "Strom" in Demzin fortsetzen sollte. Seine sicher nicht sehr weit entwickelten Fähigkeiten im Zeichnen ermöglichten es ihm immerhin, sich 1850 in Treptow (heute Altentreptow) als Privatlehrer für Zeichnen, Fremdsprachen und Turnen mit einigem Erfolg zu etablieren. Die Zeichenkunst erwies sich übrigens als so brotlos nicht, denn mit anspruchslosen Porträts verdiente er dort jährlich etwa 160 Taler.[44]

Nein, Fritz Reuter war nicht der Mann, sich in irgendetwas, das ihm widerstrebte, gutmütig zu fügen. Seine präzisen, fachmännisch abgefaßten Entwurfs- und Baubeschreibungen belegen, daß er von der Sache etwas verstand, daß er in das Baugeschehen einbezogen war, ja daß er wohl doch als der eigentliche spiritus rector zu gelten hat. Dies bestätigt auch Ludwig Bohnstedt, indem er im Erläuterungsbericht zur Veröffentlichung des Entwurfs der Reuter-Villa unter anderem ausführt: "Dem Wunsche des Dr. Reuter entsprechend, ist das Speisezimmer so angeordnet, dass man von ihm aus unmittelbar auf eine Terrasse gelangen kann, die, fast im Niveau des Hauptgeschosses liegend, einen bequemen Uebergang sowohl zu den niedriger befindlichen Gartenanlagen und dem Hofe, als auch zu dem längs der Felsenwand aufwärts, terrassenförmig angelegten Garten bildet."[45] Trotz aller Redereien und Spötteleien identifizierte sich Reuter stolz mit seinem Hausbau. Mehrfach betont er, daß es zweckmäßig, bequem und sehr schön zu werden verspricht, eben "sehr zur Zufriedenheit".[46] Während eines kalten Winters ist er froh, im Gegensatz zu der landesüblichen leichten Fachwerkbauweise so massiv gebaut zu haben.

---

43   Wie Anm. 1, S. 46.

44   S. hierzu auch Anm. 42, S. 48, 56, 70, 100, 140.

45   Entwürfe von L. Bohnstedt, I-VIII Heft, Halle a/S. o. J. (1875-1877), Heft VI, Bl. 32: Villa Fritz Reuter in Eisenach.

46   Brief an Fritz Peters vom 11. September 1866, wie Anm. 3, S. 585.

In diesem Zusammenhang wäre es interessant, näheren Aufschluß darüber zu erhalten, ob Fritz Reuter aufgrund seiner architektonischen Studien, die allerdings schon längere Zeit zurücklagen, zum Stil, zur Form und ästhetischen Wirkungsweise von Architektur eine eigene Meinung hatte. Natürlich wird er die zwischen den Ehepartnern diskutierten praktischen Bedürfnisse dem Architekten mitgeteilt haben. Versuchte er unter Umständen darüber hinaus aber auch, auf die künstlerische Komponente des Entwurfsprozesses Einfluß zu nehmen, vertraute er sich darin ganz dem erfahrenen Architekten an, oder befolgte er mehr oder weniger gedankenlos nur die üblichen Konventionen? Wir wissen es nicht. Jedenfalls dürfte die Tatsache, daß er in dieser Frage weder gutgemeinten Ratschlägen folgte noch näherliegende Möglichkeiten bevorzugte, sondern seinen eigenen Weg suchte, ein Indiz dafür sein, daß er genau wußte, was er wollte und was er tat. In ihre Zeit gestellt, war die Reuter-Villa jedenfalls alles andere als konventionell; sie war nicht nur praktisch gut nutzbar, sondern auch originell und modern. Bohnstedt war immer gut für Überraschungen. Dies alles hat Fritz Reuter mitgetragen: Auch die ungewöhnliche architektonische Gestalt fand seine uneingeschränkte Zustimmung. Am 17. Januar 1867 schickt er an August Loescher eine Zeichnung der Fassade, "damit mein alter Gesellius (Reuters Lehrer an den Gymnasien in Friedland und Parchim, d. V.) doch sehe, daß ich nicht umsonst seinen ästhetischen Unterricht genossen habe".[47] Reuter ist äußerst befriedigt, daß "das Ding ... die allgemeinste Anerkennung" findet. Aus berufenem Munde hört er viel Lobendes. So erklärte der Berliner Kunsthistoriker und -kritiker Herman Grimm, der Michelangelo-Grimm, der sich wegen Krankheit und Tod seiner Mutter einige Zeit in Eisenach aufhielt, das "Haus für das getreue Abbild einer echt römischen Villa, und unser Großherzog hat sich sehr freundlich darüber ausgesprochen, daß ich ihm eine so schöne Zierde in die Nähe seines zukünftigen Parks hingesetzt habe, hat auch schon sich zum Besuche bei mir angemeldet".[48]

In einem Brief an Franz Rudolf Wachsmuth vom 21. Januar 1867 bekennt Reuter: "Meine Frau interssiert sich mehr für das Haus, ich mehr für den Garten, in welchem ich schon diesen Frühling, da, wo der Bau nicht zerstörend einwirken kann, allerlei Arbeiten, als Terrassierungen, Anlage von Spargelbeeten, Anpflanzungen von Obstbäumen und blühenden Sträuchern, vorzunehmen gedenke. - Es ist das eine alte Liebhaberei von mir, der ich nur in der letzten Zeit habe entsagen müssen, weil mir die Gelegenheit dazu fehlte."[49] Diese Verteilung der Vorlieben unter den Ehepartnern scheinen die Briefe zu bestätigen, die Fritz Reuter während seines Kuraufenthaltes April bis Juni 1867 in Bad Liebenstein an Luise richtete.[50]

---

47   Ebenda, S. 609.
48   Brief an Fritz Peters vom 26. September 1867, ebenda, S. 635.
49   Ebenda, S. 613.
50   Wie Anm. 5, 77/IV, 5, Bl. 16-18.

Der Hausbau ist in vollem Gange, doch kein Wort, keine Frage zu diesem Geschehen. Reuter sorgt sich nur um Kartoffeln, Bohnen und Gurken. Diese Merkwürdigkeit mag allerdings auch darin begründet liegen, daß der Hausbau unter der bewährten und fachkundigen Leitung von Kleinicke ohne Probleme verlief, während es mit dem Fortgang der Gartenarbeiten Ärger gab: Die Kartoffeln waren erfroren, bestellte Bäume und Sträucher nicht eingetroffen usw.

Auch in bezug auf die Gartengestaltung blieb Reuter seiner Gewohnheit treu, nämlich nur die allerersten Fachkräfte Deutschlands hinzuzuziehen. Hierbei kam ihm ein glücklicher Umstand zu Hilfe. Aus alten Tagen kannte er Johann Bernhard Ferdinand Jühlke, da dieser als akademischer Gärtner und Fachlehrer an der Landwirtschaftlichen Akademie in Eldena bei Greifswald tätig war. Im Jahre 1866, nach dem Tode des berühmten Peter Joseph Lenné, war dieser zum preußischen Hofgartendirektor in Potsdam berufen worden und damit in die erste Reihe deutscher Gartenkünstler aufgestiegen. Gleich nach dem Grundstückserwerb wendet sich Reuter an seinen Jugendfreund Jühlke und fragt ihn um Rat: "Wie muß der ebene Teil, wie der terrassierte und wie der Berg benutzt werden? Wo müssen Bäume fort und wo müssen deren angepflanzt werden?"[51] Jühlke erweist sich als wahrer Freund, ist rührend um Reuters Garten bemüht, schickt und vermittelt Pflanzen, Sträucher und Bäume, legt die Aufstellung der gußeisernen Bänke, ein Geschenk aus Bremen, fest, rät von dem Bau des geplanten Gewächshauses ab, kommt schließlich im Juli 1867 höchst persönlich nach Eisenach, um an Ort und Stelle die nötigen Anordnungen zu treffen. Nachdem er sich von der Örtlichkeit ein Bild gemacht hat, entwirft er einen Plan, der in seinem Anspruch aber offenkundig die Terrainbedingungen überfordert. "Dein mir freundlichst zugesandter Plan wird sich indessen bei der doch beschränkten Ausdehnung des ebenen Landes wohl nur teilweise ausführen lassen, und werde ich erst anfangs März damit beginnen können, da ich dann erst einen Gärtner kriege", läßt Reuter ihn am 17. Dezember 1867 wissen.[52]

Diesen tüchtigen Gärtner Möller aus Erfurt, der auch Hausdienerpflichten zu übernehmen hat, stellt Reuter im März 1868 ein, "einen jungen, fixen, militärfreien Burschen, der uns recht wohl gefällt".[53] Auch den Weimarer Hofgartenkonducteur August Carl Julius Hartwig und den Eisenacher Hofgarteninspektor Hermann Jäger zieht er zur Unterstützung heran - welch ein Aufwand und Genietreiben um einen kleinen Hausgarten! Doch auch Fritz Reuter selbst legt nach Kräften Hand an.

---

51   Zit. nach Anm. 1, S. 45.

52   Wie Anm. 3, S. 638.

53   Ebenda.

Stolz präsentiert er am 15. Juli 1871 seinem Freund Franz Boll in Neubrandenburg das Ergebnis: "Dies kleine Stückchen von Gottes Erde ist für mich eine Quelle unendlichen Genusses, vorzüglich wohl, weil ich aus einem wüsten, felsigen Berggarten ... ein nutzbares und anmutiges Grundstück geschaffen habe. Ich habe das Ganze teils mit Felsenmauern, teils mit Rasenböschungen terrassiert, und darauf stehen jetzt zirka 180 Stück Äpfel-, Birnen-, Pflaumen- und Kirschbäume, desgleichen zirka 20 Aprikosen und Pfirsiche und 66 Weinstöcke, Himbeeren und Stachelbeeren, Johannesbeeren, Haselnüsse und Walnüsse nicht gerechnet und dazwischen hochstämmige Rosen und Georginen. ... In dem oberen Teile des Gartens steht in diesem Jahre das schönste Gemüse in reichster Fülle, ausgezeichnete Spargel und schönste Erdbeeren, Erbsen, Wurzeln, Kohlrabi, Zwiebeln, Bohnen, Gurken et hoc genus omne. Als ich den Garten kaufte, fragten mich die Leute, was ich damit wolle, aber ich erinnerte mich des mecklenburgischen Sprichwortes: 'Schit un Flit', nun fragen sie nicht mehr."[54]

Wenn sich auch Reuters alter Wunsch, Gutsbesitzer oder doch wenigstens Gutspächter zu werden, nun im Kleinen, in dem "Paradiesgärtlein seines Alters"[55], erfüllt hatte, so faßte er die Freuden und Vorzüge des Eisenacher Aufenthaltes doch stets in einer Komplexität, in der auch die historische und kulturelle Dimension Geltung besaß. Kurz nach dem Einzug läßt er Jan Pieter Heije an seinem Glück teilhaben: "Denke Dir unsere Lage in diesem Sommer: zum ersten Male in einem ziemlich langen Leben Besitzer eines eigenen Grundstücks, Bewohner eines eigenen Hauses in der schönsten Gegend Thüringens, die Wartburg mit ihren welthistorischen Erinnerungen vor uns, sollte das den Kopf zuweilen nicht wirbeln und die Pflichten der Korrespondenz vergessen machen?"[56] Allein, das Glück war nicht vollkommen: Reuters Geistesfrische schwindet, sein Gesundheitszustand verschlechtert sich, unerträgliche Schmerzen quälen ihn. Nur sechs Jahre war es ihm vergönnt, den mit großem Aufwand, sicherem Geschmack und viel Liebe hergerichteten Alterssitz zu genießen. Der Dichter starb am 12. Juli 1874.

Luise Reuter überlebte ihren Mann um 20 Jahre. Sie war versorgt und konnte neben der erforderlichen Unterhaltung des Hauses selbst noch an Erweiterungsmaßnahmen denken. Der von Anfang an ins Auge gefaßte kleine Wintergarten vor der Terrassentür des Speisezimmers sollte nun doch noch Wirklichkeit werden. Am 6. März 1875 bittet sie mit beigefügter Zeichnung um "Bauerlaubniß zu einem kleinen Pavillon-Neubau an meiner Villa". Die Bauerlaubnis wird am 9. März erteilt, doch am 8. Oktober ergeht erneut ein Gesuch um Genehmigung der Heizbarmachung des bereits genehmigten Pavillons durch einen Kamin. Wieder-

---

54   Ebenda, S. 697.
55   Wie Anm. 1, S. 50.
56   Wie Anm. 3, S. 663.

um illustriert eine Zeichnung die Bauabsicht, und wiederum wird - allerdings unter Auflagen - dem Antrag stattgegeben.[57] Ausgeführt wurde der kleine Vorbau augenscheinlich nicht, denn Luise trägt sich bald darauf mit Verkaufsabsichten. Am 13. April 1880 bittet ein gewisser O. Reichardt um Aushändigung der Risse des Reuter-Hauses, da er mit dessen Verkauf beauftragt sei.[58] In zahlreichen regionalen, nationalen und internationalen Zeitungen erscheint das Verkaufsinserat, so auch in St. Petersburg und Riga, wo Luise offenbar auf die Zugkraft des Namens "Bohnstedt" hofft. Aus unbekannten Gründen kam der Verkauf dann doch nicht zustande; Luise Reuter blieb Zeit ihres Lebens Besitzerin und Bewohnerin ihrer Villa.

Für den Fall ihres Ablebens hatte sie in einer Testamentsabänderung vom 24. Februar 1890 folgendes verfügt: "Meine bei Eisenach belegene Villa nebst dem dazu gehörenden Garten, vermache ich der zur Zeit in Weimar domizilirten Schillerstiftung"[59], und zwar unter der Auflage, hier ein Sommerasyl für kranke und bedürftige Schriftsteller einzurichten. Verschiedentlich herangetragene Wünsche, diese Stiftung mit Kapital auszustatten, um sie praktikabel und lebensfähig zu machen, lehnte sie unter Hinweis auf die Ansprüche ihrer Verwandtschaft ab. Die Schillerstiftung sah sich daher auch außerstande, dem Wunsch Luise Reuters zu entsprechen, und bot die Villa der Stadt Eisenach zum Kauf an. Am 9. Januar 1896 wurde der Kaufvertrag geschlossen, wodurch der Grundbesitz für 30000,- Mark und das Mobiliar für 2000,- Mark an die Stadtgemeinde Eisenach überging. Zum künftigen Umgang mit der Dichter-Villa sieht der Paragraph 5 folgende Regelung vor: "Die Stadt Eisenach übernimmt die Verpflichtung, das Arbeitszimmer des Dichters Fritz Reuter thunlichst in demselben Zustande, in welchem es sich zur Zeit des Ablebens von Frau Luise Reuter befunden hat, zu erhalten und nebst den beiden ostwärts daran stoßenden Räumen des ersten Stockwerkes zur bleibenden Erinnerung an den Dichter als Reutermuseum einzurichten und als solches dauernd zu erhalten."[60] Damit war der Grundstock für das Reuter-Wagner-Museum gelegt.

57   Wie Anm. 20.
58   Ebenda.
59   Wie Anm. 5, Aktenband: Deutsche Schillerstiftung Weimar, 134/107, 9, Bd. I, Bl. 12.
60   Ebenda, Bd. II, Bl. 199.

Diskussion des Beitrages von Dieter Dolgner

Bunners dankt für viele neue Aspekte im Vortrag, denen ein gründliches Quellenstudium zugrunde liege. Ihm sei nochmals deutlich geworden, daß Reuter beim Umzug nach Eisenach nicht beabsichtigt habe, auf Dauer hier zu bleiben, sondern sich erst im Laufe der Zeit dazu entschloß. Durch den Vortrag sei ihm deutlich geworden, wie sehr Reuter an seinem eigenen Mythos gearbeitet habe. Er habe über seine Angelegenheiten doch oft recht kräftig fabuliert und Luise ziemlich bedenkenlos vorgeschoben. Man müsse die Briefe daraufhin viel kritischer lesen. Unverständlich sei, wenn Reuter behauptete, daß Luise mit seinem Vermögen leichtfertig umgehe. Das Bild Reuters als "Volksdichter" und als Demokrat sei durch den Bau dieser herrschaftlichen Villa und seinen maßgebenden Anteil daran auch nicht.mehr ungetrübt. Vor einigen Jahren habe er mit einem mecklenburgischen Freund vor der Villa gestanden und dieser habe ungläubig gefragt, ob dieses wirklich Reuters Wohnhaus gewesen sei. Diese Villa sei weniger das Haus eines Demokraten als das eines wirtschaftlich erfolgreichen Nationalliberalen. In den Briefen finde er kein Wort über die Menschen, die für diesen anspruchsvollen, technisch schwierigen Bau hätten wie die mecklenburgischen Tagelöhner sehr hart arbeiten müssen. Er frage sich, warum Reuter nicht seinen Freund, den anerkannten Baumeister Demmler, hinzugezogen habe. Möglicherweise habe er aber in Eisenach und beim Großherzog nicht mit dem nach 1848 in Ungnade gefallenen Demokraten auftreten wollen. *Hückstädt* sieht ebenfalls einen besonderen Gewinn der Tagung darin, daß Reuters Briefe, aus denen sich neben seinen Werken das Reuterbild bestimme, kritisch befragt worden seien und sich auf diese Weise am Reuterbild manches ändere. *Beutin* erblickt im Hausbau neue Suche nach Mütterlichkeit und Nestwärme, also Mutterersatz. Die Art, wie er Luise vorschiebe, wie er ihr angebliches Verlangen nach diesem Prachtbau inszeniere, sei das Werk eines Dichters, der die handelnden Figuren nach seinen Vorstellungen schaffe und seine Wünsche in sie hineinlege.

Schmidt-Henkel bestätigt, daß er beim erstmaligen Anblick der Villa als Student ebenso überrascht gewesen sei. Er fragt, ob Reuter auf die ästhetische Gestaltung des Baus, der voll ausgewogener Harmonie sei und sich so vollkommen in die hügelige Thüringer Landschaft einfüge, Einfluß genommen habe. Oder sei alles Bohnstedts Werk? *Dolgner* erwidert, daß er für einen schöpferischen Anteil Reuters bisher keinen Anhalt habe. Aber Reuter habe sich mit Bohnstedts Arbeit intensiv beschäftigt, wie eine Zeichnung von der Hausfassade zeige, die er seinem alten Lehrer Gesellius mit den Worten schickte, daß er sehen möge, daß sein ästhetischer Unterricht nicht umsonst gewesen sei. Reuter habe sich mit dem Bau voll identifiziert. Er habe auch Einfluß auf das Innere genommen. Nicht seine

Frau, sondern er habe, wie aus einem Brief Bohnstedts hervorgehe, z.B. zwei bestimmte Zimmer an der Frontseite gewünscht. Die Villa sei für die damalige Zeit alles andere als konventionell in der Art neureicher Bauherrn, sondern sehr modern ausgefallen. Reuter habe alles Lob, u.a. vom Kunsthistoriker Herman Grimm, der den Bau eine echt römische Villa nannte, sehr genossen. *Schmidt-Henkel* macht darauf aufmerksam, daß das Thema der Literaten und ihrer Häuser für das Verständnis der Dichterpersönlichkeiten (z.B. Thomas Mann, Feuchtwanger) sehr ergiebig sei. Er habe Fritz Reuter jetzt als Modernisten kennengelernt.

Osmann berichtet, wie sie bei der Arbeit an ihrem Buch mit Dr. Günther immer mehr gelernt habe, Reuters Briefe kritisch zu lesen. Andererseits habe sie an den Briefen immer neu das Geistvolle, die ausgewählte Sprache, die Breite und Tiefe (nicht nur die Länge) beeindruckt. In einem Brief von 1865 bitte Reuter in wohlgesetzten Worten Freiligrath, den er bis dahin persönlich nicht kannte, um Überprüfung einer englischen Übersetzung der "Festungstid" aus der Feder einer jungen englischen Verehrerin. Seine Bitte begründe er mit dem Wunsch, er möchte dem englischen Publikum nicht gern eine Übersetzung bieten, "welche die Schwächen des Originals noch durch neue erhöhte". Diese selbstironische Bemerkung bestätige ihr, wie sorgfältig und gründlich Reuter auch noch in Eisenach - auf der Höhe seines Ruhms - gearbeitet hätte.

Günther berichtet an Hand von einigen Briefstellen, die Gaedertz in seinem Festvortrag zu Reuters 100. Geburtstag in Eisenach zitierte, einige Einzelheiten über den Grundstückserwerb und den Hausbau. Danach gab es ein Gespräch zwischen Burghauptmann von Arnswald und Reuter, in dem von Arnswald erklärte, daß eine Schenkung des Grundstücks nicht möglich sei. Der Großherzog habe erklärt, daß Reuter, selbst wenn er ihm das Grundstück schenke, den Kaufpreis dem Fiskus erstatten müsse. Auch habe von Arnswald Reuter empfohlen, bei der Wahl des Architekten auf einen Baumeister der Wartburg zurückzugreifen, um die Villa dem Stil der Wartburg anzupassen - man dürfe wahrlich bezweifeln, ob dies gelungen sei. Schließlich erfahre man aus Dolgners Beitrag auch, daß Reuter den Bauentwurf dem Großherzog vorlegte und dieser ihn mit Lob zurückgab. *Nenz* findet Reuters Weigerung, auf Anregung des Burghauptmanns etwa Baurat Dittmar als Architekt zu wählen, völlig verständlich, da Reuter mit ihm als seinem früheren Vermieter viel zu gut bekannt war, um mit ihm eine vertragliche Bindung einzugehen. *Hückstädt* meint sich zu erinnern, daß ihm bei Sichtung der fast 700 Briefe an Fritz Reuter der Brief des Burghauptmanns begegnet sei. Vermutlich läge der Brief im Goethe- und Schiller-Archiv. Auf die Äußerung einiger Teilnehmer, daß die Bohnstedt-Villa nicht das Wohnhaus eines Demokraten gewesen sei, erwidert

Hückstädt: dann möge man sich das Haus des Demokraten Demmler in Schwerin ansehen; das sei noch eine Nummer größer!

Rösler möchte den Vorwurf der Mythenbildung eingeschränkt wissen. Er meint, daß Reuters Übertreibungen und Schuldzuweisungen an seine Frau nicht ohne Zustimmung durch sie geschehen seien. Offenbar hätten beide Eheleute Freude an solchen Übertreibungen und Neckereien der Briefempfänger gehabt. Sie hätten damit gespielt. *Dolgner* fügt hinzu, daß Luise die Grenzen kannte und einschritt, wenn Reuter seiner Phantasie zu freien Lauf ließ. So heiße es in einem handschriftlichen Zusatz Luises zu einem Brief Reuters an von Vincke: "Lieber Freund, glauben Sie von dem, was mein lieber Reuter schreibt, immer das Gegenteil, er ist ja schließlich Dichter."

Günther erläutert zum Hintergrund von Reuters Brief vom 1.2.1868 an von Vincke, in dem er über die "Faulheit der Arbeiter und die Dummheit der Handwerker" klagt, daß es zu jener Zeit in Eisenach einen Streik der Maurer, den ersten Streik in der Stadtgeschichte, gegeben habe. Die Arbeiter hätten damals um eine Senkung der Arbeitszeit von 14 auf 12 Stunden gekämpft. Er frage sich, ob Reuters unter diesen Umständen schwer verständlicher Vorwurf nicht auch wieder eine phantasievolle Übertreibung gewesen sei, um die Last des Bauherrn zu umschreiben.

Suhrbier berichtet, daß er im früheren Bad Laubach (jetzt ein Teil von Koblenz) Nachforschungen nach Reuters Aufenthalt angestellt habe. Die Badeanlagen seien vollständig, das letzte Gebäude erst Mitte der siebziger Jahre verschwunden. Das Gelände sei durch die Autobahn (Verbindung rechts und links des Rheins) nahe der Moselbrücke völlig verändert. Schriftliche Unterlagen gäbe es aus der damaligen Zeit kaum, sie enthielten nichts über Reuter. Zwei Gedenktafeln hätte es früher zur Erinnerung an Reuters Aufenthalt gegeben: eine aus den 30er Jahren, eine weitere 1955 von der Landsmannschaft gestiftet. Letztere befinde sich im Archiv. Nur einige Fotos erinnerten an diese Reuterstätte.

Dolgner erklärt abschließend, daß es ihm nach den gesamten Umständen unwahrscheinlich scheine, daß Reuter beim Fortzug aus Mecklenburg beabsichtigt habe, dauernd nach Eisenach zu ziehen und hier gar zu bauen. In einem Brief vom 30.1.1864 frage er noch Victor Siemerling, ob er ihm ein Gutachten beim Zivilingenieur Bargum über den Zustand eines bestimmten Hauses in der Neubrandenburger Außenlage ("in seine Ringmauern zieh' ich nimmermehr hinein") beschaffen könne, ob das Haus für ihn geeignet sei und welchen Preis der Eigentümer verlange.

Gudrun Osmann

Von der Reuter-Villa zum Reuter-Wagner-Museum

Zu den ältesten literarischen Gedenkstätten in Deutschland gehört das Schiller-
haus in Leipzig-Gohlis, das durch den seit 1842 in Leipzig wirkenden Schiller-
verein eingerichtet wurde. Schon wenige Jahre später, 1847, wurde das Schiller-
haus in Weimar eröffnet, für das Schillerfreunde Gegenstände aus des Dichters
vermeintlichem und wirklichem Besitz gesammelt hatten. Das 1885 in Weimar
gegründete Goethe-Nationalmuseum verfügt über Goethes Nachlaß, mit Ausnahme der Handschriften, die im Goethe- und Schiller-Archiv verwahrt wurden,
in dem auch Reuters, von der Schillerstiftung erhaltener, Nachlaß aufbewahrt
wird.[1] Auch das Reuter-Museum in Eisenach, seit 1896, bzw. das Reuter-Wagner-Museum seit 1897, gehört zu den nach "Goethe und Schiller" ältesten Litera-
tur-Musik-Theatermuseen in Thüringen.
Vergleichbare Museen in Thüringen, z.B. in Heiligenstadt das Theodor-Storm-
Museum (1988), in Eisfeld das Otto-Ludwig-Museum (1961), in Renthendorf
das Alfred-Brehm-Haus (1946) oder auch das Wieland-Haus in Ossmannstedt
(1956), wurden sehr viel später gegründet. Selbst Johann Sebastian Bach erhielt
erst 1907 ein geeignetes Museum, und das Lutherhaus in Eisenach wurde erst
nach dem 2. Weltkrieg als Museum eingerichtet.[2] Die frühe Gründung des Reuter-Wagner-Museums hat in erster Linie mit der glücklichen Konstellation zu tun,
die durch Luise Reuters letztwillige Verfügung bei ihrem Tod 1894 entstanden
war. Da das Ehepaar Reuter kinderlos war, fiel die Villa laut Frau Reuters Testament der Schillerstiftung in Weimar zu, schon mit der Auflage, drei Räume
interessierten Besuchern zugänglich zu machen.[3]
Über Hintergründe und Motive des Testaments an die Schiller-Stiftung wäre eine
gesonderte wissenschaftliche Untersuchung angezeigt. Denn nicht erst durch
Friedrich Friedrich[4] ist der Kontakt zur Schiller-Stiftung nachgewiesen. Schon
Fritz Reuter interessierte sich für die Schiller-Stiftung. In seiner - weitgehend
erhaltenen - Bibliothek befinden sich die beiden Bücher von Alexander Ziegler:
Zur Geschichte der Schiller-Lotterie, Dresden 1864; Zu Öffentlichkeitsfragen der

---

1 Näher dazu vgl. in dem Beitrag von Christa Rudnik in diesem Band.

2 Vgl. Literatur - Dichter, Stätten, Episoden, Tourist-Führer, 2.Aufl. Berlin/Leipzig
   1988; Dietel Günther: Reiseführer für Literaturfreunde, Frankfurt/Berlin 1993.

3 Vgl. "Bestimmungen über die Einrichtung und Verwaltung des Städtischen Reuter-
   Wagner-Museums zu Eisenach". Satzung des Reuterhauses vom Jahre 1895.

4 Vgl. G. Osmann/M. Günther: "...daß ich immer Farbe gehalten habe...". Zeugnisse aus
   Fritz Reuters Eisenacher Zeit. Hrsg. von Karlheinz Büttner, Eisenach 1997 (= Schwarze Brunnen Reihe 2), S. 86 f., 96 f.

Deutschen Schiller-Stiftung, Dresden 1864. Bruder des Verfassers war Reuters guter Freund Severus Ziegler[5] . Hier sind Verbindungen zu Luises Testament zu vermuten, die noch der Klärung bedürfen.

In der "Eisenacher Zeitung" war unter dem 09. Juni 1894 zu lesen: "Ob das Gerücht sich bewahrheitet, daß Frau Dr.Reuter die Villa testamentarisch dem Großherzog übermacht habe und dieselbe zu einem Museum ausgestalten werde, haben wir nicht in Erfahrung bringen können", und einen Tag später konkretisiert dieselbe Zeitung: "Im Anschluß an das bereits gemeldete Ableben der Frau Luise Reuter sind wir in der Lage, folgendes mitzuteilen: »Das Nachlaßgericht hat Sonnabend das Testament der Verstorbenen eröffnet, aus welchem sich ergiebt, daß neben der Erbeinsetzung von Verwandten die Deutsche Schiller-Stiftung, deren Protektor der Großherzog von Sachsen ist, mit dem Legate bedacht wurde, durch welches Frau Reuter ihre Villa nebst Garten und allem Haus-Mobilar derselben vermacht. Im Auftrage der Schiller-Stiftung hat das hiesige Mitglied derselben, Herr Bezirksdirektor Dr. Eucken-Addenhausen heute den Besitz im Namen des Großherzog übernommen.«"

Nach dem unten näher zu schildernden Rückkauf von Weimar nach Eisenach werden von der Stadt Eisenach bereits am 19. Juli 1896 die Fritz Reuter gewidmeten Räume der Öffentlichkeit zugänglich gemacht, und am 20. Juni 1897 wird die erste Wagnerausstellung in der Reuter-Villa gezeigt.

Und als man 1910 in der Stadt Eisenach und im Reuter-Wagner-Museum überschwenglich den 100. Geburtstag Fritz Reuters feierte, stand es in Mecklenburg um das sichtbare Gedenken an ihn noch schlecht. Auch wenn man an Reuters Geburtshaus in Stavenhagen schon 1873 eine Gedenktafel angebracht hatte,[6] verfestigte sich wahrscheinlich erst 1911 zur Enthüllung des Reuterdenkmals[7] die Idee, in Stavenhagen im Rathaus eine Gedenkstätte einzurichten. Darüber ist zu lesen: "Die Eckstube im Erdgeschoß des Rathauses ist das Geburtszimmer Fritzings. Aber was haben die Stavenhagener daraus gemacht! In ganz verkehrter Pietät pfropften sie das Stübchen der guten Frau Bürgermeister Reuter mit Gipsmodellen, Denkmalentwürfen, Zeichnungen und Sockeln voll, daß es nun wie eines Stadtbaumeisters oder Bildhauers Rumpelkammer aussieht."[8]

---

5   Ebda., S.12, 14, 22, 24, 40, 79.

6   Vgl. Arnold Hückstädt: "Reisen zu Reuter", Berlin/Leipzig 1990, S. 198.

7   Vgl. ders.: Das Fritz-Reuter-Literaturmuseum in Stavenhagen. In: Fritz Reuter. Eine Festschrift zum 150. Geburtstag, Rostock 1960, S. 177.

8   So Fritz Mielert: Durch Mecklenburg - Ein Buch für Heimat-, besonders auch für Reuterfreunde, Leipzig (1920), S. 60.

Zur Ehrenrettung der Mecklenburger muß man aber sagen, daß auch die Wagner-Sammlung in ähnlicher Form im Reuterhaus präsentiert wurde.[9] Nachdem die Sammlung in den Kriegswirren fast ganz verloren gegangen war, richtete die Stadt Stavenhagen im Jahre 1949 (seit diesem Jahr "Reuterstadt Stavenhagen") zum 75. Todestag des Dichters die Reuter-Gedenkstätte, zunächst in zwei Räumen, wieder her. Die Gegenstände - im wesentlichen Möbel und Erinnerungsstücke - waren Leihgaben aus Eisenach.

Zurück in die Jahre 1894/95! Die Schiller-Stiftung in Weimar hatte kurz nach Antritt ihres Erbes zur Verwaltung des Reuter-Hauses ein Komitee gebildet und zugleich einen Verwalter bestimmt: Professor Joseph Kürschner.[10] Der Geheime Hofrat, Literatur-Theaterwissenschaftler, Herausgeber und Publizist sowie Verleger hatte 1892 seinen Wohnsitz nach Eisenach verlegt. Er war es auch, der als erster den Gedanken hatte, die seit 1893 zum Verkauf anstehende Wagner-Sammlung des Nicolaus Oesterlein[11] für Eisenach zu erwerben. Joseph Kürschner erkannte schnell, daß die Schiller-Stiftung nicht glücklich mit dem Erbe war und sah im Rückkauf durch die Stadt Eisenach die Chance, die Wagner-Sammlung in das dann städtische Gebäude zu integrieren.

Auf der Konferenz der Schiller-Stiftung im Sommer 1895[12] hatte Kürschner einen ersten Teilerfolg. Dort wurde beschlossen, daß die Schiller-Stiftung mit der Stadt Eisenach wegen Ankaufs der Villa in Verhandlungen treten solle. In der "Weimarischen Zeitung" vom 05. Juni 1895 hieß es dazu:

"Die Schiller-Stiftung ist zu dem Zweck gegründet worden, verdienten notleidenden Schriftstellern Hilfe zu gewähren. Was sie in der Erfüllung dieser Pflicht hindert oder beschränkt, hat sie von sich fernzuhalten. Ein Hausbesitz, der statt Erträge zu bringen, Lasten auferlegt, denn die zu erwartenden Eintrittsgelder für den Besuch der Reuter-Zimmer würden gegenüber den Steuern und sonstigen Ausgaben keine erheblichen Einnahmen bilden - die Fürsorge für die Wallfahrtsstätte, die dem Andenken eines trefflichen Dichters geweiht sein soll - das alles erscheint mit den nächsten und wesentlichen Aufgaben der Stiftung unvereinbar. Es steht zu hoffen, daß die Stadt Eisenach auf gewiß billige Bedingungen hin die Wohnstätte des Dichters erwerben werde."

Der Eisenacher Oberbürgermeister August Müller schaltete sich in die Verhandlungen ein. Für den Oberbürgermeister sprachen gegen den Kauf der Villa genau die Punkte, die die Schiller-Stiftung veranlaßten, das Haus zu verkaufen. Allein die unumgänglichsten Reparaturen hatten bisher schon 6 000 Mark gekostet, auch

9   Vgl. Gudrun Osmann: Wagner am Fuße der Wartburg. Das Reuter-Wagner-Museum in Eisenach. In: BAYREUTHER Festspiele 1997, S. 141 ff.

10   Siehe ebda., S. 97 ff.

11   Vgl. ebda.

12   Ebda.

ein Kastellan und ein Gärtner mußten bezahlt werden. Im Laufe des Sommers entfachte sich ein reger Briefwechsel zwischen Eisenach und Weimar. Er ging von Eisenach aus, mit dem Ziel, den Kaufpreis so niedrig wie nur möglich zu halten, denn der Gedanke, die Villa zu erwerben, um auch die Wagner-Sammlung darin unterzubringen, hatte sich verfestigt. Es hatte sich gezeigt, daß kein geeigneteres Objekt gefunden werden konnte. Die Kaufbedingungen für die Villa waren schließlich äußerst günstig. Der Verkauf von Möbeln und Einrichtungsgegenständen[13] verringerte die ohnehin schon niedrige Summe von 32 000 DM noch weiter und bot zugleich Mittel, die zur Umgestaltung des Hauses notwendig waren, um die Wagner-Sammlung geeignet aufzustellen und präsentieren zu können.

Im November 1895 wird der Kaufvertrag zwischen der Schiller-Stiftung zu Weimar als Verkäuferin einerseits und der Stadtgemeinde Eisenach andererseits abgeschlossen.[14] In dem Vertrag heißt es: "Die Stadt Eisenach übernimmt die Verpflichtungen, das Arbeitszimmer des Dichters Fritz Reuter tunlichst in demselben Zustande, in welchem es sich zur Zeit des Ablebens von Frau Luise Reuter befunden hat, zu erhalten und nebst den beiden ostwärts daran stoßenden Räumen des ersten Stockwerkes zur bleibenden Erinnerung an den Dichter als Reuter-Museum einzurichten und als solches dauernd zu erhalten." Seit dem 19. Dezember 1895 ist die Stadt Eisenach Eigentümerin der Reuter-Villa.

Inzwischen war am 31. März 1895 von seiten der Stadt Eisenach die Wagner-Sammlung definitiv für 85 000 Mark aufgekauft worden, ohne einen geeigneten Ort bzw. ein geeignetes Gebäude gefunden zu haben.

Am 12. Dezember 1895 erließen Gemeindevorstand und Gemeinderat "Bestimmungen über die Einrichtung und Verwaltung des Städtischen Reuter- und Wagner-Museums zu Eisenach".[15] Darin heißt es:"Nachdem die Residenzstadt Eisenach von der Deutschen Schiller-Stiftung das früher dem Herrn Dr. Fritz Reuter gehörige Wohnhaus nebst Garten mit der Verpflichtung erworben hat, das Arbeitszimmer des Dichters und die beiden östlich daran stoßenden Zimmer als Reuter-Museum einzurichten, zu erhalten und von dem 'Komitee zum Ankauf des Oesterleinschen Richard-Wagner-Museum' die Sammlungen des Herrn Nicolaus Oesterlein in Wien als unveräußerliches Eigenthum mit der Verpflichtung übernommen hat, dieselbe in geeigneten Räumlichkeiten zu verwalten und fortzuführen, auch für die Öffentlichkeit und für Studienzwecke zugänglich zu machen, wird das Reutersche Wohnhaus nebst Garten den oben bezeichneten Zwecken überwiesen und als Städtisches Reuter- und Wagner-Museum eingerichtet."

---

13 Vgl. Gudrun Osmann: Wie kam Wagner in die Reuter-Villa? In: Eisenach Jahrbuch 1992 Historisches und Aktuelles aus der Wartburgstadt, Marburg 1992 , S. 99ff.

14 Vgl. Satzung des Reuterhauses vom Jahre 1895 (Anm. 3).

15 Ebda.

Weiter wurde bestimmt: "Die Verwaltung dieses Museums wird einem Vorstand übertragen, welcher die Bezeichnung 'Der Vorstand des Reuter-Wagner-Museums' führt und aus dem Gemeindevorstand als Vorsitzenden, einem Direktor und 3 weiteren Mitgliedern besteht. Letztere sowie der Direktor werden vom Gemeinderat gewählt, welcher auch die Dauer ihrer Amtszeit und die etwaige Besoldung des Direktors festlegt. Der Vorstand hat zunächst die Einrichtung des Museums zu besorgen und ist zu diesem Behufe ermächtigt, die Veräußerung derjenigen Gegenstände vorzunehmen, welche von ihm nicht für die Zwecke des Museums bestimmt werden."

Zum lebenslänglichen Direktors des Museums im Ehrenamt wurde Geheimrat Professor Joseph Kürschner gewählt. Zum Vorstand gehörten ferner Oberbürgermeister August Müller, Oeconomierat Dittenberger und die Herren Philipp Kühner und Eduard Kahle. Kahle leitete auch den Verkauf des entbehrlichen Hausrates und die allmähliche Umgestaltung des Hauses zu seiner endgültigen Bestimmung. Dieses Vorgehen stieß nicht bei allen, besonders natürlich nicht bei den Anhängern Fritz Reuters, auf Verständnis. Professor Joseph Kürschner jedoch wehrte sich dagegen, in der "Eisenacher Zeitung" vom 17. Juni 1897, drei Tage vor der Eröffnung des Hauses als Reuter-Wagner-Museum: "Über die Inneneinrichtung des Reuter-Hauses zur Zeit des Erbauers bzw. seiner Witwe hat sich allmählich eine Legende gebildet, die wohl mit Schuld ist, daß immer wieder über die Pietätlosigkeit geklagt wird, mit der die Räume ihrer ursprünglichen Bestimmung und Ausstattung entkleidet worden sind... Was von der Einrichtung verschwunden ist, war weder in der Gesamtheit noch in den Teilen irgendwie charakteristisch für den einstigen Bewohner. Dazu entstammte vieles aus der Zeit nach seinem Tod."

Gästebücher, die es seit Gründung des Museums gibt, spiegeln den Eindruck der Besucher wider. Vor Eröffnung, bereits am 17.6.1897, haben sich der Schloßhauptmann Cranach, Oberbürgermeister Müller, der Redakteur Philipp Kühner und natürlich der Direktor des Hauses, Joseph Kürschner, eingetragen.

Verständlicherweise war die Entrüstung von seiten der Mecklenburger groß,[16] aber dazu muß man bedenken, daß der Gast des Hauses, Richard Wagner, den Hausherren Fritz Reuter fast vollständig aus seiner Wohnetage verdrängt hatte und der Wagner-Sammlung, einschließlich Treppenhaus, 12 Räume gewidmet waren.

Erst nach einer Umgestaltung der Sammlung in den zwanziger Jahren, änderte sich die Situation ein wenig. Nach dem 2. Weltkrieg wurden die Räume im Erdgeschoß in das Museum einbezogen und für die Wagner-Sammlung eingerichtet.

---

16   Das belegen Eintragungen in Gästebüchern (Archiv Reuter-Sammlung).

Seitdem überwiegen in den Gästebüchern Eintragungen wie diese: "Durch Zufall im Vorbeifahren gefunden auf Wagners Spuren dieses Kleinod zu Füßen der Wartburg und tief beeindruckt aus Hamburg und Schleswig/Flensburg an Beethovens 168. Todestag (26.03.1995)", oder: "Eigentlich wegen Fritz Reuter gekommen und Wagner entdeckt."

Paul Lindau, dessen Werke in der Wagner-Bibliothek ihren Platz haben, u.a. seine "Nüchtere(n) Briefe aus Bayreuth", gibt 1917 sein Buch "Nur Erinnerungen" heraus und widmet in einer eindrucksvollen Schilderung mehrere Seiten seinem Besuch bei Fritz Reuter im Jahre 1869.[17]

Wenn auch das Beieinander von Reuter und Wagner in einem Haus zunächst befremden mag, so sind andererseits beider Biographien nicht ohne Parallelen. Kurt Batt beginnt seine Reuter-Biographie (1967) mit folgenden Sätzen: "Fritz Reuter lebte von 1810 bis 1874. Anfang und Ende seiner Lebenskurve reichen jeweils um wenige Jahre über zwei entscheidende nationale Ereignisse hinaus, die Befreiungskriege und die Reichsgründung durch Bismarck. Zwischen beiden, auf dem Scheitelpunkt seines Lebens, findet die bürgerlich-demokratische Revolution von 1848 statt. Tatsächlich haben diese drei politischen Daten Reuters Leben und Schaffen maßgeblich beeinflußt."

Und Martin-Gregor-Dellin, Verfasser von Standardwerken der neuen Wagnerliteratur, beginnt eines seiner Werke ähnlich wie Batt über Fritz Reuter. Auch die Zeit des Erscheinens der Bücher ist fast identisch, das eine erschien in der DDR, das andere in der BRD. Auch bei anderen Wagner-Standardwerken herrscht ein vergleichbarer Tenor vor. Bei der Wagner-Ausstellung, die 1983 zum 170. Geburtstag des Komponisten in Eisenach konzipiert wurde und bis Anfang 1997 zu sehen war, begann die Eröffnung mit folgenden Worten: Wagners Lebenszeit ist durch drei große Ereignisse charakterisiert: Die Befreiungskriege von 1813 und die Reichsgründung des Jahres 1871 bilden die tragenden Eckpfeiler; genau in der Mitte liegt die bürgerlich-demokratische Revolution von 1848/49. Zwischen diesen Ereignissen steht Wagner in der typischen Entwicklung des deutschen Bürgertums jener Zeit, das heißt, zwischen Fortschritt und Reaktion. Er ist ihr Produkt, gleichzeitig ihr aktiver Mitgestalter auf künstlerischem Gebiet.

Auch, daß in der Reuter-Bibliothek Wagner-Textbücher stehen, ist bekannt, ebenso der Brief Reuters an Bernhard Afinger, in dem er Richard Wagner erwähnt.[18]

---

17   Paul Lindau: Nur Erinnerungen, Stuttgart und Berlin 1917. Zweiter Band, S. 106ff. Vgl. die Dokumentation der Schilderung bei Osmann/Günther (Anm. 4), S. 68-73.

18   Siehe bei Osmann/Günther (Anm. 4), S. 67f.-
      In einer öffentlichen Rahmenveranstaltung zum Reuter-Symposium in Bad Liebenstein 1997 hielt der Eisenacher Operndirektor Dieter Reuscher einen Vortrag zum Thema

Schon 1910 als noch die Wagner-Sammlung die Räume der Reuter-Villa beherrschte, gedachte, ja zelebrierte die Stadt geradezu die "Jahrhundertfeier" von Fritz Reuters Geburtstag in Eisenach vom 05.-07. November 1910.[19] Die "Eisenacher Zeitung" gab einen Sonderdruck heraus. Dort war u.a. zu lesen: "In den großen Erinnerungen der Wartburgstadt, zu den Gestalten ihrer reichen Sage und Geschichte hat seit Elisabeths holder Wunderwelt, seit dem Wettstreit deutscher Sangeskunst, seit Luther- und Bach-Tagen, die Zeit keinen besseren, keinen größeren Namen in die Chronik unserer Stadt geschrieben als den Fritz Reuters. Was dieser Name uns geworden, was er unserem Herzen bedeutet, der hundertste Jahrestag der Geburt des Dichters hat es erwiesen. Nirgends im deutschen Lande, nicht in der Hauptstadt des Reiches, nicht in seiner mecklenburgischen Heimat oder wo sonst Verehrung und Liebe dem Gedenktag festlichen Ausdruck gegeben haben, ist in dieser Weise, in solchem Rahmen das Gedächtnis Reuters gefeiert worden, wie in der Stadt, die er aus eigenem Willen zur Heimat seiner letzten Lebensjahre gemacht und der er für immer der Ihrige durch den Tod geworden ist."
Der Vorsitzende des Festausschusses des Reuter-Jubiläums, Stadtrat Kühner, hielt die Eröffnungsansprache, in der er die von dem Professor Hoseaus aus Berlin gefertigte Reuter-Plakette vorstellte, die sich heute im Archiv der Reuter-Sammlung befindet. Eigentliches Aufsehen erregte aber Stadtrat Kühners Mitteilung, der Eisenacher Gemeinderat habe beschlossen, 28 000 Mark zu dem Zwecke bereitzustellen, sobald sich die Gelegenheit dazu biete, die Wagner-Sammlung aus dem Reuter-Haus auszugliedern und es allein dem Gedächtnis des Dichters zu widmen. Diese Ankündigung wurde mit großem Beifall begrüßt, wie bekannt, es ist aber bis heute bei der Ankündigung geblieben, da keine Räume für das Wagner-Museum gefunden wurden.
Die Festrede hielt Professor Dr. Gaedertz. Mitglieder der Burschenschaften waren ebenso vertreten wie ein Redner vom "Plattdeutschen Verband"; ein literarischer Abend mit Ludwig Sternberg, eine Festvorstellung im Theater mit einer szenischen Aufführung des "Onkel Bräsig" und ein Festabend im "Fürstenhof" gehörten zu dem dreitägigen Programm.
Auf Veranlassung des Festausschusses wurde auf Reuters Grabmal der von ihm verfaßte Grabspruch angebracht. Eine große Schar Reuter-Verehrer versammelten sich sowohl an seinem Grab als auch in der Kapelle des Friedhofes, in der der Berliner Kommerzienrat Julius Zimmermann eine Gedächtnisrede hielt.
Vierzehn Jahre später, 1924, stand das nächste Reuter-Jubiläum an; der 50. Todestag des Dichters. Wieder trat eine rege Geschäftigkeit ein. Diesmal bereitete

---

"Richard Wagner und Fritz Reuter - mehr als nur eine gemeinsame Hüsung in Eisenach".

19   Vgl. Die Jahrhundertfeier von Fritz Reuters Geburtstag in Eisenach am 5. bis 7. November 1910. Sonderdruck aus der "Eisenacher Zeitung". Hofbuchdruckerei H. Kahle.

der 1921 gegründete "Plattdeutsche Verein Eisenach" das Jubiläum vor und richtete es aus.

Das Reuter-Notgeld[20] wurde nachgedruckt und zum Verkauf angeboten. Die "Eisenacher Zeitung" widmete dem Andenken Fritz Reuters wiederum eine Sonderbeilage. Der "Plattdütsche Verein Eisenach" veröffentlichte ein Faltblatt, aus dem hervorgeht, daß sich alle plattdeutschen Vereine Deutschlands am 12. Juli 1924 in Eisenach trafen, und daß auch der Verbandstag des plattdeutschen Verbandes mit den Feierlichkeiten verbunden wurde. Ein plattdeutscher Gottesdienst in der Georgenkirche und eine Zusammenkunft an Reuters Grab schlossen sich an. In einer entsprechenden Einladung warb man mit Bach, Luther, Elisabeth, Wagner - mit Eisenach als Kulturstadt und mit der Landschaft. Die Ausstellung eines mecklenburgischen Künstlers rundete diese Tage ab.

Zur Ehrengilde des "Plattdeutschen Vereins Eisenach" gehörten neben Oberbürgermeister Dr. Janson der Burghauptmann Cranach, Herr Kahle, Stadtrat Dr. Philipp Kühner, der spätere Burgwart Nebe und Professor Wilhelm Greiner, späterer Direktor des Reuter-Wagner-Museums. 1924 erschien Greiners Werk "Fritz Reuters Eisenacher Zeit" bei der Eisenacher Buchhandlung H. Jacobi - jahrzehntelang ein Standardwerk.

Das Jubiläum nahm man auch zum Anlaß, im Museum die Einrichtung zu ändern. Die "Eisenacher Tagespost" vom 14. Juli 1924 berichtete: "Die Reutervilla hat anläßlich der Reuter-Gedenktage eine Umänderung in ihrer inneren Einrichtung erfahren, die man nur dankbar begrüßen, und die hoffentlich für alle Zukunft erhalten bleiben kann. Die Wagnerandenken, die stets zu der Reuterstimmung eine so schmerzliche Disharmonie ergaben, sind aus den Räumen des Dichters verbannt, man hat dafür einen Teil der Möbel Reuters wieder zusammengebracht und die Zimmer möglichst genau so wieder wie zu Lebzeiten des Dichters hergestellt. Aus dem Sterbezimmer, dem Wohnzimmer Frau Lowisings, dem Arbeitszimmer des Dichters, hat man fast alles, was an ein Museum gemahnt, entfernt, den großen Saal schmückt wieder Flügel und Sofa, im Eßzimmer erinnert nur die Deckenbemalung an das Wagnermuseum. Den wertvollsten Inhalt birgt das Wohnzimmer, in dem Vitrinen die Handschriften des ersten Bandes von der "Stromtid" ferner Hanne-Nüte-Manuskripte usw. bergen, die das Goethe-Schiller-Archiv in Weimar dankenswerterweise für die Reutertage zur Verfügung gestellt hat. Die sorgfältige, fast korrekturlose Schrift fällt auf und Wehmut überkommt den Besucher, denn der Dichter tritt uns mit diesen Manuskripten so lebend entgegen, wie das bei vergilbten Blättern sonst kaum zu geschehen pflegt. So empfiehlt sich auch ein Besuch für den, der die Reuter-Villa schon kennt, und man kann nur immer wieder wünschen, daß die Reutertage Anlaß geben und die Mög-

---

20   Vgl. Ingrid Möller: Das Mecklenburgische Reutergeld von 1921, Schwerin 1993.

lichkeit, die historischen Räume wieder ganz in ihre ursprüngliche Gestalt zu bringen."

Hervorzuheben ist, daß man die Feierlichkeiten des Jahres 1924 zusammen mit der Wartburg ausrichtete. Zum Abschluß der Tage sang im Gasthof die Kurrende. Die Chronisten schreiben von Tausenden und Abertausenden, die von der beleuchteten Wartburg zum illuminierten Reuterhaus pilgerten. Die "Eisenacher Tagespost" zieht folgendes Fazit: "...ernste Weihe und hoher künstlerischer Genuß, an dem Fritz Reuter seine helle Freude gehabt hätte, die den Dichter nicht nur ehrten, sondern auch die Wartburgstadt".

Wieder 50 Jahre später:

Die Reuterfeierlichkeiten zum 100. Todestag des Dichters 1974 hatten sich eindeutig in Richtung Mecklenburg verschoben. Am 11. Oktober 1946 veröffentlichte die "Landeszeitung" - Organ der SED für Mecklenburg-Vorpommern - einen Aufruf, eine würdige Erinnerungsstätte "für den großen Dichter und Freiheitskämpfer" Fritz Reuter zu schaffen.

Darauf wurde im November 1946 die niederdeutsche Bühne Schwerin in "Fritz-Reuter-Bühne" umbenannt. 1949 gab Willi Finger im Hinstorff-Verlag in Rostock das "Hakensterz"-Fragment heraus (bis dahin nur durch eine Ausgabe im Selbstverlag von R. Bendler 1930 publiziert). In Dömitz und Neubrandenburg wurden Reuter-Gedenkstätten eingerichtet oder ausgebaut. Im Hinstorff-Verlag hatte Kurt Batt 1966/67 Gesammelte Werke und Briefe Reuters herausgegeben.

Stavenhagen, seit 1949 Reuterstadt, hatte seinen "Fritzing" unter dem Motto "Wi hewwen Hüsung" heimgeholt. Seit 1960, dem 150. Geburtstag Reuters, besteht das Fritz-Reuter-Literaturmuseum. Arnold Hückstädts langjährige Amtszeit begann. Sein Name ist untrennbar mit dem Aufbau des Museums, mit der Reuterforschung und mit dem Namen Fritz Reuter verbunden. Das Reuter-Museum in Stavenhagen erhielt 1974 für die Neugestaltung der Ausstellung neben den Staatlichen Kunstsammlungen Dresden und dem Meereskundlichen Museum Stralsund den Nationalpreis der DDR.

Auch Eisenach ehrte 1960 erneut den Dichter. Die Eisenacher Stadtverwaltung und Vertreter aus Stavenhagen, Rostock und Neubrandenburg legten einen Kranz an Reuters Grab nieder. Mitglieder der "Fritz-Reuter-Bühne" Schwerin und Rostocker Künstler boten im Klubhaus "Friedrich Wolf" eine Reuter-Matinee als Auftakt der Ehrungen. Hans Heinrich Leopoldi[21] hatte diese Veranstaltung vorbereitet, die Texte szenisch bearbeitet und die Überleitungen zusammengestellt. Das überregionale "Neue Deutschland" und Regionalzeitungen aus allen Bezirken berichteten über die Ehrungen des Dichters. Im Reuter-Wagner-Museum Eisenach

---

21   Vgl. Jürgen Grambow: Kurt Batt, die DDR und Reuter, in: "Vun Böker un Minschen". Festschrift für Friedrich W. Michelsen zum 70. Geburtstag, Hamburg 1996.

wurde eine Reuterausstellung eröffnet. Die "Gartenfeste bei Reuter", die in abge-
änderter Form, dafür wetterunabhängig und regelmäßig, heute mit der
"Hausmusik bei Reuter" und in den Museumsfesten fortgeführt werden, wurden
erstmals gefeiert. Im Jahre 1974 erschienen die Übersetzung der "Stromtid" des
Ehepaares Barbara und Friedrich Minssen ins Hochdeutsche ("Das Leben auf
dem Lande") und der "Batt", das Standardwerk der Reuterforschung schlechthin,
in 2. Auflage. Es erschien auch ein neuer Prospekt zum Reuter-Wagner-Museum
in Eisenach.[22]

1997 - 100 Jahre Reuter-Wagner-Museum
Aus Anlaß des Jubiläums hat die Fritz Reuter Gesellschaft ihre Jahrestagung unter dem Thema "Reuter in Eisenach" in Eisenach gehalten. Der Förderverein Reuter-Museen veranstaltete ein wissenschaftliches Symposium zu "Reuter in Thüringen" in Bad Liebenstein. Beide Themen wurden damit zum ersten Mal syste-
matisch aufgearbeitet. Im Jubiläumsjahr ist Jürgen Borcherts Roman "Reuter in
Eisenach" in dritter Auflage erschienen. Aus den Vorarbeiten für das Symposium
veröffentlichte die Verfasserin zusammen mit Manfred Günther das Buch "»...
daß ich immer Farbe gehalten habe...«. Zeugnisse aus Fritz Reuters Eisenacher
Zeit".
Als erster Abschnitt einer Ausstellungsumgestaltung in der Reuter-Villa wurde
die Wagnerabteilung in neuer Gestalt eröffnet. Es gab einen "Tag der offenen
Tür" mit einem Museumsfest. Auf der Wartburg wurde eine Sonderausstellung zu
Wagners "Tannhäuser" gezeigt. Mitglieder des Bayreuther Festspielorchesters
musizierten in einem Festkonzert im Festsaal des Palas. Ein wissenschaftliches
Wagnerkolloqium behandelte das Thema "Richard Wagner und die Anfänge sei-
ner Kunst in Thüringen" (Veröffentlichung der Beiträge im Wartburgjahrbuch). In
Verbindung mit der Denkmalpflege wurde im Jubiläumsjahr eine wissenschaftliche Arbeit über den historischen Reuter-Garten und das Umfeld der Villa begonnen.
In der zweiten Etage der Villa soll sich wieder der "Dienstagsverein" etablieren,
dessen berühmtestes Mitglied einst Fritz Reuter gewesen ist. Der Verein kann
helfen, die in Eisenach noch bestehende "Vereinsmeierei" auf dem Felde der
Kultur - von der Goethegesellschaft über den Geschichtsverein bis zum Wagner-
verband - zu überwinden und anregen, sich "in Sachen Kultur" in der Reuter-Villa
zu treffen.

---

22   Heinz Seidel: DAS FRITZ-REUTER- UND RICHARD-WAGNER-MUSEUM EI-
        SENACH. 1. Auflage 1974. Hrsg.: Thüringer Museum und Reuter-Wagner-Museum
        Eisenach.

Wie sollte das Konzept der künftigen Arbeit im Reuter-Wagner-Museum bestimmt sein?

Während in Stavenhagen, neben Fritz Reuters literarischem Werk, auch weiterhin die Sprache und Literatur des Plattdeutschen gepflegt wird, wird man in der Reutervilla in Eisenach nicht unbedingt eine umfassende Darstellung des Lebens und Schaffens Reuters erwarten, weil dieses Haus seine besondere, unverwechselbare Wirkung gerade aus der unmittelbaren Gebundenheit an einen bestimmten Lebens- und Schaffensraum Reuters bezieht, aus den historischen Räumlichkeiten, den zum Teil noch originalen Innenausstattungen und den persönlichen Erinnerungsstücken.

Hier sollte der Besucher in erster Linie emotionale Eindrücke empfangen neben einer kurzen Information zu seinem Lebenswerk mit dem Schwerpunkt auf seiner Eisenacher Zeit.

Was die Gesamtnutzung der Reuter-Villa anlangt, so ist im Jubiläumsjahr des Museums die Idee von 1910 wieder diskutiert worden, ob nicht eine Verlagerung der Wagnerabteilung angestrebt werden sollte. Finden sich vielleicht im Eisenacher Stadtschloß, dessen Renovierung noch einige Jahre in Anspruch nehmen wird, einmal geeignete Räume für die Wagnersammlung? Ließe sie sich als Teil einer Sammlung zur Musikgeschichte des 19. Jahrhunderts am historischen Schauplatz der Wartburg (Wagner, Tannhäuser!) vorstellen? Erfährt die nach Bayreuth umfangreichste Wagnersammlung bei ihrer Präsentation im Souterrain der Reuter-Villa genügend Würdigung? Wird damit Nicolaus Oesterleins Leistung und der Einsatz Joseph Kürschners beim Erwerb der Sammlung für die Stadt Eisenach hinreichend respektiert? Wird also vielleicht bis zum nächsten großen Reuterjubiläum, dem 200. Geburtstag im Jahre 2010, eine Aufstellung der Wagnersammlung an anderer Stelle verwirklicht werden? Gegen eine solche Trennung spricht freilich die Tatsache, daß sich aus dem Beieinander von Reuter-Wagner-Museum über einhundert Jahre hin bereits eine eigene Museumstradition entwickelt hat. Die Fragen der Trennung oder des Miteinanders von Reuter und Wagner unter einem Dach werden weiter zu diskutieren sein.[23]

---

23 Bei ihrem Vortrag auf dem Symposium in Bad Liebenstein hat die Verfasserin stärker den Plan einer Trennung vertreten. Nach den positiven Erfahrungen mit der neuen Wagnerpräsentation seit 1997 regt sie an, das zukünftige Konzept für die Reuter-Villa mehr mit dem Ziel des Verbleibs beider Sammlungen im Haus zu diskutieren.

Diskussion des Beitrages von Gudrun Osmann

Hinsichtlich der Reuterehrungen findet *Suhrbier* es bemerkenswert, daß die DDR 1954 Reuter noch als so herausragenden Dichter ansah, daß sie zum 80. Todestag eine Sonderbriefmarke herausbrachte (die Deutsche Bundespost habe es erst 1985 getan), später sei es still um Reuter geworden. Auf die Frage nach weiteren Ehrungen zu diesem Datum berichtet *Hückstädt*, daß eine kleine Schrift in Mecklenburg erschienen sei und in Stavenhagen eine Aufführung der Fritz-Reuter-Bühne Schwerin von "Ut de Franzosentid" stattfand. Außerdem sei in zwei Räumen des Rathauses, nachdem 1949 Leihgaben aus Eisenach gekommen waren, eine biographisch-literarische Ausstellung eingerichtet worden, die zur Keimzelle des Literaturmuseums wurde. *Bunners* hält die 100-jährige Tradition des Nebeneinanders von Fritz Reuter und Richard Wagner im Museum Eisenach für ein Faktum, das kaum umkehrbar und auch nicht ohne Berechtigung sei. Beide Künstler seien, wenn auch auf unterschiedliche Weise, Repräsentanten des 19. Jahrhunderts. Der Vortrag des Operndirektors Reusch am Vorabend habe weitere plausible künstlerische Zusammenhänge aufgezeigt. *Osmann* erinnert daran, daß die Stadt Eisenach bei Erwerb der Oesterlein-Sammlung mit 2.000 Stücken gar keine andere Wahl hatte, als sie in der gerade erworbenen Reutervilla unterzubringen. Besucher bestätigten häufig, daß das Museum über beide Persönlichkeiten einen guten Überblick verschaffe. *Nenz* hält dem Vorwurf, daß Reuter nach seinem Tod in Mecklenburg nicht angemessen geehrt worden sei, entgegen, daß schon zum 100. Geburtstag in Stavenhagen der Grundstein für das Reuterdenkmal gelegt worden sei.

Grote fragt, ob Frau Osmann sich das Museum ohne Wagner-Sammlung vorstellen könne, denn geeignete Sammlungsgegenstände, um das Erdgeschoß zu füllen, seien wohl nicht vorhanden und an eine Reuter-Forschungsstelle sei sicher nicht zu denken. *Osmann* erklärt, daß sie bei aller gebotener Zurückhaltung sich denken könne, daß die Wagner-Sammlung Aufnahme auch auf der Wartburg finden könne, zu der sie thematisch passe. Vom Kulturamtsleiter stamme die Idee, die Wagner-Sammlung im Stadtschloß unterzubringen. In die dann freiwerdenden Räume der Reutervilla könnte nach ihrer Ansicht am besten das gegenwärtig im Stadtzentrum nicht sehr glücklich angesiedelte Informationszentrum der Wartburg-Stiftung einziehen. Dann wäre die Reutervilla wirklich das "Tor zur Wartburg" und ein Reutermuseum, in dem Gebäude und Sammlung übereinstimmen. Bei der gegenwärtigen Renovierung entstehe im Erdgeschoß ein großer neuer Raum, der sich für das Informationszentrum gut eigne.

Beutin regt an, einmal auf einer Karte darzustellen, wo in Mecklenburg bekannte Literaten geboren seien, gelebt haben und evtl. begraben worden seien. Er verspreche sich eine überraschende Dichte davon. *Scheven* weist für eine entsprechende Darstellung auf die Karte über die Reuterstätten in Hückstädts Buch "Reisen zu Reuter" hin. Der Förderverein habe eine erweiterte Karte schon für die Reuter-Museen geplant. Dieses könne durch Beutins Vorschlag ergänzt und zu einer literarischen Landkarte Mecklenburgs werden.

Hückstädt ist überrascht, daß die Sprüche "Der Anfang und das Ende ..." (für Fritz Reuter) und "Sie hat im Leben Liebe gesät, sie soll im Tod Liebe ernten" (für Luise Reuter) erst 1910 am Grabmal angebracht worden sein sollen. Bekannt sei (so auch *Meyer-Bothling)*, daß Reuter seinen eigenen Grabspruch nach einer Nacht mit schweren Anfällen, als er selbst zum Schreiben zu schwach, aber bei klarem Geist war, Luise diktiert hat. Aber seien die Sprüche nicht schon bei Aufstellen des Grabmals angebracht worden? *Hückstädt* verweist darauf, daß Reuters Grabspruch auch auf dem Friedhof in Kittendorf in Stavenhagen auf einem großen Granitgrabstein zu finden sei.

Günther spricht sich auch für eine räumliche Trennung der beiden Sammlungen der Reutervilla aus. Sein subjektiver Bezug bei Besuch des Museums gelte nur der Reutertradition. Wenn er bei seiner früheren Tätigkeit die Studenten nach einem Museumsbesuch nach ihrem Eindruck befragt habe, so sei er fast immer nur auf Reuter gestoßen. Wagner sei, auch wohl wegen der weniger repräsentativen Ausstellungsstücke, zurückgetreten. Alle Erwartungen der Besucher bei Betreten der Reutervilla bezögen sich auf den Hausherrn. *Günther* hebt die großen Verdienste des früheren Museumsdirektors Joseph Kürschner auf den verschiedensten Gebieten der Wissenschaft und Kunst in Deutschland hervor. Dieser große Mann habe in Eisenach ein würdigeres Gedenken verdient als lediglich die Benennung der wohl kürzesten und abgelegensten Straße in der Stadt. Günther appelliert an die Eisenacher, sich für ein würdiges Gedenken einzusetzen.

Osmann unterstreicht die Bedeutung Joseph Kürschners. Er sei ein ungewöhnlich vielseitiger, wissenschaftlich-literarisch umtriebiger Mann gewesen, u.a. Herausgeber von Zeitschriften, Lexika, Handbüchern, Verleger z.B. von Karl May. Nach *Osmann* bezeichnen die Eisenacher das Reuter-Wagner-Museum noch immer als die Reutervilla. Besucher sagten wiederholt, die Villa wirke so, als ob die Reuters sie gerade verlassen hätten. Die Veranstaltungen der Reuter-Tage 1997 besuchten viele Eisenacher und beim plattdeutschen Sonntagsgottesdienst sei die Georgenkirche so voll wie selten gewesen.

Verzeichnis der Teilnehmer des Symposiums "Fritz Reuter in Thüringen" vom 29.-31.5.1997 in Bad Liebenstein

Dr. Wolfgang Beutin, Köthel, Kr. Stormarn
Heidi Beutin, Köthel, Kr. Stormarn
Professor Dr. Ulf Bichel, Kiel
Dr. Inge Bichel, Kiel
Dr. Christian Bunners, Berlin
Dr. Liselotte M. Davis, New Haven, USA
Professor Dr. Dolgner, Halle
Professor Dr. Dr. Jürgen Grote, Mainz
Dr. Manfred Günther, Eisenach
Dr. Arnold Hückstädt, Seedorf
Dr. Klaus Lüders, Ratzeburg
H.-Peter Meyer-Bothling, Bad Bevensen
Johanna Minssen, Frankfurt
Cornelia Nenz, Stavenhagen
Gudrun Osmann, Eisenach
Harald Prestien, Lübeck
Dr. habil. Reinhard Rösler, Rostock
Christa Rudnik, Weimar
Jürgen Scharnweber, Dömitz
Dr. Dieter Scheven, Düsseldorf
Professor Dr. Gerhard Schmidt-Henkel, St. Ingbert
Hannelore Schmidt-Henkel
Hartwig Suhrbier, M.A., Frechen
Helmuth de Voss, Höchberg

Autorenverzeichnis

Wolfgang Beutin, geb. 1934 in Bremen (wo der Großvater, Bauamtmann Louis B., aus Güstrow zugewandert war). Studium der Germanistik, Geschichte und Philosophie in Hamburg und Saarbrücken; Staatsexamen in Hamburg 1961; Promotion dort 1966; Habilitation in Bremen 1996. Seit 1971 Dozent an der Universität Hamburg, seit 1996 zudem Privatdozent an der Universität Bremen. Gastprofessur (1973) und Lehraufträge (bis heute) an den Universitäten Göttingen, Oldenburg und Lüneburg. Veröffentlichte Bücher (Monographien und Sammelwerke) 1. zur Literaturgeschichte des Mittelalters und der Mystik, der Renaissance und der Reformation; 2. zur Literaturgeschichte des 20. Jahrhunderts (darunter 2 Werke über Ernst Barlach); 3. zur Linguistik sowie zur Theorie und Methodologie der Literaturwissenschaft; 4. zur deutschen Literaturgeschichte in der Epoche vom Sturm und Drang bis zum Vormärz (über G.A. Bürger, J.H. Voß, G.A. v. Halem, I. Kant, Willibald Alexis und Fritz Reuter). Dazu Beiträge in Fachzeitschriften, Anthologien und Lexika. Außerdem Belletristik (darunter 4 Romane, wovon 2 Mecklenburgica). Adresse: Dr. Wolfgang Beutin, Hohenfelder Str. 7, 22929 Köthel-Stormarn.

Ulf Bichel, geb. 1925 in Kiel. Studium der Psychologie (Promotion zum Dr. phil. 1954), von Geschichte und Deutsch (Staatsexamen für das höhere Lehramt 1956 mit einer Arbeit über niederdeutsche Dichtungen im Verhältnis zum Expressionismus), 1957-1961 Schuldienst, dann Wissenschaftlicher Assistent, später Studienassessor, Studienrat und Oberstudienrat im Hochschuldienst am Germanistischen Seminar der Universität Kiel, seit 1987 a.D. Daneben: 1970 Habilitation für deutsche, insbesondere niederdeutsche Philologie (mit einer Arbeit über "Umgangssprache" in der germanistischen Forschung), 1974 Ernennung zum außerplanmäßigen Professor. Als solcher weiterhin tätig. Mitglied der Fritz Reuter Gesellschaft seit 1979. Adresse: Prof. Dr. Ulf Bichel, Kopenhagener Allee 12, 24109 Kiel.

Christian Bunners, geb. 1934 in Zapel b. Crivitz/Meckl., aufgewachsen in Waren Müritz, Abitur 1953. Studium von Kirchenmusik, Theologie und Musikwissenschaft. Theologisches Diplomexamen 1958, Promotion 1962 in Rostock, Kirchliche Amtsprüfung 1963 in Schwerin. Tätigkeiten als Organist, Journalist, wissenschaftl. Assistent. 1965 Pastor (1968 auch Propst) in Neubrandenburg. Seit 1975 Dozent am Theologischen Seminar Paulinum in Berlin, 1983-94 zugleich Kirchl. Rundfunkbeauftragter für verschiedene Sender. Seit 1993 Präsident der Internationalen Arbeitsgemeinschaft für Hymnologie. Im Vorstand der Fritz Reuter Gesellschaft seit 1990. Adresse: Kurfürstenstraße 108, D-12105 Berlin-Mariendorf.

Liselotte M. Davis, Dr. phil., geb. 1935 in Schartau/Altmark. Abitur 1953 in Genthin. 1955-57 Studium der Germanistik und Anglistik an der Freien Universität Berlin. 1957 Heirat, Übersiedlung in die U.S.A., 3 Kinder, 1981 Wiederaufnahme des Studiums der Germanistik an der Yale University, New Haven CT. 1986 Promotion bei Professor Peter Demetz und Professor Jeffrey Sammons ("History and Narrative Structure: Fritz Reuters »Ut mine Stromtid« and Uwe Johnsons »Jahrestage«"). Seit 1986 Dozentin für deutsche Sprache und Literatur an der Yale University. Mitglied der Fritz Reuter Gesellschaft seit 1985. Adresse: 144 Centerbrook Road, Hamden CT 06518, USA.

Dieter Dolgner, geb 1940 in Reinberg, Krs. Altentreptow. Besuch der Fritz-Reuter-Oberschule in der Reuterstadt Stavenhagen, Studium der Kunstgeschichte und Klassischen Archäologie in Leipzig und St. Petersburg; Diplom in Leipzig 1965; Promotion 1977 ("Ludwig Bohnstedt. Ein Architekt des 19. Jahrhunderts") und Habilitation 1982 ("Architektur des 19. Jahrhunderts in Deutschland. Soziale und theoretische Grundlagen, Inhalt, Methode und Form") in Halle. Wissenschaftlicher Assistent an der Hochschule für Architektur und Bauwesen (Bauhaus-Universität) in Weimar 1965-1968 und 1969-1983; seit 1983 Dozent, seit 1988 bis heute ordentlicher Professor für Kunstgeschichte an der Martin-Luther-Universität Halle-Wittenberg. Leiter des Wissenschaftsbereiches Kunstgeschichte 1984-1991, Direktor des Instituts für Kunstgeschichte 1991-1995. Tätigkeit als Fachschriftsteller, Herausgeber und Übersetzer, ca. 130 wissenschaftliche Publikationen überwiegend zur Architekturgeschichte des 18. bis frühen 20. Jahrhunderts. Adresse: Prof. Dr. Dieter Dolgner, Anemonenweg 4, 06118 Halle (Saale).

Manfred Günther, geb. 1934 in Steinbach Kreis Annaberg/Erzgeb. Der Vater Drechslermeister. Die Mutter Fabrikarbeiterin. 1948-1951 Kaufmannslehre in der Firma Hamburger Kaffee-Lager, Thams & Garfs. Anschließend Abrechner im Großhandel für landwirtschaftliche Produkte. 1952-1955 Bergmann in der SDAG Wismut. 1955-1958 Lehrerstudium in Plauen. 1958-1979 Dozent an der Ingenieurschule für Transport-Betriebstechnik in Gotha. 1964 Diplom. 1969 Promotion an der phil. Fakultät der Karl-Marx-Universität Leipzig. 1979-1987 Dozent am Institut für Lehrerbildung in Eisenach. Von 1987 bis zu deren Abwicklung 1991 Direktor der Gedenkstätte "Eisenacher Kongreß 1869". 1965-1989 Mitglied der Geschichtskommission des Kreises Eisenach, mehrere Veröffentlichungen bzw. Lektorate in deren Schriftenreihe. Mitautor mehrerer Veröffentlichungen zur Geschichte Eisenachs. 1997 gemeinsam mit Gudrun Osmann: "»... dass ich immer Farbe gehalten habe...«. Zeugnisse aus Fritz Reuters Eisenacher Zeit." Adresse: Dr. Manfred Günther, Georgenstraße 25, 99817 Eisenach.

Arnold Hückstädt, geb. 27.1.1935 in Köstin, Kreis Randow. 1953 Abitur in Torgelow. 1953-1958 Studium der Germanistik und Nordistik an der Ernst-Moritz-Arndt-Universität in Greifswald mit Diplomabschluß in beiden Fächern. 1958 Übersiedlung nach Stavenhagen, seit 1.10. wissenschaftlicher Mitarbeiter im Fritz-Reuter-Literaturmuseum, seit 1959 Leiter. 1986 Ernennung zum Museumsrat, seit 1991 im Vorruhestand. 1976 Promotion zum Dr. phil. an der Universität Rostock mit einer Dissertation über "Fritz Reuter im Urteil der Zeitgenossen und des zeitgenössischen Schrifttums". Herausgeber und Verfasser von Büchern von und über Fritz Reuter und Rudolf Tarnow. Mitglied der Fritz Reuter Gesellschaft seit 1990. Adresse: Dr. Arnold Hückstädt, Bungalow 31, 17139 Seedorf.

Klaus Lüders, geb. 1940 in Hamburg, verbrachte seine Schulzeit in Lübeck. Nach dreijähriger Ausbildung im Auswärtigen Amt (Bonn) ging er 1963 zum Studium der Politologie an die Freie Universität Berlin (Otto-Suhr-Institut). Nach dem Examen 1968 folgte ein England-Aufenthalt, zumeist im Central Asian Research Centre (London) und danach (1976) die Promotion bei Prof. Richard Löwenthal (FU Berlin) über ein Thema der sowjetischen Schwarzafrika-Politik. Berufliche Stationen in der Erwachsenenbildung waren dann Haus Rissen (Hamburg) und die Politische Bildungsstätte Helmstedt. Seit 1989 als Leiter des Hauses Mecklenburg und Geschäftsführer der Stiftung Mecklenburg (Ratzeburg) erstellte er mehrere Publikationen zur Mecklenburger Demokratiegeschichte. Adresse: Dr. Klaus Lüders, Stiftung Mecklenburg, Domhof 41, 23909 Ratzeburg.

Cornelia Nenz, geboren in Berlin. Tochter eines Arztes und einer Choreographin. Siedelte mit den Eltern nach Mecklenburg über. Abitur in Neustrelitz. Stum an der Deutschen Hochschule für Musik "Hanns Eisler" in Berlin. Sängerin im Polizei-Musikkorps Schwerin. Sängerin, Dramaturgin und später Intendantim im Staatlichen Folklore-Ensemble der DDR. Seit 1993 Leiterin des Fritz-Reuter-Literaturmuseums in Stavenhagen. Adresse: Glasbrennerstraße 8, 17235 Neustrelitz.

Gudrun Osmann, geb. 1951, Studium in Jena, 1975 Diplomaltphilologin. 1975-1980 Wissenschaftliche Mitarbeiterin der Wartburgstiftung Eisenach. Seit 1980 Custos Reuter-Wagner-Museum Eisenach. Veröffentlichte (zusammen mit Manfred Günther): "»... dass ich immer Farbe gehalten habe...«. Zeugnisse aus Fritz Reuters Eisenacher Zeit." Adresse: Ginsterweg 3, 99817 Eisenach.

Reinhard Rösler, geb. 1940 in Schlesien, aufgewachsen in Thüringen, seit 30 Jahren Wahlmecklenburger. Nach dem Germanistikstudium in Jena Deutschlehrer in Ballenstedt am Harz und in Schwerin, dann als Deutschlektor und Germanist im Ausland (Bagdad, Kairo, Klausenburg, Danzig). 1980 Promotion zum Dr. phil. mit einer Arbeit über die Rolle literarisch-politischer Zeitschriften für die Entwicklung der deutschen Literatur nach 1945; 1988 Habilitation (Untersuchungen zum literarischen Leben in Mecklenburg 1945 - 1949). Tätigkeit in Forschung und Lehre an der Pädagogischen Hochschule Güstrow und an der Universität Rostock in den Bereichen Neuere und Neueste deutsche Literatur. Seit 1996 Hochschuldozent in Rostock. Adresse: Dr. Reinhard Rösler, Pappelweg 20, 18209 Hohenfelde.

Christa Rudnik, geb. 1936 in Wismar. 1956 Abitur in Wismar. 1956-1961 Studium Latein/Germanistik an der Humboldt-Universität in Berlin. 1961-1963 Lehrerin an der Erweiterten Oberschule in Wismar, nach ideologischen Auseinandersetzungen bis 1975 an verschiedenen polytechnischen Oberschulen. 1975-1978 Ausbildungsleiterin im Großhandel. Seit 1978 (nach postgradualem Studium der Archivwissenschaft) als wissenschaftliche Archivarin im Goethe- und Schiller-Archiv in Weimar tätig. Veröffentlichungen zu literarischen und archivarischen Themen. Verleihung des Bettina-von-Arnim-Forschungspreises 1996 durch die Bettina-von-Arnim-Gesellschaft in Berlin. Adresse: Christa Rudnik, Goethe-Schiller-Archiv, Postfach 12, 99401 Weimar.

Dieter Scheven, geb.1927 in Rostock. Studium der Rechtswissenschaften an der Universität Kiel. Promotion 1954 an der Universität Köln. 1. und 2. Juristisches Staatsexamen in Düsseldorf. 1955 Regierungsassessor beim Regierungspräsidenten Düsseldorf. 1956-1969 tätig im Kultusministerium, 1970-1990 im Ministerium für Wissenschaft und Forschung Nordrhein-Westfalen, zuletzt als Ministerialdirigent, 1991-1992 im Kultusministerium Mecklenburg-Vorpommern. Rechtswissenschaftliche Veröffentlichungen im Kirchenrecht, Hochschulrecht und Beamtenrecht, u.a. Mitherausgeber des Handbuchs des Wissenschaftsrechts. Adresse: Dr. Dieter Scheven, Händelstr.17, 40593 Düsseldorf.

Gerhard Schmidt-Henkel, geb. 1925 in Rostock, Professor (em.) für Neuere Deutsche Literaturwissenschaft an der Universität des Saarlandes, Forschungsgebiete (und entsprechende Publikationen): Mythos in der Literatur, Gustav Regler (Begründer der gleichnahmigen Arbeitsstelle und Herausgeber der 15-bändigen Gesamtausgabe der Werke Reglers), Literatur der Grenzregionen Saar-Lor-Lux und Elsaß (Begründer und Leiter einer gleichnamigen Forschungsprojekts in Kooperation mit Kollegen aus den genannten Regionen), Fritz Reuter, niederdeutsche Literatur. Mitglied des Beirats der Fritz Reuter Gesellschaft, Mitglied des Literarischen Colloquiums Berlin. Adresse: Prof. Dr. Gerhard Schmidt-Henkel, Am Hasenbühl 8, 66388 St. Ingbert.

Hartwig Suhrbier, geb. 1942 in Lübeck. Aufgewachsen in Roggenstorf (Nordwestmecklenburg). Seit 1953 im Rheinland lebend. Studium der Germanistik und Geschichte in Bonn, 1969 M.A. ("Zur Prosatheorie von Arno Schmidt". München 1980). Von 1969 bis 1980 NRW-Korrespondent der "Frankfurter Rundschau" in Düsseldorf. Seit 1980 Rundfunk-Redakteur in Köln. Publikationen: Friedrich d. Gr.: Das Buch Blaubart. Eine Satire. (Hg.). Frankfurt/M. 1987 (Insel-Bücherei Nr. 1034). El Hor/El Ha: Die Schaukel/Schatten. Prosaskizzen. (Hg.). Göttingen (Steidl) 1991. Zahlreiche Beiträge zu den Bauten der Industrie- und Sozialgeschichte des Ruhrgebietes. 1978 Deutscher Preis für Denkmalschutz. Adresse: Hartwig Suhrbier, Ahornweg 20, 50226 Frechen.

Beiträge der Fritz Reuter Gesellschaft

Band 7

Fritz Reuter und die Literatur des 20. Jahrhunderts. Hrsg. im Auftrag der *Fritz Reuter Gesellschaft* von Christian Bunners und Ulf Bichel, 100 Seiten.
ISBN 3-928770-98-5, 29,80 DM (*erschienen im von Bockel Verlag*)
Fritz Reuter (1810-1874) ist nach heutigem Begriff ein Bestsellerautor gewesen. Er hat mit seinen Werken riesige Auflagenhöhen erreicht. Noch 1910 war die "Stromtid" das meistgedruckte deutsche Buch überhaupt. Nicht nur die "breite Masse" in ganz Deutschland hat Reuter gelesen. Auch viele Dichterkollegen haben ihn geschätzt und sich von ihm für das eigene Schaffen inspirieren lassen. Das gilt für Wilhelm Raabe ebenso wie für Theodor Fontane und Ernst Barlach. Diese erstaunliche Wirkungsgeschichte ist bisher mehr registriert als wirklich erforscht und interpretiert worden. Die vorliegenden Beiträge untersuchen, erstmals überhaupt, die Wirkungen Reuters auf Thomas Mann sowie auf Arno Schmidt. Die Beziehungen Uwe Johnsons zu Reuter werden im Blick auf Johnsons "Jahrestage" dargestellt. Die literarischen Verwandtschaften zwischen Johannes Gillhoff und Reuter werden aufgewiesen. In einer Rede gibt Walter Kempowski über sein Verhältnis zum Plattdeutschen und zu Reuter Auskunft.

Zu früheren Heften

Heft 1-6 der "Beiträge der Fritz Reuter Gesellschaft" sind im Selbstverlag der Gesellschaft erschienen. Themen dieser Hefte sind: 1. Mecklenburg - Land Fritz Reuters und Uwe Johnsons, 2. Fritz Reuters Freiheitsidee. Dichter für Liberalismus und Demokratie, 3. Frauen im Leben und Werk Fritz Reuters, 4. Zwischen Niedergang und Aufbruch. Plattdeutsche Dichtung von 1945 bis 1990, 5. Jüdische Menschen im Leben und Werk Fritz Reuters, 6. Reuter, Groth, Brinckman. Die Hefte 1-6 können über die Geschäftsstelle der Fritz Reuter Gesellschaft bezogen werden: Neues Tor, Neutorstraße, 17033 Neubrandenburg.

Zur Fritz Reuter Gesellschaft

Die Fritz Reuter Gesellschaft e.V. (FRG) wurde 1960 in Lübeck gegründet. Seit 1991 hat sie ihren Sitz in Neubrandenburg/Meckl. In dieser Stadt hat einst Fritz Reuter (1810-1874) entscheidende Jahre seines Lebens verbracht und bedeutende Werke geschrieben (u.a. "Kein Hüsung", "Hanne Nüte", "Ut mine Stromtid"). Unter den niederdeutschen Literaturgesellschaften zählt die FRG derzeit die meisten Mitglieder. In der "Arbeitsgemeinschaft literarischer Gesellschaften" in Deutschland steht sie im Austausch mit anderen Vereinigungen.
Ein Hauptziel der FRG ist es, das Interesse an Fritz Reuter zu mehren und zu vertiefen. Durch Veranstaltungen und Veröffentlichungen fördert die FRG die Kenntnis und das Verstehen des Dichters, seines Werkes und seiner Wirkungsgeschichte. Neben der Bedeutung Reuters für die niederdeutsche Literatur will die Gesellschaft den Stellenwert des Dichters in der deutschen Nationalliteratur bewußt halten.
Die jährlich an unterschiedlichen Orten stattfindenden Reuter-Tage der Gesellschaft sind Zentren der Innovation und Transformation von Reuterforschung. Auch bieten sie lebendige Präsentationen gesprochenen Literaturwortes und stärken damit die Popularität Reuters und seiner Dichtungen. Die Ergebnisse der Jahrestagungen werden in den "Beiträgen der Fritz Reuter Gesellschaft" veröffentlicht.

SCHRIFTENREIHE MECKLENBURGER PROFILE

HERAUSGEGEBEN VON WOLFGANG BEUTIN

Band 1:
WOLFGANG BEUTIN UND THOMAS BÜTOW (Hrsg.): Barlach-Studien. Dichter, Mystiker, Theologe. Die Referate der Güstrower Tagung (29.12.1994-1.1.1995) der Evangelischen Akademie Nordelbien, anläßlich von Barlachs 125. Geburtstag am 2. Januar 1995. ISBN 3-928770-51-9, 158 S., 39,80 DM

Band 2:
WOLFGANG BEUTIN: Der Demokrat Fritz Reuter. 152 S., ISBN 3-928770-52-7, 39,80 DM

Band 3:
FRIEDRICH MÜLDER: Heinrich Seidel. ... wie er ein Poet und Ingenieur gewesen ... Ein Lebensbild. 152 S., ISBN 3-928770-76-4, 39,80 DM
Erstmals wird mit dieser umfassenden Arbeit der Ingenieur und Mecklenburger Schriftsteller Heinrich Seidel (1842-1906) in einer Monographie vorgestellt. Der Autor des vorliegenden Buches, der Kieler Schriftsteller und Architekt Friedrich Mülder, stützt sich auf zahlreiche Archivalien, die bisher noch nicht zur Kenntnis genommen wurden.

Band 4:
LISELOTTE M. DAVIS (Hrsg.): Fritz Reuter: Gelebte und geschriebene Geschichte. Ein bisher unveröffentlichtes Manuskript Fritz Reuters mit Erläuterungen und Kommentaren. Ca. 100 S., ISBN 3-932696-16-6, Hardcover, 39,80 DM
Der Band enthält ein ausführlich kommentiertes, bisher noch nicht veröffentlichtes Manuskript Fritz Reuters, in dem der Burschenschafter von 1832, spätere Bismarck-Verehrer und "Bestseller"-Autor seiner Zeit sein Geschichtsbild vermittelt. Auch gewinnt der Leser Einblicke in Reuters Hausbibliothek.

Band 5:
ANJA SROKA: Christliche Mystik im literarischen Werk Ernst Barlachs. Ca. 500 S., ISBN 3-932696-25-5, Hardcover, ca. 68,00 DM (erscheint Anfang 1999)
Aufgrund ihrer Quellenfunde gelangt die Autorin zu neuen Erkenntnissen über Ernst Barlachs literarisches Werk.

Band 6:
Reinhard Rösler: Literarisches Leben in Mecklenburg-Vorpommern 1945 bis 1952. Ca. 150 S., ISBN 3-932696-28-X, Hardcover, ca. 39,80 DM (erscheint Anfang 1999)

VON BOCKEL VERLAG
SIMROCKSTR. 62 B - 22589 HAMBURG

Musik der frühen Neuzeit
Studien und Quellen zur Musikgeschichte des 16.-18. Jahrhunderts,
Schriftenreihe herausgegeben von Joachim Kremer

Band 1:

Joachim Kremer: Joachim Gerstenbüttel (1647-1721) im Spannungsfeld von Oper und Kirche. Ein Beitrag zur Musikgeschichte Hamburgs. 13 Abbildungen - Notenbeispiele - Quellenanhang, 420 Seiten, ISBN 3-928770-93-4, 48,00 DM

Anläßlich des 350. Geburtstages des Hamburger Kantors und Director musices Joachim Gerstenbüttel (1647-1721) umreißt der Autor das Leben des aus Wismar stammenden Musikers, Sängers, Kantors und Komponisten, das in eine Phase tiefgreifender kulturgeschichtlicher Wandlungen fällt.

Mit dem Buch ist dem kleinen, aber äußerst rührigen von Bockel Verlag denn auch ein glänzender Start der neuen (von Joachim Kremer herausgegebenen) Schriftenreihe ... gelungen ...
Musik und Kirche

Band 2:

Christian Flor (1626-1697) - Johann Abraham Peter Schulz (1747-1800). Texte und Dokumente zur Musikgeschichte Lüneburgs. Hrsg. im Auftrag der Ratsbücherei Lüneburg von Friedrich Jekutsch, Joachim Kremer und Arndt Schnoor. ISBN 3-932696-04-2, 262 Seiten, Hardcover, 29,80 DM

Christian Flor (1626-1697) und Johann Abraham Peter Schulz (1747-1800) sind in unterschiedlicher Weise mit der Musikgeschichte der Stadt Lüneburg verbunden. Die Ratsbücherei Lüneburg nahm es zum Anlaß einer Ausstellung und zu einem Begleitbuch.

Zur Ausstellung ist ein Begleitbuch erschienen - weit mehr als ein Katalog, vielmehr eine profunde und bleibende Quelle für Neugierige und Forscher.
Kieler Nachrichten

Band 3:

Annemarie Clostermann: Georg Philipp Telemanns Weg als Cantor und Director Musices 1721 bis 1730. Momentaufnahmen einer Musikerlaufbahn im frühen 18. Jahrhundert. ISBN 3-932696-17-4, ca. 300 Seiten, Hardcover, ca. 68,00 DM ***(erscheint Anfang 1999)***

Für den 40jährigen Georg Philipp Telemann begann 1721 ein neuer Lebensabschnitt, als er sein Amt als Cantor und Kirchenmusikdirektor in Hamburg antrat. Doch die erhofften Perspektiven erwiesen sich zunächst als trügerisch: Noch kein Jahr war vergangen, da nutzte Telemann bereits die Chance, sich anderweitig zu bewerben. Glücklicherweise hatte er Verbündete, die ihn in Hamburg halten konnten und mit deren Hilfe er hier ab 1723 von einer beispiellosen Welle des Erfolgs getragen wurde. Telemann gelang es bis 1730 nicht nur, seine Position so zu festigen, daß er unterschiedliche Schaffensbereiche äußerst produktiv auszufüllen vermochte, er gab auch einem überkommenen Amtsverständnis neue Konturen.

Musikbücher aus dem Verlagsprogramm

Vladimir Karbusicky (Hrsg.): Besuch bei Cosima. Eine Begegnung mit dem alten Bayreuth. Mit einem Fund der Briefe Cosima Wagners. Leinen mit Schutzumschlag, 80 S., ISBN 3-928770-96-9, 29,80 DM

Der Komponist Josef B. Foerster, der sich als 70jähriger anläßlich des Todes Cosima Wagners an den Besuch bei ihr erinnerte, kam nach Bayreuth als Autor der Oper „Deborah" nach einem Sujet von Salomon Mosenthal. Das musikalisch eindrucksvolle Werk ist der Not der jüdischen Flüchtlinge vor einem Pogrom gewidmet. Und über die Oper „Deborah" unterhielt sich Cosima im Sommer 1893 interessiert mit dem Komponisten, der bei ihr einige Wochen zu Gast war.
Die Brisanz dieses Details aus Foersters Memoiren wird noch deutlicher, wenn wir mehr über den Autor erfahren. Er war in Prag der Präsident eines *Vereins Wider den Antisemitismus*. Er lebte seit 1893 in Hamburg und dann in Wien, und war ein Intimfreund Gustav Mahlers, mit dem er sich nicht nur über die Musik, sondern auch über Gott und die Religion unterhielt: tolerant und verständnisvoll gegenüber dem Ringen mit dem Judentum, das Mahler in seinem Inneren auszutragen hatte. Im Zweiten Weltkrieg wurde Foerster als "Judenfreund" denunziert.
Die Auszüge über den Besuch in der Villa "Wahnfried" aus den Memoiren Foersters, liegen hier erstmals, souverän eingeordnet im historischen und musikgeschichtlichen Kontext von dem Herausgeber Vladimir Karbusicky, in deutscher Übersetzung vor.

Vladimir Karbusicky: Mahler in Hamburg. Chronik einer Freundschaft. 180 S., ISBN 3-928770-70-5, Leinen mit Schutzumschlag, 39,80 DM

Mit der Darstellung über Gustav Mahlers Hamburger Jahre entsteht neben der biographischen Studie ein Panorama über Kultur und Leben im Hamburg des letzten Jahrzehnts vor unserem Jahrhundert.

Das Ganze ist mehr als die Summe seiner Teile, nämlich erstens eine literarische Tripelfuge, zweitens eine dreifache Schichtenaufnahme Hamburger Kultur und drittens die Würdigung eines im Titel Ungenannten, ..., Josef Bohuslav Foerster.
Das Orchester

Liebevoll gestalteter Band...
Neue Musik-Zeitung

von Bockel Verlag
Simrockstr. 62 B - 22589 Hamburg
Telefon & Telefax: 040-870 58 23